Ullstein Sachbuch

Ullstein Sachbuch
Ullstein Buch Nr. 34102
im Verlag Ullstein GmbH,
Frankfurt/M – Berlin – Wien
Titel der Originalausgabe:
North-South: A Programme for Survival
Aus dem Englischen von Barbara Bortfeldt
(Kapitel 1–6, 8), Hainer Kober
(Kapitel 9–13, »Anhang II«) und
Leonore Schwartz (Kapitel 7, 14–17).
Fachliche Betreuung: Fritz Fischer,
Gerhard G. Thiebach

Ungekürzte Ausgabe
mit einem neuen Vorwort
zur Taschenbuchausgabe

Umschlagentwurf:
Volkmar Schwengle

Mit Genehmigung des
Verlags Kiepenheuer & Witsch, Köln

Printed in Germany 1981
Druck u. Verarbeitung:
Mohndruck Graphische Betriebe GmbH,
Gütersloh
ISBN 3 548 34102 0

Oktober 1981

CIP-Kurztitelaufnahme
der Deutschen Bibliothek

Das Überleben sichern:
d. Brandt-Report/Bericht d. Nord-Süd-Komm. [Aus d. Engl. von Barbara Bortfeldt . . .]. – Ungekürzte Ausg. mit e. neuen Vorw. zur Taschenbuchausg. – Frankfurt/M; Berlin; Wien: Ullstein, 1981.
(Ullstein-Buch; Nr. 34102: Ullstein-Sachbuch)
Einheitssacht.: A programme for survival ‹dt.›
ISBN 3-548-34102-0
NE: Bortfeldt, Barbara [Übers.]; Independent Commission on International Development Issues; EST; GT

Das Überleben sichern

Der Brandt-Report

Bericht der
Nord-Süd-Kommission

Ullstein Sachbuch

Bericht der Unabhängigen Kommission für Internationale Entwicklungsfragen (Nord-Süd-Kommission)

Willy Brandt

Abdlatif Y. Al-Hamad (Kuwait)
Rodrigo Botero (Kolumbien)
Antoine Kipsa Dakouré (Obervolta)
Eduardo Frei (Chile)
Katharine Graham (USA)
Edward Heath (Großbritannien)
Amir H. Jamal (Tansania)
Khatijah Ahmad (Malaysia)
Lakshmi Kant Jha (Indien)
Adam Malik (Indonesien)
Haruki Mori (Japan)
Joe Morris (Kanada)
Olof Palme (Schweden)
Peter G. Peterson (USA)
Edgard Pisani (Frankreich)
Shridath Ramphal (Guyana)
Layachi Yaker (Algerien)

Mitglieder ex officio

Jan Pronk (Niederlande)
Göran Ohlin (Schweden)
Dragoslav Avramović (Jugoslawien)

Sekretariat der Kommission

Göran Ohlin
Exekutivsekretär

Dragoslav Avramović
Direktor des Sekretariats

Liaqat Ali
Robert H. Cassen
S. Guhan
Javad Khalilzadeh-Shirazi
Martha F. Loutfi
Justinian Rweyemamu
Gerhard G. Thiebach

Büro des Vorsitzenden

Fritz Fischer, Persönlicher Mitarbeiter des Vorsitzenden
Michael Hofmann

Redaktionelle Beratung

Anthony Sampson

Inhalt

Vorwort zur Taschenbuchausgabe von Willy Brandt

Seit der Veröffentlichung unseres Berichts im Frühjahr 1980 haben sich etliche seiner ernsten Warnungen schneller erfüllt, als selbst Pessimisten erwartet hatten.

Tatsächlich führt nichts an der Feststellung vorbei, daß wir vor einer weltweiten wirtschaftlichen, sozialen und Sicherheitskrise stehen. Wirtschaftliche Stagnation, wachsende Armut und zunehmende politische Spannungen treffen vor allem die Entwicklungsländer. Aber auch die Industrieländer werden von der Krise erfaßt, und kaum eine Nation wird allein in der Lage sein, die Gefahren zu meistern.

Wenn die augenblicklichen Trends sich fortsetzen, wird die Welt im Jahre 2000 unter der Last einer weit größeren Bevölkerung stehen und unter einer gefährlich verstärkten Umweltverschmutzung leiden. Trotz steigender Güterproduktion werden die Völker in vieler Hinsicht ärmer sein. Und für die meisten Menschen dieser Erde werden die Lebensumstände um die Jahrtausendwende noch sehr viel ungewisser und ungesicherter sein als heute – es sei denn, die Staaten unternehmen gemeinsam energische Schritte, um diesen Gefahren entgegenzuwirken.

Wesentliche Änderungen in der Politik sind *überall* auf der Welt erforderlich, wenn die genannten Schwierigkeiten überwunden oder doch wenigstens vermindert werden sollen, ehe sie außer Kontrolle geraten. Von Tag zu Tag wird deutlicher, daß die gegenwärtigen Probleme nur in weltweiter Zusammenarbeit gelöst werden können. Zur Zeit sieht es leider nicht danach aus. Jemand hat unlängst formuliert, die Menschen verhielten sich, als tanzten sie an Deck eines sinkenden Schiffes. Wenn die führenden Staatsmänner in allen Teilen der Welt nicht rasch genug begreifen, wie wichtig und dringend eine Verbesserung und eine grundlegende Änderung der Nord-Süd-Beziehungen ist, dann kann die zweite Existenzbedrohung der Menschheit – neben der des globalen Wettrüstens – bedrohlich zunehmen.

Die internationale Ankurbelung der Weltwirtschaft *und* ein Ende des Wettrüstens sind im besten unmittelbaren Interesse aller Länder und sollten nicht als bloße »Hilfe für die Armen« angesehen werden – so wichtig auch die mitmenschliche Verantwortung und Hilfsbereit-

schaft genommen werden sollten. Doch ohne eine gründliche Neuorientierung der handelspolitischen, finanziellen und technologischen Beziehungen zwischen Nord und Süd wird sich die Weltwirtschaft von der gegenwärtigen Krise nicht erholen.
Ich bin davon überzeugt, daß es kurzsichtig ist zu sagen: Erst müsse die Wirtschaftslage in den Industrieländern verbessert werden, und dann könne man mehr für die internationale wirtschaftliche Zusammenarbeit tun. Im Gegenteil: mehr Zusammenarbeit mit den Ländern der Dritten Welt würde auch den heutigen Industriestaaten zugute kommen.
Es wird Veränderungen geben, daran besteht kein Zweifel. Aber man sollte die Kontrolle darüber nicht solchen Kräften überlassen, die sich der Verantwortung entziehen. Nämlich der Verantwortung dafür, daß der unvermeidliche Wandel ganzer Regionen nicht zu Lasten der breiten Schichten unserer Völker erfolgt.
Wir befinden uns zweifellos an einem Wendepunkt. Die Öffentlichkeit muß wissen, worum es geht. Und von den führenden Politikern wird erwartet, daß sie sich der ernsten Krise stellen und dafür sorgen, daß internationale Verhandlungen nicht ausarten in Krämerhandel oder verkümmern zu Disputen über den Wortlaut von Resolutionen.
Der Schlüssel zu einer besseren, gerechteren, menschlicheren Zukunft liegt zunächst in den Händen weniger Leute: dazu gehören die Teilnehmer am sogenannten Nord-Süd-Gipfeltreffen im Oktober 1981 sowie ihre Berater und Mitarbeiter. Wir müssen hoffen, daß sie sich ihrer Aufgabe gewachsen zeigen. Gehen sie mit Kleinmut in das Treffen, dann werden ihre Beratungen nicht weit führen. Gehen sie dorthin, um über den wohlklingenden Text einer Erklärung zu verhandeln, hätten sie auch zu Hause bleiben können. Sie müssen jenen Führungswillen aufbringen, der den Gefahren unserer Zeit angemessen ist. Das jedenfalls erwarten viele Menschen von ihnen. Es bedarf einer klaren Bekundung, daß Optimismus, Hoffnung und Willenskraft nicht ins Leere gehen. Nötig ist aber auch eine Mobilisierung der öffentlichen Meinung, die viel tun kann, um eine vorausschauende Politik zu fordern und zu unterstützen. Die Menschen müssen begreifen, worum es geht: bei weitem nicht nur um die Schwierigkeiten anderer in fernen Ländern, sondern um die Zukunft aller, auch um unsere eigene.
Es geht jeden an, jeder muß seinen Einfluß mit geltend machen: Denn es geht um Frieden, Gerechtigkeit und wirtschaftliche Sicherheit – für die vielen, in Süd *und* Nord.

Wandel tut not: Frieden, Ausgleich, Arbeitsplätze
Einleitung von Willy Brandt

Im Sommer 1978 – ein halbes Jahr, nachdem wir mit unserer Arbeit begonnen hatten – erhielt ich von einem befreundeten Staatsmann in Afrika eine ermutigende Botschaft: Unsere Kommission, so schrieb er, könne dazu beitragen, weltweite Wertvorstellungen zu entwickeln.

Es ist nicht an mir zu beurteilen, ob und inwieweit es uns gelungen ist, so hohen Erwartungen gerecht zu werden. Jedenfalls behandelt dieser Bericht einige der Notwendigkeiten, denen die Welt in den 80er Jahren gegenübersteht. Er erörtert die Nord-Süd-Beziehungen als *die* große soziale Herausforderung unserer Zeit. Wir wollen die Überzeugung deutlich machen, daß die beiden vor uns liegenden Jahrzehnte für die Menschheit von schicksalhafter Bedeutung sein werden. Wir möchten auf diese Weise das Bewußtsein verantwortungsbereiter Bürger in allen Teilen dieser Welt dafür schärfen, daß sich in diesem Zeitraum viele Probleme von globalen Ausmaßen zuspitzen werden. Gleichzeitig werfen wir Fragen auf, die es umgehend zu beantworten gilt, lange bevor wir das Ende dieses Jahrhunderts erreicht haben.

Dieser Bericht handelt von großen Gefahren, aber er gibt sich keinem Fatalismus hin, sondern wendet sich gegen die Neigung, die Dinge laufen zu lassen. Er will nachweisen, daß die tödlichen Bedrohungen, denen unsere Kinder und Enkel ausgesetzt sind, abgewendet werden können. Und daß wir eine gute Chance haben – ob wir im Norden oder Süden leben, im Osten oder Westen –, wenn wir sie zu nutzen bereit sind. Wenn wir entschlossen sind, die Zukunft der Welt so zu gestalten, daß sie durch Frieden und Wohlfahrt, durch Solidarität und Würde geprägt sein wird.

Die an mich gerichtete Aufforderung, diese Unabhängige Kommission zusammenzubringen, war der Beginn einer faszinierenden Erfahrung. Für mich wie für andere ist sie zu einem unvergeßlichen Lernerlebnis geworden. Dabei war unser Vorteil, daß wir frei sein konnten von nationalen Prestigeerwägungen und unabhängig von Weisungen jedweder Art. Wir hatten natürlich nicht die Absicht, uns an die Stelle von Regierungen oder internationalen Einrichtungen zu setzen. Doch wollten wir diejenigen unterstützen, die Entscheidungen zu treffen haben, und uns zugleich an die Öffentlichkeit wenden, auf welche die Entscheidungsträger letztlich angewiesen sind.

Wir, die wir in dieser Kommission zusammenarbeiteten, kamen nicht nur aus vielen Teilen der Welt. Wir repräsentierten nicht nur unterschiedliche Überzeugungen, sondern auch voneinander abweichende Erfahrungen, die sich aus mannigfachen Verantwortlichkeiten im politischen und wirtschaftlichen Leben ergaben. Als wir einzelne Sachfragen behandelten und erörterten, stellten wir fest, daß wir begonnen hatten, zunehmend eine gemeinsame Vorstellung von der Welt zu entwickeln, die wir erstreben, und daß wir uns auch über manche der vorrangigen Probleme einig waren, die gelöst werden müssen, wenn aus unseren Hoffnungen Wirklichkeit werden soll. Dies war bemerkenswert: eine Übereinstimmung von Ansichten bildete sich heraus.

Als wir im Dezember 1977 in der Nähe Bonns erstmals zusammentrafen, betrachteten wir es als unsere Aufgabe – wie wir es in unserem Arbeitsmandat festhielten –, »die ernsten Probleme von globalen Ausmaßen zu untersuchen, wie sie sich aus den wirtschaftlichen und sozialen Ungleichgewichten der Weltgemeinschaft ergeben«, und wir versprachen, »Wege dafür aufzuzeigen, wie angemessene Lösungen für die Entwicklungsprobleme und zur Überwindung der Armut vorangetrieben werden können.«

Als wir unsere Schlußfolgerungen erörterten, verband uns ein noch stärkeres Gefühl, daß die Neugestaltung der weltweiten Nord-Süd-Beziehungen für die Zukunft der Menschheit zu einer Frage von schicksalsschwerer Bedeutung geworden sei. Gleichrangig mit der Notwendigkeit, den Gefahren weiteren Wettrüstens entgegenzutreten, meinten wir, dies stelle die größte Herausforderung an die Menschheit für den Rest dieses Jahrhunderts dar. Wir waren uns dabei der Tatsache bewußt, daß das Konzept einer globalen Verantwortlichkeit für wirtschaftliche und soziale Entwicklungen vergleichsweise neu ist und im Verhältnis der Staaten zueinander nicht viel mehr als eine Generation zurückreicht. Es war das Konzept der Vereinten Nationen, das – 1945, gegen Ende des Zweiten Weltkrieges – Hoffnungen (und Illusionen) auf eine internationale Gemeinschaft weckte, die durch Ausgleich und Gerechtigkeit geprägt sein sollte.

Über einen Zeitraum von zwei Jahren und bei einer Reihe intensiver Tagungen haben wir ein weites Feld von Fragen behandelt, verständigten uns auf viele Vorschläge, blieben auf einigen Gebieten unterschiedlicher Meinung. Unser Bericht ist nicht als technisches Expertenpapier gedacht. Hinsichtlich der Grundausrichtung unserer Empfehlungen und des Prioritätenprogramms in unserem abschließenden Kapitel befinden wir uns in voller Übereinstimmung. Auch die übrigen Kapitel sind das Ergebnis unseres gemeinsamen Nachdenkens. Allerdings bedeutet dies nicht, daß sich jeder von uns mit jedem einzelnen Satz identifiziert.

Bevor ich mich nun auch im Namen meiner Kollegen äußere, denen ich mich sehr verpflichtet weiß, seien einige Bemerkungen in eigener Sache gestattet. Als jemand nach meiner Legitimation fragte, einer solchen Kommission vorzusitzen, war ich nicht überrascht. In aller Offenheit: Mein Werdegang mußte mich nicht unbedingt für diese Aufgabe qualifizieren. Doch mag die Erkenntnis eigener Mängel helfen, wenn man sich mit der Bitte um Aufmerksamkeit an die Mitbürger wendet.

Als junger Journalist, der sich gegen die Diktatur auflehnte, war ich nicht blind gegenüber den Problemen des Kolonialismus und den Kämpfen um Unabhängigkeit. Auch während des Zweiten Weltkrieges beschäftigte ich mich in meinem skandinavischen Exil mit Fragen der Entkolonialisierung und der Entwicklung im Hinblick auf eine neue internationale Ordnung. Ich traf Nehru, Nasser, Tito und andere führende Persönlichkeiten zu einer Zeit, als die meisten Leute – jedenfalls in unserem Umfeld – von der Dritten Welt oder gar dem Beginn einer Bewegung der Blockfreien noch nichts gehört hatten. Durch Lektüre, Reisen und Gespräche habe ich einiges über Asien und Lateinamerika, Afrika und den Nahen Osten gelernt. Und ich hatte das Doppelproblem von Entkolonialisierung und Entwicklung weder aus den Augen verloren, als ich 1971 für den Friedensnobelpreis dankte, noch als ich knapp zwei Jahre später aus Anlaß des Beitritts meines Landes zu den Vereinten Nationen vor der Vollversammlung sprach, noch bei anderen Gelegenheiten, die folgten. Und dennoch bleibt wahr, daß es in meiner Zeit als Bundeskanzler andere Prioritäten waren, die mich in Anspruch nahmen und davon abhielten, den Nord-Süd-Fragen gerecht zu werden. Es ist gewiß so, daß ich denjenigen Kollegen nicht hinreichend Aufmerksamkeit widmete, die unsere Prioritäten überprüfen und ergänzen wollten.

Gleichwohl war ich bemüht, mich über neue Ansätze zur Entwicklungsprolitik auf dem laufenden zu halten. So erfuhr ich 1974 und 1975 von den Präsidenten Algeriens und Mexikos über bedeutende Initiativen, die einer neuen internationalen Ordnung zugute kommen sollten. Doch diejenigen, welche mir die Aufgabe antrugen, diese Kommission zu bilden und zu leiten, mögen mehr den Beitrag im Auge gehabt haben, den ich auf dem Gebiet der Ostpolitik zu leisten vermochte. Damals standen wir vor dem Problem: Ließ es sich machen, eine unfruchtbare und gefährliche Konfrontation zwischen Teilen Europas zumindest in einigen Bereichen durch sinnvolle und realistische Zusammenarbeit abzulösen? Würde man in der Lage sein, unter der schweren Last nicht zu vereinbarender ideologischer Gegensätze solche Gebiete zu entdecken, auf denen gemeinsame Interessen zur Geltung kommen könnten?

Die Ergebnisse haben gezeigt, daß Frieden und Zusammenarbeit in Europa gefördert wurden, obwohl auf dem Feld der Rüstungsbegrenzung bislang sehr wenig erreicht worden ist. Dennoch besagt die Lehre, die ich mir zueigen gemacht habe: Man kann die Dinge bewegen, wenn es gelingt, praktische und vertrauensbildende Vereinbarungen zu treffen, so daß alte Konflikte nicht zu neuen führen, sondern das politische Klima verbessert wird. Unter gewissen Bedingungen mag man sogar in der Lage sein, den Charakter eines Konflikts zu verändern. Dies war in der Tat ein Stück Erfahrung, von dem ich meinte, daß es in unsere Befassung mit den Nord-Süd-Problemen sinnvoll einbezogen werden sollte.

Von der Notwendigkeit des Umdenkens

Von einem Nord-Süd-Dialog ist schon viel die Rede gewesen, und es hat gewiß ernsthafte Beiträge gegeben. Doch sind furchtbar viele Gelegenheiten verpaßt worden, und viel Porzellan ist in die Brüche gegangen. Die ernsten Konfliktpunkte, die reiche und arme Länder trennen, werden sicher nicht durch Vorurteile gelöst, auch nicht durch Wunschdenken. Sie müssen angegangen werden in dem Willen, gefährliche Spannungen zu überwinden und bedeutende, nützliche Ergebnisse herbeizuführen für Staaten und Regionen und vor allen Dingen für die Menschen in allen Teilen der Welt. Die ermüdende Wiederholung von Leerformeln führt zu nichts. Damit wird Zeit nicht gewonnen, sondern verschwendet.

Ich unterstreiche: Es geht um die Einbeziehung *aller* Teile der Welt. Unsere Kommission wollte sich weder in Polemik verlieren noch schwierigen Themen ausweichen. Im Interesse globaler Bedürfnisse und universaler Anstrengungen sprechen wir uns auch dafür aus, daß die Sowjetunion und ihre Verbündeten weit stärkere entwicklungspolitische Bemühungen unternehmen und in diese einbezogen werden sollten. Für nicht weniger wichtig halten wir es, daß die Volksrepublik China zu intensiverer Zusammenarbeit eingeladen wird und andere an den Erfahrungen teilhaben läßt, die sie als das bei weitem größte Entwicklungsland gesammelt hat. Hochrangige Kontakte mit diesen Ländern und Expertengespräche in einigen ihrer Hauptstädte sollten unseren Willen unterstreichen, einen Schritt weiter zu gehen, als es die Pearson-Kommission vor einem Jahrzehnt für möglich gehalten hatte.

Unsere Kommission war sich einig in der Notwendigkeit, durch ein gründliches Neuüberdenken zu einer anderen Art von Beziehungen zu gelangen, die allen Staaten zugute kommen würden. Zu einer solchen qualitativen Veränderung könnte es im restlichen Verlauf dieses Jahrhunderts kommen, wenn sich bei den Regierungen der Industrie- und der Entwicklungsländer die Überzeugung durchsetzt, daß die Zeit zu gemeinsamem Handeln gekommen ist. Schließlich sollte man nicht die Hoffnung aufgeben, daß Probleme, die von Menschen geschaffen werden, auch durch Menschen gelöst werden können.

Dies erfordert Verständnis, Engagement und Solidarität – im Verhältnis zwischen Menschen, Völkern und ihren Staaten. Aber dies kann nur erreicht werden mit einem Sinn für das, was möglich ist, und mit einem Gefühl für Interessen, die miteinander verzahnt, wenn auch nicht voll deckungsgleich sind. Dies erfordert auch Mut und eine Vision von der Zukunft, ohne die große Aufgaben noch nie haben gelöst werden können. Und dies muß getragen sein durch gegenseitige Achtung, Aufgeschlossenheit und Aufrichtigkeit; mit der Bereitschaft, Kritik nicht nur vorzubringen, sondern auch anzuhören und ernstzunehmen. Wandel und Reform können sich nicht wie in einer Einbahnstraße vollziehen. Sie müssen unterstützt werden von Regierungen und Völkern sowohl in den Industrie- als auch in den Entwicklungsländern. Wenn wir es ehrlich meinen und die internationale Verständigung fördern wollen, dann dürfen wir keiner freimütigen Diskussion ausweichen. Verschwendung und Korruption, Unterdrückung und Gewalttätigkeit sind unglücklicherweise vielerorts in der Welt anzutreffen. Die Arbeiten an einer neuen internationalen Ordnung können nicht warten, bis diese und andere Übel überwunden sein werden. Wir aus dem Süden *und* aus dem Norden sollten offen miteinander sprechen über den Machtmißbrauch durch Eliten, den Ausbruch von Fanatismus, das millionenfache Elend von Flüchtlingen. Oder andere Verletzungen von Menschenrechten, die im Widerspruch stehen zu Gerechtigkeit und Solidarität, sei es im eigenen Land oder bei anderen.

Dieser Bericht wird formell dem Generalsekretär der Vereinten Nationen überreicht und durch ihn auch Regierungen und internationalen Organisationen. Aber gleichzeitig hoffen wir, aufgeschlossene und verantwortungsbewußte Frauen und Männer überall in der Welt zu erreichen. Wir haben unseren Ehrgeiz darein gesetzt, einfache Menschen besser verstehen zu lassen, wie sehr ihre Arbeitsplätze und ihr tägliches Leben mit dem verwoben sind, was in anderen Teilen der Welt vor sich geht. Wir bitten unsere Mitmenschen, die Dinge neu zu durchdenken und mitzuempfinden, mitmenschlich zu handeln und so eine gemeinsame Zukunft sichern zu helfen.

In dem Arbeitsmandat unserer Kommission stellten wir uns vor allem zur Aufgabe, die Entscheidungsträger und die öffentliche Meinung davon zu überzeugen, »daß tiefgreifende Veränderungen in den internationalen, besonders den weltwirtschaftlichen Beziehungen notwendig sind«. Dabei vereinbarten wir auch, »die Entschließungen der Vereinten Nationen zu Entwicklungsproblemen sowie andere Fragen, die in den letzten Jahren auf internationalen Foren behandelt wurden, sorgfältig zu beachten«.

Die meisten Menschen wissen, daß das gegenwärtige System internationaler Institutionen am Ende des Zweiten Weltkrieges, also vor 35 Jahren, geschaffen wurde. Und auch, daß sich ›der Süden‹ – dessen Länder zumeist erst spät auf der internationalen Szene erschienen – zahlreichen Benachteiligungen gegenübersieht, die grundlegender Korrektur bedürfen. Hieraus erklärt sich die Forderung nach einer neuen internationalen Wirtschaftsordnung. Natürlich vollzieht sich ein grundlegender Wandel nicht auf dem Papier, sondern in Gestalt eines historischen Prozesses, der in gewisser Hinsicht widerspiegelt, was sich in den Köpfen von Menschen vollzieht oder dort vorgeformt worden ist.

Wir erwarten viel von jenen innerhalb der nachrückenden jungen Generation, die bald in entscheidendem Maße politische Verantwortung tragen werden. Wir hoffen, daß sie sich verstärkt bewußt werden, wie sehr es um lebendige Menschen zu gehen hat, nicht um blutleere Abstraktionen oder Institutionen, die sich selbst genug sind. Gleichfalls hoffen wir, daß die Jüngeren menschliche

Werte wichtiger nehmen als bürokratische Regelungen und technokratische »Sachzwänge«.

Weiter sind wir davon überzeugt, daß die Erziehung eine große Rolle zu spielen hat: Eine bessere Kenntnis internationaler Vorgänge – und nicht zuletzt der Nord-Süd-Fragen – wird unseren Blick weiten, die Anteilnahme am Schicksal anderer Völker, selbst solcher, die weit entfernt sind, zu etwas machen, das uns selbst angeht, und das Bewußtsein dafür schärfen, daß es viele Probleme gibt, die im gemeinsamen Interesse gelöst werden müssen. Die Kommission meint, daß die Schulen überall in der Welt den internationalen Problemen mehr Aufmerksamkeit widmen und mehr Bedeutung beimessen sollten, damit junge Menschen die sie bedrohenden Gefahren klarer erkennen und ihre eigene Verantwortung sowie die Chancen der Zusammenarbeit stärker empfinden, sei es auf weltweiter, auf regionaler Ebene oder in der Nachbarschaft.

Es besteht die reale Gefahr, daß im Jahre 2000 ein großer Teil der Weltbevölkerung weiterhin in Armut lebt. Es ist möglich, daß die Welt übervölkert sein wird, und man wird es zweifellos mit einem Übermaß an Verstädterung zu tun haben. Hungerkatastrophen und zerstörerische Gefahren werden immer wahrscheinlicher, falls nicht ein neuer großer Krieg bereits die Grundlage dessen zerstört hat, was wir Welt-Zivilisation nennen.

Es geht um mehr als Ökonomie

Wir sind uns bewußt, daß unser Bericht zu einem Zeitpunkt veröffentlicht wird, zu dem man in den reicheren Ländern tief besorgt ist über die schwindende Stabilität der internationalen Beziehungen und die Aussichten für eine anhaltende «Rezession«.

Wir sind überzeugt, daß die heutigen Schwierigkeiten ernsterer Natur sind als frühere Rezessionen und Wirtschaftskrisen. So zu tun, als könnten die heutigen Probleme mit den konventionellen Mitteln früherer Jahrzehnte gemeistert werden, wäre gefährlich und unredlich.

Viele derer, die Regierungsverantwortung tragen, aber auch andere, mögen meinen, daß dies der denkbar ungünstigste Augenblick ist, radikale Reformen zur Diskussion zu stellen. Manche werden sich fragen: Wie kann man von den Industriestaaten, die mit eigenen Problemen stark beschäftigt sind, erwarten, daß sie weitreichende und mutige Schritte tun, um die Zusammenarbeit mit der Welt der Entwicklungsländer wesentlich auszubauen? Aber wir sind der Überzeugung, daß man gerade in einer solchen Krisenzeit die grundlegenden Weltprobleme erkennen und mutige Initiativen ergreifen muß.

Wir sehen Zeichen für ein neues Bewußtsein, daß die Menschheit eine Gemeinschaft wird. Aber bislang sind diese ermutigenden Tendenzen nicht stark genug, sich gegen den Strom zu behaupten. In der kurzen Zeit, seit die Kommission Ende 1977 zuerst zusammenkam, hat sich die internatonale Lage weiter verschlechtert. Man kann ohne Übertreibung sagen, daß die Zukunft der Welt selten so bedroht erschien. Aber es wäre andererseits ein Irrtum anzunehmen, alle Probleme der Welt ließen sich auf den Konflikt zwischen Nord und Süd zurückführen.

Unsere Welt ist vielgesichtiger, und weltweite Entwicklung ist natürlich auch nicht nur ein ökonomischer Prozeß. Wie ein Mitglied der Kommission gegen Ende unserer Beratungen bemerkte: Die zukünftigen Generationen in aller Welt bräuchten nicht nur wirtschaftliche Lösungen. Hinzu kommen müßten neue Ideen, um sie zu inspirieren, Hoffnungen, um sie zu ermutigen, und erste Schritte, um die Ideen und Hoffnungen umzusetzen. Was gebraucht werde, sei ein neuer Glaube an den Menschen, an seine Würde und seine fundamentalen Rechte; ein Glaube an die Werte von Gerechtigkeit, Freiheit, Frieden, gegenseitigen Respekt, an Liebe und Freigiebigkeit, an Vernunft statt an Gewalt.

Während das Ringen um neue Strukturen der internationalen Beziehungen fortdauert, beginnt man nicht-ökonomische Erwägungen ernster zu nehmen: religiöse und ethnische Faktoren, Fragen der Erziehung und der öffentlichen Meinung. Frieden ist das Ziel aller Religionen, Glaubensrichtungen, philosophischen Grundhaltungen. Er ist der große Wunsch aller Rassen, Nationen und Weltanschauungen. Sollte es unmöglich sein, hieraus eine *gemeinsame* Leidenschaft für den Frieden abzuleiten und daraus den emotionalen und moralischen Antrieb für die Aufgaben werden zu lassen, auf deren Bedeutung wir hinweisen? Doch auch hier sollte man sich von Illusionen freihalten. Frieden, Versöhnung und andere gemeinsame Werte entwickeln sich nicht automatisch. Entwicklung im weiteren Sinn, als ein anderes Wort für Frieden, kann uns in die Lage versetzen, Konflikte zu erkennen und mit ihnen in einer Weise umzugehen, daß ein Umschlag in militärische oder wirtschaftliche Kriege unwahrscheinlicher wird. Es muß möglich sein, der

Idee von einer weltumfassenden Gemeinschaft Raum zu geben oder zumindest eine weltweite gemeinsame Verantwortung zu entwickeln, die sich auf die Erfahrungen regionaler Gemeinschaften gründet.

Es scheint eine ständige Aufgabe für die Menschheit zu sein, aus Widersprüchen heraus Ordnung werden zu lassen. Bemühungen, die darauf abzielen, die internationalen Beziehungen neu zu ordnen, werden immer dann gefördert, wenn sie sich auf ähnliche Wertvorstellungen stützen. Die Impulse, die von den Kirchen und Religionsgemeinschaften oder vom Humanismus ausgehen, können die weltweite Solidarität stärken und dazu beitragen, die Nord-Süd-Probleme lösen zu helfen.

Zerstörung oder Entwicklung?

Unser Bericht gründet sich auf das wohl einfachste gemeinsame Interesse: Daß die Menschheit überleben will und – wie man hinzufügen könnte – auch die moralische Pflicht zum Überleben hat. Dies wirft nicht nur die klassischen Fragen nach Krieg und Frieden auf, sondern schließt auch ein, wie man den Hunger in der Welt besiegt, wie man das Massenelend überwindet und die herausfordernden Ungleichheiten in den Lebensbedingungen zwischen Reichen und Armen. Auf einen einfachen Nenner gebracht: Dieser Bericht handelt vom Frieden.

Kriege werden zumeist noch unter dem Blickwinkel militärischer Konflikte oder Zerstörung betrachtet. Doch gewinnt mehr und mehr die Einsicht Raum, daß auch Chaos ähnliche Gefahrenquellen darstellen kann – sei es als Ergebnis von Massenhunger, wirtschaftlicher Zusammenbrüche, Umweltkatastrophen, oder auch von Terrorismus. Wir sind daher nicht nur aufgefordert, die gewissermaßen klassischen Ursachen der Friedensbedrohung zu mindern, sondern sind auch aufgefordert, aus Chaos Ordnung werden zu lassen.

Zu Beginn eines neuen Jahrzehnts, und nur zwanzig Jahre von der Jahrtausendwende entfernt, sollten wir uns über die allzu alltäglichen Streitigkeiten (oder Verhandlungen) erheben und die bedrohlichen langfristigen Probleme klarer erkennen. Wir sehen vor und um uns eine Welt mit riesigen Gebieten, in denen Armut und Hunger herrschen; eine Welt, in der Rohstoffe ohne Rücksicht darauf verschwendet werden, ob sie »nachwachsen«; in der mehr

Waffen produziert und verkauft werden als jemals zuvor; wo eine Zerstörungskraft angehäuft worden ist, die ausreicht, unseren Planeten gleich mehrmals in die Luft zu jagen.

Es gibt keine vernünftige Alternative zu einer Politik, die Spannungen abbaut und ein höheres Maß an Zusammenarbeit bewirkt. Die Vorstellung, daß schnelle Lösungen möglich seien, ist illusionär. Doch sollte man unterstreichen, wie wichtig es ist, mehr Vertrauen aufzubauen und die weiter heraufschnellende Spirale hochmoderner und teurer Waffen in den Griff zu bekommen. Machtpolitische und ideologische Gegensätze können zu gefährlichen, bewaffneten Auseinandersetzungen führen. Wir kennen die Versuche und Anstrengungen, die unternommen worden sind, um Spannungen in gefährlichen Bereichen der Ost-West-Beziehungen abzubauen. Doch die Herstellung und der Verkauf von Waffen nehmen weiter zu und können leicht außer Kontrolle geraten. Es kann sehr wohl sein, daß wir längst dabei sind, uns zu Tode zu rüsten.

Die Zusammenhänge zwischen Rüstung und Entwicklung liegen weitgehend noch im Dunkeln. Nur langsam wird den Menschen klar, welche Aussichten sich eröffnen könnten, wenn es gelänge, auch nur einen Teil der unproduktiven Ausgaben für Waffen in produktive Aufwendungen für Entwicklungsaufgaben umzulenken. Die jährlichen Rüstungsausgaben nähern sich der Summe von 450 Milliarden US Dollar (das sind mehr als zwei Milliarden DM pro Tag), während die Ausgaben für staatliche Entwicklungshilfe weniger als 5 Prozent dieser Aufwendungen ausmachen. Vier Beispiele:

1. Die Militärausgaben allein eines halben Tages würden ausreichen, um das gesamte Programm der Weltgesundheitsorganisation zur Ausrottung der Malaria zu finanzieren. Noch weniger würde benötigt, um die Flußblindheit zu besiegen, die immer noch eine Geißel für Millionen Menschen darstellt.
2. Ein moderner Panzer kostet etwa eine Million Dollar. Mit diesem Geld könnte man die Lagermöglichkeiten von 100000 Tonnen Reis so verbessern, daß der Verderb von jährlich 4000 Tonnen oder mehr ausgeschaltet würde. (Ein Mensch kann mit gut einem Pfund Reis am Tag leben.) Mit demselben Geld könnte man auch 1000 Klassenräume für 30000 Schulkinder errichten.
3. Für den Preis nur eines Kampfflugzeuges (20 Millionen US Dollar) könnte man etwa 40000 Dorfapotheken errichten.
4. Mit der Hälfte von einem Prozent der jährlichen Rüstungsausgaben könnte man all die landwirtschaftlichen Geräte anschaffen,

die erforderlich sind, um in den armen Ländern mit Nahrungsmitteldefizit die Agrarproduktion bis 1990 zu verbessern und sogar die Selbstversorgung zu erreichen.

Dürften wir von einer »Neuen Weltwirtschaftsordnung« sprechen, wenn damit nicht wesentliche Fortschritte auf dem Wege zur Abrüstung verbunden wären? Vereinbarungen über die Begrenzung interkontinentaler Zerstörungswaffen sind zu begrüßen, doch kann dies wirkliche Abrüstung nicht ersetzen.

Vor dem Hintergrund hochgerüsteter Militärblöcke hat in den vergangenen dreißig Jahren »Frieden« auf der nördlichen Halbkugel geherrscht, während die südliche Hälfte dieser Welt unter den Ausbrüchen gewaltsamer Unruhen und militärischer Zusammenstöße zu leiden hatte. Manche Länder der Dritten Welt haben ihre Waffenarsenale erheblich aufgestockt – in einigen Fällen, um ihre legitimen oder verständlichen Sicherheitsinteressen wahrzunehmen, zuweilen aber auch aus Prestigegründen und weil sie durch waffenproduzierende Länder zu weiterer Rüstung verleitet wurden. Das Waffengeschäft hat sich als überaus lohnend erwiesen, und zwar für alte wie für neue Lieferanten, die miteinander ein kaum vorstellbares Zerstörungspotential über den Erdball verstreut haben. Ist es nicht mindestens makaber, daß sich der rascheste und dynamischste Transfer an hochmoderner Ausrüstung und Technologie von reichen zu armen Ländern im Bereich von Todesmaschinen vollzogen hat?

Wenn sogenannte Großmächte, besonders die nuklearen Supermächte, in Konflikte in anderen Erdteilen verwickelt werden, so ist das Risiko der Eskalation offenkundig. Wir stimmen mit denen überein, die vor Interventionismus – gleich von welcher Seite – warnen. Energie- und Rohstoffprobleme eignen sich nicht für militärische Lösungen.

Andererseits macht es die offene Verletzung international festgelegter Rechtsbestimmungen oder Verhaltensweisen gewiß nicht leichter, bilaterale Streitigkeiten beizulegen oder multilaterale Probleme zu lösen. Man sollte die Nord-Süd-Beziehungen als das sehen, was sie sind, nämlich eine neue, geschichtliche Dimension für die aktive Sicherung des Friedens. Statt dessen erleben wir, wie die Spannungen zwischen Nord und Süd die Ost-West-Gegensätze verschärfen. Und niemand wird mehr übersehen, wie leicht Länder der Dritten Welt zu Konfliktherden zwischen den Weltmächten werden.

Solche Spannungen gefährden nicht nur den Frieden, sondern sie stören auch die Entwicklung sinnvoller Wirtschaftsbeziehungen und machen wirtschaftliches Wachstum fast unmöglich. Das ist einer der Gründe, warum wir fragen: Wann endlich werden die waffenproduzierenden Länder bereit sein – im Rahmen der Vereinten Nationen oder im direkten Verhältnis zueinander – gewissen Verhaltensregeln zuzustimmen? Sie könnten sich erstrecken von der Offenlegung der Exporte, sowohl von Waffen wie von entsprechenden Anlagen, bis zu nichtdiskriminierenden Vereinbarungen, durch die gewisse Waffen vom Export ausgeschlossen oder Waffenlieferungen in bestimmte Gebiete verhindert würden. Dabei sollte man sich bewußt sein, daß Waffenexporte inzwischen nicht mehr aussschließlich aus dem »Norden« kommen.

Der Frieden kann gefestigt werden, indem man eine systematische Zusammenarbeit mit klar umrissenen Zielen fördert, Vertrauen schafft, die Rüstungen kontrolliert und vermindert und indem man sich von ideologischem Ballast befreit. Den Menschen muß der Zusammenhang zwischen Fragen der Abrüstung und der Entwicklung klargemacht werden. Die Triebkräfte für Macht, Einfluß und Geschäft – auch das absurde Prestige, das dem Waffengeschäft zugrunde liegt – müssen so umgelenkt werden, daß sie der Entwicklung zugute kommen und zu einer Quelle berechtigten Stolzes werden können.

Es spricht eine ganze Menge für ein »Programm des Überlebens«, und zwar auf der Grundlage einigender und zusammenführender Ziele. Was wir anstreben sollten, ist eine Weltgemeinschaft, die sich auf Verträge gründet statt auf Rang, auf Konsensus statt auf Zwang.

Schluß mit Armut und Hunger

Es ist eine Frage der Humanität, Hunger und Elend auf dem Weg ins nächste Jahrhundert zu besiegen und damit jene Futurologen zu widerlegen, die uns sagen, auch beim Übergang ins 21. Jahrhundert hätten wir uns mit der Not Hunderter von Millionen Menschen abzufinden, die zu verhungern drohen oder an vermeidbaren Krankheiten leiden.

Das Kinderhilfswerk der Vereinten Nationen (UNICEF) hat geschätzt, daß allein 1978 mehr als 12 Millionen Kinder unter fünf Jahren an Hunger gestorben sind. Und daß die Vereinten Nationen 1979 zum »Jahr des Kindes« erklärt hatten, wird diese bestürzenden Zahlen nicht zum Besseren gewendet haben.

Die Geschichte hat uns gelehrt, daß Kriege Hunger nach sich ziehen, aber weniger bewußt ist uns, daß Massenarmut ihrerseits zu Krieg führen oder in Chaos enden kann. Wo Hunger herrscht, kann Friede nicht Bestand haben. Wer den Krieg ächten will, muß auch die Massenarmut bannen. Im moralischen Sinn macht es keinen Unterschied, ob ein Mensch im Krieg getötet wird oder durch die Gleichgültigkeit anderer zum Hungertod verurteilt ist.

Noch nie hat die Menschheit über so vielfältige technische und finanzielle Ressourcen verfügt, um mit Hunger und Armut fertigzuwerden. Die gewaltige Aufgabe läßt sich meistern, wenn der notwendige gemeinsame Wille mobilisiert wird. Was notwendig ist, kann und muß getan werden, um die Bedingungen zu schaffen, die arme Menschen vor dem Hungertod und vor zerstörerischer Konfrontation bewahren.

Solidarität unter den Menschen muß über nationale Grenzen hinausreichen; wir dürfen nicht zulassen, daß sie zu einer Leerformel verkrüppelt. Internationale Solidarität muß sich gründen auf starke gemeinsame Interessen an Zusammenarbeit *und* mitmenschliche Verpflichtung gegenüber denen, die Hunger leiden.

Die Beseitigung von Hunger ist das elementarste der menschlichen Grundbedürfnisse. Daher messen wir der Steigerung der internationalen Nahrungsmittelproduktion und der Förderung der Landwirtschaft so große Bedeutung bei, und zwar in jenen vielen Teilen der Welt, die in bedenklichem Ausmaß davon abhängig geworden sind, Lebensmittel einzuführen.

Qualität des Lebens ist ohne Gesundheit nicht denkbar, und diese hängt wiederum ab von ausreichender Ernährung und einer gesunden Umwelt. Notwendig sind ebenso mehr Forschung und Mittel, mit denen die Krankheiten der Menschen in den armen Ländern bekämpft werden können. Gesundheitsvorsorge, soziale Entwicklung und wirtschaftlicher Fortschritt müssen in ihrer wechselseitigen Abhängigkeit gesehen und vorangebracht werden, wenn es gelingen soll, unsere Ziele für das Jahr 2000 zu erreichen.

Auch Analphabetentum bedeutet eine ungeheure Verschwendung menschlichen Leistungsvermögens. Bildung – die mehr ist als die bloße Fähigkeit zu lesen und zu schreiben – weckt das Bewußtsein der Menschen und macht es ihnen möglich, wirksamer am Gemeinschaftsleben teilzunehmen. Damit ist auch sie eine Voraussetzung für den Kampf gegen Hunger und Krankheit.

Wir möchten unterstreichen, daß menschliche Grundbedürfnisse nur durch die schöpferische Kraft einer Gesellschaft befriedigt werden können, die sich dies zum Ziel gesetzt hat. Für die Entwicklungsländer – und besonders die ärmsten unter ihnen – ist das nur möglich, wenn sie in die Lage versetzt werden, ihre eigenen schöpferischen Kräfte aufzubauen und zu entwickeln. Wir unterstützen daher zusätzliche und unverzügliche Maßnahmen zugunsten dieser Länder. In unserem Bericht schlagen wir vor, daß solche Anstrengungen unter anderem die Bereiche Gesundheit, Wiederaufforstung, Flußbecken-Projekte, Entwicklung von Energie und Erforschung von Mineralvorkommen umfassen sollten. Diese vorrangigen Programme bilden ein weiteres Bündel von Maßnahmen, die bis zum Jahre 2000 angepackt sein sollten.

Die führenden Kräfte im Süden werden die Hauptlast der Verantwortung zu tragen haben. Dabei sollten sie auch vor Augen haben, wie wichtig es ist, die öffentliche Meinung im Norden davon zu überzeugen, daß interationale Reformmaßnahmen die Lebensbedingungen der breiten Schichten ihrer Völker tatsächlich verbessern.

Es wäre allerdings unrealistisch anzunehmen, Gerechtigkeit und Wohlfahrt könnten durch internationale Entschließungen leichter herbeigeführt werden, als dies durch nationale Entscheidungen möglich ist. Die Arbeit für neue Regelungen im internationalen wie im nationalen Rahmen gehört zusammen. Und das größte Kompliment, das wir einem Freund machen können, ist aufrichtig zu sein. Die Erfahrung in unserer Kommission, wo wir unterschiedliche Standpunkte freundschaftlich miteinander erörterten, hat uns auch in dieser Hinsicht neue Einsichten vermittelt.

Den Abstand zwischen »armen« und »reichen« Völkern zu verringern, Diskriminierungen abzubauen, Schritt für Schritt die Gleichheit der Lebenschancen herbeizuführen – dies alles entspricht nicht nur dem Streben nach Gerechtigkeit, was allein wichtig genug wäre. Es entspricht auch einem gesunden Eigeninteresse, und zwar nicht nur der armen und ärmsten Länder, sondern ebenso derer, denen es besser geht.

Neue Verantwortung

Eine neue Epoche in der Geschichte der Menschheit begann in der Tat, als die Mehrheit der heute bestehenden Staaten in der Zeit nach dem Zweiten Weltkrieg ihre politische Unabhängigkeit errang. Als Ergebnis der Entkolonialisierung in den meisten Teilen der »Dritten Welt«, wie man diese Länder nun nannte, gerieten gewachsene Machtstrukturen ins Wanken oder brachen gar zusammen; damit entstanden Freiräume, neue politische und wirtschaftliche Gruppierungen bildeten sich heraus. Gleichzeitig sind wir Zeugen, wie alte Kulturen eine Neubelebung erfahren. Und wir beobachten auch, wie es mit abwegigen Überlegenheitskomplexen zu Ende geht.

In der Kommission haben wir es alle zutiefst bedauert, daß der Prozeß der Entkolonialisierung noch immer nicht abgeschlossen werden konnte. Und daß deshalb, besonders im südlichen Afrika, wertvolle menschliche Schaffenskraft weiterhin in ihrer Entfaltung gehindert wird. Wir möchten, daß dieser Prozeß zu einem vernünftigen und produktiven Abschluß geführt wird.

Die Länder, die aus der kolonialen Abhängigkeit entlassen und – ob neu oder wiederentstanden – zu selbständigen Staaten wurden, haben darum gerungen, die Gleichheit der Chancen für ihre Entwicklung zu erlangen und Herr im eigenen Hause zu werden, nicht nur politisch, sondern auch wirtschaftlich und kulturell. Die neuen Länder machten klar, daß sie über ihre eigenen natürlichen Hilfsquellen verfügen wollten. Sie haben sich bemüht, ihren Anteil an der internationalen Warenproduktion und am Welthandel zu erweitern. Sie haben zugleich geworben für vorteilhafte Formen von Zusammenarbeit, Unterstützung und Ressourcentransfer – finanzielle Entwicklungshilfe, zinsgünstige Kredite, Waren und Technologien – um auch so ihre Armut zu überwinden und Chancengleichheit durchzusetzen.

Seit den 50er Jahren hat es in der internationalen Diskussion einen qualitativen Wandel gegeben. Seinerzeit betrachteten viele in den Industrieländern, aber auch anderswo, das Problem im Lichte einer aufgeklärten Barmherzigkeit. Und diejenigen, die für die Dritte Welt sprachen, hatten durchaus recht mit dem Hinweis, daß ihre Völker – mit den ihnen zur Verfügung stehenden Mitteln – den Löwenanteil für ihre Erfolge selbst zu verbuchen hatten; Leistungen, für welche Hilfegeber von außen manchmal mehr Lob in Anspruch nehmen wollten, als ihnen zukam.

Es wird immer Raum bleiben für humanitäre Hilfe; wie ich vermute, auch in der denkbar besten Sozialordnung – wieviel mehr dann in einer Welt, die mit so unermeßlich großer Not fertig werden muß. Aber die internationale Debatte über Entwicklungsfragen an der Schwelle der 80er Jahre handelt nicht mehr allein oder in erster Linie von »Unterstützung« und »Hilfe«, sondern von neuen

Strukturen. Was heute auf der Tagesordnung steht, handelt von einer Neuordnung der internationalen Beziehungen, vom Errichten einer neuen Ordnung und einer neuen Art, die Entwicklungsprobleme umfassend zu betrachten.

Ein solcher Prozeß der Umstrukturierung und der Erneuerung muß getragen sein vom Grundsatz gleicher Rechte und Möglichkeiten: Er sollte hinwirken auf faire Kompromisse, um krasse Ungerechtigkeiten zu beseitigen, nutzlose Streitigkeiten zu vermindern und das miteinander verzahnte Wohlergehen der Völker zu fördern. Die Erfahrung hat gezeigt, daß viel Entschlossenheit und gezielte Anstrengungen nötig sind, um strukturelle Veränderungen herbeizuführen, Veränderungen, die von fairer Ausgewogenheit geprägt sind und auf wechselseitigen Vorteil abzielen.

Das Recht, an den Entscheidungsprozessen teilzuhaben, wird von wesentlicher Bedeutung sein, wenn man von den Entwicklungsländern die Bereitschaft erwartet, daß sie einen angemessenen Anteil an der Verantwortung für internationale politische und wirtschaftliche Angelegenheiten übernehmen. Dieses Recht nährt die Erwartungen der Entwicklungsländer in eine neue internationale Ordnung, und jene Erwartungen müssen Gestalt annehmen, wenn die Beziehungen auf eine Grundlage des Vertrauens und der Zuversicht in interationale Zusammenarbeit gestellt werden sollen.

Auf dem Wege zu einer neuen internationalen Ordnung dürfen wir eine der tragischsten Konsequenzen andauernder Konflikte und Spannungen nicht übersehen: nämlich die Millionen von Flüchtlingen, deren Leben entwurzelt wurde und die oft verzweifeltem Elend ausgesetzt sind. Um es vielleicht etwas undiplomatisch auszudrücken: Seit den Vernichtungslagern in Europa und der Bombe von Hiroshima ist die Menschheit nie mehr so erniedrigt worden, wie jetzt in Indochina und besonders in Kambodscha.

Die gesamte internationale Staatengemeinschaft muß Verantwortung übernehmen für die Existenzbedingungen jener Mitmenschen, die Opfer von Intoleranz und Brutalität werden. Die Last jener Länder, die in enger Nachbarschaft zu einem Regime leben, das einen Exodus von Flüchtlingen verursacht, sollte im Geiste der Solidarität mitgetragen werden; mitgetragen von denen, die es besser haben.

Hin zu einer Globalisierung der Politik

Ob es uns paßt oder nicht: Wir sehen uns mehr und mehr Problemen gegenüber, welche die Menschheit insgesamt angehen, so daß folglich auch die Lösungen hierfür in steigendem Maße internationalisiert werden müssen. Die Globalisierung von Gefahren und Herausforderungen – Krieg, Chaos, Selbstzerstörung – erfordert eine Art »Weltinnenpolitik«, die über den Horizont von Kirchtürmen, aber auch nationale Grenzen weit hinausreicht. Dies vollzieht sich bisher nur im Schneckentempo. Weithin herrscht ein defensiver Pragmatismus vor, und dies in einer Zeit, in der die wahren Interessen der Menschen und der Menschheit neue Perspektiven und weitsichtige Führung erfordern. Das, was man »internationale Gemeinschaft« nennt, ist immer noch zu sehr abgeschnitten von der Erfahrung der einfachen Leute; es gilt auch umgekehrt.

Das Ausmaß der Probleme nimmt zu, mit denen die Länder, unabhängig von ihrer politischen Ordnung, fertig werden müssen. Man kann von system-überwölbenden Problemen sprechen: von der Energie bis zur Ökologie, von Rüstungsbegrenzung bis zur Umsetzung von Arbeitsplätzen, von der Mikroelektronik bis hin zu neuen wissenschaftlichen Optionen, die sich heute erst in Umrissen andeuten. Ob solche Fragen in Boston oder Moskau, in Rio oder Bombay diskutiert werden, überall gibt es Menschen, die erkennen, daß in einem atemberaubenden Tempo der ganze Erdball betroffen ist: Von den gleichen Problemen der Energieknappheit, der Verstädterung mit Verschmutzung der Umwelt, und einer immer moderneren und komplizierteren Technologie, bei der die menschlichen Werte zu kurz kommen und welche die Menschen nicht mehr richtig handhaben können.

Die Mittel der Kommunikation und die Fähigkeit des Begreifens haben miteinander nicht Schritt gehalten. Tatsächlich haben wir es mit einem Zustand zu tun, bei dem im Norden technologische Neuerungen und materielle Veränderungen weiter vorangeschritten sind, als den meisten Menschen bewußt ist, während im Süden Bewußtsein und Erwartungen vieler Menschen der materiellen Wirklichkeit vorauszueilen scheinen. Nicht wenige Schriftsteller, Denker, Wissenschaftler haben Warnrufe vermittelt. Ihnen verdanken wir ein neues Empfinden für die Umweltbedrohungen und ökologischen Gefahren, denen unser Planet ausgesetzt ist.

Im wichtigsten Bereich, nämlich beim Verbrauch von Brennstoffen, verhält sich die Menschheit weiterhin so, als wären alle diese

Rohstoffe – die bis jetzt in so überreichem Maße verschwendet wurden – erneuerbar. Der Ölvorrat unseres Planeten ist in einem langen Prozeß in Millionen von Jahren aufgebaut worden, und er wird nun in wenigen Generationen »durch den Schornstein gejagt«. Die Erschöpfung dieser Rohstoffe ist vorauszusehen, nicht aber ihr Ersatz durch alternative Energiequellen. Verschmutzung und Ausbeutung gibt es überall, ob in der Atmosphäre oder auf dem Boden, aber auch im Meer, das leergefischt wird mit wenig Rücksicht darauf, wie der Bestand erneuert werden soll.

Ist es wirklich so, daß wir unseren Nachkommen einen zerstörten Planeten hinterlassen wollen – mit sich ausdehnenden Wüsten, ausgeplünderten Böden, verschandelten Landschaften, einer kranken Umwelt?

Die ernsten Probleme zunehmender Bodenerosion und Verwüstung (im buchstäblichen Sinne) sollten uns alle berühren und betroffen machen. Wenn man mit der Abholzung im gegenwärtigen Ausmaß fortfährt, wird der Vorrat an brauchbarem Holz gegen Ende dieses Jahrhunderts halbiert sein (und zugleich würde mehr als eine Milliarde Menschen ihres zum Kochen notwendigen Heizmaterials verlustig gehen). Die »Absorptionsfähigkeit« der Bäume, die der Verseuchung durch Kohlendioxyd entgegenwirkt, würde dann auf ein gefährliches Niveau herabsinken. Es handelt sich nicht nur um gewisse Risiken für die Umwelt, sondern darum, daß unser Planet ohne Rücksicht auf kommende Generationen geplündert wird.

Das Interesse an der Erhaltung des Friedens oder an der Beseitigung des Hungers erfordert keine weitere Begründung. Doch das Interesse am gemeinsamen Überleben *muß* auch verknüpft werden mit den alles überragenden Fragen der Energie und der Umwelt, und mit dem Risiko der Selbstzerstörung.

Gemeinsamkeit von Interessen

Es wäre unredlich, unterschiedliche Überzeugungen zu übertünchen, ebenso wie es töricht wäre, Interessenkonflikte zu verbergen. Aber es wäre andererseits äußerst unklug, wenn wir nicht den ernsthaften Versuch machten, Interessen dort gegeneinander abzuwägen und miteinander zu verbinden, wo ein gemeinsamer Nenner gefunden werden kann. Auf mittlere und längere Sicht haben Nord und Süd mehr an gemeinsamen Interessen, als die meisten bisher haben erkennen können. Und die Erfahrung zeigt, daß dauerhafte Lösungen oft erst gefunden werden, nachdem der Konfrontation ein Ende bereitet worden ist.

In diesem Bericht halten wir uns an die These: Es gibt in steigendem Maße gemeinsame Interessen. Diese erfordern eine Veränderung der Art, in der man zusammenarbeitet. So wird uns stärker bewußt, daß ein rascheres Tempo der Entwicklung im Süden auch den Menschen im Norden zugute kommt.

Es ist nicht schwer, die Gemeinsamkeit von Interessen auszumachen in den Bereichen von Energie, Rohstoffen und Handel, Nahrungsmitteln und Landwirtschaft, in den Fragen der Währungen und der Inflationskontrolle, der Finanzierung von Projekten und Programmen, von technologischen Neuerungen, Problemen der Kommunikation auf der Erde und im Weltraum. Die in allen Ländern betriebene Ausbeutung von erneuerbaren und vor allem nicht erneuerbaren Rohstoffen, die Umweltprobleme, die Ausbeutung der Meere, ganz zu schweigen vom ungehemmten Wettrüsten, das zugleich Ressourcen bindet und die Menschheit bedroht – alles dies schafft Probleme, die den Frieden angehen und die um so gefährlicher werden, als es an einer globalen Vision fehlt.

Vielleicht kann man einen Teil dessen, was heute vor sich geht, durch einen Rückblick auf die Entwicklung erläutern, die einige der jetzigen Industrieländer im 19. und beginnenden 20. Jahrhundert durchgemacht haben. Ein langer und mühsamer Lernprozeß war notwendig, bis sich die Erkenntnis durchsetzte, daß höhere Löhne für die Arbeiter die Massenkaufkraft hinreichend steigerten, um die Volkswirtschaft insgesamt voranzubringen. Die Industrieländer müssen heute an der Ausweitung der Märkte in den Entwicklungsländern interessiert sein. Dieses wird einen entscheidenden Einfluß haben auf die Arbeitsplätze in den 80er und 90er Jahren und ganz allgemein auf die Möglichkeiten künftiger Beschäftigung.

Wer einen größeren Anteil am ökonomischen »Kuchen« erstrebt, kann nicht ernsthaft wollen, daß der Kuchen kleiner wird. Die Entwicklungsländer können am wirtschaftlichen Wohlergehen der Industrieländer nicht uninteressiert sein; denn davon hängt nicht nur deren Bereitschaft zu importieren ab, sondern auch deren Bereitwilligkeit, an einem konstruktiven Transfer von Ressourcen mitzuwirken. Es ist freilich hinzuzufügen, daß die meisten Industrieländer, selbst während des größten Booms in der Geschichte, sich nicht genug angestrengt haben, den von ihnen feierlich mitübernommenen Mindestzielen für öffentliche Entwicklungshilfe nahezukommen. Diese Bilanz ist nicht nur enttäuschend, sondern sie zeigt auch, daß – wenn dieses Ziel der Hilfeleistung schon erreicht worden wäre – eine Reihe von Entwicklungsländern jetzt mehr Güter und Leistungen importieren und so die wirtschaftlichen Schwierigkeiten des Nordens mildern würde.

Eine stetige und sichere Versorgung mit Rohstoffen kann nur erreicht werden, wenn die Entwicklungsländer frei und ohne Druck entscheiden können und wenn sie durch faire und stabile Preise – sowie wesentlich bessere Chancen der Verarbeitung bei sich selbst – an der weiteren Lieferung interessiert sind. Auch das gehört dazu, wenn man »Gemeinsamkeit von Interessen« interpretieren will.

Die Millionen von Arbeitslosen im Norden und die noch sehr viel größere Zahl von Un- und Unterbeschäftigten im Süden stellen eine ungeheure Herausforderung dar. Aber Protektionismus führt in die falsche Richtung, denn er trägt dazu bei, daß – mit beträchtlichen Kosten – Strukturen erhalten werden, die nicht zu halten sind. Es würden nur die Anpassung an neue Formen der internationalen Arbeitsteilung aufgehalten und wichtige Entscheidungen auf später verschoben werden. Um allerdings plötzliche Veränderungen abzufedern, die abrupte Einbrüche und schwerwiegende soziale Nachteile mit sich brächten, muß man sich um einvernehmliche Vereinbarungen bemühen.

Mit Nachdruck ist der Ansicht entgegenzutreten, daß wettbewerbsfähige »newcomers« aus der Dritten Welt als Eindringlinge oder ›Gegner des Systems‹ zu bezeichnen wären. Wenn man sie ›Schwellenländer‹ oder ›neue Industrieländer‹ nennt, dann kann damit nicht unterstellt werden, den älteren Industrieländern würden vorrangige Rechte zustehen. Die Menschen in den Industrieländern müssen erkennen, und zwar schneller und umfassender als bisher, daß sich die zu Zeiten des Kolonialismus entwickelte »Arbeitsteilung« nicht zementieren läßt. Die Wechselbeziehungen zwischen Exporten und Importen werden viel stärker werden, als den meisten bewußt ist. Nur wenn der Norden den Zugang zu seinen Märkten weiter öffnet, kann er auch in Zukunft erwarten, selbst mehr zu exportieren.

Entwicklungskredite werden die Schuldenlast der Dritten Welt nur noch mehr vergrößern, wenn mit ihrer Hilfe in den Entwicklungsländern Industrien errichtet, aber nicht zugleich die ökonomischen Bedingungen für die Rückzahlung der Gelder geschaffen werden. Andererseits ist nicht alles auf Nord-Süd-Beziehungen zurückzuführen. So wird die Zusammenarbeit *zwischen* den Entwicklungsländern eine größere Bedeutung erlangen: In diesem Bereich gibt es ein großes Potential für wirtschaftliche Sonderbeziehungen, den Austausch von Know-How und den Abbau von Abhängigkeiten. Umfassendere regionale Zusammenarbeit würde es auch kleineren Ländern erlauben, einen Platz innerhalb größerer Wirtschaftsräume zu finden und ihre Beziehungen mit der übrigen Welt zu vertiefen. Überdies gibt es im Süden selbst einen gewaltigen Bedarf an Forschung und wissenschaftlicher Zusammenarbeit.

Nach unserer Überzeugung muß man sich ernsthaft darauf einstellen, daß die Hilfeleistungen – besonders an die am stärksten benachteiligten Entwicklungsländer – mit einem gewissen Maß an Automatik und Vorhersehbarkeit erfolgen und damit von den nationalen Haushalten mit den ihnen innewohnenden (tatsächlichen oder vermeintlichen) Sachzwängen gelöst werden. Damit stehen mögliche Formen internationaler Abgaben zur Diskussion.

Warum sollte es wirklichkeitsfremd sein, sich auf den Gedanken einzustellen, daß in einer geeigneten Weise und nach einer Gleitskala, die die Leistungsfähigkeit der Länder berücksichtigt, Abgaben oder Steuern erhoben werden? Man könnte dabei sogar an eine geringe Steuer auf den internationalen Handel oder an eine höhere Abgabe auf Waffenexporte denken. Zusätzliche Einkünfte könnten erzielt werden beim internationalen Gemeinbesitz, wie zum Beispiel den Tiefsee-Bodenschätzen. Bei der Unterstützung solcher Ideen, die ohnehin bereits in verschiedenen Kreisen diskutiert werden, war sich die Kommission möglicher Einwände und zu vermutender Widerstände bewußt. Doch glauben wir, nachdem wir diese Frage eingehend erörtert haben, daß ein neuer Denkansatz nötig ist, um die Unzulänglichkeiten des gegenwärtigen Systems der Entwicklungshilfe zu überwinden und Chancen für eine universale, kollektive Lastenverteilung zu eröffnen.

Man mag einwenden, daß internationale Steuern ohne internationale Regierung nicht gut vorstellbar sind. Doch glauben wir in der Tat, daß gewisse Elemente dessen, was man eine ›internationale Regierung‹ nennen könnte, schon jetzt angezeigt wären, um den gemeinsamen ebenso wie den nationalen Interessen gerecht zu werden. Und wir vermuten auch, daß die Welt gegen Ende dieses Jahrhunderts voraussichtlich nicht funktionieren wird, ohne ein Mindestmaß an praktikablen internationalen Abgaben – und ohne einen Entscheidungsprozeß, der über die jetzt bestehenden Verfahren ein gutes Stück hinausgeht. Das Überleben der Menschheit in

Gerechtigkeit und Würde wird es notwendig machen, mit neuen Methoden neue Wege zu öffnen. Doch müssen die Informationen und die Diskussionen hierüber so angelegt werden, daß die Menschen verstehen, worum es geht und worauf es ankommt.

Keinem der wichtigen Probleme zwischen Industrie- und Entwicklungsländern ist durch Konfrontation wirksam beizukommen: Vernünftige Lösungen können nur auf Dialog und Zusammenarbeit gegründet sein. Dies geht nicht ohne ein neues Verständnis der gegenseitigen Abhängigkeit von Staaten und Menschen. Einer unserer Kommissionskollegen fügte hinzu: Entwicklung bedeutet gegenseitige Abhängigkeit, und beides sind Grundvoraussetzungen für das Überleben der Menschheit.

Diese Interdependenz, also gegenseitige Abhängigkeit, hat viele Seiten: Alle Staaten werden Nutzen ziehen aus einer gestärkten Weltwirtschaft, mit Eindämmung der Inflation und einem verbesserten Klima für Wachstum und Investitionen. Alle werden auch profitieren von einem besseren Umgang mit den nicht erneuerbaren Rohstoffen dieser Erde, und eine Stabilisierung der Weltbevölkerung würde ihnen miteinander zugute kommen. Alle Staaten – ob Industrie- oder Entwicklungsland, ob marktwirtschaftlich oder planwirtschaftlich strukturiert – haben ein offenkundiges Interesse an mehr Sicherheit und an einer verbesserten politischen Fähigkeit und Führungskraft, globale Probleme in den Griff zu bekommen. Jedoch darf man nicht erwarten, daß eine neue Sicht der Zukunft das Ende harten Verhandelns bedeuten wird.

Über einen geschichtlichen Prozeß entscheiden nicht Resolutionen oder Bücher, und privilegierte Gruppen haben ihre Haltung selten ganz aus freien Stücken geändert. Aber Argumente können eine Rolle spielen, und Worte können wie Waffen wirken. Ein höheres Maß an Miteinandersprechen führt jedoch nicht notwendigerweise zu besserer Verständigung. Ideologische und machtpolitische Argumentation führt uns allzu oft weg von einer »gemeinsamen Sprache«, nicht näher an sie heran. Trotz tiefverwurzelter Gegensätze muß man darauf hinarbeiten, sich über Inhalte zu verständigen und zu Begriffen zu kommen, unter denen alle dasselbe verstehen. Dies ist eine schwierige, aber notwendige Aufgabe, wenn man eine dauerhafte Verständigung fördern will.

Internationale Resolutionen sind oft so vieldeutig formuliert und enthalten so unterschiedliche Möglichkeiten der Auslegung, daß sie schon deshalb gekünstelt erscheinen. In der Tat wissen oft nur die unmittelbar Beteiligten, was sich hinter bestimmten Kompromißformulierungen verbirgt. Entschließungen sollten so abgefaßt sein, daß die Menschen sie verstehen können und sich von ihnen angesprochen fühlen, denn nur so werden sie sich mit der Arbeit, die im internationalen Bereich geleistet wird, zu identifizieren vermögen.

Was soll Entwicklung bedeuten?

Die Kommission hat nicht versucht, den fragwürdig gewordenen Begriff Entwicklung neu zu definieren. Doch waren wir uns (unter anderem) darüber einig, daß das Hauptaugenmerk nicht auf Apparate und Institutionen, sondern auf den Menschen zu richten ist. Die Weigerung, fremde Modelle ungeprüft zu übernehmen, bedeutet tatsächlich eine zweite Phase der Entkolonisierung. Man muß sich von der Vorstellung frei machen, als hätte die ganze Welt die Modelle hochindustrialisierter Länder nachzuahmen.

Es gilt, von der ständigen Verwechslung zwischen Wachstum und Entwicklung loszukommen, und wir unterstreichen mit Nachdruck, daß das eigentliche Ziel der Entwicklung eines Landes in dessen Selbsterfüllung und schöpferischer Partnerschaft liegt. Seine produktiven Möglichkeiten und sein menschliches Potential können nur dann zur Entfaltung kommen. Wir müssen uns von der Vorstellung frei machen, unser Problem ergebe sich allein daraus, daß ›entwickelte Länder‹ existieren und solche, die ›entwickelt‹ werden wollen. Im übrigen ist ja auch im Norden der technologische und ökonomische Entwicklungsprozeß noch keineswegs abgeschlossen, und es wird mittlerweile heftig darüber diskutiert, wie künftiger Fortschritt aussehen soll – mit andersartigen Technologien und einer weniger verschwenderischen Art zu leben. Wachstumsideologien im Norden (und nicht nur beschränkt auf dessen westlichen Teil) haben sich zu wenig mit der *Qualität* von Wachstum befaßt.

Ein Volk, das sich seiner kulturellen Identität bewußt ist, kann Elemente, die seinem eigenen Wertsystem entsprechen, übernehmen oder anpassen und auf diese Weise eine eigenständige wirtschaftliche Entwicklung fördern. Einheitliche Modelle, die für alle gültig sein könnten, gibt es nicht. Die unterschiedlichen und angemessenen Antworten hängen ab vom geschichtlichen und kulturellen Erbe, von religiösen Traditionen, menschlichen und wirtschaftlichen Ressourcen, klimatischen und geographischen Bedingungen, natürlich auch von politischen Grundstrukturen, die sich in den

Völkern herausgebildet haben. Doch über all diese Unterschiedlichkeiten hinweg kann festgestellt werden, daß es die kulturelle Identität ist, die den Menschen Würde verleiht.

In den letzten Jahren ist Experten und internationalen Beobachtern klar geworden, daß Entwicklungsstrategien, die vornehmlich auf Produktionsausweitung abgestellt waren, geändert und ergänzt werden müssen – und zwar mit dem Ziel einer gerechteren Einkommensverteilung. Dabei gilt es, den Grundbedürfnissen der ärmsten Schichten und der Arbeitsplatzbeschaffung in besonderer Weise Rechnung zu tragen. Es ist gewiß unsinnig, den Entwicklungsländern Produktionsverfahren aufzuzwingen, welche die in großem Maße vorhandene Arbeitskraft weitgehend ungenutzt lassen. Auch gibt es vermehrte Anzeichen dafür, daß neue Technologien die Beschäftigungsmöglichkeiten im Norden *und* im Süden weiter verringern könnten, wenn nicht die Orientierung auf Arbeitsplätze und soziale Gerechtigkeit ganz stark nach vorn gerückt wird.

Solche Strategien werden in der Dritten Welt kaum auf fruchtbaren Boden fallen, solange die Industrieländer einer Leitvorstellung huldigen, die vorwiegend materialistisch ist, die sich auf den Glauben stützt, das Bruttosozialprodukt und das, was man für Lebensstandard hält, werde automatisch wachsen.

Man muß warnen vor trügerischen Hoffnungen auf allumfassende Lösungen, wenn so viele individuelle und nationale Erwartungen miteinander in Einklang zu bringen sind. Es wäre auch falsch anzunehmen, Lösungen würden sich von selbst ergeben oder das Los der Unterprivilegierten würde sich durch einen organischen Prozeß verbessern. Die Erwartung, daß ein schnelleres Wirtschaftswachstum in Entwicklungsländern an sich schon den breiten Massen zugute kommen würde, hat sich nicht erfüllt.

In vielen Ländern sind viele Menschen vom Wirtschaftswachstum ausgeschlossen, und ihnen ist auch verwehrt, an der Gestaltung ihres eigenen Umfeldes mitzuwirken. Sie leben im Zustand absoluter Armut und fristen ein Leben, das des Menschen unwürdig ist. Nur wenn die Regierungen sich verpflichtet fühlen, die Armen an der allgemeinen Entwicklung teilhaben zu lassen, können die Appelle zu verstärkter internationaler Hilfe und Zusammenarbeit mit stärkerem moralischen Gewicht vorgetragen werden.

Wir gehen davon aus, daß alle Kulturen gleichermaßen Respekt, Schutz und Förderung verdienen. Je mehr der Prozeß der Modernisierung als eine im wesentlichen technische Angelegenheit verstanden wird, desto wichtiger wird der Erhalt kultureller Identität und Selbständigkeit. Wir wissen um die ernsthaften Spannungen, die Anpassung an Erfordernisse moderner Technologien mit sich bringt, die aber im Kampf gegen die eher noch wachsenden Probleme von Hunger und Armut nicht zu vermeiden ist. Es ist vorrangiges Gebot, um ein Gleichgewicht bemüht zu sein zwischen den Möglichkeiten, die die moderne Technologie bietet, und den einzelnen Menschen und Regionen, die ihre Individualität nicht verlieren wollen, und dies auch nicht brauchen oder gar sollen. Für diese Probleme gibt es keine gleichförmigen Lösungen.

Die Gefahren eines »kulturellen Imperialismus« sollte man nicht übersehen. Solidarität zwischen Nationen muß sich gründen auf gegenseitige Anerkennung von Werten. Dennoch mag eine technologisch begründete Weltzivilisation eine Art von gemeinsamem Sozial- und Arbeitsethos erfordern. Bessere Lebensbedingungen werden ohne Verantwortungsgefühl für das Schicksal von Mitmenschen und ohne humanen Arbeitswillen kaum zu erreichen sein. Die Beschäftigung mit Fragen historischer Schuld vermittelt keine Antwort auf das entscheidende Problem der Eigenverantwortung, auf die gestützt allein sich gegenseitige Achtung entwickeln kann. Selbstgerechtigkeit schafft weder Arbeitsplätze noch stopft sie hungrige Münder.

Internationale soziale Gerechtigkeit sollte im Zusammenhang gesehen werden mit einem wachsenden Bewußtsein von der grundlegenden Gleichheit und Würde aller Menschen. Wissenschaftliche, technologische und wirtschaftliche Möglichkeiten sollten mit dem Ziel entwickelt werden, eine menschlichere Sozial- und Wirtschaftsordnung für alle zu ermöglichen. Große Anstrengungen sollten unternommen werden, damit die Menschen- und die sozialen Rechte beschleunigt Anerkennung finden und durch internationale Abkommen geschützt werden.

Dieser Bericht zielt darauf ab, einige der gewaltigen Risiken herauszustellen, welche die Menschheit bedrohen, und er möchte aufzeigen, daß die legitimen Eigeninteressen der Nationen oft mit wohlverstandenen gemeinsamen Interessen auf einen Nenner gebracht werden können. Wir möchten auch deutlich machen, daß die Menschheit sich äußerst kritischen Problemen gegenübersieht. Diese sind nicht hoffnungslos, wenn die politisch Verantwortlichen in dieser Welt ihr Gewicht zugunsten von vernünftigen Lösungen in die Waagschale werfen. Situationen sind selten hoffnungslos, wenn man sie nicht als solche akzeptiert. Und die Hoffnung selbst ist das wichtigste Element, wenn es darum geht, Hürden zu nehmen, die sonst als unüberwindbar erscheinen würden.

Ein Nord-Süd-Gipfel im Dienste des Überlebens

Was also soll nun im Bereich internationaler Verhandlungen geschehen? Zu oft sind Diskussionen als ein »Dialog der Gehörlosen« geführt worden. Die Luft ist stickig von Alibi-Argumenten, die Nichtstun entschuldigen wollen. Das gilt für alle Seiten. Es ist üblich geworden, sich selber gute Noten zu geben und den anderen nur Fehler anzukreiden. Was dabei herauskommt, sind Stillstand und Frustration.

Nach unserer Meinung gibt es gute Gründe, eine internationale Nord-Süd-Begegnung auf höchster Ebene vorzuschlagen, die – nach sorgfältiger Vorbereitung – möglichst bald stattfinden sollte. Ein solches Treffen, an das sich unter Umständen weitere anschließen könnten, sollte einige besonders drängende Nord-Süd-Fragen behandeln und, falls möglich, ein Einvernehmen darüber herbeiführen, wie in möglichst konkreter Form bestimmte gemeinsame Interessen – unmittelbare und längerfristige – zu schöpferischer Partnerschaft gestaltet werden könnten.

Wir möchten es ganz deutlich aussprechen, daß Nord und Süd nicht nach dem Motto »wie gehabt« fortfahren und dabei meinen können, man brauche hier und dort nur eine Kleinigkeit zuzulegen. Was not tut, ist eine intellektuelle Neuorientierung; sind ernsthafte Schritte in Richtung auf strukturelle Veränderungen wie auf verstärkte praktische Zusammenarbeit. Ein entspannteres Verhandlungsklima sollte die rhetorische Kriegführung überflüssig machen und ungerechtfertigten Verdächtigungen den Boden entziehen.

Während wir in der Kommission den Vorschlag eines Gipfeltreffens diskutierten, warf ein Staatsmann aus der Karibik die Frage auf, ob man nicht »ein produktiveres Umfeld für Verhandlungen unter dem Schirm der Vereinten Nationen schaffen« könne. Wir meinen in der Tat, daß hierüber dringliche und ernsthafte Konsultationen geführt werden sollten; dies umso mehr, als auch die blockfreien Staaten auf ihrem Treffen in Havanna im Sommer 1979 auf die Notwendigkeit hingewiesen haben, globale Verhandlungen nach einer Prioritätsliste zu führen.

Das System der Vereinten Nationen sollte natürlich überdacht und weiter entwickelt werden. Seine Unzulänglichkeiten sind bekannt und nicht leicht zu überwinden. Es ist das einzige System dieser Art, das es gibt. Nicht zuletzt die internationale Zusammenarbeit im Währungs- und Finanzbereich sollte weltumspannend sein und jede mögliche Anstrengung unternommen werden, damit es auch jene Länder umfaßt, die sich noch außerhalb befinden. Das exzessive Wachstum internationaler Bürokratien haben die Regierungen der Mitgliedstaaten zugelassen, und nur sie können diesen Trend umkehren. Doch lassen die Schwierigkeiten, die es bereitet, auch nur die eigenen Bürokratien im Zaum zu halten, nicht allzu viel erwarten. Im übrigen ist es notwendig, den Zustand internationaler Organisationen zu durchleuchten; auf gewissen Gebieten mag es auch erforderlich sein, bestehende Einrichtungen zu ergänzen, um neu aufgekommene Probleme zu behandeln.

Eine Gipfelkonferenz könnte einen wesentlichen Beitrag zu den Bemühungen der internationalen Gemeinschaft leisten, wenigstens die dringendsten Probleme zu lösen. Dies sollte eine gemeinsame Verantwortung einschließen für die Bereiche Energie und Rohstoffe, Finanzen und Beschäftigung, aber es sollte sich auch auf ein weltweites Programm erstrecken, das die schlimmsten Auswüchse von Welthunger und Unterernährung im Blick auf das Jahr 2000 beseitigen hilft.

Ein solches Treffen sollte in enger Verbindung mit den Vereinten Nationen vonstatten gehen, aber nur eine begrenzte Zahl von Staats- und Regierungschefs sollten beteiligt sein. Dabei müßte es nach voraufgegangenen Konsultationen regionale und andere wichtige Gruppierungen widerspiegeln, um einen sinnvollen Meinungsaustausch in einer noch überschaubaren und arbeitsfähigen Gruppe von Staatsmännern (hinter verschlossenen Türen und möglichst nur mit jeweils einem Berater) zu ermöglichen. Es gibt natürlich Weltkonferenzen, die eine große Zahl von Teilnehmern benötigen und auf Publizität angewiesen sind. Doch kann man nicht erwarten, daß es auf Veranstaltungen, an denen Tausende teilnehmen, zu ernsthaften Erörterungen kommt.

Die Tagesordnung für eine internationale Gipfelbegegnung sollte solche Themen einschließen, die – im weitesten Sinne – das gemeinsame Interesse widerspiegeln. Das gemeinsame Interesse an Frieden, Ausgleich und Arbeitsplätzen. Die Ansichten, die durch diese Konferenz vertreten werden, können natürlich die internationale Gemeinschaft nicht binden. Aber Entscheidungen könnten vorbereitet werden, und eine vernünftige Zusammensetzung dieses Gremiums könnte ein Klima schaffen, das für bindende Beschlüsse andernorts günstig wäre.

Weltweite Fragen erfordern weltweite Antworten, und da heute die bisher unbekannte Gefahr der Selbstzerstörung der Menschheit besteht, muß dieser Gefahr auch mit bislang unbekannten Methoden begegnet werden.

Ein Appell an die Verantwortlichen in aller Welt

Schließlich möchte ich mich an dieser Stelle in allem Freimut an die Staatsführungen in einer Reihe von Ländern und Ländergruppen wenden.

Zunächst an die Adresse der Vereinigten Staaten. Ich glaube nicht, daß das amerikanische Volk gleichgültig sein kann gegenüber Armut und Hungertod, wo immer in der Welt diese anzutreffen sind. Amerikanische Organisationen haben in der Tat gezeigt, daß sie engagiert sind und bereit zur Hilfe. Doch haben die Vereinigten Staaten, die in den frühen 60er Jahren auf diesem Feld führend waren, in ihren Anstrengungen erheblich nachgelassen. Im Verhältnis zu ihrem Bruttosozialprodukt ist ihre Auslandshilfe weit zurückgefallen. Ich verstehe viele der Gründe für die nachlassende amerikanische Bereitschaft, und doch hoffe ich sehr, daß sie nicht unveränderbare Tatbestände im politischen Leben der USA widerspiegeln. Auch hoffe ich, daß negative Erfahrungen mit dem einen oder anderen Land nicht Folgen für die Haltung der Amerikaner gegenüber den Entwicklungsländern insgesamt haben werden. Wenn sich die Länder der Welt in einem Unternehmen zusammentun, um die Aussichten für das Überleben zu verbessern und weltweites Wohlergehen zu fördern, dann kann sich die mächtigste und wohlhabendste Nation nicht damit zufrieden geben, eine marginale Rolle zu spielen. Und niemand sonst würde dies wünschen.

Die Sowjetunion hat im Laufe weniger Generationen viel getan, um die Armut in ihren Grenzen zu beseitigen. Doch haben die Ost-Staaten wenig Bereitschaft gezeigt, mehr Mitverantwortung für die armen Länder zu übernehmen. Allerdings haben mir Führer der Sowjetunion und osteuropäischer Staaten versichert, daß sie die gemeinsamen Probleme der Menschheit mit großem Ernst verfolgen. Die Fähigkeit, die Probleme zu analysieren, ist gewiß vorhanden, und man ist sich auch bewußt, daß die gegenseitigen Beziehungen – um ein anderes Wort für Abhängigkeit zu benutzen – in der Zukunft weiter wachsen werden. Doch fehlt der logische Schritt, um zu globalen Entwicklungskriterien zu gelangen, die dann quantifiziert und praktischen Maßnahmen zugrunde gelegt werden können. Ein solcher Schritt würde auch im eigenen Interesse der Ost-Staaten liegen.

In der Vergangenheit ist die Zusammenarbeit mit der Dritten Welt oft in eine Arena ideologischer Konflikte und Gegensätzlichkeiten verwandelt worden. Wenn das so bleibt, wird die Ost-West-Rivalität auf diesem Gebiet eine große Bedrohung für weltweite Entspannung darstellen. Alle Staaten, die vom Ost-West-Gegensatz betroffen sind, müssen mehr zusammenarbeiten und auf Vereinbarungen oder gar Verhaltensregeln hinwirken, die den »Export« ihrer Streitfragen in den Süden verhindern. Damit würde zugleich die Versuchung schwinden, diese Rivalitäten auszunutzen.

In meinem Teil der Welt finde ich eine große Spannbreite von Haltungen gegenüber Fragen der internationalen Entwicklung. Einige der kleineren Länder in West- und Nordeuropa haben sich durch das Ausmaß der weltweiten Not zu einer großzügigen, fortschrittlichen Reaktion bewegen lassen. Andere waren zurückhaltender: Sie erwiesen sich als nicht gerade übermäßig freigebig in ihrer wirtschaftlichen Zusammenarbeit und haben sich gegen Vorschläge gewehrt, die Weltwirtschaft zu reformieren. Die Europäische Gemeinschaft hat zwar einen gewissen Gedankenreichtum entfaltet, doch ist auch ihr Programm verhältnismäßig bescheiden geblieben. In jüngster Zeit hat es in einigen Ländern Kürzungen von Hilfeprogrammen und einen Rückzug von internationalen Verantwortlichkeiten gegeben, während andere wiederum entschieden haben, sich mit ihrer Hilfe etwas schneller nach vorn zu bewegen. Ich hoffe, meine europäischen Mitbürger können davon überzeugt werden, daß ihre eigene Zukunft nicht in der Lockerung, sondern in der Stärkung ihrer positiven Verbindungen mit der Dritten Welt liegt.

Japan vermag die Entwicklungsprobleme besonders gut zu verstehen, da es selbst so rasch in die Stellung einer führenden Industrienation vorgerückt ist. Viele von uns sind beeindruckt von der japanischen Politk der nach vorn gerichteten Planung und der aktiven strukturellen Anpassungen. Ich meine, daß andere Länder von dieser Erfahrung lernen können. Japan hat angekündigt, seine Entwicklungshilfe in den nächsten Jahren wesentlich zu erhöhen, und es spielt bei den dynamischen Veränderungen in jenem Teil der Welt eine führende Rolle. Ich hoffe, dieses Land wird fortfahren, seine Verantwortung für die Weltwirtschaft im allgemeinen wahrzunehmen, und zwar so, wie es seine Wirtschaftskraft ihm auferlegt.

Ich unterschätze keineswegs die Schwierigkeiten; aber ich glaube, daß die Bereiche weltweiter Zusammenarbeit ständig und erfolgreich erweitert werden müssen. Es ist nur natürlich, daß darin auch die Volksrepublik China eingeschlossen sein muß, die in vielen Feldern internationaler Zusammenarbeit über große Möglichkeiten verfügt.

Was viele der Entwicklungsländer angeht, so hat die Arbeit unserer Kommission mein Verständnis für die schwierigen Aufgaben vergrößert, denen sie und ihre Regierungen sich gegenübersehen. Zweifellos wird der größte Teil der Bemühungen um die Überwindung der Armut von den betroffenen Völkern und Regierungen zu tragen sein. Dabei gewinnt die Einsicht an Boden, daß auf Gleichheit aller ausgerichteten Reformen und eine größere Mitwirkung aller Schichten die Bedingungen für ein zügiges und gleichmäßigeres Wachstum erheblich verbessern können.

Verständlicherweise wünschen die Entwicklungsländer einen stärkeren Einfluß in Angelegenheiten, welche die ganze Welt betreffen. Aber mehr Macht ist bereits vom Norden auf den Süden übergegangen, als allgemein bekannt ist, und in den kommenden Jahren müssen die Entwicklungsländer einen wachsenden Anteil der Verantwortung für die Erhaltung des Weltfriedens übernehmen, ohne den alle unsere übrigen Anstrengungen ins Leere gehen.

Zusammen mit meinen Kollegen in der Kommission bin ich davon überzeugt, daß die Völker dieser Welt nicht nur zusammen in Frieden leben müssen, sondern es auch können. Die Aufgabe besteht darin, die Menschheit von Abhängigkeit und Unterdrückung sowie von Hunger und Not zu befreien. Neue Bande müssen geknüpft werden, welche die Aussichten auf Frieden, Gerechtigkeit und Solidarität für alle entscheidend verbessern. Dies ist eine große Aufgabe für die jetzige Generation und für die, die ihr folgt.

Die Gestaltung unser aller Zukunft ist zu wichtig, um sie allein Regierungen und Experten zu überlassen. Daher geht unser Appell an die Jugend, an die Frauen- und die Gewerkschaftsbewegungen; er geht an die politischen, intellektuellen und religiösen Führungsschichten, an Wissenschaftler und Erzieher, an Techniker und Unternehmer, an Angehörige der Bauernschaft wie der Geschäftswelt. Mögen sie alle versuchen, ihre Angelegenheiten so zu begreifen und zu regeln, wie es im Lichte dieser neuen Herausforderung geboten ist.

Bonn/Genf, den 20. Dezember 1979

1 Nord und Süd: Eine Bestandsaufnahme

Die gegenwärtige Krise in den internationalen Beziehungen und der Weltwirtschaft birgt große Gefahren; und es scheint, als würden diese Gefahren immer ernster. Wir meinen, daß die Kluft, die reiche und arme Länder trennt – eine so breite Kluft, daß die Völker an ihren äußersten Rändern in verschiedenen Welten zu leben scheinen – als ein entscheidendes Element in dieser Krise bisher nicht ausreichend erkannt worden ist. Es ist einer der großen Widersprüche unserer Zeit, daß es diese Ungleichheiten gibt – und daß sie in mancher Hinsicht noch zunehmen –, und das in einem Augenblick, da die menschliche Gesellschaft besser zu begreifen beginnt, wie sehr alle aufeinander angewiesen sind und wie in *einer* Weltwirtschaft Nord und Süd voneinander abhängen. Doch alle Bemühungen internationaler Organisationen und die Konferenzen der führenden Mächte haben es nicht vermocht, den Entwicklungsländern Hoffnung auf einen Ausweg aus der Armut zu vermitteln oder die Weltwirtschaft neu zu gestalten und so zu beleben, daß sie den Bedürfnissen der Entwicklungs- wie auch der Industrieländer besser entspricht. Der Dialog zwischen Nord und Süd allein wird die akuten Probleme der Welt, von denen viele eher politischer als ökonomischer Natur sind, nicht lösen; wir sind jedoch sicher, daß die Weltwirtschaft keine wirkliche Stabilität erlangen wird, solange sie sich dieser fundamentalen Herausforderung nicht stellt.

Der Nord-Süd-Dialog ist nicht nur an sich eine wesentliche Aufgabe: Er ist darüber hinaus auch der Aufruf zum Handeln. Und er kann weltweites Handeln wahrscheinlicher machen, indem er zeigt, daß Länder und Kontinente ihre Differenzen überwinden und die Widersprüche zwischen ihren eigenen und ihren gemeinsamen Interessen lösen können. Jetzt, da sich der Norden wie der Süden in wachsendem Maße ihrer gegenseitigen Abhängigkeit bewußt werden, müssen sie ihren Dialog zur Erreichung bestimmter Ziele mit neuem Leben erfüllen, das mehr dem Geist der Partnerschaft und des wechselseitigen Interesses entspricht, als dem der Ungleichheit und der Wohltätigkeit. Der Dialog muß darauf abzielen, daß jede Gesellschaft die Möglichkeit erhält, sich ungehindert nach eigenen Wünschen zu entwickeln und die Grundbedürfnisse ihrer Menschen in annehmbarem Tempo zu befriedigen; es geht um die Schaffung einer dynamischen Welt, in der jedes Land zu seiner ureigenen Entwicklung gelangt, in Achtung voreinander und in Beachtung der Erfordernisse des gemeinsam bewohnten Planeten. Die Wortführer der öffentlichen Meinung überall müssen zu neuen Einsichten in die geschichtlichen Kräfte finden, die allzu lange die internationale Gemeinschaft beherrscht und gespalten haben; sie müssen der Welt dabei helfen, ihnen zu entkommen und den Teufelskreis von schrillem Protest und stummer Ergebung zu durchbrechen, indem sie sich der Ursachen der Weltprobleme annehmen und nicht nur der Symptome.

Als wir in der Kommission begannen, uns gemeinsam diesen Problemen zuzuwenden, waren wir von unseren Erfahrungen und unserer Position im politischen Spektrum her weit voneinander entfernt. Aber wir alle sind uns darin einig geworden, daß grundlegende Veränderungen notwendig sind, sei es im Bereich des Handels, der Finanzen, der Energie oder auf anderen Gebieten, wenn wir einen gefährlichen Zusammenbruch der Weltwirtschaft in den achtziger und neunziger Jahren vermeiden und stattdessen der Wirtschaft einen neuen Anstoß geben wollen, dem Wohle aller Völker zu dienen.

Die Teilung in Nord und Süd

Vieles spricht gegen das vereinfachende Bild von einer in zwei Lager gespaltenen Welt. Zum »Norden« gehören zwei reiche Industrieländer südlich des Äquators, Australien und Neuseeland. Der »Süden« reicht von der aufblühenden, halbindustrialisierten Nation Brasilien bis hin zu armen Binnen- oder Inselstaaten wie dem Tschad oder den Malediven. Einige südliche Länder – Ölexporteure zumeist – haben ein höheres Pro-Kopf-Einkommen als einige Länder des Nordens. Aber im großen und ganzen, und obwohl weder »der Norden« noch »der Süden« eine einheitliche oder festgefügte Gruppierung ist, stehen die beiden Begriffe gleichbedeutend für »reich« und »arm«, für »entwickelt« und »sich entwickelnd«.

Der Nord-Süd-Dialog ist in der Hauptsache zwischen den Entwicklungsländern und den marktwirtschaftlich organisierten Industrieländern geführt worden – auf welche sich im allgemeinen der in diesem Bericht verwendete Begriff »der Norden« bezieht. Viele unserer Betrachtungen treffen allerdings auch auf die industrialisierten Länder Osteuropas zu, die nicht mit dem Westen in einen Topf geworfen oder zum Süden in einen Gegensatz gebracht werden möchten, den sie als ein Ergebnis der Geschichte des Kolonialismus betrachten. Wenn wir vom Süden sprechen, schließen wir gewöhnlich auch China aus, das sich formal nicht der Gruppierung der Entwicklungsländer angeschlossen hat, wenn es sich auch gemeinhin mit ihnen zu identifizieren pflegt. Wir messen jedoch der Beteiligung der osteuropäischen Länder und Chinas an dem System und den Institutionen der Weltwirtschaft große Bedeutung bei.

Die Lage des Südens

Die Nationen des Südens sehen sich in ein gemeinsames Schicksal gestellt. Ihre Solidarität in weltweiten Verhandlungen entspringt dem Bewußtsein, daß sie vom Norden abhängig und ihm nicht gleichgestellt sind; und viele von ihnen fühlen sich durch die gemeinsame Erfahrung des Kolonialismus verbunden. Der Norden einschließlich Osteuropas umfaßt ein Viertel der Weltbevölkerung und verfügt über vier Fünftel des Welteinkommens; im Süden einschließlich Chinas leben drei Milliarden Menschen – drei Viertel der Weltbevölkerung – von nur einem Fünftel des Welteinkommens. Im Norden kann ein Mensch erwarten, im Durchschnitt mehr als siebzig Jahre lang zu leben; er dürfte kaum je hungrig sein und geht zumindest bis zum 14. Lebensjahr zur Schule. In den Ländern des Südens hat die große Mehrheit der Menschen eine Lebenserwartung von etwa fünfzig Jahren; in den ärmeren Ländern stirbt von vier Kindern eins, bevor es fünf Jahre alt wird; wenigstens ein Fünftel aller Menschen des Südens leidet an Hunger und Unterernährung; die Hälfte hat keine Chance, je Lesen und Schreiben zu lernen.

Diesen Unterschieden liegt eine tiefe Ungleichheit der Wirtschaftskraft zugrunde. Nicht nur ist der Norden um so viel reicher als der Süden. Im Norden liegen mehr als 90% der Verarbeitenden Industrie der Welt. Die meisten Patente und neuen Technologien sind Eigentum multinationaler Unternehmen des Nordens, die einen großen Teil des Weltkapitals und des Welthandels mit Rohstoffen und Fertigwaren kontrollieren. Mit dieser wirtschaftlichen Macht beherrschen nördliche Länder das internationale Wirtschaftssystem – seine Gesetze und Regeln und seine internationalen Institutionen für Handel, Währung und Kapital. Einige Entwicklungsländer sind gegen diesen Strom geschwommen, haben bestehende Möglichkeiten genutzt und viele Hindernisse überwunden;

für die meisten von ihnen aber hat die Strömung sich als zu stark erwiesen. Im weltweiten Rahmen wie auch innerhalb der Nationen fördern Wirtschaftskräfte, die man völlig sich selbst überläßt, eine Entwicklung zu größerer Ungleichheit. Innerhalb eines Landes hat die staatliche Politik die schwächeren Partner zu schützen. Es ist an der Zeit, dieses Rezept auf die Beziehung zwischen den Nationen der Völkerfamilie anzuwenden.

Von Entwicklungshilfe zu Partnerschaft

Um zum Sieg über Hunger und Armut beizutragen und eine gerechtere und effizientere internationale Wirtschaftsordnung zu schaffen, müssen grundlegende Strukturveränderungen in den Märkten vorgenommen werden, auf denen Entwicklungsländer als Anbieter – von Rohstoffen, Industrieprodukten, Arbeitskraft – oder als Abnehmer – von Kapital und Technologie – auftreten. Solche Veränderungen sind auch an den Mechanismen und Institutionen erforderlich, die Kapital, Investitionen und Liquidität international schaffen und verteilen. Es geht heute nicht nur und nicht einmal in erster Linie um Entwicklungshilfe; es geht vielmehr um fundamentale Veränderungen in der Weltwirtschaft, die dazu beitragen, daß die Entwicklungsländer auf eigenen Füßen stehen können. Und die Länder des Nordens selber brauchen angesichts der zunehmenden Verflechtung mit dem Süden eine internationale Wirtschaftsreform für die Sicherung des eigenen künftigen Wohlstandes.

Die Nord-Süd-Debatte wird oft so dargestellt, als würde von den Reichen verlangt, daß sie entsprechend den Forderungen der Armen Opfer bringen sollten. Wir lehnen diese Ansicht ab. Die Welt ist heute ein empfindliches, ineinandergreifendes Gefüge. Das gilt für die Menschen, für ihre Umwelt und ihre Rohstoffe. So manches Volk hat seine inneren sozialen Konflikte beigelegt, indem es die Schwachen schützte und den Prinzipien der Gerechtigkeit Geltung verschaffte, und es wurde stärker dadurch. Auch die Welt kann stärker werden, indem sie zu einer gerechten, humanen Gesellschaft wird. Wenn die Menschheit hier versagt, wird sie ihrer eigenen Vernichtung entgegengehen.

Gemeinsames Interesse an wirtschaftlichem Wachstum

Die wachsende Zahl von selbständigen Staaten, Institutionen und Machtzentren hat das internationale System sehr viel komplizierter gemacht, zugleich aber auch zu einer weit engeren, gegenseitigen Verflechtung geführt. Mehr und mehr sind lokale Probleme nur noch international zu lösen – Umweltschutz und Energieversorgung etwa und die Koordinierung von Wirtschaftstätigkeit, Geld- und Handelsverkehr. Vor allem hängt das wirtschaftliche Wachstum in einem Lande immer mehr von den Leistungen und vom Verhalten anderer Länder ab. Der Süden kann sich ohne den Norden nicht angemessen entwickeln; der Norden kann nicht florieren oder seine Lage verbessern, wenn es nicht größeren Fortschritt im Süden gibt.

Viele Leute im Norden bezweifeln, daß die Bewahrung hoher Wachstumsraten möglich oder auch nur erwünscht sei. Es ist unbestreitbar, daß wirtschaftliches Wachstum in der Vergangenheit mit schwerem Raubbau an begrenzten Rohstoffreserven und nachhaltiger Schädigung der Umwelt verbunden war. Dem aber kann man entgegenhalten, daß nicht das Wachstum an sich, sondern bestimmte Technologien, Industrien und Lebensgewohnheiten Umwelt und Ressourcen stark angegriffen haben; und diese können und müssen durch gezielte Maßnahmen unter Kontrolle gebracht werden. Tatsächlich werden manche Formen des Umweltschutzes durch Wachstum und durch die öffentlichen Mittel, die das Wachstum erzeugen kann, erst gefördert. Der Qualität des Wachstums wird steigende Aufmerksamkeit zu widmen sein; es ist jedoch kaum zu erwarten, daß Industriegesellschaften vom Wachstum selber, das seit 1950 eine Verkürzung der Lebens-Arbeitszeit um ein Drittel und erhebliche Verbesserungen des Lebensstandards im weitesten Sinne gebracht hat, Abschied nehmen wollen.

Die Geißel Arbeitslosigkeit

Nur wirtschaftliches Wachstum kann die Mittel für mehr Arbeitsplätze und Einkommen schaffen, im Norden wie im Süden. Alle Länder haben Sorgen mit der steigenden Arbeitslosigkeit. Für den Süden geht es hierbei jedoch nicht bloß um Stabilität, sondern um das Überleben. Die Ausweitung der Beschäftigung im Süden ist in der Tat schwierig. Dort ist die Zahl der Menschen, für die Arbeitsplätze bereitzustellen sind, sehr viel größer als im Norden, und die Investitionsmittel sind sehr viel geringer. Man schätzt, daß allein in Indien bis zum Jahre 2000 acht Millionen Arbeitsplätze jährlich geschaffen werden müssen, wenn man mit dem Bevölkerungswachstum – obwohl es sich verlangsamt – Schritt halten und die bisher angestaute Arbeitslosigkeit abbauen will. Indien hat mit 600 Millionen Menschen ein Bruttosozialprodukt, das nur zwei Fünftel des Bruttosozialprodukts von Großbritannien mit 55 Millionen Menschen ausmacht. Und diese Relation gilt für viele Länder, vor allem für die Länder Afrikas südlich der Sahara, wo die Produktionskapazitäten geringer und der Arbeitskräftezuwachs noch rapider sind als in Südasien. Soll die Beschäftigungsquote in der Dritten Welt in vernünftigem Umfang wachsen, soll der soziale und wirtschaftliche Zusammenbruch der Dritten Welt vermieden werden, so sind enorme Anstrengungen sowohl der nationalen Führungen als auch der internationalen Zusammenarbeit notwendig.

Nur mit erheblichen Steigerungen ihrer Investitionsmittel und mit wirksamerer Arbeitsbeschaffung, die den Armen ein Einkommen ermöglicht, können diese Länder hoffen, den verzweifelt langsamen Anstieg des Lebensstandards zu beschleunigen. Wenn der Norden zu dieser Entwicklung beitragen will, indem er den Handel mit der Dritten Welt ausweitet, die Benachteiligungen der Dritten Welt auf den Weltmärkten abbaut, die Finanzhilfen erhöht, und wenn er gleichzeitig seine eigenen Probleme lösen will, dann ist allerdings Wachstum eine politische Notwendigkeit. Steigende Arbeitslosigkeit im Norden ist deshalb in jeder Hinsicht ein Alarmzeichen. Teilweise beruht sie auf technologischem Wandel und auf neuen Investitionen, die Arbeitskraft durch Kapital ersetzen. Es gibt aber noch wichtigere Faktoren, vor allem sinkende Nachfrage, daneben zunehmende Frauenerwerbstätigkeit, Produktionsverlagerung ins Ausland vor allem durch Kapitalanlagen der multinationalen Unternehmen. Importe aus Entwicklungsländern haben hierbei keine wesentliche Rolle gespielt – ja, es wurden in den letzten Jahren, wie wir in den Kapiteln 3 und 11 erörtern, ebensoviele Arbeitsplätze durch den Export in diese Länder geschaffen, wie durch konkurrierende Importe verloren gingen.

Die Notwendigkeit struktureller Veränderungen

Zwar kommt in einigen Länden des Nordens das Bevölkerungswachstum zum Stillstand, doch wird die Zahl der Arbeitskräfte in den meisten von ihnen zunehmen. Die Steigerung der Produktion, die nötig ist, um die Arbeitskräfte aufzunehmen, wird für die Jahre 1980 bis 1985 bei steigender Produktivität auf 3 bis 5 Prozent geschätzt. In ausnahmslos allen Ländern wird eine aktive Beschäftigungspolitik nötig sein, um die langfristige Arbeitslosigkeit in den Griff zu bekommen, zumal das voraussichtliche Wirtschaftswachstum nicht zur Vollbeschäftigung führen wird. Die Industriestaaten stehen vor der bedeutenden Aufgabe, ihre internen Arbeitsmarktprobleme zu lösen und dabei die Produktion entsprechend ihren eigenen Bedürfnissen und den Bedürfnissen der Weltwirtschaft »umzustrukturieren«.

In funktionierenden Volkswirtschaften ist die Umstrukturierung ein kontinuierlicher Prozeß, in welchem ertragreichere Produktionen die weniger ertragreichen ablösen – wie bei Lederwaren und Schuhen, Textilien oder Schiffen, deren Produktion sich immer mehr in die Dritte Welt verlagert hat. Das Umsteigen auf andere Produktionen stößt im Norden manchmal auf Widerstand und es wird nach »Schutz« verlangt. In einer expandierenden Wirtschaft ist der Ruf nach protektionistischen Maßnahmen wie etwa Subventionen nicht so schnell zu erwarten, da das Wirtschaftswachstum zahlreiche Ausweichmöglichkeiten bietet, die Arbeit und Kapital effizienter einsetzen. Strukturwandel ist immer nötig, da die Wettbewerbsfähigkeit zwischen den Nationen sich ständig verändert; er ist jedoch ebenso nötig für die Erhaltung der Effizienz innerhalb der einzelnen Volkswirtschaften. Er sollte ein positiver Prozeß sein. Die künftigen Arbeitsplätze im Norden hängen also davon ab, daß sowohl nationale als auch internationale Wirtschaftspolitik zur Expansion beiträgt. Ein bedeutender Teil der Arbeitsplätze im Norden beruht auf dem Handel mit dem Süden. Es wird innerhalb des Nordens schwierige Konflikte geben zwischen denen, die ihren Arbeitsplatz wechseln müssen, und jenen, die das nicht brauchen. Aber wenn dem Norden diese Anpassung nicht gelingt, wird es schwieriger für alle.

Wir sind davon überzeugt, daß viele Weltprobleme im gemeinsamen Interesse des Nordens und des Südens gelöst werden können. Der Süden hat eine neue Ordnung gefordert, die seine Rohstoffexporte vor Preisverfall und Preisschwankungen schützt. Der Norden hat hierauf nur zögernd reagiert, während er um die künftige Rohstoffversorgung besorgt ist und zu geringe Investitionen in die Erschließung von Bodenschätzen beklagt – was sich nicht ohne lohnende und stabile Rohstoffpreise bessern kann. Der Süden will für seine Fertigprodukte Zugang zu den Märkten des Nordens, was für bestimmte Industrien des Nordens Probleme aufwirft – aber alles in allem kann der Norden durch eine ausgewogene Steigerung seines Handels mit dem Süden die Beschäftigung ausweiten. Der Süden muß vom Norden kaufen und seine Schulden zurückzahlen, aber dafür muß er Devisen im Norden verdienen, indem er seine Waren dorthin verkauft. Der Süden verlangt einen Verhaltenskodex, der harmonischere Beziehungen zu den multinationalen Unternehmen herstellt – beide Seiten können aber davon profitieren, wenn diese Unternehmen vertrauensvoll im Süden investieren können und wenn der Süden mehr Vertrauen in das Verhalten der Multis setzen kann; künftige Kapitalanlagen zur Erschließung der Bodenschätze im Süden hängen von solchen Arrangements ab. Vor allen Dingen glauben wir, daß ein Kapitaltransfer großen Stils in den Süden einen entscheidenden Wachstumsimpuls im Süden wie im Norden geben und zur Neubelebung der erlahmenden Weltwirtschaft beitragen kann.

Die Nachkriegszeit – Eine historische Anmerkung

Die gegenwärtige Krise ist nur in der Perspektive der Nachkriegsjahrzente und im Zusammenhang mit den Weltinstitutionen, die damals entstanden, richtig zu verstehen. Am Ende des Zweiten Weltkrieges wurden, mit Sitz in New York, die Vereinten Nationen (UN) gebildet. Sie waren als weltumspannende Organisation mit gleichem Stimmrecht für jeden Mitgliedstaat gedacht, nur die Großmächte erhielten im Sicherheitsrat ein Veto-Recht. Im Jahre 1946 hatten die Vereinten Nationen erst 55 Mitglieder. Von 1947 an, als Indien seine Unabhängigkeit gewann, erlangte eine Reihe von Ländern in Afrika, Asien, der Karibik und dem Pazifik die nationale Selbständigkeit, so daß die Vereinten Nationen im Jahre 1979 152 Mitglieder zählten und der Süden nun den Westen und den Osten zahlenmäßig überwiegt.

Als der Krieg zu Ende ging, waren die Vereinigten Staaten von Amerika zur führenden Macht des Westens geworden und übernahmen es zusammen mit Großbritannien, die neuen Institutionen zu entwerfen, die den Rahmen für Kapitalströme und Welthandel bilden sollten. Während die Westmächte sich binnenwirtschaftlich zwar zur Interventionen verpflichtet sahen, waren sie entschlossen, einen starken freien Weltmarkt zu schaffen und so den Protektionismus und die »Haltet-den-Dieb«-Politik der dreißiger Jahre zu vermeiden; es war die Kombination von Keynes zu Hause und Adam Smith im internationalen Bereich. Als sie sich 1944 in Bretton Woods in New Hampshire trafen, schufen sie zwei zentrale Instrumente für die internationale finanzielle und monetäre Zusammenarbeit: Die »Internationale Bank für Wiederaufbau und Entwicklung« (IBRD), bekannt als die Weltbank, deren Aufgabe es war, mit Krediten den Wiederaufbau in Europa und Japan und die Entwicklungsländer zu fördern, und den »Internationalen Währungsfonds« (IWF) als Hüter der Währungsordnung, der sich um stabile Wechselkurse und um Liquidität für den freieren Warenaustausch zu kümmern hatte.

Internationale Institutionen

Ursprünglich sollte das System von Bretton Woods auch eine Internationale Handelsorganisation (ITO) umfassen, über die 1948 in Havanna verhandelt und eine Einigung erzielt wurde; aber die Charta von Havanna wurde vom US-Kongreß nicht ratifiziert. Einige ihrer Regelungen übernahm man in das weniger ehrgeizige »Allgemeine Zoll- und Handelsabkommen« (GATT) von 1948, das als Übergangslösung gedacht war, inzwischen aber als Hauptforum für multinationale Handelsgespräche dient. Die weitergesteckten Ziele jedoch, etwa Maßnahmen zur Ordnung von Rohstoffmärkten, wurden nie verwirklicht.

Die Weltbank und der Internationale Währungsfonds ließen sich 1945 in Washington nieder, wo sie seitdem geblieben sind – beide arbeiten in benachbarten Gebäuden (wenn auch mit getrennten Verwaltungen und unterschiedlichen Zielen). Sie standen allen Ländern offen, wurden allerdings durch das nach Beitragshöhe gestaffelte Stimmrecht von den führenden Industrieländern kontrolliert. Die Vereinigten Staaten von Amerika, die zunächst den größten Teil der Mittel der Weltbank aufbrachten, behielten ihren starken Einfluß. Indien und Lateinamerika waren in Bretton Woods zwar vertreten, doch befand sich die Dritte Welt 1944 zum größten Teil noch unter Kolonialherrschaft und die Ansichten, und die Bedürfnisse des Südens standen nicht im Vordergrund der Verhandlungen. Die Sowjetunion und China nahmen an der Konferenz von Bretton Woods teil. Aber die Sowjetunion entschied, den Institutionen nicht beizutreten; und das chinesische Festland war nach der Revolution von 1949 nicht vertreten.

Bald errichteten der Westen wie der Osten eigene wirtschaftliche Bündnissysteme. Im Jahre 1947 setzten die Vereinigten Staaten den Marshall-Plan für die wirtschaftliche Gesundung Europas ins Werk. Sie bestanden darauf, daß die europäischen Länder über die Verwendung der US-Mittel mitbestimmten, und es wurde für diesen Zweck die Organisation für Europäische Wirtschaftszusammenarbeit (OEEC) gebildet; sie wurde 1960 zur Organisation für Wirtschaftliche Zusammenarbeit und Entwicklung (OECD), der die Vereinigten Staaten von Amerika, Kanada und schließlich die meisten westlichen Industrieländer als Mitglieder angehören. Im Jahre 1949 führte eine Konferenz in Moskau zur Gründung des Rates für gegenseitige Wirtschaftshilfe (RGW bzw. Comecon), der Bulgarien, Polen, Rumänien, die Tschechoslowakei und die UDSSR umfaßte und dem sich in darauffolgenden Jahre die DDR anschloß. Diese Länder schufen sich ein gesondertes internationales Währungssystem, und ihr Handel regelte sich nach langfristigen, an Fünfjahrplänen orientierten Verträgen. Als ihr Wirtschaftsblock Gestalt annahm, hatten diese Länder zunächst nur geringfügige Beziehungen zur übrigen Weltwirtschaft. Später traten dem Comecon die Mongolische Volksrepublik, Kuba und Vietnam als Entwicklungsländer bei, während Albanien, das sich inzwischen ebenfalls angeschlossen hatte, wieder austrat.

Die Sonderorganisationen der UN und die Bretton Woods Institutionen

Die Vereinten Nationen wurden zum wichtigsten Forum des Südens. Die zahlreichen neuen Staaten, die im Laufe der historischen Veränderungen der Nachkriegszeit entstanden, sahen in der Entwicklungsthematik das zentrale Problem ihrer Beziehungen mit der übrigen Welt, und ihre Nationwerdung, die häufig sehr turbulent verlief, hing von der wirtschaftlichen und sozialen Entwicklung ab. Mit der Erweiterung der UN und der ihr angeschlossenen Organisationen – unter anderem der Weltgesundheitsorganisation (WHO), der Internationalen Arbeits-Organisation (ILO), des

UN-Entwicklungsprogramms (UNDP), der Ernährungs- und Landwirtschaftsorganisation (FAO), der UN-Organisation für Bildung, Wissenschaft und Kultur (UNESCO) – entstanden Instrumente der Entwicklungspolitik, die das internationale Problem der Armut sichtbarer in das Bewußtsein des Nordens rückten. Die Weltbank und der Internationale Währungsfonds, zwar in wachsendem Maße mit den Problemen der Entwicklung konfrontiert, neigten zu eher konservativem Verhalten. Zwischen den Institutionen von Bretton Woods und denen der Vereinten Nationen, deren jede ihre eigenen Sprache und Konzept hatte, blieb ein Unterschied der Orientierung und des Einflusses. Der Süden verfügte in der Generalversammlung der Vereinten Nationen über die Stimmenmehrheit, was ihm die Möglichkeit sicherte, Resolutionen duchzusetzen, dem Norden aber verlieh seine Position in der Weltbank und im Internationalen Währungsfonds die Kontrolle über die Schlüsselbereiche des Währungs- und Finanzwesens.

In den zweieinhalb Jahrzehnten, die dem Zweiten Weltkrieg folgten, wandelte sich die Weltwirtschaft. Mit einem liberalisierten Weltmarkt und relativ stabilen Währungen unter Führung des amerikanischen Dollars erlebte die industrialisierte Welt ein in der Geschichte beispielloses Wirtschaftswachstum und eine Ausweitung des Welthandels, die zum Wachstum auch in Teilen der Dritten Welt beitrugen. Die Weltbank, der Internationale Währungsfonds und das GATT mußten sich den Bedürfnissen der Entwicklungsländer anpassen. 1960 wurde die Weltbank um die Internationale Entwicklungsorganisation (IDA) erweitert, die den Entwicklungsländern einen »Schalter« für Kredite zu wesentlich erleichterten Konditionen bot; der IWF erhöhte und erweiterte seine Finanzierungshilfen, um sie zu unterstützen; und das GATT gewann mehr Entwicklungsländer als Mitglieder und befreite sie teilweise – zumindest im Prinzip – von seiner Regel der Gegenseitigkeit, die besagt, daß ein Mitgliedsland, das Handelserleichterungen beantragt, anderen Mitgliedsländern gleichwertige Erleichterungen einräumen muß.

Wandel in der Einstellung zur Entwicklungshilfe

Die Staaten des Westens begriffen Entwicklungspolitik zunächst überwiegend als Entwicklungshilfe. Die Vereinigten Staaten von Amerika riefen im Jahre 1949 ihr Entwicklungshilfeprogramm ins Leben, und die Vereinten Nationen begannen Anfang der fünfziger Jahre mit ihrem Programm der Technischen Hilfe. Die Hilfeleistungen stiegen zunächst rasch an: bereits 1951 gaben westliche Länder Kredite in Höhe von 8 Milliarden Dollar im Jahr, fast ein Prozent ihres Bruttosozialprodukts; die Kredithilfen der Länder des Ostens waren allerdings sehr viel begrenzter. Im Jahre 1967 regte die Weltbank eine »Große Bestandsaufnahme« an, um die Ergebnisse von zwanzig Jahren Entwicklungshilfe zu untersuchen, die Resultate zu prüfen, die Fehler klarzustellen und bessere Arbeitsmethoden für die Zukunft vorzuschlagen. Dies führte im Jahre 1968 zur Bildung einer Kommission unter Vorsitz von Lester B. Pearson, dem ehemaligen Premierminister Kanadas. Als die Pearson-Kommission 1969 ihre Arbeitsergebnisse veröffentlichte, stellte sie Fragen der Entwicklungshilfe in den Mittelpunkt, entsprechend der seinerzeit in Kreisen der Entwicklungsfachleute vorherrschenden Philosophie und der Tatsache, daß ihre Empfehlungen sich hauptsächlich an die Institutionen von Bretton Woods und an die Entwicklungshilfe leistenden Regierungen richteten.

Steigendes Interesse fanden aber auch die eigentlichen Probleme der Entwicklung, deren manche, etwa die Bodenreform, innenpolitischer Natur waren, während andere mit Märkten und Kapitalanlagen des Auslands in Zusammenhang standen. Viele Untersuchungen in den fünfziger Jahren kamen zu dem Ergebnis, daß die Entwicklungsländer in ihrem Handel mit Industrieländern benachteiligt waren und daß dies ein ernstes Hindernis für ihre Entwicklung war. Die blockfreien Länder, zusammengehalten durch ihren Antikolonialismus und durch ihr Bestreben, sich aus dem Kalten Krieg herauszuhalten, begannen auf gerechtere Bedingungen im Welthandel zu drängen. Und als 1964 die erste UN-Konferenz für Handel und Entwicklung (UNCTAD) stattfand, bildete sich die »Gruppe der 77« (zu der heute weit mehr als 100 Mitglieder gehören), mit deren Hilfe die Entwicklungsländer ihre wirtschaftlichen Interessen gemeinsam zu vertreten suchten. Diese Gruppe vereinte in sich sehr unterschiedliche Mitglieder von halbindustrialisierten Ländern Lateinamerikas bis hin zu extrem armen Ländern in Afrika und Asien; aber sie war entschlossen, im Angesicht der reichen

Länder des Nordens ihre geschlossene Front zu halten, und das hat in der Folge den Verlauf der Nord-Süd-Beziehungen tiefgreifend beeinflußt.

Neue Trends in den siebziger Jahren

Anfang der siebziger Jahre konzentrierte sich die Debatte bereits nicht mehr auf Entwicklungshilfe, sondern auf die Struktur des Weltwirtschaftssystems. Die Entwicklungsländer hatten zwar aus dem Aufbau der internationalen Institutionen Nutzen gezogen, doch meinten sie, dies müsse viel weiter gehen. Sie erklärten, daß die Regeln des GATT ihren speziellen Bedürfnissen nicht ausreichend Rechnung trügen. Sie beklagten, daß die Entstehung und die ursprüngliche Machtstruktur der Institutionen von Bretton Woods deren Reformfähigkeit einschränkten, und sie forderten die Neuordnung des internationalen Finanzwesens. Auf den Gebieten von Handel, Kapital und Technologie strebten sie nach Reform und Neuerungen.

Aber die Gruppe der 77 stand bei der UNCTAD und anderswo vor einer schwierigen Aufgabe. In einer Reihe von Konferenzen legte sie immer wieder Vorschläge für internationale Wirtschaftsreformen vor, aber der Norden fand sie entweder nicht gut oder war noch nicht bereit, sie zu akzeptieren. Auch hat der Norden eingewandt, der Süden stelle oft zu starre Forderungen, die für Verhandlungen kaum noch Raum ließen. Auf der anderen Seite pflegte der Norden, obwohl einige Länder durchaus positive Vorschläge gemacht haben, als Gruppierung eher passiv auf Vorschläge des Südens zu reagieren, anstatt eine eigene konstruktive Position zu beziehen.

Anfang der siebziger Jahre befiel die Weltwirtschaft eine leichte Rezession; sie erholte sich davon 1972 zwar sehr rasch, doch in mehreren Ländern gab es eine hohe Inflation, und die Preise für Getreide und Investitionsgüter stiegen beträchtlich. Das Währungssystem war bereits geschwächt, seit im August 1971 die Goldbindung des Dollars aufgehoben worden war, und Anfang 1973 wurden die Nachkriegsregelungen für die Handhabung der Wechselkurse aufgegeben. Maßgebliche Länder hatten es gleichzeitig mit Problemen der Inflation, der Arbeitslosigkeit und der Zahlungsbilanz zu tun, und ihre inneren Schwierigkeiten wirkten sich nachteilig auf den internationalen Handel aus. Das System von Bretton Woods hatte bereits zu bröckeln begonnen.

Eine entscheidende Veränderung aber trat Ende 1973 mit dem Steigen der Ölpreise ein, das einen wichtigen Wendepunkt in den Nord-Süd-Beziehungen bedeutete. Die ölexportierenden Länder, seit 1960 in der »Organisation Erdöl-exportierender Länder« (OPEC) zusammengeschlossen, setzten mehrmals hintereinander Preiserhöhungen fest, die das Rohöl in den Jahren 1973 und 1974 auf das Vierfache verteuerten. Das mag im Rückblick unumgänglich gewesen sein, da der reale Ölpreis über längere Zeit sogar gefallen war und die absehbare Verknappung der Energiereserven nicht widerspiegelte. Aber die Preisänderung versetzte der Weltwirtschaft, in der die Ölströme bereits eine wesentliche Rolle spielten, einen tiefgehenden Schock. Einige wenige ölexportierende Länder hatten plötzlich große Devisenüberschüsse, während ölimportierende Länder unvermittelt vor Verschlechterungen ihrer Zahlungsbilanzen standen. Die Folgen in den Industrieländern waren schwerwiegend, und in Teilen der Dritten Welt waren sie – zusammen mit anderen Preissteigerungen und mit den Auswirkungen der weltweiten Rezession – noch gravierender. Einigen Ländern griff die OPEC durch den Ausgleich der Ölpreissteigerung kräftig unter die Arme; viele andere aber waren davon schwer betroffen.

Der Weltwirtschaft gelang es nicht, ihren früheren Schwung zurückzugewinnen. Die industrialisierten Länder des Westens hatten zwischen 1950 und 1960 ein jährliches Wirtschaftswachstum von mehr als vier Prozent und zwischen 1960 und 1973 sogar von über fünf Prozent; aber von 1973 bis 1979 betrug die durchschnittliche Wachstumsrate nur 2,5 Prozent pro Jahr. Auch die osteuropäischen Volkwirtschaften wuchsen langsamer – von mehr als 9,5 Prozent jährlich in den fünfziger Jahren und mehr als 6,5 Prozent jährlich zwischen 1960 und 1973 verlangsamte sich ihr Wachstum auf weniger als 5,5 Prozent in den Jahren 1973 bis 1977 – auch wenn die Zahlen aus osteuropäischen Ländern mit denen des Westens nicht genau vergleichbar sind. Einigen Entwicklungsländern gelang es zwar, ihr Wachstum in Schwung und ihre Importnachfrage aufrecht zu halten – was eine noch tiefere Rezession in den Industriestaaten verhinderte –, aber ab 1974 trat eine ausgeprägte Verlangsamung in Lateinamerika ein und, was am schlimmsten ist, in den am wenigsten entwickelten Ländern, darunter vielen afrikanischen. Ihre Exporte stagnierten, und ihre Pro-Kopf-Einkommen – wenig mehr als 100 Dollar – stiegen um knapp über 1 Prozent, das heißt nur um 1 bis 2 Dollar pro Jahr.

Wo das Wachstum in Entwicklungsländern sich verlangsamte,

hat dies natürlich die bereits schwierige Beschäftigungsfrage noch schwieriger gemacht; in der Dritten Welt wird Arbeitslosigkeit und Unterbeschäftigung nach Hunderten von Millionen gezählt. Und auch in der industrialisierten Welt stieg die Zahl der Arbeitslosen. 1979 gab es in den OECD-Ländern bereits mehr als 18 Millionen Erwerbslose. Manche ihrer Wirtschaftssektoren – vor allem ältere Industrien wie Stahl, Schiffbau oder Bekleidung – waren in Gefahr. Das verlangsamte Wachstum, die Inflation, die Schwankungen der Wechselkurse, die steigenden Kosten des Umweltschutzes und die ungewisse Zukunft der Energieversorgung das alles verstärkte nur die Verunsicherung der Unternehmer, die von neuen Investitionen absahen.

Nicht für alle diese Übel war der Ölpreis verantwortlich, aber das Öl ist unverkennbar für die Weltwirtschaft ein entscheidender Faktor geworden. Und für die Nord-Süd-Beziehungen ist die OPEC-Aktion von grundlegender Bedeutung gewesen. Zum ersten Male ist hier eine Gruppe von Staaten außerhalb des Kreises der industrialisierten Welt imstande gewesen, aus eigener Kraft wirtschaftlichen Druck auszuüben. Sie gehörte zum Süden und identifizierte sich mit dem Streben des Südens nach einer fundamentalen Neuordnung der internationalen Wirtschaftsbeziehungen. Das gab dem gesamten Nord-Süd-Dialog einen neuen Impetus, obwohl es in den siebziger Jahren noch keine großen Fortschritte brachte.

Als das Jahrzehnt seinem Ende entgegenging, befand sich die Weltwirtschaft in ernsten Schwierigkeiten, und der institutionelle Rahmen, der ihr seit dem Kriege gedient hatte, reichte zur Lösung dieser Schwierigkeiten nicht mehr aus. Der Protektionismus war auf dem Vormarsch, und kein Apparat war stark genug, ihn aufzuhalten. Im Währungsbereich waren Vereinbarungen über den Ausgleich der Zahlungsbilanzen oder über ein ordentliches System der Wechselkurse nicht in Sicht. Daß die Notwendigkeit für gründliche Reformen bestand, konnte kaum deutlicher werden.

Die Weltwirtschaft verändern

Es obliegt in erster Linie den Staaten und Völkern des Südens selber, ihre Probleme zu lösen; sie werden weiterhin den größten Teil ihrer Ressourcen aus eigener Kraft bereitstellen und ihre Wirtschaft selber planen und führen müssen. Nur sie können sicherstellen, daß die Früchte der Entwicklung innerhalb ihrer Länder gerecht verteilt werden und daß mehr Gerechtigkeit und Gleichheit in der Welt ihre Entsprechung in geeigneten inneren Reformen finden.

Der Süden muß und will selbständiger sein, um den Prozeß der politischen Unabhängigkeit durch ökonomische Unabhängigkeit zu vervollkommnen. Das aber bedeutet nicht die Abkoppelung von der Weltwirtschaft. Es bedeutet vielmehr die Fähigkeit, auf gleicher Stufe mit den reicheren Ländern zu handeln, ein gerechtes Entgelt zu erhalten für das, was er produziert, und an der Kontrolle und Handhabung internationaler Institutionen angemessen beteiligt zu werden. Viele Politiker des Südens haben beklagt, daß der Norden zwar bereit sein mag, Geld zur Milderung ihrer Armut oder Not aufzuwenden, daß er aber zögert, die Kontrolle über wirtschaftliche Entscheidungen aufzugeben. Diesem Problem der Teilung der Macht kann man jedoch nicht ausweichen.

Spätere Kapitel dieses Berichtes werden die wichtigsten Nord-Süd-Probleme erörtern. Rohstoffproduzenten möchten ihre Produkte verarbeiten, bevor sie sie verkaufen: sie wollen Schnittholz oder Möbel exportieren anstelle von Baumstämmen, Pulverkaffee anstelle von Kaffeebohnen, Feinmetalle anstelle von Erzen. Hier aber stoßen die Länder des Südens vor den großen Märkten auf Zoll- und andere Barrieren. Ein ebenso dringender Bedarf besteht für finanzielle Unterstützung zur Stabilisierung der Rohstoffpreise und der Erlöse aus Rohstoffexporten. Die meisten Länder mit mittlerem Einkommen und fast alle armen Länder sind überaus stark vom Export ihrer Agrar- und Bergbauprodukte abhängig. Selbst Brasilien oder Malaysia, beides Länder mit mittlerem Einkommen, die im Begriff sind, sich zu industrialisieren, leben noch weitgehend von ihren Exportwaren Kaffee, Gummi und Zinn. All diese Rohstoffländer hängen von Preisen ab, die sehr stark schwanken und sie zwingen können, bei fallendem Markt zu Preisen zu verkaufen, die unterhalb der Gestehungskosten liegen. Auch für die Käuferländer wäre die Stabilisierung der Preise von Nutzen.

Hindernisse für die Industrialisierung der Dritten Welt

Dies wiederum gehört zu dem umfassenderen Thema des Marktzugangs. Der Export von Fertigwaren ist für die Industrialisierung der Entwicklungsländer wichtig, aber auch dagegen errichtet der Norden Hindernisse: unter anderem neue nicht-tarifäre Handelshemmnisse wie offizielle oder inoffizielle Mengenbeschränkungen oder auch staatliche Subventionen oder Aufträge, die auf die Unternehmen im eigenen Lande beschränkt sind. Im internen Geschäftsverkehr der transnationalen Unternehmen können die Preise für Fertigprodukte, Rohstoffe oder Dienstleistungen oftmals zum Nachteil der Entwicklungsländer manipuliert werden. Darüber hinaus rechnet heute eine Reihe von Entwicklungsländern mit den Überweisungen ihrer Gastarbeiter als einer wichtigen Devisenquelle. Pakistan zum Beispiel erhält von seinen Arbeitskräften im Ausland beinahe ebensoviel, wie aus all seinen Exporten zusammengenommen. Aber die Arbeit im Ausland ist oftmals unsicher und der Diskriminierung ausgesetzt; eine Rezession kann den Arbeitsverträgen ein rasches Ende setzen und Arbeitslosigkeit in die Heimatländer zurückschicken. Dieser Arbeitsmarkt ist für Entwicklungsländer, wie der für Agrar- und Industrieprodukte, ein Markt der schwachen Verkäufer und der mächtigen Käufer.

Auf dem internationalen Markt für Technologie sieht sich der Süden vor anderen Schwierigkeiten. Die Entwicklungsländer müssen ihre eigene Industrie und ihre Forschung aufbauen, und sie sind oft gegenüber den transnationalen Unternehmen, die die moderne Technologie weitgehen kontrollieren, in einer schwachen Verhandlungsposition. Wohl profitieren sie von direkten Investitionen, aber die Erträge sind nicht immer vollständig geteilt worden, was politische Spannungen hervorgerufen hat. Sie können Technologie in Form von Lizenzen kaufen, allerdings nur zu den Bedingungen der ausländischen Unternehmen. Sie möchten nicht die Kontrolle über ihre heimische Wirtschaft verlieren; sie möchten in der Lage sein, sich zu fairen Bedingungen und mit dem gleichen Sachverstand mit den transnationalen Unternehmen auseinanderzusetzen.

Der Süden braucht vor allen Dingen Kapital. Die meisten der reichen Länder haben sich das Ziel gesetzt, 0,7 Prozent ihres Bruttosozialprodukts als staatliche Entwicklungshilfe zu geben, aber nur wenige haben es erfüllt. Der größte Teil der Hilfe dient zur Finanzierung der Devisenkosten von Projekten, aber viele der armen Länder brauchen auch Unterstützung für Ausgaben in heimischer Währung und für andere Importe als Investitionsgüter. Einige nicht ganz so arme Länder haben jüngst bei Geschäftsbanken umfangreiche Kredite aufgenommen, was sie in große Schwierigkeiten hinsichtlich der Krediterneuerung stürzte; Ende der siebziger Jahre machte das Schuldnern und Gläubigern gleichermaßen Angst. Und viele Entwicklungsländer werden im Laufe der nächsten zwanzig Jahre noch viel mehr Kapital benötigen, um reale Verbesserungen auf dem Gebiet der Gesundheit und Ernährung, der Entwicklung des Bergbaus und der Industrie oder zur Sicherung eines ausreichenden Wachstums zu schaffen.

Zu den monetären Problemen gehören einige, die für den Süden von besonderem Gewicht sind, und eine Reihe anderer, an denen der Norden und der Süden gleichermaßen ein Interesse haben. Die Mechanismen zur Schaffung und Verteilung internationaler Zahlungsmittel werden von der nationalen Politik einiger weniger führender Staaten stark beeinflußt, und der Süden verlangt mehr Mitbestimmung in den Entscheidungsprozessen.

Begrenzte Verhandlungsfortschritte

Über diese und andere Fragen steht der Süden seit vielen Jahren in Verhandlungen mit dem Norden. Die UNCTAD hatte 1964, als sie in Genf zusammentrat, eine umfangreiche Liste von Reformen aufgestellt, die 1968 in Neu Delhi, 1972 in Santiago, 1976 in Nairobi und 1979 in Manila noch weiter ausgearbeitet wurde. In einigen Fragen hat der Norden sich bewegt. 1968 stimmte er einem Allgemeinen System von Präferenzen zu, nach welchem einzelne Industrieländer zollfreie Importe einiger Fertigprodukte aus Entwicklungsländern zulassen, wenn auch mit vielen Einschränkungen. Die Europäische Gemeinschaft hat Handelspräferenzen mit einer großen Gruppe von Entwicklungsländern ausgehandelt, zumeist früheren Kolonialgebieten; diese Verhandlungen führten zum zweiten Lomé-Abkommen von 1979; solche Vereinbarungen haben sich allerdings bisher nur mäßig auf die Entwicklung dieser Länder ausgewirkt. Multilaterale Handelsgespräche haben im Rahmen des GATT stattgefunden. Auch innerhalb anderer internationaler Institutionen haben Nord und Süd Gespräche geführt; so wurde im »Zwanzigerausschuß« beim IWF die Reform des Währungssystems erörtert, und 1974 war man zu Übereinstimmung in den Zielen, nicht allerdings zu Beschlüssen über die Methoden der Reform gelangt.

In der ersten Hälfte der siebziger Jahre gab es eine Welle reger Betriebsamkeit. Im Jahre 1973 beschloß eine Gipfelkonferenz der blockfreien Staaten in Algier ein Aktionsprogramm, das eine »neue internationale Wirtschaftsordnung« forderte. Diese Strategie der Strukturreformen wurde von der sechsten und der siebenten Sondersitzung der UN-Generalversammlung 1974 und 1975 weiter ausgearbeitet und beschlossen. Die Generalversammlung von 1974 beschloß die »Charta der wirtschaftlichen Rechte und Pflichten der Staaten«. Die neue Bedeutung der OPEC rückte den »Nord-Süd-Dialog« wieder in den Vordergrund des Weltinteresses und führte zu der Konferenz über Internationale Wirtschaftliche Zusammenarbeit (KIWZ), die im Dezember 1975 in Paris zusammentrat. Diese Gespräche gingen mit Unterbrechungen weiter bis Mitte 1977, aber sie endeten ohne jede substanzielle Einigung – man beschloß nur im Prinzip, die ärmsten Länder unterstützen zu wollen.

Auf anderen Gebieten ging es ein Stückchen voran. Die UNCTAD hatte in Nairobi ein »Integriertes Rohstoffprogramm« vorgelegt; sein Kernstück war der Gemeinsame Fonds, der zur Stabilisierung der Rohstoffpreise beitragen sollte. Dieser Vorschlag wurde 1979 zum Teil beschlossen, was die einen als Verhandlungserfolg, die anderen als Fehlstart betrachteten; aber die Verhandlungen über den Gemeinsamen Fonds gehen weiter. An das Seerecht wendete man komplizierte und mühevolle Arbeit, an welcher der Norden und der Süden mitwirkten; das Ergebnis war, daß man sich 1979 im Prinzip darauf einigte, eine Meeresboden-Behörde einzurichten. Es gab auch Verhandlungen über neue Verhaltensregeln für den Transfer von Technologie und für die Tätigkeit transnationaler Unternehmen. Es gab Diskussionen über die Schuldenlast, und nach dem Pariser Nord-Süd-Dialog wurden einigen der ärmsten Länder die Schulden erlassen. Aber mit den eigentlichen Reformvorschlägen ist es kaum vorwärtsgegangen.

Die jüngste weltweite Zusammenkunft war die fünfte UNCTAD-Konferenz 1979 in Manila. Dort wurden zwar in einigen untergeordneten Fragen konkrete Fortschritte erzielt, in den großen Fragen der Strukturveränderung, die Nord und Süd entzweien, kam man jedoch keinen Schritt weiter auf dem Wege zu allseits akzeptierten Maßnahmen, die schnell realisiert werden könnten. Haben sich die Delegationen des Südens vielleicht nicht genügend auf die entscheidenden Punkte von gemeinsamem Interesse konzentriert? Oder hat den Ländern des Nordens schlicht der politische Wille gefehlt, entscheidende Zugeständnisse zu machen?

Osteuropäische Beteiligung

Auch die Haltung der Dritten Welt gegenüber den osteuropäischen Ländern hat sich gewandelt. Lange Zeit hindurch hatten diese Länder argumentiert, sie seien für das Erbe des Kolonialismus anderer Mächte nicht verantwortlich. Die Entwicklungsländer erkannten an, daß die Sowjetunion sich aus großer Rückständigkeit heraus in kurzer Frist zu einer modernen Industriemacht entwickelt hatte. Häufig kann Osteuropa langfristige Handelsabkommen anbieten, und manchmal bot östliche Unterstützung einen Ausweg aus der völligen – militärischen wie wirtschaftlichen – Abhängigkeit von westlichen Ländern.

In den letzten Jahren haben Dritte Welt-Länder den Wunsch nach mehr Hilfe aus und mehr Handel mit den Ländern des Ostens und nach deren stärkerer Beteiligung an den internationalen Wirtschaftsdiskussionen geäußert. Die internationalen Bindungen der osteuropäischen Länder nehmen zu. Immer mehr pochen die Entwicklungsländer darauf, daß deren Erfolge und sichtbarer Einfluß auf das Weltgeschehen wie auch die Tatsache, daß viele von ihnen zu ziemlich den gleichen Bedingungen wie alle anderen auch – mit bedeutenden Ausnahmen – Rohstoffe der Dritten Welt kaufen und Industrieprodukte an die Dritte Welt verkaufen, den Ländern des Ostens die Pflicht zur intensiveren Beteiligung an der internationalen Entwicklungshilfe und am Handel mit Entwicklungsländern auferlegt. Die Gruppe der 77 forderte 1979 auf ihrer Konferenz in Arusha, daß die osteuropäischen Länder »eine zunehmend aktivere Rolle« bei der baldigen Errichtung einer neuen internationalen Wirtschaftsordnung spielen sollten.

Die osteuropäischen Länder haben ihre Bereitschaft zu weiterer Zusammenarbeit erklärt, und sie haben auch an internationalen Initiativen zur Lösung globaler Probleme mitgewirkt. Mitglieder dieser Kommission haben Kontakte zu führenden Persönlichkeiten Osteuropas gehabt. Das Sekretariat führte einen Dialog mit sowjetischen Experten vom Institut für Weltwirtschaft in Moskau, die versicherten, daß sie die Probleme der Dritten Welt sehr aufmerksam verfolgten. Sie wiesen darauf hin, daß sie große Anstrengungen für die Entwicklung der Bevölkerung innerhalb der eigenen Grenzen und auch in einer Reihe von Entwicklungsländern unternommen hätten. Sie hoben die Qualität der sowjetischen Hilfe hervor und argumentierten, daß notwendige Militärausgaben ihre Kapazität für die Bereitstellung größerer Mittel für die Auslandshilfe begrenzten. Sie betonten die Notwendigkeit der Verbesserung der Ost-West-Beziehungen und der Fortschritte in der Abrüstungsfrage. Die Sowjetexperten waren sich über die großen Bedürfnisse der Entwicklungsländer voll im klaren. Nachdrücklich befürworteten sie Veränderungen am System und an den Institutionen des internationalen Wirtschafts- und Finanzwesens.

Viele Entwicklungsländer reihen die Sowjetunion ihrem Lebensstandard nach unter die Industrieländer ein. Deswegen kann man hoffen und erwarten, daß die Sowjetunion und andere industrialisierte Länder des Ostens ihre Beteiligung am Welthandel und an der wirtschaftlichen, wissenschaftlichen und technischen Zusammenarbeit insbesondere mit den Entwicklungsländern verstärken werden. Mutigere politische Entscheidungen in den Ländern des Ostens wie auch in denen des Westens und der Dritten Welt sind nötig, um zu echter internationaler Zusammenarbeit im Interesse der Entwicklung zu gelangen.

Beteiligung Chinas

China mit fast einem Viertel der Weltbevölkerung ist das größte Entwicklungsland, und aus seinen Erfahrungen können andere Lehren ziehen. Während China sich das langfristige Ziel der Industrialisierung setzt, gibt es der landwirtschaftlichen Erzeugung höchste Priorität. Es hat sich nachdrücklich der Geburtenkontrolle verschrieben. Obwohl Chinas Pro-Kopf-Einkommen weniger als 400 Dollar pro Jahr beträgt, hat es anderen Ländern sowohl qualitativ als auch quantitativ bedeutende Hilfe und technische Unterstützung geleistet.

Unsere Kommission hat ein kleines Team nach China geschickt; es war dort Gast des Außenpolitischen Instituts des Chinesischen Volkes, diskutierte politische Grundsätze und Meinungen zu internationalen Wirtschaftsbeziehungen und ließ sich auch über den Fortschritt bei der Modernisierung Chinas informieren. China ist an intensiverem Austausch mit der Weltwirtschaft im Bereich des Handels, der Finanzen und der Investitionen interessiert, und zur Zeit wird über eine Mitgliedschaft in den Institutionen von Bretton Woods und im GATT beraten. Von vielen Seiten erhält China bereits Angebote für umfangreiche Kredite. Wir begrüßen diesen Trend zur stärkeren Beteiligung Chinas an der internationalen Wirtschaft, die für China und für die übrige Welt von Nutzen sein wird.

Durch Einigkeit die Katastrophe abwenden

Die aktuellen Tendenzen deuten auf eine düstere Zukunft für die Weltwirtschaft und die internationalen Beziehungen hin. Eine schreckliche Aussicht für die ärmeren Länder ohne ein absehbares Ende der Armut und des Hungers; fortdauernde Stagnation in der Weltwirtschaft, verbunden mit Inflation; internationaler Währungswirrwarr; steigende Verschuldung und Defizite; Protektionismus; erhebliche Spannungen zwischen Staaten im Wettlauf um Energie, Nahrung und Rohstoffe; wachsende Weltbevölkerung und mehr Arbeitslosigkeit in Nord und Süd; zunehmende Gefährdung der Umwelt und des internationalen Gemeinbesitzes durch Abholzen und Versteppen, Plünderung des Fischbestandes und Auszehrung des Weidelandes, durch Luft- und Wasserverschmutzung. Und alles überschattend, geht das bedrohliche Wettrüsten weiter.

Wenn diese Tendenzen sich fortsetzen, ist das schon gefährlich genug – aber es kann sich durchaus noch verschlimmern. Einer Reihe armer Länder droht die nicht wieder gutzumachende Zerstörung ihres ökologischen Systems; weitaus mehr Länder noch stehen vor wachsenden Nahrungsmitteldefiziten und möglicherweise vor großen Hungersnöten. In der Weltwirtschaft drohen große Handelsbeschränkungen oder Abwertungen im Wettlauf der Länder gegeneinander; ein Zusammenbruch des Kreditsystems mit Zahlungsunfähigkeit großer Schuldner; Bankzusammenbrüche; eine fortschreitende Rezession als Folge möglicher Energieknappheit oder weiterer Fehlschläge in der internationalen Zusammenarbeit; verschärfter Kampf um Interessen- und Einflußbereiche oder um die Kontrolle über Ressourcen, der zu militärischen Konflikten führen kann. Die achtziger Jahre könnten noch weit größere Katastrophen bringen als die Wirtschaftskrise der dreißiger Jahre.

Solche Entwicklungen sind nicht unwahrscheinlich; wir halten sie jedoch nicht für unausweichlich. Die augenblicklichen Tendenzen müssen sich nicht fortsetzen und schon gar nicht verschlimmern. Wir glauben, daß sich die Nationen, und sei es im Eigeninteresse, in der gemeinsamen Aufgabe zusammenfinden können, das Überleben zu sichern, die Welt friedlicher und weniger unsicher zu machen. Ein fundamentaler Wandel in den Beziehungen zwischen Nord und Süd ebenso wie zwischen Ost und West ist für diese Aufgabe entscheidend wichtig. Die Welt ist eine Einheit, und wir müssen anfangen, entsprechend zu handeln – als Glieder dieser

Einheit, die aufeinander angewiesen sind. Es ist nicht genug, wie eins unserer Kommissionsmitglieder es ausdrückte, um Tische herumzusitzen und wie Gestalten aus einem Tschechow-Stück über unlösbare Probleme zu reden. Wir müssen uns über die Verstrikkungen des Alltags erheben und müssen der Welt Ideen einer hoffnungsvollen Zukunft vermitteln, ohne die nichts Entscheidendes zu erreichen ist.

2 Dimensionen der Entwicklung

Der Begriff »Entwicklung« wird und kann niemals zur allgemeinen Zufriedenheit definiert werden. Er bezeichnet, weit gefaßt, den erwünschten sozialen und wirtschaftlichen Fortschritt – und es wird immer unterschiedliche Auffassungen darüber geben, was erwünscht ist. Ganz gewiß muß Entwicklung Verbesserung der Lebensbedingungen bedeuten, wofür Wirtschaftswachstum und Industrialisierung wesentlich sind. Aber wenn die Qualität des Wachstums und soziale Veränderung außer Acht gelassen werden, kann man nicht von Entwicklung sprechen.

Heute hat man weithin erkannt, daß zur Entwicklung die grundlegende Umformung der gesamten Wirtschafts- und Sozialstruktur gehört. Das umfaßt Veränderungen in Produktion und Nachfrage wie auch Verbesserungen der Einkommensverteilung und der Beschäftigung. Es bedeutet die Schaffung einer mannigfaltigeren Wirtschaft, deren Hauptsektoren sich als Lieferanten von Produktionsmitteln und als expandierende Märkte für Erzeugnisse wechselseitig ergänzen.

Wie die Strukturveränderungen in der Praxis aussehen, dürfte von Land zu Land variieren, je nach Beschaffenheit einer Reihe von Faktoren – etwa der Ressourcen, der geographischen Lage, des Ausbildungsstands der Bevölkerung. Es gibt deshalb für die wirtschaftliche Entwicklung keine goldenen Regeln, die weltweit anwendbar wären. Jedes Land muß die ihm offenstehenden Möglichkeiten zur Stärkung seiner Wirtschaft nutzen. Strukturveränderungen müssen nicht auf Autarkie hinauslaufen. Manches Land mag es für richtig halten, nach innen gerichtete Strategien zu verfolgen, die zumindest in den Anfangsstadien auf die Nutzung der heimischen Märkte vertrauen. Andere mögen ihre Exporte um neue Produkte erweitern und sie insgesamt ausdehnen. Exporte können in die übrige Wirtschaft umfassender integriert werden, wenn der Binnenmarkt mit der Zeit eine breitere Basis bietet oder wenn Exportindustrien sich ihre Produktionsmittel zunehmend vom heimischen Markt beschaffen. Wieder andere Länder werden sich anfänglich auf gleichmäßigere Einkommensverteilung konzentrieren, um den Binnenmarkt für die im Lande produzierten Güter zu erweitern und auf den Ausgleich zwischen Land und Stadt hin zu wirken. Alle Länder aber brauchen ein internationales Umfeld, das ihrem

Entwicklungsbemühungen entgegenkommt. Hierin liegt ein Teil der Rechtfertigung für eine neue internationale Wirtschaftsordnung.

Wachstumsstatistiken lassen die entscheidenden Elemente der sozialen Wohlfahrt, der Rechte des Einzelnen, sowie anderen in Mark und Pfennig nicht meßbaren Werte außer Acht. Entwicklung ist jedoch mehr als der Übergang von Arm zu Reich, von einer traditionellen Agrarwirtschaft zu einer komplexen Stadtgemeinschaft. Sie trägt in sich nicht nur die Idee des materiellen Wohlstands, sondern auch die von mehr menschlicher Würde, der Sicherheit, Gerechtigkeit und Gleichheit.

Das Wesen der Armut

Sehr wenige Leute im Norden haben eine präzise Vorstellung vom Ausmaß der Armut in der Dritten Welt oder von den Formen, die sie annimmt. Viele Hunderte von Millionen Menschen in den armen Ländern der Welt sind einzig und allein von den elementaren Bedürfnissen des Überlebens in Anspruch genommen. Arbeit gibt es für sie häufig nicht oder, wenn doch, zu äußerst geringem Lohn und oft kaum erträglichen Arbeitsbedingungen. Die Unterkünfte sind nicht aus dauerhaftem Material erbaut und haben weder fließendes Wasser noch sanitäre Einrichtungen. Elektrizität ist ein Luxus. Ärztliche Hilfe ist dünn gesät und in ländlichen Gegenden nur selten zu Fuß zu erreichen. Grundschulen mögen – wo es sie gibt – kostenlos und nicht zu weit entfernt sein, die Kinder jedoch werden bei der Arbeit gebraucht und sind nicht ohne weiteres zugunsten der Schule entbehrlich. Permanente Ungewißheit ist das Los der Armen. Es gibt keine staatlichen Sozialversicherungen gegen Arbeitslosigkeit, Krankheit oder Tod des Familienernährers. Überschwemmungen, Dürre oder Seuchen, die über Mensch und Tier kommen, können Unzähligen die Lebensgrundlage entziehen, ohne daß sie hoffen könnten, sie je wiederzugewinnen. Auch im Norden haben viele Männer und Frauen echte wirtschaftliche Probleme – Unsicherheit, Inflation, drohende oder tatsächliche Arbeitslosigkeit. Aber kaum je dürfte ihnen etwas widerfahren, was der absoluten, nackten Not, die im Süden zu finden ist, auch nur nahe kommt. Die Leute im Süden fänden es ganz und gar unglaublich, daß die Nationen des Nordens sich selbst etwa nicht als reich und wohlhabend betrachten könnten.

Die ärmsten Menschen der Welt werden noch für eine ganze

Weile außerhalb der Reichweite des normalen Handels- und Kommunikationsnetzes bleiben. Alles trifft hier zusammen – Unterernährung, Analphabetismus, Krankheit, hohe Geburtenzahlen, Unterbeschäftigung und geringes Einkommen –, alles wirkt zusammen, um mögliche Auswege zu versperren. Und während andere Gruppen sich immer drängender Gehör verschaffen, bleiben die Armen und Unwissenden gewöhnlich und – bequemerweise – stumm. Ihr Leben ist derart beschränkt, daß sie, um mit den Worten des Präsidenten der Weltbank zu sprechen, »unterhalb jeder sinnvollen Definition des Begriffs Menschenwürde« bleiben. Kein Entwicklungskonzept, das weiterhin Hunderte von Millionen Menschen zu Hunger und Hoffnungslosigkeit verdammt, ist akzeptabel.

800 Millionen Menschen in absoluter Armut

Wie viele Menschen es sind, die in der Dritten Welt unter diesen Armutsbedingungen leben, kann niemand genau sagen. Die Internationale Arbeitsorganisation schätzte die Zahl der absolut Armen Anfang der siebziger Jahre auf 700 Millionen. Heutige Schätzungen der Weltbank sprechen von 800 Millionen. Das bedeutet, daß fast 40 Prozent der Menschen im Süden nur eben überleben – unter den eben beschriebenen Umständen und mit einem Lebensunterhalt, der selbst zur Deckung der einfachsten Grundbedürfnisse der menschlichen Existenz als unzureichend anzusehen ist.

Massenarmut ist überwiegend ein Leiden des flachen Landes, und gerade die ländliche Armut scheint sich dem Zugriff so störrisch zu widersetzen. Die städtische Massenarmut von Kinshasa, Mexico City oder Kairo ist eine relativ neue Erscheinung. Bei all ihrem Elend ist sie doch bereits ein Schritt heraus aus der ländlichen Not. Das ist auch einer der Gründe dafür, daß diese Städte so gewachsen sind. Aber die Armen in Indien, Bangladesch, Pakistan, Indonesien und fast ganz Afrika, bis zu 70 Prozent der Gesamtbevölkerung und mehr, leben weiterhin in den Dörfern.

Unterschiedliche Bedingungen der Armut

Menschen sind arm unter zweierlei Umständen: In Ländern, die ein relativ hohes Einkommensniveau erreicht haben, wo aber dieses

Einkommen schlecht verteilt wird; und in Ländern mit niedrigem Einkommen, wo wenig zu verteilen ist. Die Armut im Norden gehört ausschließlich in die erste Kategorie. Da gibt es Armutsnischen und schlechte Wohnverhältnisse und andere Mängel, die um so weniger vertretbar sind, als sie inmitten der – wie einige Kommentatoren es genannt haben – »Überentwicklung« bestehen. Im Süden lebt die große Mehrheit der 800 Millionen Ärmsten in den einkommensschwachen Ländern Afrikas südlich der Sahara und Südasiens; allerdings hat auch manches bessergestellte Land eine breite Unterschicht akuter Armut, die erkennen läßt, daß die Wohltaten des Wachstums nicht bis zu den Ärmsten »durchgesikkert« sind. Das muß nicht unbedingt heißen, daß den Regierungen ihre Armen gleichgültig wären oder daß ihnen er politische Wille fehlte, deren Los zu verbessern. Einige der reicheren Staaten, insbesondere in Lateinamerika, könnten aber doch sehr viel mehr tun: Das Wachstum, das Lateinamerika in den siebziger Jahren erzielte (etwa 7 Prozent pro Jahr) versetzt, wenn es gehalten werden kann, die Länder durchaus in die Lage, die Probleme ihrer extremen Armut zu lösen. In Lateinamerika insgesamt beträgt die Zahl der vollkommen Mittellosen etwa 100 Millionen; in 12 von 23 Ländern, für die es verläßliche Schätzungen gibt, hat mehr als die Hälfte der Bevölkerung ein Einkommen, das nicht ausreicht, als Mindest-Lebensstandard diejenigen Waren und Dienstleistungen zu bezahlen, die als unterste Grenze des akzeptablen Lebensstandards anzusehen sind.

Die Erfahrungen in einigen Ländern bestätigen, daß dort, wo zuerst das Vorhandene gerechter verteilt wird, anhaltendes wirtschaftliches Wachstum Arbeitsplätze und bessere Lebensbedingungen für die Armen schaffen kann. Die bessergestellten Länder haben genügend Reserven, um krasse Formen extremer Armut zu lindern; und wenn sie sich hohe Wachstumsraten bewahren können, dann können sie die Armut sogar beseitigen. Für die Beseitigung der Armut in der Welt insgesamt sind die Aussichten allerdings düster. Aus den jüngsten Prognosen der Weltbank (die von recht optimistischen Annahmen ausgehen, was das Wirtschaftswachstum betrifft, aber keinerlei nennenswerte Änderungen der internationalen oder nationalen Entwicklungsbemühungen in Betracht ziehen) geht hervor, daß es im Jahre 2000 in den Ländern des Südens immer noch 600 Millionen absolut Arme geben wird.

Einkommensschwache Länder

Für die meisten Entwicklungsländer Afrika und Asiens ist die scheinbare Unfähigkeit, Wohlstand richtig zu verteilen, nur Symptom eines tiefersitzenden Elends, dem zu Leibe zu rücken viele von ihnen nicht die Mittel besitzen. Ihre Wachstumsrate in den letzten beiden Jahrzehnten – weniger als 3 Prozent im Jahr – hat sich bei den Armen kaum ausgewirkt. Die Gesamtheit ihrer Mittel – selbst wenn man sie gleichmäßig aufteilte – reicht nicht aus zum Unterhalt ihrer Bevölkerung. Diese Länder, deren Bruttosozialprodukt pro Kopf weniger als 250 Dollar betrug, hatten zusammengenommen im Jahre 1976 eine Bevölkerung von 1,2 Milliarden Menschen. Mehr als die Hälfte von ihnen lebt in absoluter Armut. In vier großen Ländern Asiens – Bangladesch, Indien, Indonesien und Pakistan – leben etwa zwei Drittel aller Armen der Welt. Ein Drittel lebt in den Ländern, die von den Vereinten Nationen als »am wenigsten entwickelt« bezeichnet wurden (zu ihnen gehört Bangladesch). Diese Länder verfügen über sehr unterschiedliche Ressourcen und Wirtschaftsstrukturen. Indien, Indonesien und Pakistan beispielsweise sind bedeutende Produzenten von Fertigwaren wie Schuhen, Textilien und elektronischen Bauteilen; sie verfügen über eine entwickelte Infrastruktur mit anspruchsvollen kommerziellen und finanziellen Dienstleistungen, mit Wissenschaftlern, Technikern und Managern; sie werden besser in der Lage sein, ihren Armen zu helfen, wenn sie mehr exportieren können, sobald sie Zugang zu den Märkten der Industrieländer erhalten. Aber in allen diesen Ländern leben noch mindestens zwei Drittel der Arbeitskräfte von der Landwirtschaft, und sie alle stützen sich weithin auf den Export von Rohstoffen. Das gehört zu den Hauptursachen für ihr langsames Wirtschaftswachstum.

Mindestens die Hälfte des Gesamtprodukts dieser Länder kommt aus der Landwirtschaft; und das ist Teil ihres Problems, denn eine höhere Wachstumsrate in der Landwirtschaft hängt davon ab, daß man mit den Launen der Natur fertig wird und daß man soziale Einrichtungen entsprechend anpaßt. In vielen afrikanischen Ländern ist die Nahrungsmittelerzeugung langsamer gewachsen als die Bevölkerung, was die Bedingungen für die ständig wachsende Zahl derer, die ihren Lebensunterhalt als Bauern verdienen, noch verschlechterte. Auch in Asien gab es enttäuschende Zahlen, wenn dort auch ein paar vielversprechende Erfahrungen gemacht werden konnten. In einer Reihe von Ländern, so in Indien und auf den Philippinen, ergaben die neuen Getreidesorten der »Grünen Revolution« beträchtliche Steigerungen der Agrarproduktion, zumindest in der Zeit von Mitte der sechziger bis Mitte der siebziger Jahre. Die Ausweitung der Nahrungsmittelproduktion und der landwirtschaftlichen Beschäftigung in den einkommensschwachen Ländern ist von entscheidender Bedeutung. Die Geschichte lehrt, daß die absolute Zahl der von der Landarbeit lebenden Menschen erst in den späteren Phasen der Entwicklung sinkt, wenn die industrielle Fertigung die Führungsrolle als Wachstumssektor übernommen hat. Sogar in den Anfangsstadien ist landwirtschaftlicher Fortschritt an die Gesamtentwicklung geknüpft, denn er braucht Märkte innerhalb und außerhalb der Landwirtschaft.

Das internationale Umfeld ist für die armen Länder nicht gerade günstig gewesen. Die Preise der Rohstoffe, von denen ihre Deviseneinnahmen sehr stark abhängen, waren unregelmäßigen Schwankungen ausgesetzt und sind während langer Perioden im Verhältnis zu den Preisen ihrer Importe – Investitionsgüter und Öl vor allem – gesunken. Auf lange Sicht besteht die einzig wirksame Lösung für diese Schwierigkeiten in Diversifizierung, größerer Flexibilität und umfassender Entwicklung. Aber die Möglichkeiten der Diversifizierung werden bestimmt vom begrenzten Zugang zu den Märkten der Industrieländer, die in zahlreichen Fällen gegen Fertigwaren fest abgeschirmt sind. Darüber hinaus können stabile und einträgliche Preise für ihre Rohstoffe, durch welche ihre Volkswirtschaften größere Flexibilität erreichen könnten, nur aus insgesamt besseren Rahmenbedingungen für den Rohstoffhandel resultieren. Internationale Abkommen über wichtige Rohstoffe (insbesondere Baumwolle, Hartfasern, Tee, Ölfrüchte und Kaffee), die Finanzierung nationaler Vorratshaltung und nationaler Diversifizierungsmaßahmen sind für viele der ärmsten Länder von besonderer Bedeutung.

Wäre das internationale ökonomische Umfeld für sie günstiger, dann könnten einige einkommensschwache Länder sich nach und nach aus ihrer Abhängigkeit von Entwicklungshilfe lösen. Für die ärmsten Länder allerdings wird es bis weit ins nächste Jahrhundert hinein wichtig bleiben, daß sie bei der Bewältigung ihrer notwendigen Strukturreformen durch Entwicklungshilfe Unterstützung finden.

Schwellenländer

Es wäre höchst irreführend, wollte man von der Dritten Welt ein einförmiges Bild unwandelbarer Armut zeichnen. Selbst unter den einkommensschwachen Ländern gibt es Fortschritte, die Anfänge – und in einigen Fällen schon weit mehr als Anfänge – struktureller Veränderungen. In einigen Entwicklungsländern hat es darüber hinaus wirklich bemerkenswerte Fortschritte gegeben. Gemessen an den nackten Zahlen der wirtschaftlichen Wachstumsraten waren die sogenannten »Schwellenländer« – jene Länder, die heute auf dem Wege zur Industrialisierung sind – die auffälligsten Erscheinungen; ihre Industrieproduktion stürmte mit großen Sprüngen voran. Die in Lateinamerika – Argentinien, Brasilien, Mexiko – haben eine ziemlich alteingesessene Industriebasis, die sich in den Nachkriegsjahrzehnten rasch vergrößerte. Ein spektakuläres Beispiel ist Brasilien, dessen Wirtschaft bei den derzeitigen Wachstumsraten im Jahre 2000 der Größe nach mit derjenigen der Bundesrepublik Deutschland konkurrieren wird. Brasilien ist auch ein bedeutender Handelspartner und damit für andere Länder im Süden ein Wachstumsanreiz. Mehrere der Länder, die man die »peripheren« zu nennen pflegte, sind im Begriff, zu Nervenzentren der industriellen Produktion zu werden.

Andere, kleinere Schwellenländer machen deutlich, wie schnell die ökonomische Weltkarte sich ändert. Ihnen ist es gelungen, sich die internationale Arbeitsteilung auf hart umkämpften Märkten zunutze zu machen. Viele von ihnen liegen in Südostasien – Republik Korea, Hongkong, Malaysia, Singapur, Taiwan, aber auch Jugoslawien mit seiner anders gearteten Gesellschaftsordnung zählt zu ihnen. Ihre Volkswirtschaften haben insgesamt über anderthalb Jahrzehnte hinweg ein Durchschnittswachstum zwischen fünf und neun Prozent erzielt. Es gibt auch Länder, die erst seit verhältnismäßig kurzer Zeit begonnen haben, mit ihren Industrieprodukten auf die Exportmärkte vorzudringen: Kolumbien, die Philippinen, Thailand.

Die Namen dieser Länder sind den Verbrauchern im Norden schon vertrauter geworden, seit vor ein paar Jahren zum ersten Mal auffiel, daß Sportschuhe in Korea, Fotoapparate in Singapur oder Fernsehgeräte in Taiwan hergestellt wurden. Die künftige Weiterentwicklung dieser Länder hängt sehr wesentlich von der Handels- und Finanzpolitik des Nordens ab. Neue Rückschläge könnte es für sie mit der Entwicklung der Mikroprozessoren geben, die ihren

Vorsprung vielleicht etwas reduzieren wird. Sie verdanken ihre Expansion und ihre Technologie weitgehend den transnationalen Unternehmen, und so bleiben sie den Marktpraktiken dieser Unternehmen gegenüber sehr verwundbar. Auch ihre Verschuldung wirft ernste Probleme auf, was wir an anderer Stelle erörtern. Kann die Dynamik dieser Länder in eine Ära der weltwirtschaftlichen Expansion in den achtziger Jahren integriert werden, oder wird sie durch Protektionismus und durch Mängel in der Führung der Weltwirtschaft unterdrückt werden? An dieser Frage hängt nicht nur ihre eigene Zukunft, sondern auch die Hoffnung vieler anderer Länder, die der Industrialisierung entgegengehen.

Ölexporteure

Eine andere Gruppe von Ländern, die ölexportierenden Entwicklungsländer, ist in den letzten Jahren rasch reicher geworden. Die drei mit den höchsten Pro-Kopf-Einkommen – Kuwait, Katar und die Vereinigten Arabischen Emirate – sind Sonderfälle mit sehr geringer Bevölkerung.

Indonesien und Nigeria hingegen sind alles andere als reich; sie haben zusammen mehr als 200 Millionen Einwohner und gewaltige Entwicklungsprobleme, zu deren Lösung die Ölerträge nur einen Teilbeitrag leisten können.

Doch ob reich oder arm – fast alle Ölproduzenten haben noch ernste wirtschaftliche Schwierigkeiten. Die bessergestellten (Gabun, Irak, Iran, Libyen, Saudi-Arabien, Trinidad und Tobago, Venezuela) leben fast nur vom Öl, und meistens fehlen ihnen die Infrastruktur und die Annehmlichkeiten der Länder, denen es seit längerem gut geht. Mit den Erträgen ihres heutigen Öls müssen sie sich eine ausgewogene produktive Wirtschaft aufbauen, um ihrer Bevölkerung den Lebensunterhalt für die Zukunft zu sichern, wenn nur noch wenig Öl übrig sein wird.

Grundbedürfnisse: Gesundheit

Die generellen Mermale der Entwicklung gewinnen menschliche Züge, wenn wir nach der Befriedigung der Grundbedürfnisse fragen. Betrachten wir zunächst die drei wichtigsten Gebiete Gesundheit, Wohnung und Erziehung. Im *Gesundheitsbereich* gibt es Anlaß zur Hoffnung wie auch zur Sorge. Die meisten Menschen in der Dritten Welt leben heute bereits viel länger als noch vor zwei Jahrzehnten. Gewiß, in Afrika südlich der Sahara ist die Lebenserwartung immer noch sehr gering: sie liegt im Durchschnitt bei nur 45 Jahren. Aber in weiten Teilen Süd- und Ostasiens, in Nordafrika und im Nahen Osten können die Menschen damit rechnen, zehn bis fünfzehn Jahre länger zu leben. Das konnte weitgehend dadurch erreicht werden, daß Infektionskrankheiten wie die Cholera und die Malaria eingedämmt wurden. (Leider hat sich die Malaria in letzter Zeit wieder ausgebreitet – wenn auch weniger oft tödlich verlaufend – nachdem sie in den sechziger Jahren fast unter Kontrolle war.) Die Ausrottung der Pocken – von der Weltgesundheitsorganisation und den mit ihr zusammenarbeitenden Ländern bewerkstelligt – war einer der großen Siege der siebziger Jahre.

Dennoch sind Gesundheitsschäden immer noch das wahrscheinliche Los vieler Menschen in der Dritten Welt. Die Volkszählungen von 1970–71 zeigten, daß die Sterbeziffern nicht so schnell zurückgingen wie erwartet. Die Gesundheitsbehörden stießen auf die schwer zu behebenden Ursachen: Armut und Unterernährung, mangelnde Hygiene und fehlende Sanitäreinrichtungen – all das, was wiederum zu hoher Säuglings- und Kindersterblichkeit beiträgt. Es gibt immer noch Länder in Afrika, wo eins von vier Kindern nicht einmal bis zu seinem ersten Geburtstag am Leben bleibt. Dreißig bis vierzig Millionen Menschen in der Dritten Welt sind blind, und viele weitere Zehnmillionen drohen zu erblinden – sei es durch Flußblindheit, Vitamin A-Mangel oder mit dem Wasser übertragene Infektionen. Niemand weiß, wieviele Menschen unterernährt sind und hungern; aber manches spricht dafür, daß es mehr als ein Fünftel der gesamten Dritten Welt oder 500 bis 600 Millionen Menschen sind; manche Schätzungen sprechen von einer Milliarde.

Trinkwassermangel ist eine wesentliche Krankheitsursache; in der halben Welt ist die Wasserversorgung ungewiß. Vier von fünf Menschen in den ländlichen Gebieten der Entwicklungsländer haben in zumutbarer Entfernung nicht einmal einigermaßen sauberes Wasser zur Verfügung. Selbst in Städten mit öffentlicher Wasserversorgung hat einer von vier Menschen dazu keinen Zugang, und diejenigen, denen es zugänglich ist, werden zu mehr als der Hälfte nicht regelmäßig und nicht mit trinkbarem, ungefährlichem Wasser versorgt. Auf dem Lande müssen die Frauen oft große Entfernungen überwinden, um das Minimum des Wasserbedarfs der Familie zu decken. Die Entsorgung ist ein noch größeres Problem, und Abwässer übertragen zahlreiche Krankheiten, für welche Kinder besonders empfänglich sind. Zwischen 20 und 25 Millionen Kinder unter fünf Jahren sterben jährlich in den Entwicklungsländern, und ein Drittel davon stirbt an Diarrhöe, die sie sich durch verschmutztes Wasser geholt haben. Man kann nicht all diese Todesfälle einfach dadurch vermeiden, daß man sauberes Wasser und sanitäre Einrichtungen bereitstellt; aber ohne sie kann es keine dauerhafte Verbesserung der Volksgesundheit geben. 1977 hat die UN-Wasserkonferenz in Mar-del-Plata in Argentinien ein ehrgeiziges Ziel gesteckt: sichere Trinkwasserversorgung und hygienische Lebensbedingungen für alle Menschen bis zum Jahre 1990. Bisher haben mehr als hundert Länder (mit Unterstützung der WHO) selbstkritische Untersuchungen angestellt, um den Umfang des dringlichsten Bedarfs und der benötigten ausländischen Hilfe festzustellen. Es wird geschätzt, daß zur Erreichung des Ziels von Mar-del-Plata die derzeitige Investitionsrate in mittleren und großen Städten fast verdoppelt, in ländlichen Gebieten sogar vervierfacht werden muß.

Die Verbesserung des Gesundheitszustandes erfordert weit über die medizinische Versorgung hinausgehende Anstrengungen; sie steht in engem Zusammenhang mit Lebensmitteln und Ernährung, mit Beschäftigung und Einkommensverteilung und mit der internationalen Wirtschaft. Allerdings gibt es im Rahmen des Gesundheitswesens selbst eine Reihe von Prioritäten. Im Jahre 1978 hielt die Weltgesundheitsorganisation in Alma Ata in der Sowjetunion eine Konferenz über Gesundheitsvorsorge ab. Diese Konferenz setzte den Regierungen und der Weltgemeinschaft das Ziel, bis zum Jahre 2000 für alle Menschen »ein Niveau der Gesundheit zu erreichen, das ihnen gestattet, ein sozial und ökonomisch produktives Leben zu führen.« Gesundheitsvorsorge sei der Schlüssel zur Erreichung dieses Zieles. Die Konferenz forderte ferner die Staaten auf, die Gesundheitspflege auch in andere Sektoren zu integrieren. Zusätzlich hat die WHO ein bedeutendes Aktionsprogramm unterstützt, das den Entwicklungsländern größere Möglichkeiten der Beschaffung und Herstellung von Medikamenten geben sollte und das spezielle Maßnahmen vorsah, um den ärmsten Ländern die Versorgung mit wichtigen Arzneimitteln zu ermöglichen. Im Rahmen ihrer Arbeit hat die WHO ein umfangreiches Programm zur Behandlung und Verhinderung der Erblindung begonnen.

Die Kosten für die Verbesserung der Gesundheitspflege auf ein akzeptables Niveau sind für sich genommen verhältnismäßig gering. Die WHO schätzt, daß ein Betrag von 3 Dollar pro Kind ausreichen würde, um jedes Neugeborene in der Entwicklungswelt gegen die sechs häufigsten Kinderkrankheiten zu immunisieren. Bei den derzeitigen Geburtenraten beläuft sich dies auf 0,12 Dollar pro Person und Jahr, auf die Gesamtbevölkerung jener Länder umgerechnet. Die Sicherstellung der Gesundheitsvorsorge für alle dürfte, wie Pilotprojekte ergeben haben, schätzungsweise etwa 2,50 bis 4 US-Dollar pro Person und Jahr kosten. Sauberes Wasser und sanitäre Einrichtungen dagegen machen erhebliche Investitionen erforderlich, insbesondere in Stadtgebieten. Die Standardkosten für einfache Pumpen oder Brunnen zur Wasserversorgung in ländlichen Gebieten kann man grob auf 10 US-Dollar pro Person veranschlagen; für Hausanschlüsse steigen die Kosten in ländlichen Gebieten auf 75 Dollar und in den Städten auf das Doppelte. Für die Abwasserbeseitigung entstehen Standardkosten von 5 Dollar pro Person in ländlichen Gebieten und in den Städten zwischen 15 und 200 Dollar – je nachdem, ob Kanalisation inbegriffen ist.

Ebenso notwendig wie mehr Kapital ist größere politische Entschlossenheit, das überlieferte Gesundheitswesen zu reformieren und kooperative Gemeinschaftsinitiativen zur Verbesserung der Gesundheitsvorsorge anzuregen. Aber sauberes Wasser und Abwässerbeseitigung wird in armen Ländern ohne Hilfe von außen ein unerreichbares Ziel bleiben. Die achtziger Jahre sind zum »Jahrzehnt für Trinkwasser und Entwässerung« bestimmt worden; um unerträglichen Verhältnissen abzuhelfen, rufen wir zu voller Unterstützung der Ziele auf.

Grundbedürfnisse: Wohnen

Das *Wohnen* ist ein Grundbedürfnis. Aber die meisten Entwicklungsländer sind nicht in der Lage gewesen, ihm Priorität einzuräumen, und der einzelne ist gewöhnlich auf sich selbst angewiesen. Die Folgen mögen statistisch nicht erfaßt sein, aber jedem, der durch die Dritte Welt reist, sind sie vertraut. Eine neuere Untersuchung hat gezeigt, daß ein bis zwei Drittel aller Familien in Ahmedabad, Bogota, Hongkong, Madras, Mexico City und Nairobi sich die billigste Wohnung in gerade fertiggestellten Neubauten nicht leisten konnten. Der Ansturm auf die Städte hat dort dieselbe Art von Elend hervorgerufen, die es in den Großstädten Europas und Amerikas im neunzehnten Jahrhundert gegeben hat. Aber die

Industrialisierung jener Zeit war arbeitsintensiv, so daß die Städte mit der Zahl der Arbeitsplätze wuchsen; die Landflucht in der Entwicklungswelt von heute ist vielfach auf die Aussichtslosigkeit der ländlichen Existenz zurückzuführen – sie ist ebensosehr »ländlicher Schub« wie »städtischer Sog«. Die Folgen hoher Geburtenzahlen und rapider Landflucht sind in vielen Städten der Dritten Welt nur allzu offensichtlich – unerträgliche Lebensbedingungen und sehr hohe Arbeitslosigkeit oder Unterbeschäftigung. Die Familien, die häufig auseinandergerissen werden, sind sehr schweren Belastungen ausgesetzt. In Sao Paulo in Brasilien ist die Einwohnerzahl Ende der sechziger und Anfang der siebziger Jahre um etwa 6 bis 7 Prozent jährlich angewachsen, und das in so erschrekkenden Verhältnissen, daß die Kindersterblichkeit sogar noch stieg. Die Tatsache, daß Menschen dennoch in diese Städte ziehen, unterstreicht nur, wie verzweifelt ihre Lage auf dem Lande war.

Manche Lehre ist aus den Siedlungsprojekten zu ziehen, die in den letzten Jahren in verschiedenen Teilen der Welt unternommen worden sind. Welche Art von Unterkunft nötig ist, hängt selbstverständlich von Klima und Umwelt ab, und man kann nicht ein Muster als weltweit gültiges Modell anbieten. Es ist ein wichtiger Umstand, daß die meisten der Entwicklungsländer, in denen die Not am größten ist, in warmen Klimazonen liegen. Die Erfahrung zeigt, daß abgesehen von der Notwendigkeit, Kosten und Mieten niedrig zu halten, die Bereitstellung eines Minimums an nötigen Dienstleistungen der öffentlichen Hand, die Sicherung des Besitzes entspechend dem örtlichen Bodenrecht, die Nähe zu vorhandenen Arbeitsplätzen und andere soziale Erleichterungen die entscheidenden Faktoren sind. Aber es werden noch viele Jahre vergehen, bevor auch nur diese Grundbedingungen weltweit erfüllt sind.

Grundbedürfnis: Bildung

Im *Bildungswesen*, das der Schlüssel zu vielen Leistungen auf anderen Gebieten ist, hat es vergleichsweise beständigen Fortschritt gegeben. Die Ausgaben für Schulen und Lehrer sind fast überall schneller gestiegen als die Bevölkerungszahlen. In den sechziger Jahren besuchten weit mehr Kinder Grund- und weiterführende Schulen, und dieser Fortschritt hat sich Anfang der siebziger Jahre fortgesetzt: Der Grundschulbesuch stieg zwischen 1970 und 1973 in einem Fünftel der afrikanischen und einem Drittel der asiatischen Länder um mehr als zehn Prozent pro Jahr. Weit weniger erfolgreich allerdings war das Bemühen, mehr Mädchen in die Schule zu bringen: im Jahre 1970 stellten sie in 27 von 34 afrikanischen und in 9 von 37 anderen Entwicklungsländern, für die Zahlen erhältlich waren, weniger als 40 Prozent der Schulanfänger. Nur in 17 Ländern betrug ihr Anteil 48 Prozent oder mehr. Der Besuch der weiterführenden Schulen hat sehr viel schneller zugenommen als derjenige der Grundschulen, allerdings ausgehend von einem niedrigeren Niveau: Nur in einem Drittel der asiatischen Länder und in zwei Fünfteln der Länder Lateinamerikas und der Karibik besuchen mehr als 40 Prozent der entsprechenden Altersgruppen weiterführende Schulen. In vielen Ländern werden Kinder als Arbeitskräfte auf den Farmen gebraucht oder müssen anderswo etwas verdienen, wie es ja auch im Norden vor gar nicht langer Zeit noch üblich war. In armen Familien gibt es häufig Konflikte zwischen dem Bedürfnis der Jugendlichen nach Bildung und dem Bedürfnis der Familie, die Kinder als zusätzliche Arbeitskräfte oder Verdiener einzusetzen. Ein Bericht über Kinderarbeit in der Dritten Welt, 1979 von der ILO erarbeiet, lieferte erschütterndes Material über die Zahlen der Kinder, die viele Stunden lang für geringfügigen Lohn arbeiten – Verhältnisse, die wieder einmal zeigen, wohin bittere Not Familien treiben kann.

Der Bildungsstand allgemein hat unterschiedliche Fortschritte gemacht. Nur etwa ein Drittel der Erwachsenen in den Entwicklungsländern konnte im Jahre 1950 lesen und schreiben; nur wenig mehr als die Hälfte konnte es im Jahre 1975. In Lateinamerika stieg der Alphabetismus von 65 Prozent im Jahre 1960 auf 75 Prozent im Jahre 1970; in Asien erhöhte er sich von 45 auf 53 Prozent und in Afrika von 20 auf 26 Prozent. Es gibt aber laut UN noch immer 34 Länder, wo mehr als 80 Prozent der Bevölkerung nicht lesen und schreiben können. Im Gegensatz dazu ist die höhere Bildung vielfach zu schnell vorangetrieben worden, gemessen an den Möglichkeiten mancher Länder, Akademiker zu beschäftigen, und hat manchmal einen unverhältnismäßig großen Teil des Bildungsetats in Anspruch genommen. Fast jedes Land hat begonnen, sich um das Problem der »akademischen Arbeitslosigkeit« Sorgen zu machen und sich die Frage zu stellen: Lehren unsere Schulen und Universitäten die richtigen Menschen die richtigen Dinge?

Weder der Analphabetismus noch andere Bildungsmängel werden leicht zu überwinden sein. Die UNESCO und andere internationale Institutionen haben umfangreiche Programme ins Werk gesetzt, die volle Unterstützung verdienen, um den Analphabetismus einzudämmen und um Bildung für alle zu ermöglichen. Aber die Ausbildung ist, genau wie die Gesundheit, mit Wirtschaft, Politik und Gesellschaft verflochten, in ihr finden sich die Ungleichheiten und widerstreitenden Interessen ebenso wieder wie das Fehlen von Fachleuten und geeigneten Materialien.

Bedürfnisse sind nicht zu trennen

Diese verschiedenen Bedürfnisse, Gesundheit, Wohnung oder Bildung, sind wie das unmittelbarste Bedürfnis nach Nahrung eine klare und praktische Aufgabe für die Entwicklungsländer selber wie auch für die Industrieländer, ohne deren Hilfe die ärmeren Länder kaum damit fertig werden können. Allerdings findet die Vorstellung, daß es sich hier um Einzelprobleme handele, die durch spezielle Einzelmaßnahmen gelöst werden können, kaum noch Anhänger. Was immer auch mit Gesundheitsprogrammen, Siedlungsprojekten oder Förderung von Schulen zu erreichen sein mag, entscheidende Verbesserungen auf diesen Gebieten sind einzig dadurch zu erzielen, daß man diesen Ländern zu Wirtschaftswachstum und Industrialisierung verhilft, damit sie zunehmend in der Lage sind, sich selbst zu helfen; und das ist nur mit einer Änderung des weltwirtschaftlichen Umfeldes zu bewerkstelligen – durch gezieltere Zusammenarbeit zwischen Nord und Süd und sehr viel systematischere Unterstützung aus dem Norden.

Frauen in der Gesellschaft

Jede Definition von »Entwicklung« ist unvollkommen, wenn sie es versäumt, den Beitrag der Frauen zur Entwicklung und die Folgen der Entwicklung für das Leben der Frauen mit einzubeziehen. Keine Entwicklungspolitik, kein Entwicklungsplan oder -projekt bleibt ohne Auswirkungen auf die Frauen oder kann ohne die Mitarbeit von Frauen erfolgreich sein. Zu Recht verlangt Entwicklung dringend nach Maßnahmen, die den Frauen bessere Arbeitsplätze eröffnen, die jene Mühsal mildern, mit welcher sich Hunderte von Millionen Frauen in ihren häuslichen und landwirtschaftlichen Obliegenheiten plagen müssen, und die die Chancen für schöpferische

Arbeit und für wirtschaftlichen Aufstieg zwischen den Geschlechtern gerechter aufteilen.

Trotzdem wird von Entwicklung vielfach noch so geredet, als sei sie vorwiegend eine Sache der Männer. Männer entwerfen Pläne und Projekte, die von Männern durchgeführt werden – in der Annahme, daß ja, wenn Männer – als Haushaltsvorstände – von diesen Projekten profitierten, zugleich auch die Frauen und Kinder ihrer Haushalte etwas davon hätten. Frauenprobleme gelten immer noch eher als etwas Gesondertes und nicht als ein Aspekt der Kultur und Struktur aller Gesellschaften. Fortschritt für Frauen muß jedem auf Entwicklung zielenden Programm bewußt mit zugrunde gelegt werden.

Die Erfahrung lehrt, daß manches Projekt zum Scheitern verurteilt ist, wenn es nicht den Frauen, die in ihm tätig sind, positive Anreize gibt. Projekte wie etwa die Einführung neuer Anbausorten dürften sich auf das Wohl der Frauen höchstwahrscheinlich ungünstig auswirken; manches industrielle Entwicklungsprojekt, das Frauen als billige Arbeitskraft anwirbt, kann sich auf die Arbeitsteilung innerhalb des Haushals und auf die Qualität des Familienlebens negativ auswirken. Selbst bei Wohlfahrtsprojekten, die speziell für Frauen und Kinder bestimmt waren, hat man festgestellt, daß sie ihren Zweck weitgehend verfehlten, wenn nicht Vorkehrungen getroffen wurden, damit sie ihnen auch wirklich zugute kamen.

Überall nehmen Frauen aktiv an der Entwicklung teil. Aber sie nehmen nicht gleichberechtigt teil; ihr Status verhindert es sehr häufig, daß ihnen Bildung und Ausbildung, Arbeitsplätze, Landbesitz, Kredite, Gewerbefreiheit, ja sogar – das zeigen die Sterblichkeits-Statistiken in einigen Ländern – nahrhaftes Essen und andere Lebensnotwendigkeiten gleichberechtigt zugänglich sind. Die Entwicklung produktionsorientierter Gesellschaften und der Einsatz von Kapital (ob aus öffentlicher oder privater Hand) haben meistens die Diskrepanz zwischen der gesellschaftlichen Bewertung der männlichen und der weiblichen Arbeit noch vergrößert. Daß die Mehrzahl der Erfindungen und technischen Verbesserungen in Bereichen angewendet wird, die traditionell als »Männerarbeit« gelten, hat zur weiteren Stärkung der beherrschenden Rolle des Mannes geführt. Wenn die Wirtschaftsmodernisierung nicht durch gezielte soziale und institutionelle Reformen ausgeglichen wird, geht sie möglicherweise zu Lasten der Frauen. Solange Frauen der gleichberechtigte Zugang zu Bildung, Technologie und anderen ihre Produktivität berührenden Werten versagt bleibt, wird der »ungleiche Handel«, den manche Kommentatoren als charakteristisch für die Nord-Süd-Beziehungen ansehen, in durchaus vergleichbarer Form auch zwischen Männern und Frauen bestehen. Um das zu beseitigen, müssen die Frauen in Entwicklungs- und in Industrieländern einen gleichberechtigten Status, gleiche Chancen und gleichen Lohn für gleichwertige Arbeit erhalten.

Entwicklung hängt von den Frauen ab

Die Arbeitsteilung der Geschlechter reicht weit in die Geschichte zurück und ist Ausdruck tiefer kultureller Unterschiede. Die traditionellen Berufe sind heute überall im Wandel begriffen, und in diesem Prozeß wird es oft nötig sein, zur Überwindung von Ungleichheit konventionelle Ansichten zu ändern. Immer mehr erkennt man heute, daß veränderte Werte und Beziehungen der Familie eine Voraussetzung dafür sind, daß die umfassenderen Bemühungen um wirtschaftlichen und sozialen Wandel Erfolg haben; ebenso deutlich ist aber auch zutage getreten, wie widerstandsfähig Männer gegen den Wandel sein können.

Viele Entwicklungsziele können nur erreicht werden, wenn man ihre Auswirkungen auf die Frauen berücksichtigt. Zwei der mühseligen Aufgaben der Frauen in armen Landgebieten sind das Sammeln von Brennholz – wofür sie weiter und weiter laufen müssen, weil die Wälder abgeholzt werden – und das Wasserholen aus großer Entfernung. Die Versorgung mit anderen Brennstoffen würde nicht nur dazu beitragen, der Waldvernichtung entgegenzuwirken, sie würde den Frauen auch Zeit schenken – für ihre Bildung, für lohnbringende Tätigkeiten und soziale und politische Mitwirkung. Die Versorgung mit sauberem und bequemer erreichbarem Wasser brächte den Frauen ähnliche Vorteile und wäre zudem wichtig für die Gesundheit. Vielfachen Nutzen kann auch die Einrichtung von Ganztags-Kindergärten bringen: Die Kinder werden besser ernährt, während die Mütter mobil werden und die älteren Mädchen zur Schule gehen können. Von der Rolle der Frauen bei der Nahrungsbeschaffung haben wir schon gesprochen. Die Wirtschaftskommission für Afrika formulierte es so: »Während die Weltgemeinschaft aufschreit, weil möglicherweise Millionen verhungern, wenn die Erzeugung und Verteilung von Nahrungsmitteln nicht verbessert wird, nimmt man weiterhin die Nahrungserzeuger Afrikas – die Frauen – nicht zur Kenntnis.« Wir empfehlen den Staaten und den internationalen Organisationen auch die Richtlinien der FAO und der Weltbank für die Einbeziehung der Frauen in ihre Programme. In der Tat müssen Frauen in jeder Phase und auf jeder Stufe an Projekten und Programmen beteiligt werden.

Frauen: »Statistisch unsichtbar«

Keine politische Ordnung stellt heute den gleichberechtigten Status der Frauen automatisch sicher, und produktionsorientierte Gesellschaften neigen im allgemeinen zur Unterbewertung ihrer Rolle. Die Methoden der Statistik ignorieren immer noch weitgehend die Leistung der Frauen, wenn sie nicht auf dem Arbeitsmarkt, sondern im Haushalt erbracht wird. Auch pflegt die Statistik weibliche Beiträge zur Wirtschaft außer Betracht zu lassen, weil sie häufig nicht in einem formalen Arbeitsverhältnis oder als Saisonarbeit geleistet werden und damit schwer zu erfassen sind. UN-Statistiken unterschätzen auch die Zahl der Haushalte, in welchen die Frau *de facto* wirtschaftlich führend ist, denn man geht von einem vorgefaßten Begriff des »Haushaltsvorstands« aus anstatt von Kriterien, die den tatsächlichen Wirtschaftsleistungen entsprechen. So bleiben die Frauen also »statistisch unsichtbar«. Dennoch – ihre Leistungen sind unverzichtbar und elementar. Und viele von ihnen erfüllen bei der Bewahrung der Gesundheit und der Fähigkeiten kommender Generationen eine nicht quantifizierbare, aber bedeutende Funktion – die sie sich gern gerechter mit den Männern teilen würden.

Unausweichlich verändert die wirtschaftliche Entwicklung die Arbeitsteilung zwischen den Geschlechtern; einige neue Tätigkeiten – in der Herstellung von Bekleidung oder elektronischen Geräten – mögen den Frauen Möglichkeiten bieten. Wo aber eine traditionelle Gesellschaftsordnung durch die moderne Geldwirtschaft ersetzt wird, bleiben Frauen oft ausgeschlossen und wird ihr sozialer Status ausgehöhlt. Sie verlieren ihre traditionellen Berufe, ihre Aufgaben im Haushalt aber bleiben außerhalb der expandierenden Geldwirtschaft, die den Status und den Wert der Arbeitskraft bestimmt. Auch die Technisierung und Automation kann für Frauen ein Nachteil sein, wenn sie nicht ausreichend gebildet, ausgebildet oder gewerkschaftlich organisiert sind und dadurch nicht an die neuen technischen Berufe herankommen. Die ILO geht davon aus, daß der Anteil der erwerbstätigen Frauen in den Entwicklungsländern zurückgehen wird, da die traditionellen Berufe schneller verschwinden, als neue geschaffen werden. Männer pflegen zu befürchten, daß Frauen ihnen den Arbeitsplatz streitig machen, insbesondere dann, wenn Frauen geringeren Lohn für gleichwertige Arbeit erhalten. Aber Frauen brauchen genau wie Männer Berufschancen; denn der Beruf verleiht nicht nur Einkommen, sondern auch Anerkennung.

Besondere Härten für Frauen

Besondere Härten haben Frauen zu tragen, wenn die Männer vom Lande in die Stadt ziehen oder von einem Land in ein anderes: Sie werden als Leiterin des Haushalts zurückgelassen und müssen oft unter schwierigen Bedingungen einen Arbeitsplatz suchen; das wirft besonders große Probleme auf, wenn das Landesrecht ihnen selbständiges wirtschaftliches Handeln verbietet. Solche plötzlichen Veränderungen haben häufig, zumindest für kurze Zeit, noch tiefere Armut im Gefolge. Und dort, wo Frauen ohne ihre Familien abwandern (was in Lateinamerika oft vorkommt), können daraus große soziale Spannungen entstehen. Unter solchen Bedingungen ist die wirksame gewerkschaftliche Vertretung der Frauen nötig; auch könnte man erwägen, mit Fördermaßnahmen Wirtschaftsunternehmen zur Finanzierung industrieller Ausbildungsprogramme für Frauen anzuregen.

Die Frauen in den ärmsten Ländern haben noch manche anderen Lasten zu tragen. Die größten Gesundheitsrisiken bestehen für Kinder und schwangere Frauen; die Ausgestaltung und die regionale Verteilung der Gesundheitseinrichtungen jedoch tragen dieser Tatsache kaum Rechnung. Das trägt dazu bei, daß in vielen einkommensschwachen Ländern die Lebenserwartung der Frauen geringer ist als die der Männer (in den reichen Ländern ist das Gegenteil der Fall), daß mehr als die Hälfte der Frauen an Anämie leidet und daß sich ihr Gesundheitszustand in einigen großen armen Ländern weiter zu verschlechtern scheint. Aber die Frauen können nicht viel zur Besserung ihrer Lage tun, solange Macht und Wissen in Händen der Männer bleiben. Selbst die Familienplanung wird von dieser Ungleichheit berührt. Untersuchungen haben gezeigt, daß in einigen Ländern bei den Frauen der Wunsch besteht, die Größe der Familie zu begrenzen, während ihre Männer dagegen sind. Das beruht manchmal darauf, daß der Mann mehr an die Arbeitskapazität weiterer Kinder denkt, während der Frau die Last der Schwangerschaft und des Aufziehens der Kinder vor Augen steht. Manchmal aber ist es auch Ausdruck der überlieferten Vater-Haltung, die Mütter nicht unbedingt teilen. Solange es in erster Linie die Frauen sind, die die Verantwortung für die Versorgung der Kinder tragen, sollten sie ein größeres Mitspracherecht bei den Entscheidungen über die Größe der Familie haben.

Auf allen diesen Gebieten tragen Regierungen, Erzieher und Meinungsführer erhebliche Verantwortung dafür, daß sich etwas ändert. Internationale Programme gibt es bereits. Aber die Vereinten Nationen sind wie die meisten Regierungen und die für die Programme verantwortlichen multinationalen Institutionen noch weitgehend Reservate für Männer – nur wenige Frauen sind in höheren Positionen in ihren Behörden tätig. Damit setzen sie ein schlechtes Beispiel und machen es sich selber schwer, die Frauen anderswo zu erreichen. Die UN-Konferenz, die zum Internationalen Jahr der Frau – 1975 – in Mexiko stattgefunden hat, bemühte sich, auf all diese Probleme aufmerksam zu machen, aber es müßten viel mehr praktische Konsequenzen daraus gezogen werden. Das UN-»Jahrzehnt der Frau« (1976–1985), das Gleichheit, Fortschritt und Frieden in den Mittelpunkt stellt, haben wir nun zur Hälfte hinter uns; die Weltfrauenkonferenz, die 1980 stattfinden soll, wird die Fortschritte erörtern, die besonders auf den Gebieten der Beschäftigung, der Gesundheit und der Bildung gemacht worden sind. Wir fordern die Staaten auf, diesen Bemühungen ihre volle Unterstützung zu geben.

Eine neue Perspektive ist notwendig

Am Anfang haben wir gesagt, daß die Entwicklungsländer auf lange Sicht durch Strukturveränderungen ihre Fähigkeit stärken müssen, ihre Entwicklung auch selbst zu tragen. Das gilt analog auch für Menschen und Familien. Um die Grundbedürfnisse der Menschen zu befriedigen, wird es erheblicher öffentlicher Mittel und Fürsorge bedürfen; letztlich aber kann nur die Bereitstellung gut entlohnter Arbeit die Entwicklung gewährleisten und mit der Menschenwürde im Einklang stehen. Das wichtigste aller Bedürfnisse ist das Recht zur Teilnahme am Wandel und zur Teilhabe an seinen Früchten.

Dieses Kapitel läßt erkennen, wie wichtig es ist, die wirtschaftliche Entwicklung mit den menschlichen und kulturellen Werten zu verknüpfen, wie sie sich in jedem einzelnen Lande ausdrücken. Die Pläne zur wirtschaftlichen und sozialen Verbesserung menschlicher Lebensbedingungen mögen noch so klug ausgedacht sein, sie werden wenig bewirken, wenn nicht gleichzeitig – im Norden wie im Süden – um die Befreiung der Menschen von überholten Vorstellungen, von der Fessel falschverstandener enger Nationalinteressen, von den überkommenen Leidenschaften und Vorurteilen gekämpft wird. Eine neue internationale Wirtschaftsordnung wird Männer und Frauen mit einer neuen Mentalität und weiterreichendem Blick brauchen, um zu funktionieren – einen Entwicklungsprozeß, in dem sie alle ihre Fähigkeiten voll entfalten.

3 Gemeinsame Interessen

In den folgenden Kapiteln unseres Berichtes erörtern wir eine Reihe von Maßnahmen, die zusammengenommen für die internationalen Beziehungen, für die Weltwirtschaft und für die Entwicklungsländer neue Horizonte eröffnen. Bei der Formulierung unserer Vorschläge haben wir die Argumente erwogen, die für und gegen sie sprachen, und haben zu zeigen versucht, wo unserer Meinung nach eine für alle Seiten positive Bilanz aus ihnen zu ziehen ist. Zusammengenommen gewinnen sie noch zusätzlich durch das, was sie zueinander beitragen. Wir sind davon überzeugt, daß den gemeinsamen Interessen des Nordens und des Südens gedient ist und daß mehr Sicherheit und Wohlstand auf der Welt sein werden, wenn diese Vorschläge angenommen werden. Eben das Prinzip des gemeinsamen Interesses hat im Mittelpunkt unserer Diskussionen gestanden. Es ist kennzeichnend für das Unbehagen zwischen Nord und Süd, daß man mit dem Begriff ›gemeinsames Interesse‹ schon Mißtrauen erregen kann. Wenn die internationale Reform nicht mehr ist, als daß man sich den Kopf darüber zerbricht, was wohl im gemeinsamen Interesse aller Parteien liegen könnte, wird sie dann weit genug gehen? Wird sie dann nicht ein ausgesprochenes Spiegelbild der beherrschenden Interessen der Mächtigen sein?

Wir glauben nicht, daß gemeinsame Interessen allein bereits eine ausreichende Grundlage für alle notwendigen Veränderungen sind. Besonders mit Blick auf die ärmsten Menschen und Länder haben uns hauptsächlich menschliche Solidarität und die Verpflichtung zu internationaler sozialer Gerechtigkeit zu unseren Vorschlägen veranlaßt. Not und Leiden müssen ein Ende haben. Es ist untragbar, daß die meisten Menschen in einem Teil der Welt ein verhältnismäßig angenehmes Leben führen, während sie in einem anderen um das nackte Überleben kämpfen. Es gibt, wie wir darlegen werden, materielle Gründe für das Bemühen, diesen Zustand zu beenden – internationale politische Stabilität, Erweiterung der Exportmärkte, Schutz der biologischen Umwelt, Begrenzung des Bevölkerungswachstums. Die Solidarität, von der wir sprechen, geht jedoch über gemeinsame Interessen hinaus.

Auch für Änderungen an der Ausnutzung wirtschaftlicher Macht in der Welt, die wir für wesentlich halten, bilden gemeinsame Interessen keine ausreichende Grundlage. Die »Wohlhabenden« sind selten gewillt, ihre Macht und ihre Mittel abzutreten und sie mit den »Habenichtsen« zu teilen. Natürlich gibt es Konflikte zwischen Nord und Süd: Diejenigen reichen am tiefsten, die auf Machtfragen beruhen und auf den zahlreichen Varianten, in denen Staaten, Organisationen und Unternehmen des Nordens aus ihrer wirtschaftlichen und auch militärischen Stärke die Macht ableiten, die Weltwirtschaft in beträchtlichem Maße zu ihren Gunsten zu lenken. Einige Schlüsselelemente solcher Macht haben kürzlich in der Hand weniger Länder des Südens, insbesondere der OPEC-Länder, Gestalt angenommen – aber nicht so, daß das Übergewicht des Nordens beseitigt wäre.

Eine Gelegenheit zur Partnerschaft

Wie mehr Ausgewogenheit in der internationalen Ordnung hergestellt wird, ist im wesentlichen eine Sache der politischen Entscheidung. Wir wünschen uns eine Welt, die nicht so sehr auf Macht und Rang als vielmehr auf Gerechtigkeit und Vereinbarungen baut; die weniger willkürlich und mehr von fairen und offenen Regeln bestimmt wird. In diese Richtung muß man aufbrechen, und als Ausgangspunkte bieten sich jene Punkte an, in welchen eindeutig gemeinsame Interessen an Veränderungen festgestellt werden können. Wir glauben, daß es zahlreiche Interessen dieser Art gibt. Aber man muß mehr tun, um sie in den Mittelpunkt der Debatte zu rücken. Der Nord-Süd-Dialog hat in der Vergangenheit darunter gelitten, daß ein Klima südlicher »Forderungen« und nördlicher »Zugeständnisse« herrschte; erst in jüngerer Zeit haben prominente Meinungsführer davon zu sprechen begonnen, der Dialog müsse als Gelegenheit zur Partnerschaft verstanden werden, einer Partnerschaft, in welcher alle Seiten zum gemeinsamen Vorteil zusammenarbeiten können.

Konflikte dürfen nicht ignoriert werden. Es gibt akute und potentielle wirtschaftliche Konflikte: Über die Preise der Rohstoffe des Südens und der Industrieprodukte und der Technologie des Nordens; über die Finanz- und Währungssysteme und deren Institutionen; über die Verlagerung von Industrien; über die Kontrolle und Verteilung knapper Bodenschätze und insbesondere der Energiereserven. Aber eine Reihe der vermeintlichen Konflikte besteht nicht eigentlich zwischen dem Norden und dem Süden als homogenen gegnerischen Gruppen. Einige der Konflikte spielen sich innerhalb einzelner Länder ab; oft sind es Konflikte zwischen kurzfristigen und langfristigen Interessen eines Landes. Es gibt auch eine Vielzahl von Streitfragen, in denen weite Bevölkerungsteile eines nördlichen Landes von einer bestimmten Änderung der Politik zugunsten des Südens profitieren würden, während andere Nachteile hätten. Wenn die Interessen derjenigen, die etwas zu verlieren befürchten, die Politik des Nordens bestimmen, dann pflegt sich der Streit in Gestalt eines Nord-Süd-Konfliktes auszudrücken.

Die gegenseitige Abhängigkeit begreifen

Ein Zweifler könnte fragen: Wenn es diese gemeinsamen Interessen wirklich gibt, warum sind dann die Maßnahmen, in denen sie zum Ausdruck kommen, nicht schon längst ergriffen worden? Ist den Völkern und Staaten die Gemeinsamkeit der Interessen nicht bewußt? Oder gibt es andere Überlegungen, die schwerer wiegen? Darauf gibt es mehrere Antworten. Erstens: Mancherorts ist die Öffentlichkeit tatsächlich unzureichend über die Fakten informiert. Im Norden ist beispielsweise in den Medien oft von der »Flut« billiger Importwaren aus dem Süden die Rede, die seine Wachstumsindustrien »bedrohe«; aber wer achtet darauf, welche Geschäfte der Norden auf den Märkten des Südens macht? Wie gut weiß man darüber Bescheid, daß ein großer Teil der Arbeitsplätze im Norden vom Verkauf in den Süden abhängt und daß viele Waren für den Verbraucher im Norden sehr viel teurer wären ohne diese Importe? Zweitens: Das Interesse eines bestimmten Landes mag per Saldo nach außen hin feststehen, intern jedoch kann es Konflikte zwischen unmittelbaren und langfristigen Interessen oder andere Interessenkonflikte geben; welches dieser Interessen bei den staatlichen Entscheidungen die Oberhand hat, ist eine Frage der Politik und der politischen Führung.

Darüberhinaus mag bei einer Verhandlung, die Gewinn für beide Seiten verspricht, dennoch keiner von beiden zum Einlenken bereit sein, weil er meint, nicht genug zu gewinnen, oder weil der andere ihm zu viel gewinnt. Das ist besonders bei Verhandlungen zwischen Ungleichen der Fall, bei denen, soll die Ungleichheit abgebaut werden, die Gewinne nicht gleich sein dürfen; allzu oft bestimmt hier die unterschiedliche Verhandlungsstärke das Ergebnis – oder, wie es in der Vergangenheit häufig vorgekommen ist, verhindert jede Einigung. Schließlich gibt es manchmal auch Erwägungen, die gemeinsame Interessen überschatten. Das wird nirgends deutlicher als bei der Abrüstung, wo das große gemeinsame Interesse der Menschheit an der Minderung der Kosten und des steigenden Risikos der Rüstung vom gegenseitigen Mißtrauen der Staaten und Staatengruppen durchkreuzt wird.

Unsere Vorschläge sind nicht revolutionär; manche sind dem heutigen Denken vielleicht ein bißchen voraus, andere liegen schon seit Jahren auf dem Tisch. Wir sehen sie als Teil eines von allen mitgetragenen Reform- und Neuordnungsprozessen. Und wir hoffen, daß sie, als aufeinander abgestimmtes Ganzes verstanden, den Willen zum Wandel stärken werden.

Die Übertragung von Wachstumsimpulsen

In unserem ersten Kapitel haben wir die Bedeutung des Wachstums im Norden für die wirtschaftliche Entwicklung im Süden erwähnt. Es trägt dazu bei, den Erzeugnissen des Südens expandierende Märkte zu öffnen; politisch schafft es ein Klima der Großzügigkeit und entschärft vor allen Dingen die Spannungen der Anpassung an die Industrialisierung des Südens. Seit kurzem erst hat man begonnen, dem anderen Aspekt der Sache Beachtung zu schenken. Daß der Süden den Norden braucht, ist offensichtlich. Wie aber steht es umgekehrt – braucht der Norden den Süden? In welchem Sinne kann man den Süden als »Wachstumsmotor« für den Norden bezeichnen?

Heute weiß man, daß in der Zeit nach 1974, als die Ölexporteure große Summen aus ihren Kapitalüberschüssen bei Geschäftsbanken anlegten, die bessergestellten Entwicklungsländer als Kreditnehmer wesentlich dazu beigetragen haben, daß dieses Kapital wieder in Umlauf kam und daß es zu Exportaufträgen für die Industrien des Nordens führte. Ohne sie wäre die Rezession jener Zeit viel schlimmer gewesen; nach Schätzungen einer Studie soll ihr Effekt dem einer bedeutenden Reflation der westdeutschen Wirtschaft vergleichbar gewesen sein; die OECD meint in einer Studie, daß diese Exportaufträge in den Industrieländern von 1973 bis 1977 jährlich 900 000 Arbeitsplätze erhalten haben.

Die möglichen Wirkungen »massiver Transfers«

Die dynamischen Entwicklungsländer haben die Kapazität für hohe Wachstumsraten; viele von ihnen, um Inflation weniger bekümmert, waren Anfang der siebziger Jahre, als die Nachfrage auf den Kapitalmärkten des Nordens schwach war, zur Aufnahme von Krediten für die Expansion ihrer Binnenwirtschaft bereit. Sie bilden mit hohen Ertragsaussichten für Ressourcenentwicklung und Industrieinvestitionen gewissermaßen eine neue Wirtschaftsfront, wo die speziellen ökonomischen Schwierigkeiten und die sozialen und politischen Beschränkungen des Nordens in geringerem Ausmaß bestehen. Aber sie brauchen hohe Kredite, um ihre Verschuldung zu meistern. Die Fähigkeit und die Bereitschaft der Hauptakteure in diesem Kreislauf, weiterhin Kredite zu geben und ihre Märkte zu erweitern, werden die entscheidenden Faktoren bei der Abwendung einer Krise Anfang der achtziger Jahre und der Förderung des längerfristigen Wachstums der Weltwirtschaft sein. Die Aussichten werden für alle weit besser sein, wenn die Dynamik der Schwellenländer in eine Wachstumsphase der Weltwirtschaft eingebracht werden kann.

Die Befürworter verschiedener Pläne für einen »massiven Kapitaltransfer« vom Norden in den Süden haben argumentiert, dies würde die Weltwirtschaft ankurbeln, ihr kurzfristig aus der Rezession heraushelfen und langfristig zur Wachstumssteigerung beitragen. Kritiker haben die Stichhaltigkeit dieses Arguments bezweifelt. Warum sollten Staaten des Nordens, die zögern, in Zeiten der Stagflation die eigene Wirtschaft anzukurbeln, sich von einer Stimulierung auf dem Umweg über die Entwicklungsländer mehr versprechen?

Eine Antwort an die Kritiker könnte lauten, daß Exportaufträge aus den Entwicklungsländern für den Norden nicht so inflationär wirken würden wie die durch öffentliche Ausgaben im Inland geschaffene Nachfrage, wenn diese Aufträge in Wirtschaftssektoren mit Überkapazität fließen. Dies mag allerdings kein sehr bedeutender Faktor sein. Aber die Kritik scheint davon auszugehen, daß nur die Exporte des Nordens stimuliert werden, während die Exporte natürlich durch Importe ausgeglichen werden, die einen antiinflationären Effekt haben. Der Prozeß des Kapitaltransfers hat zweifache Wirkung. In erster Linie spricht für diese Transfers, daß es eine unnötige Verstärkung der rezessiven Kräfte zu vermeiden gilt. Wie wir in Kapitel 15 darlegen, gibt es mehrere Gründe für die Annahme, daß sich der Prozeß des Kapitalumlaufs (Recycling) der letzten Jahre nicht einfach und ohne Hilfen auf dem Kapitalmarkt wiederholen wird, es werden dort Anhaltspunkte dafür gegeben, daß entschlossenes aktives Handeln nötig ist, damit das Recycling auf konstruktive Weise weitergeht.

Welthandel verstärken und Märkte erweitern

Zum zweiten muß man die Zusammenhänge sehen. Wir sprechen von der Stimulierung des Welthandels insgesamt mit den sie begleitenden Möglichkeiten zur Spezialisierung und Produktivitätssteigerung. Es gibt eine Fülle historischer Beweise dafür, daß die Expansion des Handels eine der Hauptstützen der Weltwirtschaft ist und immer war. Für die meisten Länder ist eine ausgewogene Ausweitung des Handels eine weniger inflationistische Form der Wirtschaftsbelebung als die Stimulation durch höhere Staatsausgaben im Inland. Transfers in großem Stil, wie wir sie vorschlagen werden, gelten deshalb als Maßnahmen zur direkten Förderung des Wachstums in Entwicklungsländern und zugleich zur wesentlichen Ausweitung des Welthandels. In diesem Sinne sehen wir in ihnen einen Beitrag zum Wachstum und zur Beschaffung von Arbeitsplätzen im Norden wie im Süden.

Wie wir sehen werden, haben die Transfers noch andere Funktionen auf Einzelgebieten wie Bergbau, Energie und Ernährung, bei der Stabilisierung der Rohstoffpreise und bei Investitionen. Und sie sind wichtig für die Stabilisierung der Kapitalmärkte und für das internationale Kreditwesen. Wir erörtern ferner die wirtschaftliche Zusammenarbeit zwischen den Entwicklungsländern untereinander als weitere Möglichkeit der Verbesserung ihrer wirtschaftlichen Perspektiven. Alles dies sind wichtige Merkmale der zunehmenden Verflechtung der Weltwirtschaft. Sie hängen mit Maßnahmen zur Überwindung bestimmter Wachstumshindernisse und zur Dämpfung der Inflation zusammen. Wenn an diesen Fronten Fortschritte erzielt werden können, dann wird sich das auch als beträchtliche Erweiterung der Märkte im Süden auswirken. Außerdem war es ein Teil sowohl der kurzfristigen Rezession als auch der langfristigen Stagnation, daß die Steigerung der Produktivität im Norden nachließ; stetige Investition im Süden und Anpassung der Industrien des Nordens werden mit der Zeit die Weltwirtschaft erheblich stärken – der Produktivität ist nicht durch kostspielige Lebensverlängerung nicht wettbewerbsfähiger Industrien auf die Sprünge zu helfen.

Die weltwirtschaftlichen Verflechtungen zwischen Nord und Süd, die wir jetzt deutlicher erkennen können, zeigen nicht nur, wie beide in Wachstum und Handel sich ergänzen, sondern auch, wie unausgewogenes Wachstum mögliche Unvereinbarkeiten nach sich zieht. Neben dem Anpassungsproblem in der Industrieproduktion könnte eins der schwierigsten Probleme, die auf uns zukommen, der Wettlauf um die knappen erschöpflichen Reserven sein, vor allem auf dem Energiesektor, wenn das Wachstum der reichen Länder bei gleichstarker Nutzung (und gleichbleibender Steigerungsrate der Nutzung) dieser Reserven wie bisher weitergeht. Sowohl die Formen des Wachstums als auch die technologischen Wahlmöglichkeiten des Nordens und des Südens werden hier von Bedeutung sein. Dies ist ohne Zweifel ein Gebiet, auf welchem internationale Zusammenarbeit nicht nur wünschenswert, sondern notwendig ist, wenn Konflikte vermieden werden sollen. Unser Bericht legt Vorschläge für eine solche Zusammenarbeit vor, die unserer Auffassung nach von entscheidender Bedeutung für die Welt und ihre Wirtschaft ist.

Öffnung der Märkte

Ein Schlüsselproblem, das gelöst werden muß, wenn langfristig das Wachstum in der Welt höhere Werte erreichen und halten soll, ist die Frage der Öffnung der Märkte des Nordens für die Industrieerzeugnisse des Südens. An dieser Frage wird deutlich, wie komplex der Streit um die »Interessen« ist. Wenn es unmittelbar Leidtragende der konkurrierenden Importe aus dem Süden gibt, dann sind es die Wirtschaftszweige und Arbeitnehmer im Norden, die dasselbe Produkt auch herstellen. Haben sie eine mächtige Lobby und wird ein Schutzwall um sie gezogen, dann ist ihre Weiterbeschäftigung gesichert. Aber dabei verliert der Verbraucher, denn ihm wird die billigere Importware vorenthalten – die Aussperrung dieser Importe trägt zur Inflation bei. Unsere Diskussion über Industrialisierung und Welthandel zeigt, daß, verglichen mit der Gesamtzahl der Arbeitslosen, nur sehr geringe Arbeitsplatzverluste im Norden auf die Importe aus dem Süden zurückzuführen sind, und sie stellen auch nur einen Bruchteil der Arbeitsplatzverluste dar, die durch technischen Wandel entstehen. Recht häufig aber treten die Arbeitsplatzverluste in wirtschaftsschwachen Gebieten des Nordens auf und betreffen bedürftige Personen oder ungelernte Arbeitskräfte, die nur schwer wieder eine Anstellung finden. Dem politischen Druck, den die Gefährdung der Beschäftigung auslöst, ist besonders schwer standzuhalten in einer Zeit der Rezession und der hohen Arbeitslosigkeit, in der sich die industrialisierten Gesellschaften auch noch an revolutionäre technologische Veränderungen anpassen müssen. Es muß auch festgestellt werden, daß ein ganzer Teil der protektionistischen Bestrebungen im Norden heute dem Wettbewerb zwischen Produzenten nördlicher Länder entspringt..

Protektionismus ist kein Ausweg

Doch eben dieser Protektionismus, den die Rezession fördert, könnte sich als einer der größten Feinde der Neubelebung erweisen. In der Sorge um die Arbeitsplätze vergißt man oft, daß der Nord-Süd-Handel keine Einbahnstraße ist. Wenn der Süden nicht in den Norden exportiert, kann er wiederum nicht für Exporte des Nordens in den Süden bezahlen. Bei Industrieerzeugnissen haben die Industrieländer heute große Handelsüberschüsse mit den Entwicklungsländern. Die Abhängigkeit der Industrieländer von den Märkten des Südens ist beträchtlich und nimmt immer noch zu. Im Jahre 1977 schickten Japan, die Vereinigten Staaten und die Europäische Gemeinschaft mehr als ein Drittel ihrer gesamten Exporte in die Dritte Welt, und für Japan allein betrug dieser Anteil sogar 46 Prozent. Die Exporte der Vereinigten Staaten in die Dritte Welt waren mehr als viermal so hoch wie ihre Exporte nach Japan und fast doppelt so hoch wie die in die EG-Länder; die Exporte der EG in die Dritte Welt waren das Dreifache der Exporte in die USA und das Zwanzigfache derer nach Japan. Von 1976 auf 1977 erhöhten sich die Exporte der EG in die Dritte Welt um 20 Prozent, und im Jahre 1975, als ihre Exporte in die USA und andere entwickelte Länder sogar zurückgingen, nahmen die Exporte in die Dritte Welt um 25 Prozent zu. Die Bedeutung dieses Handels für die Beschäftigung wird aus der Tatsache deutlich, daß in den Vereinigten Staaten jeder zwanzigste Arbeitsplatz in der Exportproduktion für die Dritte Welt liegt. Protektionismus gefährdet also die Stellen von Arbeitern, die Exportgüter zum Verkauf in Entwicklungsländern herstellen – eine Tatsache, die man oft in Diskussionen über die »Bedrohung« der heimischen Arbeitsplätze in Industrieländern durch Importe vermißt; und auch die Inflation, die von solchen Importen abgeschwächt würde, gefährdet Arbeitsplätze, wenn sie zu Schrumpfungsmaßnahmen führt.

Die große Herausforderung für den Norden besteht deshalb darin, seine Anpassungsschwierigkeiten zu meistern, damit der Welthandel wachsen kann; im Handel mit dem Süden nicht eine Gefahr, sondern eine Chance zu sehen; ihn nicht als Teil des Problems, sondern als Teil der Lösung zu betrachten. Am Ende könnten die reifen Industriewirtschaften, die es versäumen, sich den Realitäten des internationalen Wettbewerbs anzupassen, ihren Wohlstand verlieren und zu Anpassungsmaßnahmen gezwungen sein, die weit kostspieliger und einschneidender wären als die, welche sie mit ihren derzeitigen protektionistischen Maßnahmen hinauszuschieben versuchen. Die Industrieländer können nicht erwarten, daß ihre hochwertigen Exporte in Entwicklungsländer weitergehen (und die großen Kredite, die einige Entwicklungsländer über Geschäftsbanken erhalten haben, zurückgezahlt werden), wenn sie diesen nicht gestatten, ihren Lebensunterhalt zu verdienen, indem sie ihrerseits ihre Industrieerzeugnisse verkaufen. Die Herausforderung für den Süden ist es, sich den notwendigen Sachverstand und die Facharbeiterschaft zu schaffen, mit denen er die eigene industrielle Entwicklung sichern und die Handelschancen nutzen kann, die ein erweiterter Zugang zu den Märkten des Nordens ihm eröffnet. Beträchtliche gemeinsame Interessen des Nordens und des Südens liegen in den Veränderungen, welche die Industrialisierung des Südens in der Weltwirtschaft hervorrufen wird.

An Rohstoffen mehr verdienen

Zur Frage der Rohstoffe legen wir hauptsächlich zwei Arten von Vorschlägen vor: Solche, die sich auf die Entwicklung von Verarbeitung und Vermarktung durch die Herstellerländer beziehen, und solche, die die Stabilisierung von Preisen und Exporterlösen betreffen. Was das erstere betrifft, so liegen die Vorteile für den Norden im stabileren Angebot und in der Erweiterung der Märkte des Südens durch seine höheren Erlöse. Wie bei Industrieprodukten wird sich die verarbeitende Industrie des Nordens verstärktem Wettbewerb ausgesetzt sehen, jedoch wird die Zahl der Arbeitsplätze, die durch diesen Wettbewerb verloren gehen, sogar noch geringer sein.

Was die Stabilisierung der Rohstoffpreise angeht, so kann internationales Handeln zweifellos für Nord und Süd vorteilhaft sein. Stabilisierung bedeutet für die Herstellerländer das Ende der fatalen Schwankungen bei den Deviseneinnahmen, die jede innerstaatliche Wirtschaftsplanung zur Posse machen kann. Oft haben Preisschwankungen verlustreiche Investitionszyklen ausgelöst und zu Notverkäufen bei sinkender Nachfrage geführt, die Schuldenprobleme noch verschlimmerten. Für die Importländer erleichtert die Stabilisierung dem einzelnen Wirtschaftsunternehmen seine Entscheidungen; denn es kann über längere Fristen mit eher vorhersehbaren Preisen rechnen, und sie bringt gesamtwirtschaftliche Vorteile. Insbesondere dürfte die Stabilisierung die nachhaltigen inflationären Effekte der Preiszyklen bei Rohstoffen beseitigen: sie führen in ihrer Aufwärtsphase zu Preissteigerungen für Industrieprodukte, die oft nicht in gleichem Umfang zurückgenommen werden, wenn die Rohstoffpreise wieder fallen.

Ein wichtiges Thema ist zur Zeit die Festsetzung von Mindestpreisen in vernünftiger Höhe, die für den Export von Rohstoffen aus den Entwicklungsländern eingehalten werden würden. Es ist nicht einzusehen, warum dies für die Verbraucher nachteilig sein soll, die doch ein Interesse an der sicheren Rohstoffversorgung und damit an regelmäßigen Investitionen in die Ausbeutung von Rohstoffen haben. Dies wiederum hängt von angemessenen Preisen für die Produzenten und anderen Faktoren ab.

Der Norden und hier insbesondere Europa und Japan sind für einen sehr großen Teil ihrer Rohstoffe auf die Entwicklungsländer angewiesen: Bei Kaffee, Kakao, Tee, Bananen, Hartfasern, Jute, Gummi und tropischem Hartholz hängen sowohl die Europäische Gemeinschaft als auch die USA völlig von Importen aus der Dritten Welt ab. Bei mehreren wichtigen Mineralien decken Japan und die EG mehr als 90 Prozent ihres Bedarfs aus Importen, größtenteils aus der Dritten Welt; die USA und Kanada, selbst bedeutende Förderländer, brauchen auch bei einigen wichtigen Mineralien Importe aus den Entwicklungsländern. Sechzig Prozent der Weltausfuhr an wichtigen Agrar- und Bergbauerzeugnissen außer dem Mineralöl haben ihren Ursprung in der Dritten Welt.

Energie, Umwelt, Nahrung

Auch in unseren Vorschlägen zur Energie versuchen wir, das gemeinsame Interesse zum Ausdruck zu bringen. Wenn es gelingen soll, von den erschöpfbaren auf erneuerbare Energiequellen umzusteigen, dann wird vor allem eine große Anstrengung nötig sein, neue Energiequellen zu entwickeln. Hierzu kann der Norden – einschließlich der östlichen Länder – mit seiner Technologie, seiner Forschung und seinem Investitionskapital beitragen. Ohne Zweifel zieht der Norden großen Nutzen daraus, wenn er durch finanzielle und andere Maßnahmen die Energiesuche, -forschung und -entwicklung im Süden fördert. Dazu sollte die Entwicklung der Sonnenenergie gehören, um insbesondere die ärmsten Länder zu unterstützen. Ohne intensive Bemühungen um die Entwicklung neuer Energiequellen besteht die Gefahr, daß nicht genügend Zeit für Entscheidungen bleibt und immer riskantere Energie-Technologien angewendet werden.

Kurzfristig ist das Öl der kritische Punkt. Für die Zukunft der Weltwirtschaft ist es lebenswichtig, daß in erfolgreicher internationaler Zusammenarbeit die kostspielige Verschwendung beendet, die gerechte Verteilung zu vorhersehbaren Preisen gefördert, die zusätzliche Exploration beschleunigt und die damit zusammenhängenden finanziellen Fragen geklärt werden. Zwischen Herstellern und Verbrauchern muß ein Ausgleich gesucht werden, der aber unbedingt über die Frage des Öls allein hinausreichen muß. Es liegt im Interesse aller, daß die Unsicherheit über die kurz- und längerfristigen Aussichten des Öls und anderer Energieformen und -quellen so weit wie möglich ausgeräumt wird.

Die Umwelt ist unstreitig ein weiteres Gebiet, auf dem es das offenkundigste gemeinsame Interesse gibt. Erhebliche Schädigungen der Umwelt und Raubbau an knappen natürlichen Ressourcen kommen in jedem Teil der Welt vor und beschädigen Boden, Luft und Meere. Die Biosphäre ist unser gemeinsames Erbe und muß in Zusammenarbeit aller bewahrt werden – sonst könnte das Leben selber bedroht sein. Besondere Beachtung haben wir den Problemen der ärmsten Länder geschenkt, wo der Druck der wachsenden Not Schäden verursacht – Abholzen der Wälder, Ausbreitung der Wüsten – und wo es an alternativen Möglichkeiten zur besseren Verwendung der Ressourcen fehlt; die Folgen können sich weit über die Grenzen dieser Länder hinaus auswirken und stellen einen dringenden Fall für internationale Hilfsaktionen dar.

Bei Nahrungsmitteln bestehen gleichfalls gemeinsame Interessen. Wir schlagen wesentliche Erhöhungen der Hilfen für die Landwirtschaft des Südens vor, außerdem Vorratshaltung und finanzielle Maßnahmen zur besseren Stabilisierung der internationalen Nahrungsmittelversorgung und Nahrungsmittelpreise. Das wird für die kreditgebenden Länder eine Belastung sein – aber eine Belastung, von der sie profitieren werden; denn wenn man Ländern mit Nahrungsmitteldefizit nicht hilft, mehr zu produzieren, und wenn nicht eine befriedigende Sicherung der Versorgung erreicht wird, können Ausfälle in der Nahrungsmittelerzeugung in einem Teil der Welt zur weltweiten Inflation der Lebensmittelpreise führen. Neue Prioritäten sind auch in vielen Entwicklungsländern zu setzen, die der Steigerung ihrer Agrarerzeugung größeren Wert beimessen müssen. Ohne diese Maßnahmen könnten die achtziger und neunziger Jahre noch schlimmere Hungerszenen bringen als die siebziger Jahre, und die Getreidepreise könnten sich überall dramatisch erhöhen.

Transnationale Unternehmen – (Die »Multis«)

Zu den strittigen Punkten, die wir erörtert haben, gehörte die Rolle der transnationalen (oder multinationalen) Unternehmen. Hier sind sich die verschiedenen Gesprächspartner bei internationalen Verhandlungen in den letzten Jahren ja etwas näher gekommen. Ein sehr wesentliches gemeinsames Interesse liegt darin, die Wirtschaftskraft und die Erfahrung der Transnationalen für die Entwicklung nutzbar zu machen. Für ihre Heimatländer sind ertragreiche und sichere Auslandsinvestitionen wünschenswert; die Industrieländer würden inbesondere aus der Entwicklung von Energie- und anderen Rohstoffquellen in der Dritten Welt Nutzen ziehen. Auch ihre Gastländer haben viel zu gewinnen, vorausgesetzt, daß für die Auswirkungen der Tätigkeit der Transnationalen, die Kosten und Beeinträchtigungen bringen, eine Regelung gefunden werden kann. Mit einer solchen Regelung können die Technologie, der Sachverstand und das Kapital der Transnationalen dazu beitragen, die industrielle Produktion der Entwicklungsländer sowie deren Export auszubauen und die Entwicklung ihres Bergbaus zu fördern; auch der Rohstoffhandel könnte dadurch für die Erzeugerländer einträglicher werden. Viele Einzelfragen, über die verhandelt wird, etwa die Herausgabe von Informationen oder die

Steuerpflicht, sind für den Norden von ebenso großem Interesse wie für den Süden. Diese Unternehmen spielen in Produktion, Verarbeitung und Handel der Welt wie bei anderen Entwicklungen, zum Beispiel ihrer wachsenden technologischen Zusammenarbeit mit einigen Oststaaten, eine in der Tat bedeutende Rolle, die diese Transnationalen oder »Multis« heute zu einem eher globalen als nur einem Nord-Süd-Thema macht.

Das Finanz- und Währungssystem

Unsere Vorschläge auf dem Währungsgebiet gehen von der Notwendigkeit einer besser geregelten Währungsordnung für die Weltwirtschaft als Ganzes und zur Befriedigung der Bedürfnisse der Entwicklungsländer aus. Größere Stabilität im System der Wechselkurse belebt den Handel und die Investitionstätigkeit. Solche Stabilität stärkt das Vertrauen der Kapitaleigner, seien es Ölproduzenten mit Gewinnüberschüssen oder andere potentielle Investoren. Ausreichende internationale Liquidität ist ein Faktor bei der Dämpfung der zyklischen Schwankungen in der Wirtschaftstätigkeit, bei der Einschränkung des Protektionismus und bei der Hilfe für Rohstoffproduzenten, Zeiten sich verschlechternder Austauschverhältnisse (terms of trade) zu überstehen. Verbesserte Möglichkeiten in der Anpassung der Zahlungsbilanzen, wie wir sie vorschlagen, können Schrumpfungstendenzen in der Weltwirtschaft entgegenwirken.

Im Kreditsystem stellen wir Lücken fest und machen Vorschläge, wie diese Lücken in einem neuen Verfahren der Entwicklungsfinanzierung ausgefüllt werden können. Die Maßnahmen zur Bereitstellung von Mitteln, die auf universalerer Grundlage beruhen und auf mehr Automatizität abstellen, sowie unsere Vorschläge zur institutionellen Reform und Neuerung bedeuten eine wesentliche Stärkung der Zusammenarbeit aller Länder in der Entwicklungsförderung. Sie wären ein Schritt zu gemeinsamer Mitverantwortung in der Weltwirtschaft.

Wir haben bereits dargelegt, daß der umfassende Mitteltransfer, den wir in diesem Bericht vorschlagen werden, zur Expansion des Welthandels beitragen wird und damit zu Wachstum und Vollbeschäftigung in Nord und Süd. Aber wir stützten uns bei unserem Plädoyer für mehr und bessere Hilfe nicht nur auf dieses Argument. Wir wissen wohl, daß die öffentliche Unterstützung der Entwicklungshilfe in mehreren Geberländern stark humanitär und moralisch motiviert ist – ein Motiv, das auch unseres ist. Von jenem Teil der Hilfe, der zunehmend aus zuschußartigen Zuwendungen an die ärmsten Länder und Regionen bestehen wird, können die Geber größtenteils nicht verlangen, daß er in gleichem Umfang wirtschaftliche Erträge abwirft wie reguläre Darlehen an bessergestellte Länder. Das ist hauptsächlich aus humanitären Gründen zu rechtfertigen. Aber der Norden hat auch ein weiterreichendes Interesse daran, solche Hilfe zu leisten. Wir glauben nicht, daß die Welt in Frieden leben oder daß es auch nur dem Norden auf unbegrenzte Zeit gut gehen kann, wenn große Bereiche des Südens – mit Hunderten von Millionen Menschen – von jeder realen Aussicht auf Fortschritt ausgeschlossen und am Rande des Überlebens alleingelassen werden.

Der Weg zu einer echten Gemeinschaft der Nationen

Die Nord-Süd-Beziehungen sind in den letzten Jahren zu einem immer wichtigeren Bestandteil der internationalen Politik wie der Weltwirtschaft geworden. Eine Absicht dieses Berichtes ist es, Schritte auf dem Wege zu dem vorzuzeichnen, was man eigentlich die Gemeinschaft der Nationen nennen könnte, – zu einer neuen Weltordnung, die auf mehr internationaler Gerechtigkeit beruht und auf Regeln, die von den beteiligten Ländern beachtet werden. Das verlangt von den Nationalstaaten, daß sie gegenseitig Zurückhaltung üben und insbesondere, daß sie sich um die weniger begünstigten Glieder einer solchen Gesellschaft kümmern.

Mehrere der Themen, die wir diskutieren, werfen die Frage nach dem Frieden in dieser Weltordnung auf. Die Beendigung des Rüstungswettlaufs muß oberstes Ziel internationaler Bemühungen sein; das Aushandeln von Abrüstungsmaßnahmen würde die Welt sicherer machen und zugleich Mittel freisetzen, mit deren Hilfe viele andere Probleme gelöst werden könnten. Die Nord-Süd-Beziehungen sind wesentlich in diesem Streben nach Frieden und nicht minder für die Energie- und Rohstoffversorgung, die Ursache ernster Konflikte werden kann, wenn sie nicht im Rahmen internationaler Übereinkunft geregelt wird. Mehr Ost-West-Zusammenarbeit, sowohl untereinander als in Partnerschaft gemeinsam mit dem Süden, muß ebenfalls gefördert werden – um ihrer selbst willen und als Beitrag zum Frieden. Das sind Themen, die zu den schwierigsten und bedeutendsten Zielen gehören, über die wir gesprochen haben.

Sorge um die Zukunft des Planeten ist untrennbar verbunden mit der Sorge über die Armut. Wenn das rasche Bevölkerungswachstum sich im nächsten Jahrhundert fortsetzt, könnte die Welt unregierbar werden; diesem Wachstum jedoch können wir nur vorbeugen, wenn noch in diesem Jahrhundert etwas gegen die Armut getan wird. Ganz ähnliches gilt für unsere biologische Umwelt, die in vielen Ländern als direkte Folge der Armut bedroht ist – in anderen allerdings infolge undurchdachter technologischer Entscheidungen und industrieller Wachstumsformen. Diese Probleme – die Weiterverbreitung von Kernwaffen ist ein weiteres – sind nur in Zusammenarbeit des Nordens und des Südens zu lösen, und ihr gemeinsames Interesse daran ist nur allzu offensichtlich. Bei der Beseitigung der Armut und der Förderung eines dauerhaften Wirtschaftswachstums geht es nicht nur um das Überleben der Armen, sondern um unser aller Weiterleben.

Oft war in unseren Diskussionen – und ist speziell in Kapitel 8 dieses Berichts – die Rede von der Verpflichtung des Südens, internationale Maßnahmen der sozialen Gerechtigkeit durch innerstaatliche Schritte zum gleichen Ziel zu ergänzen. Armut ist nicht ohne entschlossenes Handeln zu überwinden, international und national. Auch hier gibt es gemeinsame Interessen. Für den Norden ist es von Vorteil, wenn der Süden seine Volkswirtschaften erfolgreich entwickelt – und der Norden kann ihn dabei unterstützen. Solche Unterstützung würde nur an Wirksamkeit gewinnen, wenn sie über politische Vorbehalte hinwegkäme – wenn sie nämlich mit Ländern, die fast nur mit Staatsunternehmen arbeiten, ebenso bereitwillig zusammenarbeiten würde wie mit marktwirtschaftlich orientierten. Stärkere wirtschaftliche Zusammenarbeit zwischen Entwicklungsländern selbst kann das Wachstum im Süden in einer Weise fördern, die vom Norden nicht abhängig ist – auch dies liegt im gemeinsamen Interesse.

Reformen greifen ineinander

Das Bild einer anderen Welt, das wir zu entwerfen versuchen, will gewissermaßen über eine Flickschusterei am Nord-Süd-Problem hinaus. Das Bild als Ganzes mag attraktiver wirken als einige seiner Details. Wir sind überzeugt, daß eine Welt, die unsere Empfehlungen realisierte, gerechter, sicherer und erfolgreicher wäre als die, in welcher die Staaten in gegensätzlichen Posen verharren, die sich auf sterile Klischees der Vergangenheit gründen. Wir sagen dies nicht nur, weil die Empfehlungen im einzelnen vernünftig sind, sondern weil sie sich vor allem untereinander ergänzen. Probleme der Bodenschätze zum Beispiel können ohne Maßnahmen im Kapitalsektor, in der Frage der Multis und auf dem Gebiet der Rohstoffabkommen nicht restlos gelöst werden. Auch das Energieproblem verlangt Taten in diesen Bereichen wie auch eine weitergehende internationale Verständigung. Verschuldung und internationales Bankenwesen, Rohstoffe und Marktöffnung für Industrieerzeugnisse sind eng miteinander verknüpft. Man könnte zahllose Wechselbeziehungen dieser Art aufzählen. Verflechtungen bestehen nicht nur zwischen Staaten, sondern auch zwischen Sachfragen.

Wir geben nicht vor, daß die Maßnahmen, die wir vorschlagen, für den Norden ohne Kosten wären. Der Norden muß seine Mittel und seine institutionelle Macht teilen; er muß bereit sein, auf Veränderungen der Funktionsweise von Märkten hinzuwirken, die gegenwärtig den Süden benachteiligt. Aber wir meinen auch, daß der Norden ebenso wie der Süden viel dafür bekommen werden, nicht nur als unmittelbaren wirtschaftlichen Nutzen, sondern auch in Gestalt schwindender Unsicherheit und Instabilität. Und es ist dabei nicht nur gemeinsamer Gewinn zu bedenken, sondern auch die Vermeidung gemeinsamer Verluste. Es ist nicht schwierig, sich eine Welt vorzustellen, in welcher die Maßnahmen, die wir vorschlagen, nicht ergriffen werden und in welcher der Pfad der Zukunft in die allseitige Verelendung führt.

Die moralischen Imperative

Alle Erfahrungen mit inneren Reformen einzelner nationaler Gesellschaften bestätigen, daß in einem Veränderungsprozeß, der die Welt etwas weniger ungleich und etwas gerechter und bewohnbarer macht, alle gewinnen. Die großen moralischen Imperative, die solche Reformen untermauern, sind international genau so gültig, wie sie national gültig waren und sind. Die Erfahrung lehrt allerdings, daß es auch andere Imperative gibt; sie wurzeln im hartherzigen Eigennutz aller Staaten und Völker und lassen den Ruf nach menschlicher Solidarität lauter werden. Die Weltgesellschaft erkennt heute klarer denn je zuvor ihre gemeinsamen Nöte; sie muß sich gemeinsam dazu verpflichten, ihnen zu begegnen. Nachdem wir uns über zwei Jahre hinweg beratend zusammengefunden haben, unter uns und mit vielen prominenten Persönlichkeiten aus verschiedenen Bereichen der internationalen Entwicklung, sind wir überzeugt: Eine neue Ordnung der internationalen Wirtschaftsbeziehungen ist Gewinn für alle; und es besteht Hoffnung für die Menschheit, diesen Gewinn zu erlangen. Nord und Süd haben ein Interesse daran, die Hoffnung zu bewahren.

4 Die ärmsten Länder

Die Kommission hat die Untersuchung der Probleme der ärmsten Länder zu einem ihrer vorrangigen Anliegen gemacht: Sie hat eine spezielle Arbeitsgruppe gebildet, die sich von Experten beraten ließ. Und eine Sitzung der Gesamtkommission fand im westafrikanischen Mali statt, wo reichlich Gelegenheit bestand, die Probleme aus erster Hand kennenzulernen.

Die Vereinten Nationen führen eine Liste der »am wenigsten entwickelten Länder« und haben sie der besonderen Beachtung empfohlen. Die Definition hierzu lautet: »Länder mit schwerer langfristiger Entwicklungshemmung gemäß den folgenden drei Hauptkriterien: Bruttosozialprodukt pro Kopf von 100 Dollar oder weniger (in Preisen von 1970), Anteil der industriellen Fertigung am Bruttosozialprodukt von 10 Prozent oder weniger; und 20 Prozent oder weniger schreib- unnd lesekundige Personen der Altersgruppe über 15 Jahre.« Diese Länder umfassen eine Bevölkerung von 258 Millionen Menschen (Schätzung aus 1977) oder 13 Prozent der Bevölkerung aller Entwicklungsländer. Ihr Pro-Kopf-Einkommen lag 1977 im Durchschnitt bei 150 Dollar, was nach den Preisen von 1970 80 Dollar ausmacht; und die Steigerungsrate ihres Pro-Kopf-Einkommens betrug in den letzten zwei Jahrzehnten weniger als 1 Prozent.

Der größte Teil der am wenigsten entwickelten Länder – die derzeitige Liste der Vereinten Nationen zählt 29 – ist dicht beieinander in zwei Gebieten der Erde zu finden, die wir die »Armutsgürtel« nennen. Einer davon erstreckt sich über die Mitte Afrikas von der Sahara bis an den Nordrand des Nyasa-Sees im Süden. Der andere beginnt mit Nord- und Südjemen und Afghanistan und erstreckt sich ostwärts über Südasien und einige ostasiatische Länder. Diese Gürtel reichen noch in andere Regionen und Teile von Ländern hinein, beispielsweise in Teile von Kenia in Afrika und in Asien nach Burma, Kambodscha, Vietnam und Teile von Indien. Es ist die Frage aufgeworfen worden, ob nicht Teile von Staaten, die durch die gleichen Merkmale und Behinderungen gekennzeichnet sind wie die am wenigsten entwickelten Länder, ebenso zu behandeln wären wie diese. Die Kommission hofft, daß die Vereinten Nationen ihre Kriterien weiter überprüfen und ihre Listen entsprechend ändern, damit die Aufnahme aller Länder, die besonderer Aufmerksamkeit bedürfen, gewährleistet wird.

Einige Länder der Armutsgürtel, etwa Bangladesch, haben große Bevölkerungen; andere, zum Beispiel Gambia, sind klein in Ausdehnung und Einwohnerzahl. Jedes dieser Länder verfolgt eine eigene Entwicklungspolitik, und ihre Volkswirtschaften sind in unterschiedlichem Maße offen. Aber sie alle bewegen sich auf einem schmalen Grat zwischen kümmerlichem Dasein und Untergang; und sie alle sind eingeengt in ihrer natürlichen Umwelt und in ihrer Abhängigkeit von internationalen Marktkräften, auf die sie keinen Einfluß haben. Sie leben in einer empfindlichen tropischen Umwelt, die infolge der zunehmenden Belastung durch den Menschen durcheinandergeraten ist. Ohne Bewässerung und Trinkwasserversorgung machen ihnen Trockenheit, Überflutung, Bodenerosion und vordringende Wüsten zu schaffen, und fruchtbaren Boden gibt es mit der Zeit immer weniger. Katastrophen wie etwa anhaltende Dürre tragen weiter zu Unterernährung und schlechtem Gesundheitszustand der Menschen bei, und alle diese Länder werden von Epidemien heimgesucht, die an ihrer Lebenskraft zehren. Ihre Armut, ihr extremes Klima, ihre Isolierung, das alles macht es ihnen schwer, ihre Ressourcen zu erschließen, vor allem die Bodenschätze. Die Sonne, die eine wertvolle Quelle billiger Energie sein könnte, ist derzeit ein Fluch und nimmt ihnen die Tatkraft; gleichzeitig sind sie gezwungen, relativ teure konventionelle Energiearten zu verwenden. Sie müssen ihre Wälder abholzen – das heißt, sie müssen ihre Umwelt zerstören, um zu überleben.

Dieser Zustand hat sich in den siebziger Jahren verschlimmert. Nicht nur ihr Wachstum hat sich weiter verlangsamt; auch sind die gestiegenen Hilfeleistungen der internationalen Gemeinschaft durch sinkende Kaufkraft ihrer Exporte aufgezehrt worden. Und sie mußten sich immer stärker mit der bitteren Möglichkeit auseinandersetzen, daß sie vielleicht nicht in der Lage sein werden, mit ihrem Ökosystem ihr Volk zu ernähren – wenn nicht unverzüglich dringende Maßnahmen ergriffen werden.

Ein Programm für strukturellen und ökologischen Wandel

Die zunehmende Zerstörung der Fähigkeit der Erde, Leben zu erhalten, ist, so glauben wir, nicht etwa ein unausweichliches Schicksal. Der Zug zu Stagnation und Niedergang kann umgekehrt werden: Diese Völker können beginnen, die Natur zu meistern und daraus Hoffnung für die Zukunft zu gewinnen. Aber es muß unverzüglich etwas getan werden, um die Armut bei der Wurzel zu packen, denn die Belastung des Ökosystems, die aus der Not der Menschen entsteht, macht es dem Boden und der Vegetation ihrerseits schwerer, den extremen klimatischen Bedingungen standzuhalten. Was anderswo vielleicht eine unangenehme Zeit mit zu wenig Regen ist, wird in diesen Regionen zu einer Periode der Hungersnot, in der das Land zur Wüste wird; und eine Überschwemmung kann den Mutterboden für immer davontragen. Diese Länder müssen die verheerenden Folgen eines aus den Fugen geratenden Ökosystems abwenden: Es ist eine ungeheure Aufgabe.

Soll diese Umkehr gelingen, sind neue Prioritäten nötig und ein fester Zeitplan. Wir wissen, daß die internationale Gemeinschaft die speziellen Bedürfnisse der Armen weitgehend erkannt hat. Die kürzlich vorgenommene Umverteilung der Entwicklungshilfe zugunsten der armen Länder ist uns eine Ermutigung. Aber wir meinen, daß diese Länder, solange ihre Produktionsweisen nicht radikal geändert werden, auf die internationale Wohlfahrt angewiesen bleiben, daß sie ständig steigende Hilfe brauchen werden, nur um zu überleben.

Diese Völker brauchen eine Ordnung, in welcher sie sich selbst ernähren, ihre Grundwerte bewahren und für die eigene Zukunft sorgen können. Es sollten Maßnahmen ergriffen werden, die ihnen helfen, der Armutsfalle zu entkommen. Bildung ist wichtig, doch zeigen die Massen gebildeter Arbeitsloser in Indien oder Sri Lanka die Gefahren von Teillösungen in krasser Deutlichkeit. Wir glauben, daß der Kampf gegen die Massenarmut von vielen Seiten ansetzen muß; er muß den Ausweg aus der Fallgrube der Armut in Gestalt der Entwicklung der Landwirtschaft, der Industrialisierung, der Mobilität der Arbeitskräfte und anderer Faktoren des Wandels eröffnen. Diese Länder müssen sich eine Infrastruktur aufbauen und ein politisches und administratives Gefüge, das ihren Völkern die Hoffnung vermittelt, den Kreislauf der Armut durchbrechen zu können.

Das heißt, daß viel größere Anstrengungen darauf zu richten sind, Wasser und Ackerland besser zu nutzen, die Gesundheit zu verbessern, wiederaufzuforsten, Energie und Bergbau zu entwikkeln, das Verkehrs- und Kommunikationswesen auszubauen und den Menschen ohne Landbesitz Arbeit zu verschaffen. Diesen Maßnahmen sind einige Merkmale gemeinsam. Sie sind langfristiger Natur; sie erfordern langfristige Finanzierungsgarantien, bevor sie in die Wege geleitet werden können; und sie würden erst nach einer verhältnismäßig langen Anlaufzeit einen Ertrag auf das investierte Kapital abwerfen. Sie brauchen einen zeitlichen Rahmen von 15 bis 20 Jahren, und ihre Planung sollte jetzt beginnen. Viele dieser Programme wären am besten regional zu organisieren, und zu ihrer Durchführung wird ein einzigartiger institutioneller Rahmen der Kooperation nötig sein. Wir weisen darauf hin, daß die UNCTAD auf ihrer Konferenz in Manila 1979 einstimmig ein »Umfassendes Neues Aktionsprogramm für die am wenigsten entwickelten Länder« beschlossen hat, das sich in vielen Punkten mit unseren Vorschlägen deckt.

Nutzung von Wasser und Boden

In den ärmsten Ländern liefert die Landwirtschaft 44 Prozent des Bruttosozialprodukts und 83 Prozent der Arbeitsplätze. Dennoch erbringt sie nicht genug, um alle zu ernähren; und Vorausberechnungen lassen erkennen, daß diese Länder bis zum Jahre 1990 einer Nahrungslücke von mindestens 20 Millionen Tonnen gegenüberstehen werden, was etwa auf ein Drittel ihres Verbrauchs hinausläuft. Untersuchungen von Organisationen wie der Ernährungs- und Landwirtschaftsorganisation der UN (FAO) und des Internationalen Forschungsinstituts für Ernährungspolitik (IFPRI) zeigen, daß diese Lücke viele Ursachen hat, darunter schwache Infrastrukturen, Institutionen und Verteilungssysteme und die mangelnde Erforschung angepaßter Technologien. Aber das Grundproblem ist die Kontrolle und die Nutzung des Wassers. In den feuchteren Tropengebieten Südasiens leiden die Ernten durch heftige Überflutungen während des Monsunregens Schaden; überall in den feuchten Tropen werden darüber hinaus die Erträge in der Regenzeit durch starke Wolkenbildung, durch Krankheiten, Verschlammung der Wurzelzonen und Nährstoffverlust des Bodens durch Auslaugen dezimiert. Die meisten afrikanischen Länder, vor allem aber die Sahel-Zone (und auch der Sudan, Äthiopien, Somalia und Tansania) betreiben ihre Landwirtschaft vorwiegend in halbtrockenen tropischen Gebieten, wo der Verdunstungsgrad extrem hoch ist und wo die Niederschläge von einem Jahr zum anderen um 40 Prozent variieren können.

Wo Niederschläge unberechenbar sind, wird landwirtschaftliche Planung selbst unter den allerbesten Bedingungen schwierig; wenn aber einmal das ganze Jahr hindurch Wasser zur Verfügung steht, sind die Bauern vor den Launen des Klimas geschützt; dies ist die wichtigste Einzelmaßnahme, mit der die Bauern auch zur Anwendung besserer Anbaumethoden ermuntert werden können. Bewässerung verbunden mit ordentlicher Entwässerung bringt größere Erträge, mehr Flexibilität bei der Wahl der Anbaufrüchte und intensiveren Anbau. Sie verhilft auch zu Wasserkraft. Es gibt vielversprechende Untersuchungen für große Bewässerungsprojekte, beispielsweise für die Flußsysteme des Senegal, Niger, Volta, Tschad-Sees, Rufiji, Kagera, Brahmaputra-Ganges, an der Wasserscheide des Himalaja und des Mekong. Die Nutzung dieser Wasserläufe würde (so schätzt man) im Laufe der nächsten 15 bis 20 Jahre mindestens 50 Milliarden Dollar kosten. Auch für kleinere Bewässerungsvorhaben einzelner Gemeinden ist Raum. Wir empfehlen, daß bilaterale und multilaterale Behörden die Untersuchungen und Vermessungen für die Kosten-Nutzen-Berechnung dieser Wasserprojekte und ihre Finanzierung und Ausführung, wo möglich, unterstützen.

Die Erzeugung von mehr Nahrungsmitteln wird wesentlich auch von der Forschung abhängen, die den Einsatz von Düngemitteln und Saatgut verbessern, zu effektiveren Produktionsmethoden führen und mehr Ausgewogenheit zwischen Produktionsmethoden und Umweltschutz herstellen kann. Die »Grüne Revolution«, die ein Resultat solcher Forschungsarbeit war, hat die Getreideerzeugung spektakulär erhöht, allerdings hauptsächlich in Gebieten, wo Bewässerungsanlagen vorhanden waren oder ohne Schwierigkeiten geschaffen werden konnten; weniger erfolgreich war sie in Gebieten mit unregelmäßigen Niederschlägen oder in halbtrockenen Regionen (darunter der größte Teil Afrikas südlich der Sahara). Die Forschung muß neue Sorten von Saatgut finden, die in dem Boden und dem Klima dieser Gebiete gedeihen, zum Beispiel Hirse, Zukkerrohr, Knollenfrüchte. Sie muß sagen, was für die Fruchtbarkeit des Bodens, die Unkrautbekämpfung, was gegen Pflanzenkrankheiten und Schädlinge und was gegen die Erosion getan werden kann. Vor allen Dingen ist die Erforschung bestimmter, oft kleiner Gebiete nötig, wo die Ernten an das örtliche Klima und die Bodenbeschaffenheit gebunden sind: der »agro-ökonomischen Sonderzonen«. Wenn die Forscher die Umgebung, in der die Bauern arbeiten, in der Praxis untersuchen, werden sie in der Lage sein, benachbarten Gemeinden die richtigen Ratschläge zu geben. Das sollte so gemacht werden, daß damit merklicher Druck auf die örtlichen Regierungen ausgeübt wird, damit sie sich der institutionellen Fragen einschließlich der Agrarreform annehmen, die sonst die Entwicklung der Landwirtschaft behindern. Die Regierungen sollten Wege finden, außerhalb der Saison Arbeitskräfte bei Arbeiten wie Einzäunung, Trockenlegungen, Entwässerungsprojekten oder beim Bau kleiner Bewässerungsanlagen einzusetzen und so den Boden zu verbessern. Zu solchen Neuerungen braucht man allerdings geregelten Bodenbesitz und verläßliche Pachtverträge, die den Menschen ein gesichertes Recht auf ihr Land geben und damit Anreize schaffen zum Sparen und Investieren in der oben beschriebenen Weise.

Gesundheit

Kraft und Erfindungsgeist des Menschen beruhen auf guter Gesundheit. Die meisten Menschen in den Armutsgürteln aber leiden unter permanenter Unterernährung und dazu an Krankheiten, die durch Parasiten übertragen werden. Solche Krankheiten, die Schlafkrankheit etwa und die Flußblindheit, sind die Ursache dafür, daß fruchtbares Ackerland brach liegt, daß die Viehzucht leidet und daß die Produktivität der Arbeit gering ist. Etwa einer Milliarde Menschen droht die Malaria. Die Flußblindheit – sie vertreibt die Menschen aus den fruchtbaren Tälern des Volta, Niger, Gambia, des oberen Nils – plagt nach Schätzungen 20 Millionen Menschen in Afrika. Die Schlafkrankheit, die auch die Viehweidung einschränkt, hat derzeit 35 Millionen Opfer befallen; die Bilharziosekranken werden auf 180 bis 200 Millionen geschätzt. Um diese Krankheiten auszurotten, ist internationale Hilfe nötig: Umfang und Schwierigkeit ihrer Bekämpfung und die Kosten der dafür notwendigen Technologie übersteigen bei weitem die wirtschaftlichen Möglichkeiten dieser armen Länder. Tropische und subtropische Gebiete sind für diese Krankheiten besonders anfällig. Wenn aber eine Krankheit wie die Malaria einmal unter Kontrolle gebracht ist, wie das in den indischen Terai-Bergen, in den Reisbaugebieten von Sri Lanka oder in der Kanalzone von Panama gelungen ist, dann können wesentliche Fortschritte in der Landwirtschaft und in anderen Bereichen gemacht werden.

Die Gesundheit ist eine ganz besondere Herausforderung, weil sie eine kollektive öffentliche Funktion ist, bei welcher Verbesserungen bald zu merken sind. Mit der Eindämmung der durch Parasiten übertragenen Krankheiten wird deutlich, daß diese Krankheiten nicht unabwendbares Menschenlos sind, sondern daß der

Mensch imstande ist, in seine Umwelt und seine Zukunftsperspektiven verändernd einzugreifen. Wenn die Armen zu entdecken beginnen, daß sie fähig sind, ihr Leben selbst zu bestimmen, werden sie für Veränderung und Erneuerung aufgeschlossener. Daß die Zahl der Erkrankungen an Malaria und Flußblindheit gesenkt werden konnte, hat schon in der Vergangenheit Bauern aus ihrer Apathie geweckt und dazu ermutigt, es mit neuen Anbaumethoden zu versuchen. Auch ein besserer Gesundheitszustand der Kinder stellt einen vielversprechenden Anfang menschlicher Entwicklung dar. Das Problem Gesundheit muß also auf zwei Ebenen angepackt werden: Die Überträger der Krankheiten müssen bekämpft und die sozio-ökonomische Umwelt muß verbessert werden – unter anderem durch Versorgung mit sauberem Trinkwasser und besseren Lebensbedingungen. Die teuersten Mittel zur Krankheitsbekämpfung sind die Chemikalien, die gegen die Überträger der Krankheiten eingesetzt werden, und die Medikamente, die für die Behandlung der Kranken gebraucht werden. Örtlich ist man wohl bemüht, die Kosten dafür aufzubringen, aber es ist schwer, die 40 Dollar pro Person, die für die Ausrottung der Krankheit nötig sind, zu bezahlen, wenn das Durchschnittseinkommen pro Kopf ganze 135 Dollar beträgt: Internationale Hilfe ist vonnöten. Wir empfehlen auch, daß die WHO und die Weltbank ihre Bemühungen um die Ausrottung der Flußblindheit auf die Schlafkrankheit, die Bilharziose und die Malaria ausdehnen; die WHO sollte auch ihre Arbeit an der Erforschung billigerer und wirksamerer Methoden zur Bekämpfung dieser Krankheiten verstärken. Der Mittelbedarf für diese Forschung wird auf 560 Millionen Dollar veranschlagt; die Kosten der Krankheitsbekämpfung selbst werden allerdings in den nächsten 20 Jahren bei 2,5 Milliarden Dollar liegen.

Aufforstung und Energie

In den meisten Ländern der Armutsgürtel sind neun Zehntel der Menschen auf Brennholz als Hauptenergiequelle angewiesen, in den kälteren Bergregionen auch zum Heizen. Ungehemmte kommerzielle Nutzung der Wälder und das Bevölkerungswachstum haben die Holzpreise in ungeahnte Höhen getrieben: mehr und mehr körperlicher Aufwand ist nötig, um den Grundbedarf an Brennstoff zu befriedigen. Viehdung wird der Nahrungsmittelerzeugung entzogen und in Kochstellen verbrannt, und die baumlose Landschaft breitet sich aus – mit verheerenden Folgen für die Ökologie.

Mindestens in zweierlei Hinsicht hängt die Brennholzkrise eng mit den Ernährungsproblemen zusammen: Die Vernichtung der Wälder beschleunigt die Erosion des Bodens; Überflutungen, Versteppung und Unfruchtbarkeit des Bodens sind die Folgen. Und wenn der Dung als Brennstoff verwendet wird, gehen wertvolle Pflanzennährstoffe verloren und die Zusammensetzung des Ackerbodens verschlechtert sich, weil ihm der natürliche Dünger nicht wieder zugeführt wird. Es ergibt sich ein fataler Kreislauf: Holzknappheit zwingt die Bauern, den Dung als Brennstoff zu verwenden und ihren Feldern zu entziehen; darunter leidet die Nahrungsmittelerzeugung, und es müssen immer größere, immer steilere Waldhänge abgeholzt werden; dies fördert die Erosion, die dann wiederum die Fruchtbarkeit des Landes mindert.

Die Energiekrise der Armen ist in gewisser Weise nicht so hoffnungslos wie die der Reichen. Durch Abschwächung der Nachfrage ist sie nicht zu lösen, denn der Bedarf liegt ohnehin nahe beim absoluten Minimum. Aber sie ist lösbar. Wälder sind, anders als das Öl, regenerierbar, wenn sie richtig verwaltet werden. Es ist die direkte logische Konsequenz des Brennholzmangels, die daneben weiteren ökologischen Nutzen bringt, mehr Bäume anzupflanzen; und in vielen Gebieten kann man schnellwachsende Arten ziehen, die innerhalb eines Jahrzehnts zu Brennholz verarbeitet werden können. Wiederaufforstung ist kein leichtes Unterfangen, aber mit nennenswerter internationaler Unterstützung ist es zu schaffen. Erfahrungen in China haben gezeigt, daß starkes politisches Engagement an der Spitze zusammen mit breiter öffentlicher Beteiligung und gemeinschaftlich genutzten Erfolgen an der Basis eine rasche Wiederaufforstung möglich machen können. Das kann natürlich nur dann funktionieren, wenn die Grundbedürfnisse der Einwohner am Ort durch ergänzende Maßnahmen gesichert werden; die Menschen würden sonst wohl mit Recht zuerst für die Erhaltung der eigenen Existenz sorgen.

Der Energiebedarf dieser Länder geht über Brennholz hinaus. Wenn man das vorgeschlagene ehrgeizige Agrarprogramm durchführen und wenn man die ländlichen Gegenden aus ihrer Abgeschiedenheit befreien will, braucht man zur Ausbeutung von Bodenschätzen und für den Transport Energien wie Öl und Strom – Energiearten, mit denen man Motoren betreibt. Es ist wichtig, die Erforschung von Gas- und Ölquellen in diesen Ländern durch mehr Mittel und Hilfe zu fördern. Es wird auch nötig sein, ihnen größere Möglichkeiten für den Import von Öl zu verschaffen. Die

Erforschung anderer Energiequellen sollte intensiviert werden. Solarenergie ist für die sonnigen ländlichen Gebiete (die »Sonnengürtel«) besonders geeignet; dort ist die Besiedlung sehr dünn, und die Stromversorgung der weit verstreuten Bewohner durch Überlandleitungen würde außerordentlich teuer. Wenn diese Gebiete mit kommerzieller Solarenergie versorgt werden könnten, dürfte das den entscheidenden Anstoß zu Strukturveränderungen geben. In manchen Gebieten kann man sofort darangehen, sich die Sonnenenergie zunutze zu machen; in vielen anderen Gebieten bedarf es nur noch einer leichten Weiterentwicklung der Solartechnologie, und sie wird in naher Zukunft wirtschaftlich arbeiten können. Wir befürworten, daß für die Erforschung und die Nutzung der Solarenergie in den Armutsgürteln größere Geldmittel zur Verfügung gestellt werden.

Verkehr und Nachrichtenverbindungen

Viele Länder in den Armutsgürteln haben keinen Zugang zum Meer und werden noch von Gebirgen und Bergzügen durchschnitten, die ihre Landesteile voneinander trennen. Wirksame Entwicklung muß für Transport- und Kommunikationswege in die abgeschiedeneren Gebiete sorgen; das ist für den Binnen- wie für den Außenhandel von großer Bedeutung, denn es verbindet die Landwirtschaft und andere Wirtschaftstätigkeiten mit den Märkten. Wegen der schwierigen topographischen und klimatischen Verhältnisse werden der Ausbau und die spätere Unterhaltung der Anlagen sehr viel kosten.

Die Teilnehmer der Konferenz über Internationale Wirtschaftliche Zusammenarbeit (KIWZ) 1975–1977 stellten fest, daß der afrikanische Kontinent im Hinblick auf die Infrastruktur ganz besondere Benachteiligungen aufweist, auf dem Gebiet von Verkehr und Kommunikation ebenso wie auf dem der sozialen und wirtschaftlichen Organisation. Sie stimmten darin überein, daß dies für so wichtige Aufgaben wie bessere Ernährung und Steigerung der Agrarproduktion ebenso wie für den Ausbau der sozialen Dienstleistungen ein ernstes Hindernis sei. Deshalb unterstützten sie die Resolution der Ministerkonferenz der Wirtschaftskommission für Afrika (ECA), die das »Afrikanische Verkehrs- und Kommunikations-Jahrzehnt 1978–1988« ausrief. In diesem Jahrzehnt soll, von den Vereinten Nationen selbst unterstützt, Kommunikation im weitesten Sinne harmonisiert, koordiniert, modernisiert und entwickelt werden; dazu gehört der Verkehr auf Straße, Schiene und Wasserwegen, Telefon, Rundfunk, Fernsehen und Postverkehr. Inzwischen hat die ECA für die erste Phase von 1980 bis 1983 Programme ausgearbeitet, deren Kosten auf 8 Milliarden Dollar veranschlagt werden. Hierin sind 4 Milliarden Dollar für Straßen und Straßenverkehr (einschließlich des Baus einer transnationalen Fernstraße über 31 500 km und 43 000 km Zubringerverbindungen), 1,5 Milliarden Dollar für Schienenwege und Eisenbahnverkehr und 1,4 Milliarden Dollar für Schiffsverkehr und Hafenanlagen enthalten. Wir meinen, daß diese Pläne von der internationalen Gemeinschaft erhebliche Unterstützung benötigen, insbesondere von der EG und einigen Ölüberschußländern der OPEC; und da dieser Bedarf in vielen Industrieländern auf ungenutzte Kapazitäten in der Transportmittelproduktion trifft, dürfte die Bereitstellung von Hilfe in Form von Sachleistungen und von Kapital möglich sein.

Erforschung von Bodenschätzen

Die Isolierung dieser Länder, zu welcher noch Kapitalmangel und politische Probleme hinzukommen, hat es ihnen besonders schwergemacht, systematisch nach Bodenschätzen zu suchen. Die notwendigen finanziellen Mittel und technischen Fertigkeiten sind in der Hand transnationaler Unternehmen und staatlicher Behörden in den Industrieländern; die ärmeren Länder mit ihrer schwachen Verhandlungsposition und fehlender Information über die eigenen Bodenschätze schrecken jedoch oft davor zurück, sich mit den Multis auf Verträge einzulassen. Wir machen in diesem Bericht Vorschläge, wie bei Verhandlungen über Bergbauverträge mehr Vertrauen geschaffen werden kann; und wir schlagen die breitere Finanzierung der Suche nach Bodenschätzen vor, die für diese ärmeren Länder von besonderem Wert wäre. Es würde ihrer Entwicklung neue Anstöße geben, wenn sie zusammen mit der Errichtung und Stärkung regionaler Bergbauzentren und nationaler Laboratorien die Erforschung ihrer Bodenschätze selbst in der Hand hätten.

Die Landlosen im asiatischen Armutsgürtel

In Asien mit seinem rapiden Bevölkerungswachstum können heute viele Millionen Menschen nicht mehr mit kultivierbarem Boden versorgt werden – die landwirtschaftlichen Flächen sind bereits überbesetzt –, sie können aber auch nicht ohne weiteres in anderen Bereichen beschäftigt werden. Man hat geschätzt, daß in Bangladesch ein Drittel des Volkes als Kleinstbauern mit weniger als einem Hektar Land lebt oder als Pachtbauern und Deputatarbeiter, die von den größeren Landbesitzern abhängig sind. Ein weiteres Drittel der Bevölkerung wird als landlos eingestuft. Diesen Menschen kann eine Bodenreform nur wenig Erleichterung bringen, denn der Großgrundbesitz umfaßt nur 0,2 Prozent des gesamten Bodens. Investitionen in Bewässerungs- und Dammanlagen können Bedingungen für mehrere Ernten pro Jahr schaffen, was nicht nur höhere Erträge brächte, sondern auch eine viel größere Nachfrage nach Arbeitskräften erzeugen würde. Und die Expansion der Industrie kann dazu beitragen, denjenigen Menschen Arbeit zu geben, die auf dem Lande keine Chancen haben.

Regionale Zusammenarbeit und regionale Projekte

Diese Maßnahmen werden nicht nur den ärmsten Ländern helfen, ihre Entwicklung selbst in Gang zu bringen und in Gang zu halten. Sie sind notwendig, um einer Katastrophe zu entgehen. Wir haben uns dabei auf die Bereiche der Wirtschaftspolitik beschränkt, die für Zuschüsse attraktiv sind und die solche Hilfe nutzen können, ohne daß sie empfindliche Bereiche nationaler Innenpolitik berühren. Deshalb werden Projekte in wichtigen Bereichen wie Bildung, Administration und Industrialisierung nicht in gleichem Maße berücksichtigt. Wir legen bewußt das Schwergewicht auf regionale Projekte, weil viele dieser Volkswirtschaften zu klein sind, um allein lebensfähig zu sein. Regionale Zusammenarbeit kann nicht erzwungen werden; sie muß von innen heraus, aus den Bedürfnissen wachsen. Sie kann aber mit äußeren Mitteln gestärkt werden, und wenn Länder ernsthaft zu kooperieren versuchen, verdienen sie entscheidende finanzielle Unterstützung. Insbesondere gilt das für das Sahel-Programm (das den Senegal, Mauretanien, Mali, Niger, Obervolta, den Tschad und die Kapverden umfaßt), für das Kagerafluß-Programm (zu dem Ruanda, Burundi, Tansania und Uganda gehören), das Brahmaputra-Ganges-Programm (für Nepal, Bhutan, Bangladesch und Teile von Indien) und für das Projekt des Mekong-Ausschusses (das sich auf Kambodscha, Laos, Vietnam und Thailand erstreckt).

Kapital und ›Absorptionsfähigkeit‹

Der Kapitalbedarf allein dieser am wenigsten entwickelten Länder ist von der UNCTAD auf insgesamt 11 Milliarden Dollar pro Jahr für die achtziger und 21 Milliarden Dollar pro Jahr (in Preisen von 1980) für die neunziger Jahre veranschlagt worden. Diese Zahlen beruhen auf einer angestrebten Wachstumsrate des Bruttosozialprodukts von jährlich 6,5 Prozent und einer Steigerungsrate der eigenen Sparung von jährlich 6,8 Prozent. Das für die oben genannten regionalen Projekte erforderliche Kapital wird in Preisen von 1978 auf mindetens 4 Milliarden Dollar pro Jahr geschätzt, und zwar zusätzlich zur gegenwärtig geleisteten Entwicklungshilfe und für die Dauer der beiden Jahrzehnte von 1980 bis 2000. Der größte Teil dieses Kapitals müßte als Zuschuß oder zuschußähnliche Leistung zur Verfügung gestellt und über lange Zeiträume fest zugesagt werden. Dies wirft die Frage nach dem passenden institutionellen Rahmen zur Bereitstellung dieser Mittel auf, die weiter unten erörtert wird.

Diese Länder verfügen nicht über ausreichend qualifizierte Leute, die das eigentlich benötigte Investitionsvolumen organisieren könnten; man sagt ihnen deshalb nach, es fehle ihnen an der »Absorptionsfähigkeit«, die für die Entwicklung von so entscheidender Bedeutung ist. Aber einige der Probleme mit der Absorptionsfähigkeit sind durch die Umstände und Bedingungen der gegenwärtigen Entwicklungshilfe erst entstanden, zum Beispiel weil man bei Projekten nur jene Komponenten finanziert, die eingeführt und mit Devisen bezahlt werden müssen. Weit größere Summen könnten in produktive Investitionen umgewandelt werden, wenn sie in freier verwendbarer Form bereitgestellt würden. Mehr technische Hilfe (vor allem, wenn sie gemeinsam mit den Empfängern geplant wird) könnte Projekte in einer Weise identifizieren, vorbereiten und durchführen, daß damit auch die Absorptionsfähigkeit größer würde; und feste Zusagen von Hilfe über längere Zeiträume könnten sicherstellen, daß Projekte, die jetzt in den Schubladen verschwinden, durchgeführt werden können. Deshalb befürworten wir, daß die Fonds der IDA und des UNDP sowie andere Finanzierungsquellen, die einmal zur Verfügung stehen mögen, für längere Zeiträume bereitgestellt werden, als das jetzt der Fall ist. Ferner kann die Finanzierung von Kosten, die in Landeswährung entstehen, es diesen Ländern ermöglichen, von außen kommende Mittel weit effektiver einzusetzen, da ihnen diese oft ebenso fehlt wie Devisen.

Der institutionelle Rahmen für Planung und Finanzierung

Regionalprogramme bedürfen neuer Organisationsformen in der Planung und Finanzierung. Die Erfahrungen, die der »Club du Sahel«, ein loser Zusammenschluß der betroffenen Länder und der hilfeleistenden Behörden, gemacht hat, könnten zu einer umfassenden Konzeption für regionale Zusammenarbeit erweitert werden. In diesem Club setzen sich alle Partner von innerhalb und außerhalb der Sahelzone zwanglos und gleichberechtigt an einen Tisch, um Gedanken auszutauschen, Meinungsverschiedenheiten zu klären und nach neuen Wegen zur Erreichung der Ziele der Mitgliedsstaaten zu suchen. Ein Programm in dieser Weise gemeinsam zu formulieren, schafft größeres gegenseitiges Vertrauen, stärkt die Absorptionsfähigkeit und macht es wahrscheinlicher, daß die beschlossenen Projekte auch durchgeführt werden. Wir meinen, daß regionale Wirtschaftskommissionen wie die »Wirtschaftskommission für Afrika« (ECA) und der »Wirtschafts- und Sozialausschuß für Asien und den Pazifik« (ESCAP) diese Rolle übernehmen könnten: Sie könnten die Gremien sein, die spezielle Regionalprogramme ausarbeiten. Diese Gremien könnten auch den Institutionen, die für Projekte zuständig sind, helfen, ihre langfristigen Entwicklungsstrategien und -Prioritäten zu formulieren: Sie könnten die Zusammenarbeit zwischen den Gebern fördern und die Mobilisierung von Mitteln erleichtern.

Oft bekommen Empfängerstaaten Geld von verschiedenen Geberorganisationen, jede mit anderen Kriterien; und das erfordert einen zusätzlichen Koordinierungsaufwand. Die Finanzhilfen sollten so weit wie möglich über eine einzige Körperschaft für jeden Armutsgürtel gelenkt und bereitgestellt werden; das läßt sich über die regionalen Entwicklungsbanken oder die Afrika- und Asien-Fonds organisieren. Die überwältigende Bedürfnisse der Armutsgürtel verlangen viel größere Flexibilität, vor allem bei den Investitionen in ihre Infrastruktur. Hier wäre die Bildung eines Konsortiums oder einer besonderen Arbeitseinheit unter Leitung eines führenden Finanzierungsinstituts hilfreich, die Geber, die Empfänger und die entsprechenden Regionalkommissionen zu vereinen, um die angemessene Finanzierung des Programms zu gewährleisten. Auch von seiten der Empfänger regionaler Hilfe dieser Art wäre Koordination nützlich. Sie könnte von ihnen durch die Errichtung einer für diese Aktivitäten verantwortlichen Körperschaft oder mit Hilfe bestehender Organisationen wirksam hergestellt werden. Eine Körperschaft dieser Art könnte dazu beitragen, die Länder selbst zu intensiverer Mitwirkung an der Durchführung dieser Hilfsprogramme anzuregen.

Hilfe zur Selbsthilfe

Wir meinen, daß die reichen Nationen den ärmsten Ländern weiterhin besondere Beachtung schenken müssen, daß sie ihnen helfen müssen, sich selbst zu helfen. Sie sollten ihre Entwicklungshilfeleistungen verstärken und sie anhand vernünftiger Planung in die kritischen Bereiche der Ökologie lenken. Katastrophenhilfe sollten sie in Ergänzung ihrer langfristigen Programme, nicht (wie zur Zeit) als beträchtlichen Teil ihrer regulären Gesamthilfe leisten. Mehr Entwicklungshilfe kann zusammen mit der Stützung der Rohstoffpreise die Kaufkraft dieser Länder verbessern; und mit Hilfe des neuen Kooperations- und Koordinierungsapparates könnte ein umfassendes Programm die Armutsgürtel zu einem sich selbst tragenden Wachstum voranbringen, noch bevor dieses Jahrhundert zu Ende geht.

Empfehlungen

Es muß ein Aktionsprogramm aufgestellt werden, das Sofort- und langfristige Maßnahmen zusammenfaßt, um den Armutsgürteln Afrikas und Asiens und insbesondere den am wenigsten entwickelten Ländern zu helfen. Vorzusehen wären große regionale Projekte für die bessere Nutzung von Wasser und Boden; Maßnahmen zur Gesundheitsvorsorge und zur Ausrottung von Krankheiten wie der Flußblindheit, der Malaria, der Schlafkrankheit und der Bilharziose; Aufforstungsprojekte; Entwicklung der Sonnenenergie; Suche nach Bodenschätzen und Erdöl; Unterstützung der Industrialisierung und Investitionen im Verkehrswesen und in anderen Bereichen der Infrastruktur.

Ein solches Programm würde zusätzliche Finanzhilfen von mindestens 4 Milliarden Dollar pro Jahr für die kommenden zwei Jahrzehnte in Form von Zuschüssen oder Sonderverwendungen erfordern; sie müßten langfristig zugesichert und in flexibel verwendbaren Formen zur Verfügung stehen. Auf regionaler Basis ist ein neuer Mechanismus erforderlich, der Kapitalzuflüsse koordiniert und in Zusammenarbeit mit Kreditgeber- und Kreditnehmerländern Planungen erarbeitet. Durch größere technische Hilfen sollte diesen Ländern bei der Vorbereitung von Programmen und Projekten geholfen werden.

5 Hunger und Ernährung

Den Hunger beenden

Die Armut geht Hand in Hand mit dem Hunger. »Eine wirklich große Anstrengung, den Hunger mit seiner menschlichen Entwürdigung und Verzweiflung auszumerzen«, sagte der Direktor des UN-Welternährungsrates im Januar 1979, »ist eine politische Notwendigkeit, wenn man weltweite Zusammenarbeit und Solidarität unter allen Völkern und allen Nationen schaffen will.« Als diese Worte gesprochen wurden, begann in Genf eine Konferenz, die den Schlußpunkt unter das Internationale Getreide-Abkommen zu setzen hoffte, ein Kernstück einer neuen internationalen Nahrungsmittelordnung – aber die Konferenz wurde ergebnislos abgebrochen. Mitgefühl, Solidarität, Eigennutz – alles schreit nach der unverzüglichen Abschaffung des Hungers. Dennoch ist es damit nur sehr langsam vorangegangen.

800 Millionen Menschen, so wird geschätzt, leben heute in der Dritten Welt »in absoluter Armut«, wie dieser Bericht bereits ausgeführt hat: Die meisten von ihnen können sich ausreichendes Essen nicht leisten. Untersuchungen in einigen einkommensschwachen Ländern haben bei nicht weniger als 40 Prozent der Vorschulkinder die klinischen Symptome der Unterernährung festgestellt. Niemand kann genau sagen, wie viele Menschen in der Welt in Hunger und Unterernährung leben, aber es gibt keine Schätzung, die ihre Zahl nicht in Hunderten von Millionen angäbe: Millionen, die entweder an Nahrungsmangel sterben werden oder die in ihrer physischen Entwicklung beeinträchtigt sind. Das ist ein unerträglicher Zustand. Der Gedanke einer Gemeinschaft der Nationen hat wenig Sinn, wenn man zuläßt, daß dieser Zustand andauert, wenn der Hunger als ein Randproblem betrachtet wird, mit welchem die Menschheit leben kann.

Internationale Verantwortung

Dem Hunger ein Ende zu setzen, ist eine Herausforderung an die Wirtschaftsordnung der Welt; es verlangt einander ergänzende nationale und internationale Maßnahmen. Nur großes Bemühen um

Investition, Planung und Forschung kann sicherstellen, daß genügend Nahrung für die sechs Milliarden Menschen, die es im Jahre 2000 voraussichtlich auf der Welt geben wird, zur Verfügung stehen wird. Aber die Nahrung muß nicht nur vorhanden sein; die Menschen, die sie brauchen, müssen auch in der Lage sein, sie sich zu kaufen. Die Beseitigung der Armut selbst ist für die Abschaffung des Hungers genau so wichtig. Wir konzentrieren uns hier auf die speziellen Bedürfnisse in den Bereichen der Nahrungsmittel, der Landwirtschaft und der ländlichen Entwicklung, aber alle Empfehlungen der Kommission zu Fragen des Handels und der Finanzen sind für das Problem von Hunger und Armut von Belang. Wenn der Hunger besiegt werden soll, muß jede Familie ihr zuverlässiges Auskommen haben, und das bedeutet viel mehr einträgliche Arbeitsplätze in der Landwirtschaft wie auch in der Industrie.

Die Nahrungsmittelerzeugung ist in allen Entwicklungsländern zwischen 1950 und 1975 um etwas mehr als zweieinhalb Prozent jährlich gestiegen; die Nachfrage nach Lebensmitteln jedoch wuchs mit dem Anstieg der Bevölkerungszahlen und der Einkommen um gut drei Prozent. Dementsprechend haben die Entwicklungsländer ihre Getreideimporte rasch gesteigert, angefangen bei relativ geringen Mengen in den fünfziger Jahren, bis zu 20 Millionen Tonnen in den Jahren 1960 und 1961, mehr als 50 Millionen Tonnen Anfang der siebziger Jahre und beinahe 80 Millionen Tonnen für 1978–1979. Nach dem derzeitigen Trend müßte die Dritte Welt im Jahre 1990 schon 145 Millionen Tonnen Lebensmittel einführen, von denen 80 Millionen Tonnen für die ärmeren Länder Asiens und Afrikas gebraucht würden. Es ist in dem herrschenden Wirtschaftsklima unwahrscheinlich, daß sich mit den eigenen Exporten dieser Länder oder selbst mit zusätzlicher Entwicklungshilfe solch massive Lebensmitteleinfuhren finanzieren lassen. Und selbst wenn die Finanzierungsprobleme gelöst werden können, ist zweifelhaft, ob die führenden Getreideproduzenten die benötigten Mengen liefern könnten. Wenn nichts geschieht, wird die Not entsetzlich sein.

Wenn die Nahrungsmittelerzeugung der Welt nicht angemessen wächst, ist eine Wiederholung des inflationären Anstiegs der Lebensmittelpreise, wie er Anfang der siebziger Jahre stattfand, leicht abzusehen. Weiter unten weisen wir auf das Problem der Schwankungen in der globalen Versorgung und auf Maßnahmen zu deren Dämpfung hin. Aber es ist wichtig, daß die Nahrungsproduktion wächst, wenn eine permanente Inflation der Nahrungsmittelpreise vermieden werden soll. Zwar werden landwirtschaftliche und kommerzielle Interessenvertreter in den großen Getreideüberschußländern nichts gegen höhere Preise einzuwenden haben, doch für die meisten Menschen und Regierungen ist es von großer Bedeutung, daß Preissteigerungen für Nahrungsmittel vermieden werden. Es gibt deshalb für den Norden wie den Süden starke Motive, die Vorschläge zu unterstützen, die wir in diesem Kapitel machen, und alle Länder, auch die osteuropäischen, tragen große Verantwortung für ihren Teil der Nahrungsmittelerzeugung der Welt.

Wachsende inländische Nahrungsmittelerzeugung

Oberstes Ziel der Ernährungspolitik der Entwicklungsländer, insbesondere der in Afrika südlich der Sahara und in Südasien, in denen der größte Mangel herrscht, ist mehr Eigenproduktion. Volle Selbstversorgung ist nicht unbedingt für jedes Land vernünftig; für Länder, deren Agrarkapazität begrenzt ist oder für die es besser ist, den Export auszubauen und damit Lebensmitteleinfuhren zu bezahlen, wäre sie wirtschaftlich nicht sinnvoll. Wenn aber ein Land zwei Drittel seiner Arbeitskräfte in der Landwirtschaft beschäftigt und dennoch nicht imstande ist, für seine eigene Ernährung zu sorgen, und wenn dieses Land in den letzten zwei Jahrzehnten die Fähigkeit verloren hat, sich selbst zu ernähren, ohne entsprechend höhere Exporterlöse zu erzielen, mit denen es Lebensmittelimporte bezahlen kann, dann besteht ohne Zweifel Grund zur Sorge. Zaire zum Beispiel war vor zwanzig Jahren unter dem Strich ein Nahrungsmittelexporteur; jetzt gibt es etwa 300 Millionen Dollar im Jahr, ein Drittel seiner Exporterlöse, für Nahrungsmittelimporte aus – und das ist ein großer Posten bei seinen Wirtschafts- und Verschuldungsproblemen. Nigeria hat seine Nahrungsmittelerzeugung in den letzten Jahren nur um 0,5 Prozent jährlich gesteigert, während seine Bevölkerung um drei Prozent zunahm und die Einkommen stiegen, so daß weit mehr Lebensmittel eingeführt werden mußten. In vierzehn afrikanischen Ländern war in der gesamten Periode seit 1960 das landwirtschaftliche Wachstum geringer als das der Bevölkerung.

In Asien waren die landwirtschaftlichen Entwicklungen unterschiedlich. Indien ist es gelungen, während der letzten dreißig Jahre im Durchschnitt die Nahrungsmittelproduktion schneller zu steigern, als die Bevölkerung zunahm; Bangladesch hingegen erlebt in letzter Zeit beides, Hungersnot und Überfluß. Selbst in Jahren, in denen die Nahrungsmittelversorgung insgesamt ausreichend war, sind in diesen beiden Ländern wie im größten Teil der Dritten Welt Hunger und Unterernährung nicht beseitigt worden. Nahrung und Einkommen waren nicht gleichmäßig genug verteilt – und eben hier liegt, über die Erzeugung ausreichender Mengen hinaus, in vielen Entwicklungsländern eine vorrangige Aufgabe. China hat der Nahrungsmittelproduktion höchste Priorität gegeben und es ist ihm – nicht ohne Schwierigkeiten – gelungen, nicht nur eine ausreichende Zunahme der Nahrungsmittelproduktion zu erzielen und die Zuwachsrate zu halten, sondern die Nahrungsmittel auch besser zu verteilen.

Die Ernährung muß Vorrang haben

In den fünfziger und sechziger Jahren wurde die Landwirtschaft oft eher vernachlässigt; viele Entwicklungsländer haben damals in ihrem Streben nach industriellem Fortschritt die Komplementärfunktionen der Agrarentwicklung zunächst nicht erkannt. Auch beurteilten sie die Möglichkeiten, die Agrartechnologie zu verändern und die Landwirte zu Innovationen zu überreden, pessimistisch – ein Pessimismus, der heutzutage ungerechtfertigt wäre. Das begann sich Anfang der siebziger Jahre zu ändern; nun verkündete eine ganze Reihe von Ländern Pläne, deren Schwerpunkt stärker auf der Agrarerzeugung, dem landwirtschaftlichen Arbeitsmarkt und der Verbesserung der Ernährungssituation lag. Doch es bleibt schwierig, gegen widrige Boden- und Wetterverhältnisse und – in zahlreichen Ländern – gegen konservative Gesellschaftsgruppen und die ungleiche Verteilung des Landbesitzes voranzukommen. Nach Zahlen der FAO ist in 58 von 106 Entwicklungsländern in der Zeit von 1970 bis 1978 die Nahrungsmittelerzeugung langsamer gewachsen als die Bevölkerung. Verstärkte Bemühungen und anders gesetzte Prioritäten können aber in vielen Entwicklungsländern zusammen mit Hilfe von außen viel dazu beitragen, die derzeitige prekäre Ernährungslage zu überwinden.

Nationale Bemühungen brauchen die Unterstützung der Welt

Auf lange Sicht muß es das Ziel der großen Regionen der Welt sein, sich selbst zu ernähren. Diese Selbstversorgung schließt Handel nicht aus, ebensowenig sollte sie aber die einen zur reinen Agrargesellschaft machen, während die anderen sich industrialisieren. Eine gewisse Spezialisierung sollte schon stattfinden, um die Kosten zu senken. Aber wo man sich auf den Handel verläßt, darf man dem Nahrungsmittel-Weltmarkt keine beherrschende Rolle einräumen. Der Markt sollte eine regulierende und korrigierende Funktion haben, aber im Rahmen einer Gesamtordnung mit international gesicherten Nahrungsmengen und -preisen, mit Hilfe zur Steigerung der einheimischen Produktion und mit zuverlässiger Nahrungsmittelhilfe.

Die ärmeren Länder werden viel zusätzliche Hilfe brauchen, um ihre Nahrungsmittelerträge zu steigern. Die Agrarhilfen für einkommensschwache Länder betrugen 1977 annähernd 3 Milliarden Dollar. Schätzungen des Internationalen Forschungsinstituts für Ernährungspolitik (IFPRI), der FAO und der Weltbank nennen einen Bedarf an zusätzlicher Hilfe für die Landwirtschaft bis 1990 zwischen 4 Milliarden und mehr als 8 Milliarden Dollar jährlich; hinzu kommen noch sehr beträchtliche zusätzliche Investitionen und regelmäßig wiederkehrende Ausgaben der Länder selbst. Die IFPRI-Schätzung, einer speziell für diese Kommission erarbeiteten Studie entnommen, berechnete die Gesamtkosten zur Deckung des erwarteten Nahrungsmitteldefizits; unter der Annahme, daß die betroffenen Länder die Hälfte der Kapitalinvestitionen und 80 Prozent der laufenden Kosten dieser Agrarprogramme übernähmen, würde die durch Entwicklungshilfe aufzubringende Summe etwa 12 Milliarden Dollar jährlich (Dollars von 1975) für die achtziger Jahre betragen – was eine zusätzliche Hilfe des Auslands von 8,5 Milliarden (oder 13 Milliarden in Dollars von 1980) erfordern würde. Diese Hilfe wird in Form von Programm- wie Projektförderung zu leisten sein.

Die Armen auf dem Lande erreichen

In den letzten Jahren hat sich an der Haltung internationaler Behörden zur Agrarhilfe einiges geändert – so hat man nicht nur dem

Agrarsektor zunehmend Gewicht beigemessen, sondern man hat sich auch bemüht, mit den landwirtschaftlichen Projekten wirklich die Armen auf dem Lande zu erreichen. Die Kommission hat sich besonders für den Internationalen Fonds für Agrarentwicklung (IFAD) interessiert, der Mitte 1977 gebildet und mit rund einer Milliarde Dollar ausgestattet worden war. Dem Fonds war aufgetragen, dieses Geld innerhalb von drei Jahren für Projekte zuzusagen, und zwar grundsätzlich zur Steigerung der Erzeugung und des Verbrauchs von Nahrungsmitteln bei den ärmsten Menschen in den ärmsten Ländern. Zunächst hatte der Fonds Schwierigkeiten und mußte sich bei der Identifizierung von Projekten auf andere Behörden stützen; im zweiten Jahr seiner Tätigkeit jedoch hat er sich als fähig erwiesen, erfolgreiche Vorhaben auf den Weg zu bringen und geeignete Projekte auszumachen, und er läßt durchaus erwarten, daß er in der Dreijahresfrist seinen Auftrag erfüllt. Der IFAD stellt eine bedeutende Neuerung in der Entwicklungsfinanzierung dar, weil er Kapital sowohl aus OPEC-Ländern als auch aus den industrialisierten Ländern zusammenfaßt. Ferner erfreut er sich – mit 124 Mitgliedstaaten – in der Struktur seines Managements der vollen Mitwirkung von Industrie- und Entwicklungsländern und hat alle seine Beschlüsse in Einmütigkeit gefaßt. Unsere Kommission unterstützt die Arbeit des IFAD und hofft, daß er wieder aufgefüllt wird.

Investition ist besser als Nahrungsmittelhilfe

Auf die möglichen inflationären Folgen eines weltweiten Nahrungsmitteldefizits für den internationalen Nahrungsmittelmarkt haben wir bereits hingewiesen. Darüber hinaus wird es, wenn nicht zusätzliche Hilfen geleistet werden, auch weit mehr Anforderungen an die Katastrophenhilfe geben; das ist auf lange Sicht eine teure und irrationale Art, Ernährungsprobleme anzupacken. Nahrungsnothilfeprogramme kosten oft in einem Jahr mehr, als die lokalen Investitionsprogramme, die jene überflüssig machen könnten, in fünf Jahren gekostet hätten.

Die höchste aller Einzelinvestitionen ist auf dem Gebiet der Bewässerung und Wasserregulierung nötig. Großer Bedarf besteht auch im Bereich der Infrastruktur, vor allem für Straßenbau und Verkehr und für die Stromversorgung auf dem Lande; die Anwendung von Dünge- und Schädlingsbekämpfungsmitteln muß gefördert werden, und die Bauern brauchen Traktoren und Zugtiere. In vielen Ländern ist die Verwaltung auf dem Lande schwach und bedarf weit größerer Aufmerksamkeit. Und ob die Entwicklung und Einführung neuer Pflanzensorten weitergeht, hängt davon ab, daß die Forschungsarbeit in internationalen, regionalen und nationalen Zentren fortgeführt wird. Die Pflanzenentwicklung hat große Fortschritte gemacht, aber in letzter Zeit hat es Anzeichen dafür gegeben, daß die internationale Unterstützung abflaut. Sowohl für die Entwicklung als auch für die Forschung sollte viel mehr getan werden, denn hier kann man mit relativ bescheidenen Beträgen große und deutlich sichtbare Wirkungen in der Erzeugung von Nahrungsmitteln erzielen.

Die passenden Anbaumethoden

Es ist wichtig, zu erkennen, daß für die landwirtschaftliche Entwicklung in der Dritten Welt ganz neue Modelle nötig sind. Das Modell der westlichen Landwirtschaft, hochgradig mechanisiert und auf Chemikalien bauend, kann nicht einfach auf die Entwicklungsländer übertragen werden. Es gibt viele Beispiele dafür, daß die Mechanisierung Erträge und Beschäftigung erhöht, und chemische Düngemittel und Pestizide haben wesentlich zur Ertragssteigerung beigetragen, vor allem bei neuen Pflanzensorten. Es gibt aber auch Beispiele der gedankenlosen Übertragung unpassender Technik, und dann führte die Mechanisierung zur Vernichtung von Arbeitsplätzen auf örtlicher Ebene und zu mißbräuchlicher Verwendung landwirtschaftlicher Chemikalien. Daß es notwendig ist, Anbaumethoden zu entwickeln, die den örtlichen Gegebenheiten angepaßt sind, wobei insbesondere die Arbeitsbeschaffung in Landgebieten zu beachten ist, die dem Drang in die Städte Einhalt gebieten kann, und wobei auch das ökologische Gleichgewicht eine Rolle spielen sollte, spricht für die Erweitung der örtlichen Forschungskapazität.

Agrarreform

Aber der Sieg über den Hunger setzt viel umfassendere internationale und nationale Bemühungen voraus, die sicherstellen, daß die zusätzlichen Nahrungsmittel denen, die sie nötig haben, auch zukommen, daß sie gekauft werden, entweder von den Familien oder von Regierungen, die sie subventioniert weitergeben. Aber die Staaten können Subventionen nicht auf Dauer geben, und ein Ende des Hungers wird erst dann in Sicht sein, wenn es mehr Lohnempfänger und eine gleichmäßigere Verteilung des Einkommens gibt – eine Herausforderung für viele Entwicklungsländer, in denen das Wachstum an den Armen vorbeigegangen ist. Die Agrarreform ist ein entscheidendes Mittel, für die Armen etwas zu tun – natürlich sind die notwendigen Maßnahmen von Land zu Land verschieden. In manchen Gegenden geht es vor allem um eine Pachtreform, mit der die Pächter besser abgesichert werden. Anderswo ist es Großgrundbesitz, den man unter diejenigen aufteilen müßte, die ihn intensiver bebauen können. Wieder andere Gebiete brauchen Flurbereinigung und Umlegungsmaßnahmen, mit denen die Auswirkungen bestehender übermäßiger Zerstückelung von Grundbesitz beseitigt werden. All das kann Bauern zum Investieren anregen. Freie und funktionsfähige Landarbeiterorganisationen haben eine wichtige Rolle zu spielen, um die Agrareinkommen zu steigern und die Armen in ländliche Reform und Entwicklung einzubeziehen. Aber arme Bauern, die Land erhalten haben, brauchen kräftig Kredit und andere Formen der Hilfe, und eine Bodenreform pflegt die Erzeugung oft vorübergehend zu unterbrechen und zusätzliche Kosten zu verursachen. Multilaterale Kreditinstitute könnten bei der Anpassung und den institutionellen Reformen, die mit Programmen zur Agrarentwicklung verbunden sind, nützlichen Beistand leisten.

Die landwirtschaftliche Entwicklungspolitik hat möglicherweise in mancher Hinsicht neue Anstöße durch die Weltkonferenz über Agrarreform und ländliche Entwicklung im Jahre 1979 erfahren. Die Entwicklungsländer haben ihre Entschlossenheit bekundet, der Entwicklung der Landwirtschaft, in welcher »die Agrarreform eine entscheidende Komponente ist«, wie die Konferenz in ihrer Erklärung betonte, Priorität einzuräumen. Sie unterstrichen auch, daß der augenblickliche Zustand der kommerziellen, wirtschaftlichen und finanziellen Beziehungen zwischen Nord und Süd – einschließlich der derzeitigen Entwicklungshilfepraxis – selbst ein Hindernis für eine beschleunigte Entwicklung der Landwirtschaft sei. Insbesondere transnationale Unternehmen betrieben vielfach Großanbau für den Exportmarkt auf Kosten der örtlichen Nahrungsmittelversorgung und vergrößerten damit die globalen Versorgungsprobleme. Das wichtigste von allem war wohl das beschlossene Aktionsprogramm, welches vorsieht, daß die Staaten selbst sich Ziele setzen und die FAO und andere UN-Organisationen autorisieren, bei der Beobachtung ihrer Fortschritte zu helfen; ein bedeutendes Ziel des Aktionsprogramms war es, den Ländern dabei zu helfen, die landwirtschaftliche Entwicklung und die Agrarreform in ihre Gesamtentwicklung zu integrieren. Das Aktionsprogramm rief ferner die Staaten auf, die ILO-Konventionen für die Vereinigungsfreiheit und für die Landarbeiterorganisationen und ihre Funktion in der wirtschaftlichen und sozialen Entwicklung zu ratifizieren und in Kraft zu setzen.

Es gibt noch andere sehr notwendige Verbesserungen in den Ländern selbst. Die Lagerung von Getreide zusammen mit besseren Transport- und Kommunikationsmöglichkeiten ist für die Verteilung der Nahrungsmittel wesentlich. In vielen Ländern mit dürftiger Infrastruktur erfordert dies hohe Investitionen. Sie sind dort, wo Dürren häufig sind und wo vor allem Bewässerung nicht praktikabel ist, für die örtliche Lebensmittelversorgung von großer Bedeutung.

Fisch ist wichtig

Größerer Fischkonsum könnte ebenfalls gegen Hunger und Unterernährung helfen. Dazu ist ein größeres Angebot und oft auch die Förderung neuer Eßgewohnheiten nötig. Die meisten Entwicklungsländer bleiben erheblich unter dem weltweiten Durchschnittsverbrauch von Fischproteinen pro Kopf. Viele kleinere Entwicklungsländer haben allerdings technische und organisatorische Schwierigkeiten, diese Nahrungsquelle entsprechend zu nutzen. Die FAO hat soeben ein neues Programm begonnen, das Ländern der Dritten Welt helfen soll, ihre Äußeren Wirtschaftszonen (EEZ – die Zweihundertmeilenzone, die der Entwurf des neuen Seerechts festlegt) zu erschließen und effizient zu nutzen, zumal dort mehr als 90 Prozent des in der Welt gehandelten Fisches gefangen werden. Für die Sicherung der Erhaltung von Seefischen ist internationale Zusammenarbeit wichtig. Darüber hinaus gibt es in vielen Ländern für die intensive Süßwasser-Fischzucht gute Chancen. Sie böte besonders Binnenländern ohne Zugang zum Meer eine attraktive Möglichkeit, den Speiseplan der Menschen zu erweitern.

Probleme der Technik und des Managements beeinträchtigen nicht nur den eigentlichen Fischfang. Sie erschweren es auch beträchtlich, den Fisch zum Verbraucher zu bringen, da Kühlketten und Tiefkühltransport in vielen Ländern noch nicht ausreichend entwickelt sind. Überdies ist die moderne Technologie gerade erst dabei, Methoden zur Verarbeitung großer Mengen kleiner Fische für den unmittelbaren menschlichen Verzehr zu entwickeln und bisher ungenutzte Nahrungsreserven wie den Krill der Antarktis auszubeuten. Zur Zeit haben die entwickelten Länder die Hochseefischerei weitgehend in der Hand. Um ihren fairen Anteil an der Hochseefischerei zu erhalten, müßten die Entwicklungsländer die Kooperation untereinander organisieren, vor allem unter den kleineren Inselstaaten, die potentiell über einige der größten EEZs verfügen, die aber einzeln nicht in der Lage sind, eine effiziente Fischerei-Industrie aufzubauen. Solche Bemühungen verdienen die Unterstützung der multilateralen Institutionen und der entwickelten Länder.

Nahrung allein ist nicht genug

Hunger und Ernährung sind nicht durch Lebensmittelversorgung allein zu beseitigen; Gesundheit, Bildung und andere Dienstleistungen sind nötig, und dazu Planung, die sicherstellt, daß die für richtige Ernährung erforderlichen Lebensmittel am Ort und zu erschwinglichen Preisen erhältlich sind. Und in der ganzen Problematik der Bekämpfung des Hungers kommt den Frauen eine Schlüsselfunktion zu, die mehr Beachtung, Unterstützung und Anerkennung verdient. Sie ernähren und pflegen nicht nur die Kinder, die gesundheitlich am verwundbarsten sind – eine Tatsache, die in Programmen viel zu wenig berücksichtigt wird. Sie spielen auch, wie wir schon ausgeführt haben, als landwirtschaftliche Erzeuger eine Rolle, und dabei arbeiten sie vielfach mit unzulänglichem Werkzeug, für geringen Lohn und unter erbärmlichen Arbeitsbedingungen.

Die zweifache Aufgabe, den Nahrungsbedarf zu decken und ländliche Entwicklung und landwirtschaftlichen Fortschritt zu fördern, schließt eine ansehnliche Reihe von Aktivitäten ein – noch mehr als die bereits aufgezählten. Nutzung der landwirtschaftlichen Flächen; Sicherung – oder Wiederherstellung – des ökologischen Gleichgewichts; Entwicklung von Technologien, die örtlich an Bodenverhältnisse, Klima, soziale und wirtschaftliche Bedingungen angepaßt sind; nationale Planung *und* Dezentralisierung mit dem Ziel, die aktive Mitwirkung der Landarbeiter und ihrer Organisationen zu erleichtern; Beratungsdienste, Bildung und Ausbildung auf allen Stufen; Fortbildungsangebote – dies sind nur einige der innenpolitischen Prioritäten, die hier nicht näher behandelt worden sind, die aber für die Beseitigung des Hungers und für die Aufgabe, die Welternährung auf eine solide Grundlage zu stellen, ebenso wichtig sind.

Hunger kann nicht isoliert werden

Das Problem des Hungers muß sowohl im Rahmen der nationalen Wirtschaftsentwicklung wie auch in seiner Verflechtung mit der internationalen Wirtschaft gesehen werden. Man kann die Landwirtschaft nicht getrennt von der grundsätzlich komplementären Funktion des Wachstums im Industrie- und Dienstleistungsbereich behandeln. Erstens muß die höhere Nachfrage nach Nahrungsmitteln, für stetigen Produktionsanreiz in der Landwirtschaft notwendig, zum großen Teil aus dem Beschäftigungszuwachs in nichtlandwirtschaftlichen – wenn auch nicht unbedingt urbanen – Bereichen kommen. Die besitzlose Landbevölkerung und sogar kleine Grundbesitzer sind mit der Grundnahrungserzeugung nicht voll zu beschäftigen und können deshalb mit der Landwirtschaft allein kein ausreichendes Einkommen und damit keine wirksame Nachfrage nach Lebensmitteln schaffen.

Zweitens müssen Düngemittel, landwirtschaftliches Gerät und andere Mittel für landwirtschaftliches Wachstum – die zu angemessenen Preisen verfügbar sein müssen – entweder aus der Inlandsproduktion oder aus Importen kommen; im letzteren Falle müssen sie weitgehend durch mehr Exporte bezahlt werden, auch durch industrielle Exporte. Drittens ist der Preis, den der Bauer erzielt, nicht der einzige Anreiz, den er braucht, um mehr anzubauen; es muß auch ein attraktives Konsumgüterangebot aus anderen Wirtschaftssektoren vorhanden sein, das er gern kaufen möchte. Viertens sind Investitionen in die Infrastruktur der Landwirtschaft so teuer, daß ein Teil der Kosten in vielen Fällen von anderen Produktionsbereichen aufgebracht werden muß. Schließlich haben der Industrie- und der Dienstleistungssektor potentielle Wachstumsraten von 10 bis 15 Prozent im Vergleich zu etwa 4 Prozent der Landwirtschaft. Es ist also kein Ersatz für industrielle Entwicklung, der Landwirtschaft die gebührende Beachtung zu schenken; es ist eine

Frage der Ausgewogenheit zwischen Industrie und Landwirtschaft und der wirksamen Anregung jener Komponenten des industriellen Wachstums, die die landwirtschaftliche Entwicklung unterstützen können.

So steht also das Problem des Hungers in direktem Zusammenhang mit den übrigen Teilen dieses Berichts. Die Ausweitung des Handels- und Kapitalverkehrs einschließlich der Zusammenarbeit zwischen Entwicklungsländern untereinander, die Einkommenssteigerungen ermöglichen kann, ist genau so wichtig wie die Steigerung der Nahrungsmittelerzeugung oder die bessere Einkommensverteilung. Die einkommensschwachen Länder brauchen Hilfe nicht nur für die Agrarentwicklung, sondern für die Steigerung der gesamten Produktionskapazität ihrer Volkswirtschaften, die allein ausreichend Einkommen und Arbeitsplätze schaffen kann. Es gibt kein Patentrezept zur Beseitigung des Hungers.

Sicherung der Nahrungsmittelversorgung ist nötig

Ende der sechziger und Anfang der siebziger Jahre ließ man in den Vereinigten Staaten (die zusammen mit Kanada 80 Prozent des in der Welt gehandelten Weizens liefern) infolge politischer Veränderungen die Getreidevorräte absinken. Unglücklicherweise gab es 1972–1973 eine verheerende Dürre in Afrika südlich der Sahara und massive Auslandskäufe der Sowjetunion, die eine Mißernte hatte. Die Folge war ein scharfer Anstieg der Weizenpreise. Sie hatten sich von 1972 bis 1974 mehr als verdoppelt und gingen erst dann auf den früheren Stand zurück, als sich 1976 eine reiche Welternte abzeichnete. In der Zwischenzeit wies die Welternährungskonferenz, die als Reaktion auf die Krise im Jahre 1974 einberufen wurde, erneut mit Nachdruck darauf hin, daß internationale Abkommen und insbesondere die »internationale Ernährungssicherung« notwendig seien.

In der Tat gibt es alle paar Jahre erhebliche Schwankungen in der Getreideproduktion. Um mit ihnen fertig zu werden, begannen Anfang 1978 Verhandlungen über ein neues internationales Getreide-Abkommen; sie dauerten bis zum Februar 1979 und wurden dann auf unbestimmte Zeit vertagt. Bedeutende Verhandlungspunkte waren Rücklagen für Bevorratung, Schwellen- bzw. Interventionspreise und besondere Maßnahmen zugunsten der Entwicklungsländer. Man einigte sich über die Verfahrensgrundlagen der Handelskonvention für Weizen, aber es gab Meinungsverschiedenheiten in einer Reihe von Einzelfragen, hauptsächlich über die Höhe von Interventionspreisen und über die Sonderregelungen für Entwicklungsländer, etwa den Umfang der Reservelager und der Hilfen zum Aufbau der Reserven. Die Entwicklungsländer bestanden wegen ihrer begrenzten Möglichkeiten zur Reservehaltung auf der Einrichtung eines Fonds im Rahmen der Konvention, der den Bau von Silos, den Ankauf von Getreide und die laufenden Kosten der Lagerung finanzieren sollte. Die entwickelten Länder sahen sich nicht in der Lage, dem näherzutreten, und beschränkten sich darauf, einen Ausschuß vorzuschlagen, der den Lagerbedarf in jedem Entwicklungsland feststellen sollte, um dann den Geberländern und internationalen Organisationen entsprechende Maßnahmen zu empfehlen. Es wird geschätzt, daß die Entwicklungsländer von einer 20 bis 30 Millionen Tonnen-Reserve 5 bis 7 Millionen Tonnen lagern müßten; die Kosten der Beschaffung und der Errichtung der Lager sind auf ungefähr 1,75 Milliarden Dollar veranschlagt worden.

Mehr Freiheit des Nahrungsmittelhandels

Die Weltmärkte für Nahrungsmittel sind durch die mannigfachen Handelskontrollen, die von den Überschußproduzenten – zumeist den reichen Ländern Nordamerikas und der Europäischen Gemeinschaft – errichtet worden sind, instabiler geworden. Diese Länder beschränken den Import der meisten Nahrungsmittelerzeugnisse und periodisch auch den Export durch Kontrollen und Abgaben. Damit bezwecken sie, die hohe Inlandsproduktion zur möglichst weitgehenden Selbstversorgung aufrechtzuerhalten, der eigenen Landwirtschaft hohe Einkommen zu gewährleisten und die Inlandsmärkte vor den internationalen Schwankungen zu schützen. Aber mit dieser Politik haben sie oft teure Überschüsse produziert, die häufig mit Hilfe von Subventionen im Ausland verkauft werden – womit einigen Entwicklungsländern geholfen ist, aber auch den Exporten anderer Konkurrenz gemacht wird.

Diese Politik hat die Schwankungen des Getreidepreises auf dem Weltmarkt verstärkt. Auf dem Weizenmarkt erzeugte die Preis- und Vorratspolitik in Nordamerika und Westeuropa in der Überschußperiode vor 1970 zu viel Weizen, bewirkte aber in der darauffolgenden Zeit der Verknappung Versorgungslücken. Da diese

Länder nicht viel weniger verbrauchen, wenn der Weizenpreis steigt, können die Auswirkungen einer Mißernte nur aufgefangen werden, indem man die Vorräte abbaut, indem man weniger an das Vieh verfüttert oder indem die Menschen in den armen Ländern weniger essen. Wenn die Weltvorräte gering sind, so wie sie es 1972 waren, dann sind es infolge hoher Lebensmittelpreise die Armen, die es am härtesten trifft. Und darum sind größere Nahrungsmittelreserven notwendig. Aber Untersuchungen deuten daraufhin, daß diese Notwendigkeit geringer würde, wenn es weniger Beschränkungen im Nahrungsmittelhandel sowohl innerhalb als auch zwischen Nord und Süd gäbe. Man sollte in beide Richtungen gehen: ausreichende Reserven und weniger Handelsbeschränkungen.

Düngemittel verfügbar machen

Was wird aus der landwirtschaftlichen Produktion, wenn das Öl knapper und teurer wird? Immer häufiger wird diese Frage gestellt, seit die »moderne« Landwirtschaft zunehmend von Stickstoffdünger auf Ölbasis abhängig ist. Ein höherer Ölpreis läßt unausweichlich die Düngemittelpreise steigen, und das wird Probleme schaffen, die niemandem gefallen können. Im Augenblick dürfte keine erkennbare Gefahr einer weltweiten Düngemittelknappheit bestehen, auch ist es noch nicht dringend, Pflanzensorten einzuführen, die von Chemikalien unabhängiger sind. Die modernen ertragreichen Sorten können besonders effektiv Stickstoff in Nahrung umwandeln – bei einem Minimum von Abfallstoffen und optimaler Nutzung des Sonnenlichts. Für Düngemittel werden nur 2 bis 3 Prozent der heutigen Ölerzeugung verbraucht, und es dürfte in den nächsten 15 bis 20 Jahren kein ernsthafter quantitativer Mangel eintreten, besonders dann, wenn die Energieeinsparung es zuläßt, daß mehr Öl für die petrochemische Industrie zur Verfügung steht.

Wenn auf längere Sicht die Öllieferungen für Düngemittel zu versiegen beginnen – was in diesem Jahrhundert nicht mehr geschehen dürfte –, könnten alternative Stickstoffquellen in der Kohle oder durch biologische Fixierung des Stickstoffes im Boden erschlossen werden. Und wo Wasserkraft oder andere nicht auf Öl beruhende Stromerzeugung wirtschaftlich ist, könnte es möglich sein, Stickstoffdünger durch Elektrolyse aus der Luft zu gewinnen. Für die nähere Zukunft lohnt es sich anzumerken, daß wir mit steigender Nahrungsmittelproduktion in den Entwicklungsländern, die weit mehr auf menschlicher Arbeitskraft und der Zugkraft von Tieren beruht, weniger von den erschöpflichen Rohstoffen der Welt verbrauchen als mit der Nahrungsmittelproduktion in den reichen Ländern. Die Nahrung dort zu produzieren, wo sie gegessen wird, senkt auch die Kosten des Transports, der seinerseits Energie verbraucht. Und der Ertrag einer bestimmten zusätzlichen Dosis Düngers ist heute im Süden höher als im Norden, wo Düngemittel bereits intensiv genutzt werden. Wenn die Gestehungskosten steigen, werden sich die relativen Kosten der Nahrungsmittelerzeugung zugunsten des Südens verschieben. Aber im Süden wie im Norden muß Vorsorge getroffen werden, damit die Schädigung der Umwelt durch eine übermäßige Verwendung landwirtschaftlicher Chemikalien vermieden wird.

Die Reichen der Welt könnten auch dadurch zur Steigerung der Nahrungsmittelversorgung beitragen, daß sie weniger Dünger für andere Zwecke als die Nahrungsmittelerzeugung verwenden und daß sie weniger Fleisch essen: Um ein Teil Fleischprotein herzustellen, sind acht Teile Pflanzenprotein nötig, das man auch direkt verzehren könnte. Vieh, das sich von Gras ernährt, braucht kein Getreide, aber Geflügel und Vieh, das Körnerfutter erhält, verbraucht davon große Mengen – zwischen 3 und 9 Kilogramm für jedes Kilo eßbaren Fleisches oder Geflügels –, die ausreichen würden, um einen großen Teil der hungernden Menschen der Welt mit Getreideprodukten zu versorgen.

Solche Änderungen der Lebensgewohnheiten mögen in weiter Ferne liegen. In der Zwischenzeit aber wirft das Problem des Düngerpreises, im Unterschied zum Problem des Angebots im allgemeinen, ernste Fragen auf. Es ist besonders wichtig, den einkommensschwachen Ländern die Düngemittelversorgung zu vernünftigen Preisen zu garantieren, und mit diesem Ziel stellte die FAO 1974 in Zusammenarbeit mit düngerproduzierenden Ländern und der internationalen Düngemittelindustrie den Internationalen Düngemittel-Versorgungsplan auf, nach welchem den einkommensschwachen Ländern Düngemittel zur Verfügung gestellt werden, die zu festen Preisen nach Bedarf abgerufen werden können.

Nahrungsmittelhilfe

Nahrungsmittelhilfe wird weiterhin notwendig sein. Sie ist in der Vergangenheit kritisiert worden, sei es, weil sie politisch ausgenutzt wurde oder weil sie landwirtschaftliche Anreize in den Empfängerländern beeinträchtigt. Heute aber wird wirtschaftliche Kritik nicht mehr so oft laut; Nahrungsmittelhilfe muß nicht unbedingt ein Hemmschuh der Agrarproduktion sein, vorausgesetzt, daß die tatsächliche Nachfrage nach Nahrungsmitteln Marktpreise ermöglicht, die für einheimische Produzenten befriedigend sind. Viele Länder werden ein Jahrzehnt oder mehr brauchen, bevor sie ihren internen Nahrungsmittelbedarf decken können, und während sie ihre inländische Kapazität ausbauen, müssen ihnen genügend Nahrungsmittel zur Verfügung gestellt werden.

Der Bedarf an Nahrungsmittelhilfe ist gewöhnlich nach den zu erwartenden Nahrungslücken berechnet worden. Man könnte ihn aber anders sehen, wenn man die Programme zur Steigerung der Agrarinvestitionen, von denen wir hier gesprochen haben, mit einbezöge. Etwa zwei Drittel dieser Investititonen sind für die Entwicklung der Wasserversorgung bestimmt, wofür sehr viele Arbeiter gebraucht werden, die ihrerseits sehr viel zusätzliche Nahrung benötigen. In Indien beispielsweise hat man errechnet, daß nicht weniger als 60 Prozent der für Bewässerungsprojekte eingesetzten Mittel am Ende tatsächlich für die Ernährung der Bauarbeiter ausgegeben werden würden. Nahrungsmittelhilfe für diesen Zweck könnte man allmählich einstellen, während der Bauarbeiten jedoch könnte sie ein direkter Beitrag sein.

Die Regelmäßigkeit der Nahrungsmittelhilfe ist, wie die jeder anderen Art von Hilfe, entscheidend: Die Länder müssen sich auf die Menge und den rechtzeitigen Eingang der Lieferungen verlassen können, sie müssen rechtzeitig im voraus informiert werden, damit sie die Bedarfsdeckung planen und die Versorgung praktisch organisieren können. Ein Staat, der sich öffentlich verpflichtet, den Hunger abzuschaffen, übernimmt ein politisches Risiko; die Regierung, die das tut, sollte der beständigen Unterstützung der internationalen Gemeinschaft sicher sein können. Nahrungsmittelhilfe muß das allerdings nicht umfassen. Dafür muß es verläßliche Berechnungen geben, wieviel Nahrungsmittelhilfe benötigt wird. Die Welternährungskonferenz 1975 setzte ein Ziel von 10 Millionen Tonnen pro Jahr, das bisher nicht erreicht worden ist. Es kann sogar mehr nötig sein, wenn alle Ziele in naher Zukunft erreicht werden sollen und insbesondere, wenn die Nahrungsmittelhilfe auch auf die Unterstützung von Investitionen in der Landwirtschaft und in arbeitsintensive Programme der öffentlichen Hand ausgedehnt wird. Es wird auch andere Nahrungsmittelhilfe als Getreide gebraucht; zum Beispiel könnten Milchüberschüsse der EG für diesen Zweck verwendet werden. Nahrungsmittelhilfe sollte natürlich als Ergänzung zu anderen Formen der Hilfe gesehen und ohne politische Auflagen gegeben werden, und Ernährungsfragen sind immer im Zusammenhang mit nationalen Agrarprogrammen zu bedenken. Eine Zeitlang ist über eine neue Nahrungsmittelhilfekonvention verhandelt worden, um zu versuchen, diese Ziele zu erreichen; die Wiederaufnahme dieser Gespräche ist eine Sache von hoher Dringlichkeit.

Selbst wenn alle diese Maßnahmen in Gang gebracht würden, wird es immer noch Notfälle geben, die aus klimatischen und anderen Ursachen entstehen und dringende Hilfe verlangen. Die Siebente Sondersitzung der UN-Generalversammlung empfahl im Jahre 1975, daß für diese Zwecke eine internationale Nahrungsmittel-Notreserve gebildet und mit 500000 Tonnen Getreide ausgestattet werden solle. Bis Ende 1979 gab es immer noch kein zuverlässiges System zur Aufrechterhaltung dieser Reserve durch jährliches Auffüllen; und Beiträge zu dieser Reserve hat es bisher nur in der Größenordnung von 350000 Tonnen gegeben. Es gibt Experten, die meinen, daß 500000 Tonnen nicht reichen könnten und daß bis 1981 750000 Tonnen gebraucht würden; und die FAO hat errechnet, daß allein der Notfallbedarf, der durch Mißernten entstehen könnte, auf 2 bis 3 Millionen Tonnen im Jahr geschätzt werden muß.

Einige Experten haben die Ansicht vertreten, daß die internationalen Nahrungsreserven und die eben erwähnte Notreserve nicht von sich aus alle Probleme der Länder mit schwankendem Importbedarf an Nahrungsmitteln lösen werden, und sie haben eine Nahrungsmittelfazilität vorgeschlagen, die beim Internationalen Währungsfonds oder anderswo anzusiedeln wäre. Sie würde einkommensschwachen Ländern in Zeiten von Produktionsausfällen im Inland oder überraschenden Preiserhöhungen für Nahrungsimporte zur Verfügung stehen. Untersuchungen lassen den Schluß zu, daß im Durchschnitt 200 Millionen US-Dollar im Jahr die Getreideversorgung in den am schwersten betroffenen Ländern (ausgenommen Indien, dessen Bedarf in einem schlechten Erntejahr viel größer ist) innerhalb einer Abweichung um bis zu 5 Prozent von der Bedarfsentwicklung seit 1960 sichergestellt hätten. Die Kommission befürwortet die Schaffung einer solchen Fazilität. Je geringer die Nahrungsreserven sind, um so notwendiger ist eine solche Fazilität, und wahrscheinlich ist es effektiver, den einen oder anderen Notbedarf mit ihrer Hilfe oder durch einen Mechanismus zu decken, der rasch in Tätigkeit träte, wenn größere Hilfe gebraucht wird, als derzeitige Regelungen bereitstellen können.

Ein gebieterisches Ziel

Die Kommission sieht der Weltgemeinschaft keine wichtigere Aufgabe gestellt als die Beseitigung von Hunger und Unterernährung in allen Ländern. Zu ähnlichen Schlüssen wie wir sind auch andere Gremien gekommen, so erst kürzlich in den Vereinigten Staaten der Kommission des Präsidenten zum Welthunger. Wir sind uns wohl bewußt, daß dies keine klar umrissene Aufgabe ist – sie erstreckt sich auf fast alle Aspekte der Weltwirtschaft und des Entwicklungsprozesses: Es geht um die Schaffung und Verteilung sowohl der nötigen Nahrung als auch der Arbeit und des Einkommens, damit die Nahrung von denen, die sie brauchen, gekauft werden kann. Aber die Welt hat die Fähigkeit, ein solches Ziel zu erreichen; es ist notwendig, daß sie es tut.

Empfehlungen

Massenhunger und Unterernährung müssen ein Ende haben. Die Fähigkeit der Nahrungsmittel importierenden Länder, besonders der einkommensschwachen, muß verbessert werden, ihren Nahrungsbedarf zu decken, und die steigenden Kosten ihrer Nahrungsimporte müssen durch eigenes Bemühen und durch größere Kapitalzufuhren für die Agrarentwicklung gesenkt werden. Besondere Beachtung sollte der Bewässerung, der Agrarforschung, der Bevorratung und umfassenderen Nutzung von Dünger und anderen Hilfsmitteln und der Entwicklung der Fischerei geschenkt werden.

Die Reform der Landwirtschaft ist in vielen Ländern von großer Wichtigkeit, um die landwirtschaftliche Produktivität zu erhöhen und um den Armen höhere Einkommen in die Hand zu geben.

Die internationale Nahrungssicherung sollte durch den baldigen Abschluß eines internationalen Getreideabkommens, durch größere internationale Notreserven und durch die Einrichtung einer Fazilität zur Finanzierung von Nahrungsmittelhilfe gewährleistet werden.

Die Nahrungsmittelhilfe sollte erhöht und mit Arbeitsbeschaffungs- und Agrarprogrammen und -projekten verbunden werden, ohne die Anreize für die Nahrungsmittelproduktion zu schwächen.

Die Liberalisierung des Handels mit Lebensmitteln und anderen Agrarprodukten innerhalb der beiden Gruppen sowie zwischen Nord und Süd würde zur Stabilisierung der Nahrungsmittelversorgung beitragen.

Die Unterstützung für internationale landwirtschaftliche Forschungsinstitute sollte erweitert werden, wobei der regionalen Zusammenarbeit größere Bedeutung beizumessen ist.

6 Bevölkerung – Wachstum, Mobilität und Umwelt

Das gegenwärtige bestürzende Wachstum der Weltbevölkerung wird noch eine ganze Zeit lang anhalten. Es ist eine der stärksten prägenden Kräfte für die Zukunft der menschlichen Gesellschaft. Alle fünf Tage wächst die Weltbevölkerung um über eine Million Menschen. Sie wird in den achtziger und neunziger Jahren um insgesamt nahezu 2 Milliarden Menschen zunehmen, und das ist mehr als die Gesamtzahl aller Menschen, die im ersten Jahrzehnt dieses Jahrhunderts auf der Erde lebten. Neun Zehntel dieses Zuwachses werden auf die Dritte Welt entfallen. In den Industrieländern sind die Aussichten ungewisser – dort könnte das Wachstum sehr gering sein, in einigen von ihnen mag die Bevölkerungszahl sogar leicht zurückgehen.

Es ist richtig, daß die Bevölkerungsexplosion sich abzuschwächen scheint. In vielen Ländern der Dritten Welt nimmt die Geburtenrate ab und die des Bevölkerungswachtums beschleunigt sich nicht mehr. In einigen Ländern, darunter die Volksrepublik China, sind die Geburtenraten so viel schneller zurückgegangen als die Sterblichkeitsraten, daß die Rate des Bevölkerungszuwachses halbiert wurde. Nichtsdestoweniger wird die Weltbevölkerung bis zum Jahr 2000 wahrscheinlich von ihrem gegenwärtigen Stand von 4,3 Milliarden auf 6 oder 6,5 Milliarden Menschen angewachsen sein. Rasches Wachstum über eine lange Zeit hat in den Entwicklungsländern eine sehr jugendliche Altersstruktur geschaffen, und die Zahl junger Familien wird dort so schnell zunehmen, daß die gesamte Bevölkerung selbst dann um fast ein Drittel zunehmen würde, wenn von heute an jedes Paar nur zwei Kinder hätte.

Verdoppelung der Bevölkerung

Sinkende Geburtenziffern in den achtziger und neunziger Jahren dürften deshalb keinen großen Einfluß auf die Gesamtzahlen des Jahres 2000 haben, aber sie sind entscheidend für das, was danach geschieht. Je nachdem, ob sich der Rückgang der Geburtenrate beschleunigt oder verlangsamt, könnte sich die Weltbevölkerung, wie Vorausberechnungen zeigen, im Laufe des nächsten Jahrhunderts auf einen Stand irgendwo zwischen 8 und 15 Milliarden einpendeln – oder von da an sogar wieder sinken. Selbst unter der Voraussetzung einer stetigen Abnahme der Geburtenrate dürfte sich die Bevölkerung der meisten Entwicklungsländer mindestens verdoppeln. Es wird erwartet, daß in Nigeria und Bangladesch so viele Menschen leben werden wie heute in den USA und in der UdSSR, und Indien wird mindestens 1,2 Milliarden Einwohner haben. Die Städte der Dritten Welt wachsen noch schneller als ihre Gesamtbevölkerung, und die größten unter ihnen dürften am Ende dieses Jahrhunderts die 30 Millionen-Grenze überschreiten.

Bei diesen Aussichten überkommt einen leicht ein Gefühl der Hilflosigkeit. Ein Bevölkerungswachstum von 2 bis 3 Prozent im Jahr führt zu einer Verdoppelung der Bevölkerung innerhalb von 25 bis 35 Jahren. Das macht die Aufgabe so viel schwieriger, Nahrung, Arbeit, Unterkunft, Bildung und Gesundheitspflege für alle zu schaffen, die totale Armut abzuschaffen und dem gewaltigen finanziellen und administrativen Bedarf der rapiden Verstädterung zu begegnen. Nur schwer läßt sich auch die Schlußfolgerung umgehen, daß eine Welt mit 15 Milliarden Menschen von einer Reihe möglicherweise verheerender wirtschaftlicher, sozialer und politischer Konflikte geschüttelt werden könnte. Ob die alptraumhafte Vision von einem im nächsten Jahrhundert hoffnungslos überfüllten Planeten abgewendet werden kann, hängt entscheidend davon ab, was heute getan wird, um die Stabilisierung der Weltbevölkerung zu beschleunigen.

Entwicklung senkt die Geburtenraten

Viele Länder haben bewiesen, daß schon die wirtschaftliche und soziale Entwicklung selbst zur Begrenzung des Bevölkerungswachstums beiträgt. Länder, in denen die Geburtenrate in letzter Zeit am weitesten gesunken ist, waren gewöhnlich solche, in denen die Segnungen der Entwicklung breit gestreut werden konnten. Selbst in sehr armen Gegenden, etwa in Kerala (Indien), ist es gelungen, den Menschen neue Hoffnung auf ein besseres Leben zu geben, indem man sie an der Entwicklung beteiligte, ihren Gesundheitszustand verbesserte, den Status und den Bildungsstand der Frauen wie der Männer hob und den Armen ausreichende Ernährung sicherte. Wo dies geschah, zeigten die Geburtenraten eine fallende Tendenz, während sie in vielen reicheren Entwicklungsländern, wo man den Nöten der Massen weniger Beachtung schenkte, hoch blieben.

Die verbreiteten Anzeichen sinkender Geburtenraten könnten den gefährlichen Eindruck erwecken, als regele die Lage sich von selbst. Das könnte unheilvoll sein. Die internationale Unterstützung der Bevölkerungspolitik erlahmt genau zu der Zeit, in der sich die Bereitschaft zu Familienplanungsmaßnahmen und ihre politische Durchsetzbarkeit in der Dritten Welt ausbreiten. Mehr als sechzig Länder mit zusammen 95 Prozent der Bevölkerung der Dritten Welt haben Programme zur Familienplanung, wenn auch der Grad des Engagements unterschiedlich ist. Der Bedarf für bevölkerungspolitische Hilfen ist groß – der Bevölkerungsfonds der UN (UNFPA) zum Beispiel kann nur zwei Drittel der Anforderungen decken, die an ihn gestellt werden.

Erfolge der Familienplanung

Diejenigen, die solche Programme mit Energie verfolgt haben, konnten beträchtliche Erfolge verzeichnen. China, wo bereits eine Milliarde Menschen lebt, hat im Laufe der siebziger Jahre die Zunahme der Bevölkerung von 2,3 auf weniger als ein Prozent gesenkt; bis zum Jahre 2000 strebt das Land ein Nullwachstum an. Chile, Columbien, Costa Rica, die ersten Länder Lateinamerikas mit systematischer Familienplanung, haben ihre Geburtenraten in den letzten zwanzig Jahren um fast ein Drittel gesenkt, und dasselbe trifft auf ostasiatische Länder wie Hongkong, Singapur und die Republik Korea zu. Der »World Fertility Survey« hat vor kurzem umfangreiches Datenmaterial aus 14 Entwicklungsländern ausgewertet und festgestellt, daß die Geburtenrate in den meisten dieser Länder in dramatischem Tempo abnimmt. Das Heiratsalter der Frauen steigt, was zur Verkleinerung der Familien beiträgt, und das Wissen über Methoden der Familienplanung breitet sich zusehends aus – mehr als drei Viertel der Frauen in diesen Ländern und in vielen anderen mehr als 90 Prozent kennen wenigstens eine dieser Methoden. Andere Untersuchungen haben gezeigt, daß überraschende Veränderungen nicht nur in der städtischen Bevölkerung und gebildeten Schichten, sondern auch in der armen und ländlichen Bevölkerung stattfinden. In Thailand sank die eheliche Geburtenrate in der ersten Hälfte der siebziger Jahre um 20 Prozent, in Java und Bali um 15 Prozent. Um es zusammenzufassen: Außer in Afrika und in einigen der ärmsten Länder Asiens wie Bangladesch und Pakistan nehmen die Geburtenraten der Dritten Welt jetzt merklich ab. Es gibt noch Staaten, die Familienplanung eher hindern als fördern, weil Bevölkerungszuwachs noch als Ausdruck nationaler und ethnische Stärke gilt, doch ihre Zahl geht ständig zurück.

Mehr und wirksamere Hilfen zur Familienplanung sind notwendig. Wie die Erfahrung lehrt, richten sie allerdings kaum etwas aus, wenn sie nicht Hand in Hand gehen mit der Entwicklung der Gemeinden, mit Bildung, besseren Überlebenschancen für Kinder und Jugendliche, einem höheren Status der Frauen und anderen Verbesserungen, die den allgemeinen wirtschaftlichen und sozialen Fortschritt voraussetzen. Was gegen Armut, Hunger und Krankheit getan wird, ist eine Vorleistung für die Eindämmung des übermäßigen Bevölkerungswachstums. Letztlich schafft die Entwicklung als solche die günstigsten Bedingungen für die Stabilisierung der Weltbevölkerung auf einem erträglichen Niveau. Daß diese Bedingungen geschaffen werden, liegt im gemeinsamen Interesse aller Staaten. Die Aussicht auf einen übervölkerten Planeten im nächsten Jahrhundert bedeutet wenig für Menschen, die heute dem Verhungern nahe sind.

Bevölkerungsprogramme sind notwendig

Wir meinen, daß zur Entwicklungspolitik eine nationale Bevölkerungspolitik gehören muß, die den richtigen Ausgleich zwischen Bevölkerung und Ressourcen sucht, indem sie Hilfen zur Familienplanung frei verfügbar macht und mit anderen Maßnahmen für Wohlfahrt und sozialen Wandel abstimmt. Die internationale Unterstützung von Bevölkerungsprojekten und -programmen und der sozialen und bio-medizinischen Forschung muß wesentlich erweitert werden.

Der Druck, den rasches Bevölkerungswachstum erzeugt, ist in erster Linie eine Sorge derjenigen Staaten, in denen er auftritt. Sie müssen manchmal mehr als die Hälfte aller Investitionsmittel und Entwicklungsanstrengungen allein darauf verwenden, den gegenwärtigen Lebensstandard vor dem Absinken auf ein noch tieferes Niveau zu bewahren, während der ständige Zuwachs neuer Arbeitskräfte Arbeitslosigkeit und Unterbeschäftigung verschärft. Aber daß die Weltbevölkerung in einem bisher nicht gekannten

Maße wächst, hat zwangsläufig auch für die gesamte internationale Gemeinschaft eine Reihe von Konsequenzen. So dürfte etwa die internationale Mobilität der Menschen zunehmen, und der weltweite Druck auf die Ressourcen und die Belastung der Umwelt werden bedenklich steigen.

Internationale Arbeitsmobilität

Die Wanderungen von Arbeitskräften über nationale Grenzen hinweg hat im letzten Jahrzehnt in großem Stil zugenommen. Die Bewegung ungelernter, angelernter und qualifizierter Arbeitskräfte in den beiden letzten Jahrzehnten war Ausdruck der ungleichen Einkommens- und Berufschancen und bis zu einem gewissen Grade auch der Beschränkung im internationalen Kapital- und Handelsverkehr.

Die reichen Länder, die Arbeitskräfte importierten, kontrollierten deren Zahl und Art und die Dauer ihres Aufenthaltes; Gastarbeit war größtenteils zeitlich begrenzt. Die Nachfrage nach Gastarbeit war weitgehend strukturbedingt und kam von Wirtschaftszweigen, denen die Anwerbung heimischer Arbeitskräfte nicht gelingen wollte. Und obwohl es Nachfrage nach Dauerkräften gab, behandelte man die Gastarbeiter in vielen Ländern als Arbeitskräfte auf Zeit. Das hat zu Reibungen und Härten geführt. Wandernde Gastarbeiter sind Menschen, und ihre sozialen Probleme sind begreiflicherweise zu einem brisanten und ins Auge springenden Thema geworden.

Zur Zeit gibt es auf der Welt etwa 20 Millionen Gastarbeiter, von denen etwa 12 Millionen aus Entwicklungsländern kommen. Schätzungsweise 6 Millionen arbeiten in den Vereinigten Staaten, sie stammen zumeist aus Mexiko, und viele sind illegal eingereist. Der Anteil Westeuropas stieg von 2 Millionen in den frühen sechziger Jahren auf 6 Millionen Anfang der siebziger Jahre, nahm aber mit der Rezession nach 1973 um 1 Million ab. Mehr als 2 Millionen der in Europa lebenden Gastarbeiter kommen aus Entwicklungsländern, hauptsächlich aus Marokko, Tunesien, der Türkei und Jugoslawien. Seit Anfang der siebziger Jahre strömten Arbeiter in großer Zahl auch in die Ölländer des Nahen Ostens: Dort leben zur Zeit etwa 3 Millionen Gastarbeiter, die zu zwei Dritteln aus der Region selbst stammen, der Rest kommt aus Süd- und Südostasien. Südafrika hat viele Jahre lang Bergarbeiter – zur Zeit etwa 400000 –

aus den Nachbarländern Botswana, Mosambique, Swasiland und Lesotho angelockt. Auch in den Staaten Osteuropas spielt Gastarbeit eine Rolle, und in Teilen Lateinamerikas und in Westafrika gibt es Gastarbeiterströme zwischen Entwicklungsländern.

In allen Teilen der Welt hat die Existenz von Gastarbeitern brisante politische Probleme aufgeworfen. In den Vereinigten Staaten ist eine gesetzliche Regelung für die illegal Eingewanderten zu einer wichtigen Frage geworden. In Westeuropa hat die Lage der Gastarbeiter und ihrer Familien, ihre Unterbringung, Schulbildung und politische Stellung die Öffentlichkeit stark beschäftigt und eine lebhafte Debatte ausgelöst. Im Nahen Osten liegt die künftige Form und Dauer der Gastarbeit im Ungewissen. Das Apartheidssystem in Südafrika, an sich schon verwerflich, wird den Arbeitern, die aus den Nachbarländern dorthin kommen, aufgezwungen.

Die Leistungen der Gastarbeiter

Ein zweiter, ganz anderer Strom von Gastarbeit ist der *»brain drain«*, der Auszug der Intellektuellen. In den sechziger und siebziger Jahren sind weit über 400000 Physiker und Chirurgen, Ingenieure, Wissenschaftler und andere Akademiker aus Entwicklungsländern in die höher entwickelten Länder abgewandert. Die wichtigsten Herkunftsländer waren Indien, Pakistan, die Philippinen und Sri Lanka. Diese Leute gingen zum größten Teil in die Vereinigten Staaten, nach Kanada und England, andere ins übrige Westeuropa, nach Australien und in den Nahen Osten. Diese Art der Wanderung hat, wie Migration ganz allgemein, eine lange Geschichte – sie reicht zurück bis wenigstens um 300 vor Christus, als es die gebildeten Griechen nach Alexandria zog. Aber nie zuvor war sie so umfangreich und auch so weitgehend durch ökonomische Motive ausgelöst. Teilweise ist der *brain drain* dadurch entstanden, daß Studenten und Intellektuelle, die ihre Ausbildung in Industrieländern erhielten, es vorzogen, nicht in die Heimat zurückzukehren.

Die Wanderung von Arbeitskräften hat allen Seiten Nutzen gebracht. Die Entsenderstaaten profitieren davon, daß ihre Staatsangehörigen Arbeit haben und oft auch davon, daß sie Wissen und Fähigkeiten erwerben und mitbringen, wenn sie nach Hause zurückkehren. Sie profitieren auch von den Geldüberweisungen der Gastarbeiter – zur Zeit erhalten sie etwa 7 Milliarden Dollar jährlich aus Westeuropa und etwa 5 Milliarden aus dem Nahen Osten. Diese Überweisungen sind für viele Entwicklungsländer ein großer Devisenbringer; manchmal erreichen oder übersteigen sie die Erlöse aus dem Export von Rohstoffen und Industrieprodukten.

Auch die Aufnahmeländer ziehen mancherlei Nutzen aus der Gastarbeit, die zu ihrem Inlandsprodukt beiträgt, ihre Verarbeitungsindustrien konkurrenzfähiger macht und die Kosten im Bau- und Dienstleistungsbereich niedrig hält. Facharbeiter aus dem Ausland sind besonders wertvoll, denn sie ersparen ihren Gastgeberländern erhebliche Ausbildungskosten.

Auf der anderen Seite ist der Status der Gastarbeiter vielfach unbefriedigend und ungesichert. Und während die Einwanderungsländer in der Lage waren, den Zustrom von Gastarbeitern ihrem Bedarf entsprechend zu regeln, hatten sich die Entsenderstaaten mit den Schwankungen in der Nachfrage nach Arbeitskräften und in den Geldüberweisungen abzufinden, und sie verloren gelernte und angelernte Arbeitskräfte, die sie eigentlich dringend selber brauchten.

Gastarbeiter und ihre Rechte

Nationale und internationale Gastarbeiterpolitik sollte die Interessen der Gastarbeiter selbst wie auch die ihrer Heimat- und Gastgeberländer schützen und vertreten.

Die Aufnahmestaaten behandeln ihre Gastarbeiter sehr unterschiedlich. Einige erkennen sie nach angemessener Frist als Staatsbürger an und gewähren ihnen in der Zwischenzeit bereits einige der damit verbundenen Rechte. Viele andere behandeln sie als Arbeiter auf Zeit, ausgeschlossen von manchen Vergünstigungen der Sozialversicherung und von wirtschaftlichen und politischen Rechten. Innerhalb der Europäischen Gemeinschaft genießen Arbeitnehmer aus allen Mitgliedsländern überall dieselben Rechte. Einige Entsenderstaaten wiederum erlauben ihren Staatsbürgern die Ausreise nur unter der Bedingung, daß sie ihre Staatsbürgerschaft beibehalten und zurückzukehren beabsichtigen. Die Internationale Arbeitsorganisation (ILO) hat Normen aufgestellt, die eine Beachtung der Grundrechte aller Gastarbeiter vorsehen und gewährleisten sollen, daß Gastarbeiter und ihre Familien im Hinblick auf Arbeitsbedingungen, Sozialversicherung, Gesundheitspflege und Schutz fair behandelt werden; daß ihnen die Familienzusammenführung ermöglicht wird, daß sie ihre ethnische Identität bewahren und sich gewerkschaftlich organisieren dürfen. Wir bedauern, daß diese Konventionen bisher, von ganz wenigen Staaten abgesehen, nicht ratifiziert worden sind. Alle Staaten sollten ihnen zustimmen und sie nach Geist und Buchstaben befolgen.

Viele Arbeitskräfte wandern illegal ein und werden dementsprechend ausgebeutet. In Herkunfts- wie in Zielländern wird dieser Menschenhandel von Maklern aus Gewinnsucht organisiert, und am Zielort werden die Gastarbeiter von Unternehmen illegal beschäftigt – ohne Krankenversicherung, Sozialversicherung oder ordentliche Unterbringung. Zweifellos liegt es im Interesse aller Staaten, daß konzertierte Maßnahmen zur Beseitigung dieses Menschenhandels ergriffen werden, wie es die oben erwähnten ILO-Normen vorschreiben.

Ganz generell sollten die Staaten zu bilateralen und multilateralen Absprachen über eine geordnete internationale Wanderung von Arbeitskräften kommen. Mit besser geplanten und geregelten Verfahren könnten Schwankungen ausgeglichen, Überweisungen kalkulierbarer gemacht und die Rückwanderung besser unterstützt werden. Schritte in dieser Richtung sind innerhalb der OECD in Europa unternommen worden, und ähnliche Maßnahmen sind auch anderswo nötig. Die Weltbeschäftigungskonferenz im Jahre 1976 hat hierzu wertvolle Empfehlungen gegeben.

Wenn Industrieländer eine Wirtschaftsrezession traf, haben sie vielfach einen Teil der Last dadurch auf die Entwicklungsländer abgewälzt, daß sie auf »Rückwanderung« bestanden; im Effekt bedeutet dies, daß sie ihre Arbeitslosen in die Heimatländer zurückschicken, in denen Arbeitslosigkeit ursprünglich zur Abwanderung geführt hatte. Dies ist in jüngster Zeit Ländern wie der Türkei und Jugoslawien in großem Maßstab widerfahren; es verursachte ihnen gleichzeitig emporschnellende Arbeitslosenzahlen und eine krasse Verminderung der Geldüberweisungen. Solche Vorgänge entziehen sich der Beeinflussung durch die Entsenderstaaten, und man sollte diesen Staaten helfen, damit fertig zu werden. Die Fazilität für Exporterlösschwankungen des IWF ist kürzlich dahingehend erweitert worden, daß sie nun solche Schwankungen von Devisenzuflüssen ebenso abdeckt wie diejenigen der Einnahmen aus Exporterlösen; das ist ein wichtiger Schritt in die richtige Richtung. Es gibt aber auch Möglichkeiten für größere bilaterale Zusammenarbeit bei der Lösung des Anpassungsproblems.

Die Migration kann den Entwicklungsländern neue Möglichkeiten der Zusammenarbeit untereinander eröffnen, insbesondere im Nahen Osten, wo die Aufnahmestaaten reiche Ressourcen und die Entsenderstaaten einen Facharbeiterüberschuß haben. Beide Gruppen haben einander ergänzende Interessen, doch muß diese Art von permanenter wechselseitiger Abhängigkeit im langfristigen Interesse beider Seiten und der Gastarbeiter selber geregelt werden.

Die Wanderungen auf Suche nach besseren Lebenschancen sind in der Geschichte immer ein wesentliches Element der wirtschaftlichen Entwicklung und Veränderung gewesen. Wir sind noch weit von einem gemeinsamen Verständnis der Prinzipien entfernt, nach denen die internationale Mobilität geregelt werden sollte. Vorläufig muß es das Ziel sein, auf der Grundlage der Interessen der betroffenen Länder Regelungen zu finden, die gerechter und ausgewogener sind als die bestehenden.

Flüchtlinge und Vertriebene

Ein ganz anderer Strom internationaler Mobilität, der in der modernen Welt mit bedrückender Regelmäßigkeit wiederkehrt, ist der Strom der politischen und religiösen Flüchtlinge und jener Menschen, die durch Kriege und politische Unruhen vertrieben werden. Es wird geschätzt, daß in diesem Jahrhundert etwa 250 Millionen Menschen aus ihrer Heimat geflohen sind.

In den letzten Jahren haben die Probleme eine neue Dimension hinzugewonnen, weil Flüchtlinge oft gar nicht die Absicht haben, in den Ländern zu bleiben, die ihnen zunächst Asyl gewähren, und weil diese Länder sich vielfach ebensowenig in der Lage sehen, sie zu behalten und zu beschäftigen. In den letzten drei Jahren hat es im Durchschnitt auf der Welt jeden Tag zwei- bis dreitausend neue Flüchtlinge gegeben. Umstände, die große und plötzliche Flüchtlingsbewegungen auslösten, ergaben sich auf allen Kontinenten. Etwa 4 Millionen Flüchtlinge und Vertriebene, für die dauerhafte Lösungen nicht gefunden worden sind, gibt es allein in Afrika, und in verschiedenen Teilen Asiens ist die zahl sogar noch größer. Insgesamt ergibt das eine Zahl von etwa 10 Millionen Flüchtlingen.

Die »Allgemeine Erklärung der Menschenrechte« besagt, »jeder Mensch hat das Recht, jedes Land, einschließlich seines eigenen, zu verlassen« und auch »das Recht, in anderen Ländern vor Verfolgung Asyl zu suchen und zu genießen«. Das Bemühen, diese Rechte in die Praxis umzusetzen, ist Sache des UN-Flüchtlingskommissars, einer Reihe anderer internationaler Organisationen und vieler staatlicher und privater Einrichtungen, die sich der humanitären Hilfe widmen. Immer mehr konzentriert sich das Bemühen, das Los der Flüchtlinge zu bessern, auf drei Ziele: Erstens die Durchsetzung des Asylrechts, um sicherzustellen, daß Flüchtlinge nicht abgewiesen und in die Staaten zurückgeschickt werden, aus denen sie geflohen sind; zweitens, Regelungen für Versorgung und Schutz der Flüchtlinge im vorübergehenden Asyl zu treffen; und drittens die Suche nach dauerhaften Lösungen wie freiwillige Heimkehr oder Wiederansiedlung.

Asyl für Flüchtlinge

Flüchtlingsprobleme entstehen nicht durch den Druck des Bevölkerungswachstums. Ihre Wurzeln liegen in Intoleranz, politischer Instabilität und Krieg. Aber die Gewährung von Asyl und Maßnahmen zur Ansiedlung von Flüchtlingen sind für die Aufnahmestaaten wesentlich schwieriger, wenn sie sich bereits für überbevölkert halten. Die Ansiedlung bäuerlicher Flüchtlinge ist dort schwierig, wo der Boden knapp und die Landbevölkerung weitgehend unterbeschäftigt ist. Die Ansiedlung von Flüchtlingen in Städten wird ebenso durch Arbeitslosigkeit behindert. Manchmal bringen Flüchtlinge wertvolle Fähigkeiten mit, und andere Staaten sind dann eher geneigt, sie aufzunehmen; aber man darf den Ländern, die das erste Asyl gewähren, nicht am Ende die Kranken und die Alten überlassen, die andere Länder nicht haben wollen. Bei der Planung ihrer Ansiedlung sollte auch an Vorkehrungen gedacht werden, die zur Bewahrung der Bindungen und Identitäten unter Flüchtlingen beitragen.

Zwar muß man hoffen, daß Regierungen es in Zukunft unterlassen werden, Bedingungen zu schaffen, die ihre Staatsbürger als bedrückend genug empfinden, um ihnen zu entfliehen, und daß Kriege und andere Katastrophen von Menschenhand weniger häufig sein werden – aber man muß auf neue Notfälle vorbereitet sein. Die demographischen Perspektiven für die kommenden Jahrzehnte lassen vermuten, daß es nur noch schwerer werden kann, solchen Notlagen abzuhelfen, wenn und solange das Prinzip des internationalen Lastenausgleichs nicht weltweit anerkannt und die Asylgewährung und menschenwürdige Behandlung von Flüchtlingen nicht zu einer echten Sorge der internationalen Gemeinschaft insgesamt werden.

Belastungen von Ressourcen und Umwelt

Wir dürfen nicht einfach über die Frage hinweggehen, ob die Ressourcen und das Ökosystem der Erde imstande sein werden, die Bedürfnisse einer stark anwachsenden Weltbevölkerung auf dem erhofften wirtschaftlichen Niveau zu befriedigen. Bisher ist der Raubbau an den nicht erneuerbaren Ressourcen und die Belastung der Meere und der Atmosphäre zum größten Teil von dem spektakulären Industriewachstum der entwickelten Länder verursacht worden, in denen nur ein Fünftel der Weltbevölkerung lebt. Inzwischen ist aber auch das Bevölkerungswachstum in Teilen der Dritten Welt zum Urheber alarmierender ökologischer Veränderungen geworden, und die Industrialisierung der Entwicklungsländer muß zu weiteren Belastungen der Ressourcen und der Umwelt führen.

Wie wir an anderer Stelle dieses Berichts festgestellt haben, wird die Erschöpfung der Ölquellen der Welt in absehbarer Zukunft weitreichende Veränderungen in der Weltwirtschaft erzwingen; andere Bodenschätze scheinen aber noch verhältnismäßig reichlich vorhanden zu sein. Die Probleme, die sich aus ihrer Ausbeutung ergeben, liegen hauptsächlich in der Art ihrer Verteilung und in den Schwierigkeiten, die bei ihrer Förderung und Vermarktung entstehen können.

Erneuerbare Ressourcen jedoch könnten engere Grenzen setzen. Die Biosysteme der Welt lassen Symptome der Überforderung erkennen. So sind die Fangergebnisse der Hochseefischerei trotz hoher Investitionen in die modernen Fangflotten geschrumpft. Probleme des Raubbaus im Hinblick auf die Landwirtschaft, die Trinkwasservorräte, die Wälder werden an anderer Stelle dieses Berichts erörtert. Wenn die Umwelt überfordert wird, dann schadet das nicht nur den Staaten, die unmittelbar von der Verschlechterung ihrer Lebensgrundlagen betroffen sind, sondern betrifft über das Ökosystem der Erde alle Länder, beispielsweise im Fall der Abholzung der Wälder. Den Wäldern, die jetzt etwa ein Fünftel der festen Landfläche der Erde bedecken, kommt für die Beschaffenheit des Mutterbodens und für das Überleben zahlloser Tierarten und Millionen von Menschen entscheidende Bedeutung zu. Sie helfen auch, die ungeheuren Mengen von Kohlendioxyd, die bei der Verbrennung fossiler Brennstoffe entstehen – ein Prozeß, der die Atmosphäre zu erwärmen droht und Klimaveränderungen mit potentiell katastrophalen Folgen hervorrufen kann – zu absorbieren. Der Bedarf an Brennholz, an Ackerboden und an steigenden

Exporten von Holzprodukten in die Industrieländer führt insgesamt zur Abholzung von 11 Millionen Hektar Wald pro Jahr in der Dritten Welt. Das ist eine Fläche von der Größe halb Großbritanniens. Die Waldvernichtung hat auch die Verarmung und Erosion des Bodens zur Folge, es gibt häufigere Überflutungen, und Flüsse, Seen und Häfen versanden, wie es in Panama, Bangladesch, Nigeria und vielen anderen Ländern bereits geschieht.

Die Umwelt schützen

Dankbar begrüßen wir das erwachende Bewußtsein dafür, daß unsere Umwelt vor Überbeanspruchung, Verschmutzung und Vergiftung bewahrt werden muß. Die UN-Umweltkonferenz im Jahre 1972 war hier ein wichtiger Meilenstein, und seitdem sind wir sehr viel wacher geworden. Es kann nicht mehr die Rede davon sein, daß der Umweltschutz die Entwicklung behindere. Im Gegenteil, die Sorge für die natürliche Umwelt ist ein wesentlicher Bestandteil der Entwicklung.

Dennoch gibt es noch viel Widerstand. Die Kosten für die Begrenzung der Luft- und Wasserverschmutzung sind leichter zu kalkulieren als die Vorzüge reiner Luft und sauberen Wassers. Es besteht auch die Versuchung, daß einzelne Länder großzügigere Maßstäbe setzen als andere, um Industrie anzulocken und Arbeitsplätze zu schaffen. Es ist offensichtlich, daß die Normen harmonisiert werden müssen, damit sie nicht im Konkurrenzkampf zur Farce werden. Auch die Entwicklungsländer erleben bereits Umweltverschmutzung durch die Industrie und sind daran interessiert, Normen für den Umweltschutz festzulegen und durchzusetzen. Dieselben Normen werden nicht für alle Länder passen, und jedes Land muß selbst über die Vor- und Nachteile bestimmter Regelungen entscheiden. Wer aber versuchen sollte, auf Kosten der Umwelt Industrie anzulocken, könnte Schaden anrichten, dessen Behebung kostspieliger ist als seine Verhinderung, und er würde außerdem wahrscheinlich dazu beitragen, daß die Industrieländer protektionistischen Druck ausüben.

Überall dort, wo Investitionen oder andere Entwicklungsmaßnahmen schädliche Folgen für die Umwelt eines Landes, in Nachbarländern oder für die Welt insgesamt haben könnten, müssen diese Umweltfolgen geprüft werden. Für solche Untersuchungen sollte es Richtlinien geben, und wenn Folgen andere Staaten treffen, sollte die Verpflichtung bestehen, sich mit ihnen zu beraten. Entwicklungsbanken sollten bei der Ausarbeitung der eigenen Projekte solche Faktoren mit berücksichtigen und sollten bereit sein, Studien der Umweltbelastungen zu unterstützen, um sicherzustellen, daß bei der Entwicklungsplanung der ökologische Gesichtspunkt mit einbezogen wird.

Internationale Regelungen sind nötig

Um die Reichtümer der Menschheit zu bewahren – insbesondere die Meere, die Atmosphäre und den Weltraum – und dessen rasch zunehmende Nutzung zu kontrollieren, sind internationale Regelungen notwendig. Solange es etwas Derartiges nicht gibt, könnten Überbeanspruchung und Mißbrauch nicht wieder gutzumachenden Schaden anrichten, vor allem für die schwächeren Nationen.

Wie schwierig es ist, im weltweiten Rahmen Fortschritte zu machen und Übereinkunft in diesen Fragen zwischen Staaten mit sehr unterschiedlichen Ressourcen und Interessen zu erzielen, hat sich mit krasser Deutlichkeit bei der zur Zeit laufenden UN-Seerechtskonferenz gezeigt. Die Schaffung einer internationalen Meeresbodenbehörde wird einen Durchbruch bedeuten, aber es besteht die reale Gefahr, daß nur die wertlosesten und abgelegensten Meeresgebiete unter ihre Jurisdiktion fallen werden und daß die Verantwortung für die Forschung und die Verschmutzungskontrolle in den »Äußeren Wirtschaftszonen« von 200 Seemeilen oder mehr nicht den international vereinbarten Verfahrensregeln unterworfen wird. Dennoch ist es für die gesamte Menschheit lebenswichtig, daß der Zerstörung der Ozeane Einhalt geboten wird.

Für uns ist klar, daß Wachstum und Entwicklung der Weltwirtschaft in Zukunft nicht mehr so zerstörerisch auf die natürlichen Reserven und die Umwelt einwirken dürfen, damit die Rechte künftiger Generationen geschützt werden. Es gibt kaum größere Gefahren für den Frieden und das Überleben der menschlichen Gemeinschaft als die zunehmende und nicht wieder gutzumachende Zerrüttung der Biosphäre, von der das menschliche Leben abhängt.

In Anbetracht des Teufelskreises von Armut und hohen Geburtenraten meinen wir, daß das rasche Bevölkerungswachstum in Entwicklungsländern den Kampf gegen Hunger, Krankheit, Unterernährung und Analphabetentum noch dringlicher macht.

Wir meinen auch, daß Entwicklungspolitik nationale Bevölkerungsprogramme umfassen sollte, die ein ausreichendes Gleichgewicht zwischen Bevölkerung und Ressourcen anstreben und Familienplanung frei zugänglich machen. Die internationale Hilfe und Unterstützung für Bevölkerungsprogramme muß erweitert werden, damit dem ungedeckten Bedarf für solche Hilfen entsprochen werden kann.

Den vielen Gastarbeitern in der Welt sollte faire Behandlung zugesichert werden, und die Interessen ihrer Heimatländer wie auch die der Gastländer müssen besser miteinander in Einklang gebracht werden. Die Regierungen sollten bilaterale und multilaterale Zusammenarbeit anstreben, um die Politik der Wanderbewegungen abzustimmen, um die Rechte der Gastarbeiter zu schützen, um die Gastarbeiterüberweisungen beständiger zu machen und um die Härten unvorhergesehener Rückwanderung zu mildern.

Der Anspruch von Flüchtlingen auf Asyl und Rechtsschutz sollte gesichert werden. Auch glauben wir, daß die Staaten sich zu internationaler Zusammenarbeit bei der künftigen Ansiedlung von Flüchtlingen verpflichten müssen, um die Länder des Erstasyls vor ungerechten Lasten zu bewahren.

Die weltweite Umweltbelastung entsteht hauptsächlich aus dem Wachstum der Industriewirtschaften, aber auch durch die Zunahme der Weltbevölkerung. Sie bedroht das Leben und die Entwicklungsmöglichkeiten künftiger Generationen. Alle Nationen müssen nachdrücklicher zusammenarbeiten in der internationalen Verwaltung der Atmosphäre und anderer weltweiter Gemeinbesitze und bei der Verhinderung nicht wieder gutzumachender Umweltschäden.

Die Schätze der Weltmeere außerhalb der »äußeren Wirtschaftszonen« von 200 Seemeilen sollten nach internationalen Regeln im ausgewogenen Interesse der gesamten Menschheit erschlossen werden.

7 Abrüstung und Entwicklung

Wettrüsten oder Frieden

Die jüngsten Entwicklungen haben der Welt deutlicher zum Bewußtsein gebracht, daß das Wettrüsten zu einer ernsten Gefahr für die gesamte Menschheit geworden ist. Die Rüstung der Supermächte und ihrer Bündnispartner stellt ein prekäres Gleichgewicht dar, das aber unter den derzeit herrschenden politischen Bedingungen dazu beiträgt, den Weltfrieden zu erhalten. Zugleich repräsentiert sie aber auch die ständige Bedrohung nuklearer Vernichtung und eine ungeheure Verschwendung von Mitteln, welche der friedlichen Entwicklung zugute kommen sollten. Dazu verursacht die Aufrüstung in weiten Teilen der Dritten Welt selbst eine zunehmende Instabilität und behindert die Entwicklung. Ein neues Verständnis von Verteidigungs- und Sicherheitspolitik ist unerläßlich geworden. Die Öffentlichkeit muß besser informiert werden über die Lasten und die Verschwendung, die das Wettrüsten mit sich bringt, über den daraus entstehenden Schaden für unsere Volkswirtschaften und über die größere Bedeutung anderer Maßnahmen, für die wegen des Wettrüstens keine Mittel vorhanden sind. Mehr Waffen machen die Menschheit nicht sicherer, nur ärmer.

Verglichen mit den Militärausgaben, scheinen die für Entwicklungshilfe verschwindend gering. Die gesamten Militärausgaben nähern sich einem Jahresbetrag von 450 Milliarden Dollar, von denen mehr als die Hälfte auf die Vereinigten Staaten und die Sowjetunion entfällt. Dagegen betragen die jährlichen Ausgaben für öffentliche Entwicklungshilfe lediglich 20 Milliarden Dollar. Würde nur ein Bruchteil des derzeitigen Aufwands an Geld, Arbeitskraft und Forschung für militärische Zwecke den Entwicklungsländern zugute kommen, so sähen die Zukunftsaussichten der Dritten Welt völlig anders aus.

In jedem Fall besteht eine moralische Verbindung zwischen dem gewaltigen Rüstungsaufwand und den beschämend geringen Ausgaben für Maßnahmen zur Beseitigung von Hunger und Krankheit in der Dritten Welt: Das Programm der Weltgesundheitsorganisation zur Ausrottung der Malaria ist knapp an Mitteln; nach Schätzungen würde es um 450 Millionen Dollar kosten – was nur ein Tausendstel der jährlichen Ausgaben für militärische Zwecke in der

Welt ausmachte. Die Kosten eines Zehn-Jahresprogramms zur Deckung der wichtigsten Nahrungs- und Gesundheitsbedürfnisse in Entwicklungsländern betragen weniger als die Hälfte der jährlichen Rüstungsausgaben. Darüber hinaus ist die Waffenproduktion nicht nur eine Frage der Ausgaben, vielmehr auch eine von Arbeitskraft und Fähigkeiten. Es ist eine zutiefst beunruhigende Vorstellung, daß im Osten und Westen ein sehr großer Teil der Wissenschaftler und viele Forschungsmittel von Universitäten und Industrie für Rüstung eingesetzt sind.

Um hier eine Wende herbeizuführen, bedarf es der Überwindung außerordentlicher Hindernisse, was jedoch einer ernsthaften Diskussion über die Gefahren des Wettrüstens und des Ausmaßes der damit verbundenen wirtschaftlichen Belastung nicht im Wege stehen darf. Hauptgegner der Abrüstung sind ein Gefühl von Resignation und die traditionelle Hinnahme hoher Verteidigungsausgaben, während die Gefahren ständig wachsen.

Abrüstung und Rüstungsbegrenzung

Beiderseitiges Mißtrauen zwischen Ost und West begünstigt das Wettrüsten und verursacht ausufernde und ständig wachsende Verteidigungskosten. Die größte Waffenkonzentration, der Kern des Wettrüstens, ist auf dem europäischen Schauplatz anzutreffen. Falsch wäre es jedoch, andere gefährliche Konfliktzonen außer acht zu lassen: den Mangel einer umfassenden Friedensregelung im Nahen Osten; Spannung und Auseinandersetzungen in weiten Teilen des afrikanischen Kontinents; gespannte Beziehungen zwischen der Sowjetunion und China sowie die teilweise darauf zurückführenden Krisen in Südostasien.

Hinzu kommt, daß die Grenzen der Entwicklungsländer – ein Teil des Erbes der Kolonialherrschaft –, in einigen Fällen Anlaß zu Spannungen gewesen sind und, wie anhaltende Rassenkonflikte, die Ursache militärischer Auseinandersetzungen waren und wieder sein könnten. Und sollten die Großmächte die Illusion hegen, sich in letzter Konsequenz den Zugang zu Rohstoffen mit militärischen Mitteln verschaffen zu können, so würden die Nord-Südbeziehungen zu einem Hauptfaktor internationaler Spannungen werden.

Die bei internationalen Abrüstungsgesprächen verhandelten Fragen – Beschränkung strategischer Waffen, beiderseitige Reduzierung der Streitkräfte, der Vertrag über das Verbot von Atomwaffenversuchen, Maßnahmen gegen die Verbreitung von Kernwaffen – machen außerordentlich langsame Fortschritte. Dabei haben die verantwortlichen Führer beider Seiten bisher einen beklagenswerten Mangel an Mut gezeigt. Einige Kommentatoren meinen, ein weiterer Grund für die langsamen Fortschritte liege in der abstrakten Trennung dieser Gespräche vom politischen und wirtschaftlichen Leben, für das sie von großer Bedeutung sind. Sie stellen weiterhin einen Austausch unter Rüstungsexperten dar, welche versuchen, bindende und politisch praktikable Übereinkünfte in hochtechnischen Fragen zu erzielen; mit der damit verbundenen Gefahr, daß die Politik zum Gefangenen technologischer Entwicklung wird. Eine weitere Schwierigkeit entsteht aus der Tatsache, daß die Verhandlungen erst stattfinden, nachdem neue Waffensysteme bereits eingeführt sind und schon zu veralten beginnen.

Wettlauf in Zerstörungswaffen

SALT II könnte ein wichtiger Schritt zur Entspannung sein, trotz aller wohlbekannten Unzulänglichkeiten. Aber auch nach der Ratifizierung und Durchführung von SALT II bleiben mehr als 10000 strategische Nuklearsprengköpfe der Vereinigten Staaten und der UdSSR auf militärische und zivile Ziele gerichtet. Überdies existiert eine weitaus größere und bislang uneingeschränkte Zahl von sogenannten taktischen Kernwaffen, einschließlich der Mittelstrekkenraketen. Ihre Zerstörungskraft ist gleich einer Million Hiroshimabomben. Aus diesem Grunde ist ein Übereinkommen zur Kontrolle dieser Waffen, welche in erster Linie Mitteleuropa bedrohen, dringend erforderlich, um so mehr, da bereits über neue Waffen diskutiert wird.

Der Rüstungswettbewerb unter den größten Militärmächten wird mehr in einer qualitativen als in einer quantitativen Dimension weitergeführt. Jede neue Waffengeneration ist destruktiver als das System, an dessen Stelle sie tritt. Es kommt hinzu, daß die gestiegene Präzision der Kernwaffen die »Einsatzschwelle« vermindern und damit die Gefahr eines Krieges vergrößern könnte. Auch sogenannte konventionelle Waffen haben heute eine verheerende Vernichtungskraft. Und es besteht bereits die Gefahr einer Militarisierung des Weltraums mit anti-ballistischen Waffen unter Verwendung von Laser- und Partikelstrahlen.

Als Parallelschritt zu den künftigen Verhandlungen über SALT

III könnten die nächsten wichtigen Schritte in Wien unternommen werden, wo die Gespräche über beiderseitige und ausgewogene Truppenreduzierung in Mitteleuropa (MBFR) seit einigen Jahren in Gang sind. Um dem unterschwelligen Vertrauensmangel in den Ost-Westbeziehungen zu begegnen, wäre auch eine Fortsetzung der Entspannungspolitik notwendig sowie eine Ausdehnung der Bereiche friedlichen Austausches und industrieller und wirtschaftlicher Zusammenarbeit, die eine förderliche gegenseitige Verflechtung zwischen Ost und West schaffen würden. Gleichzeitig sollte über weitere Abkommen über vertrauensbildende Maßnahmen – wie sie in der Erklärung von Helsinki über Sicherheit und Zusammenarbeit in Europa 1975 anerkannt wurden – so bald als möglich verhandelt werden.

Waffenlieferungen an die Dritte Welt

Während die Verhinderung eines Atomkrieges weiterhin erstes Ziel der Abrüstung bleibt, betragen die Ausgaben für konventionelle (nicht-nukleare) Waffen 80 Prozent aller Rüstungsausgaben. Tatsächlich sind sämtliche Kriege nach dem Zweiten Weltkrieg mit konventionellen Waffen und in der Dritten Welt ausgetragen worden, wo ihnen mehr als 10 Millionen Menschen zum Opfer gefallen sind. In einigen dieser Länder, wie Korea und Indochina, waren die Großmächte aktiv beteiligt, bei anderen hielten sie sich im Hintergrund. Einige der tödlichsten Kriege fanden unter Verwendung von ›Kleinwaffen‹ statt. Der libanesische Bürgerkrieg z. B. hat mehr Tote gefordert als alle vier arabisch-israelischen Kriege. Ein noch tragischeres Beispiel ist der Krieg in Kambodscha.

Der Verkauf konventioneller Waffen vom Norden an den Süden ist im Ansteigen begriffen. Diese Waffenlieferungen stellen 70 Prozent der gesamten Waffenexporte dar. Aber dieses Geschäft wird zwischen einigen wenigen Lieferanten und ebenso wenigen Empfängern getätigt. Nach dem 1979'er Jahrbuch des Instituts für Internationale Friedensforschung in Stockholm (SIPRI) betrugen 1978 die diesbezüglichen Importe der Dritten Welt 14 Milliarden Dollar (in Preisen von 1975); daran beteiligt waren sieben Länder (Irak, Iran, Süd-Korea, Saudi-Arabien, Indien, Israel und Libyen) mit 8,7 Milliarden Dollar, die fünf nahöstlichen allein mit 6,6 Milliarden. Einige Länder der Dritten Welt, allen voran Brasilien, entwickeln bereits selbst bedeutende Kapazitäten zur Waffenherstellung und beginnen ebenfalls mit dem Waffenexport. Aber 70 Prozent der Waffenimporte der Dritten Welt kamen aus den USA (5,8 Milliarden Dollar) und der UdSSR (4,0 Milliarden Dollar), mit Frankreich (2,0 Milliarden Dollar), Großbritannien (660 Millionen Dollar) und Italien (620 Millionen Dollar) als weiteren führenden Lieferanten. Da der Export hochentwickelter Waffen begleitet ist vom ›Export‹ militärischer und technischer Berater, können bestehende Spannungen dadurch weiter vertieft werden.

Die Großmächte verkaufen Waffen hauptsächlich, weil es in ihre eigene Außenpolitik paßt oder zur Stützung eines regionalen Gleichgewichts, weniger, um damit ihrer eigenen Wirtschaft zu nutzen. Kleinere Länder ihrerseits benutzen Waffenexporte zur Subventionierung ihrer eigenen Waffenproduktion, um Arbeitsplätze in ihren Rüstungsfabriken zu schaffen und ihre Wirtschaft zu stützen. Waffenexporte aus den Industrieländern werden derzeit weitgehend von den Regierungen kontrolliert. Nichtsdestoweniger unterliegen sie in zunehmendem Maß privatwirtschaftlichen Zwängen. Die Vereinigten Staaten haben 1961 für ihre Waffenlieferungen eine eigene Regierungsbehörde geschaffen, was daraufhin auch andere waffenherstellende Länder taten. In Ländern mit Exportbeschränkungen wurden diese durch den Export von Rüstungsfabriken und technischem Know-how für militärische Zwecke umgangen.

Einschränkung von Waffenexporten

Durch die auf das Ende des Vietnam-Kriegs folgende Rezession in der Waffenindustrie in den frühen siebziger Jahren und das Entstehen neuer Märkte, vor allem im Nahen Osten, verstärkte sich das Streben nach Waffenlieferungen in die Dritte Welt, oft mit dem Ziel, neue Nachfrage ohne Rücksicht auf die tatsächlich vorhandenen Verteidigungsbedürfnisse zu schaffen. Diese militärisch-industriellen Zwänge im Norden werden häufig verstärkt und sind verbunden mit Kontakten zu jenen Entwicklungsländern, welche Militärregierungen oder starke militärische Eliten haben, die eine moderne Rüstung zur Hebung ihres Prestiges für wünschenswert halten. Waffenexporte aus Ost-Europa werden nicht selten auch unter dem Einfluß der Verfügbarkeit überzähliger Waffen und der Notwendigkeit getätigt, ausländische Währung zu verdienen.

Dieser wirtschaftliche Druck auf den Waffenhandel des Nordens sollte eingeschränkt werden, im Westen wie im Osten. Doch wird dies kaum ohne Absprachen zwischen den waffenproduzierenden Ländern möglich sein. Die traditionelle Rechtfertigung für Waffenlieferungen – ›Wenn wir's nicht tun, tun's die anderen‹ – kann in keinem Fall akzeptiert werden. In den letzten Jahren sind den Großmächten zunehmend ernste Bedenken im Hinblick auf die Konsequenzen ihrer Waffenexporte gekommen, und im Dezember 1978 führten die Vereinigten Staaten und die Sowjetunion Gespräche in Mexiko, über eine Einschränkung der Ausfuhr von konventionellen Waffen in die Dritte Welt. Erwartet wurde, daß man bei Regionen wie Lateinamerika, wo die anstehenden Fragen relativ einfach erschienen, Übereinstimmung erzielen könnte. Doch die Gespräche scheiterten an Fragen der Waffenlieferungen in andere Regionen. Indes sollte dieser Rückschlag nicht dazu führen, weitere Versuche zu entmutigen, den Export konventioneller Waffen auf nicht-diskriminierender Basis einzuschränken. Möglicherweise können die Westmächte allein Beschränkungen des Wettbewerbs, zumindest bei Waffenlieferungen an wichtige Abnehmer in der Dritten Welt, erreichen. Aber die gesamte Völkergemeinschaft sollte ihre Anstrengungen verstärken, Übereinkommen zur Beschränkung der Lieferung von Waffen oder von Anlagen zur Waffenproduktion in Konflikt- und Spannungsgebiete zu erreichen. Hierbei fällt den Großmächten besondere Verantwortung zu.

Ferner glauben wir, daß eine Offenlegung aller Exporte von Waffen und Anlagen zur Waffenproduktion erforderlich ist. Dies wird jedoch keine leichte Aufgabe sein und erforderte weltweite Vereinbarungen.

Die Regierungen der Entwicklungsländer wollen, wie alle anderen Länder, Waffen zur Stärkung ihrer nationalen Sicherheit, doch die Verantwortung für Einschränkungen muß von ihnen mitgetragen werden. Einige haben ihre Verteidigungsausgaben in einem Maße erhöht, das in keinem Verhältnis zu ihrem Sicherheitsbedürfnis steht und auf Kosten der friedlichen Entwicklung geht. Da massive Waffenimporte eine entsprechende Infrastruktur erforderlich machen, knappe Fachkräfte abzweigen und zusätzliche Devisen für Ersatzteile nach sich ziehen, erhöht dies alles die Schuldenlast. Um diesem Trend entgegenzuwirken, müßten die Entwicklungsländer und ihre Politiker neue Prioritäten setzen. Wir erkennen jedoch an, daß es schwierig ist, die Waffenbeschaffung in Spannungsgebieten einzuschränken, wo ein starkes Ungleichgewicht der Verteidigungsfähigkeit besteht, vor allem wo dies mit beständiger Unterdrückung, wie z. B. Apartheid, verbunden ist.

Ausbreitung von Kernwaffen

Jede Anstrengung muß unternommen werden, um neue internationale Vereinbarungen zur Beschränkung der Ausbreitung von Kernwaffen zu erzielen. Viele Entwicklungsländer halten neue Kernenergieprogramme für einen unabdingbaren Bestandteil ihrer wirtschaftlichen Zukunft. Wie bekannt, könnte dies in vielen Fällen später dazu benutzt werden, als Nebenprodukt Kernwaffen herzustellen. Dreißig bis vierzig Nationen werden wahrscheinlich bereits in den nächsten zwanzig Jahren zur Kernwaffenherstellung in der Lage sein. Es ist jedoch eine Sache, atomare Sprengsätze zu produzieren; eine andere ist es, sie militärisch einsetzbar zu machen. Und ein Land, das Kernwaffen will, könnte diese billiger und schneller direkt entwickeln als auf dem Umweg über Kernenergieprogramme. Wie dem auch sei, die reale Gefahr der weiteren Ausbreitung bleibt bestehen.

Den Entwicklungsländern kann das Recht auf den Bau von Kernkraftanlagen nicht verweigert werden. Um ihren Mißbrauch für militärische Zwecke auszuschalten, sollte das Inspektionssystem der Internationalen Atomenergie Agentur verstärkt und von allen Ländern der Welt akzeptiert werden. Dies sollte dadurch erleichtert werden, daß den Bedenken jener Länder in konstruktiver Weise Rechnung getragen wird, die den Vertrag über die Nichtweiterverbreitung von Kernwaffen nicht unterzeichnet und ratifiziert haben. Der Vertrag, in dem Lateinamerika zur kernwaffenfreien Zone erklärt wurde, könnte als interessantes Modell auch von anderen Regionen erörtert werden.

Maßnahmen zur Beschneidung des globalen Wettrüstens haben nur begrenzte Fortschritte gemacht. Sie mögen die Ausweitung einiger Vorhaben verhindert haben und sicherlich sind die Großmächte bei der Einschätzung von Gefahren und Kosten einer Eskalation in der Waffenproduktion einander näher gekommen. Aber wirkliche Abrüstung, tatsächliche Reduzierung des Bewaffnungs- und Ausgabenniveaus, ist nach wie vor schwer erreichbar.

Besteuerung von Rüstungsausgaben

Zur Besteuerung von Militärausgaben, falls sie einen vereinbarten Stand übersteigen, sowie von Waffenhandel sind unterschiedliche Vorschläge gemacht worden. Wie in einem anderen Teil dieses Berichts bereits diskutiert, könnte die mögliche Besteuerung des internationalen Handels eine Abgabe auf den Waffenhandel, und zwar zu einer höheren Rate als beim übrigen Handel, einschließen. Die Wahrscheinlichkeit des Zustandekommens internationaler Übereinkommen im Hinblick auf solche Maßnahmen ist derzeit gering. Es besteht eine Anzahl von Einwänden gegen diese Vorschläge, darunter die Befürchtung, jede Besteuerung von Waffen ›legitimiere‹ gewissermaßen die Rüstungsausgaben. Ferner legen nur einige wenige Länder ihre Rüstungsausgaben vollständig offen, und bei manchen Ländern ist die Offenlegung ganz und gar unzureichend. Dennoch könnten Rüstungsausgaben und Waffenexporte ein Element bei der Festsetzung neuer Veranlagungsprinzipien für internationale Abgaben sein, und Bemühungen, entsprechende Information für diesen Zweck zu erreichen, verdienen ermutigt zu werden.

Abrüsten für Frieden und Entwicklung

Das Problem besteht darin, die Nachfrage nach Waffen so zu reduzieren, daß Mittel für Entwicklung freigestellt werden können, bevor sie in die Rüstung gehen. Wir neigen jedoch nicht zu der vereinfachenden Annahme, Einsparungen durch Rüstungsbeschränkungen könnten ohne weiteres für Entwicklungshilfe umgelenkt werden. Hierzu sind auch neue politische und wirtschaftliche Prioritäten erforderlich.

Ein oft gehörtes (und oft überschätztes) Argument lautet, Waffenproduktion und -export seien von entscheidender Bedeutung für die Volkswirtschaften und die Beschäftigung des Nordens. Dies ist ein Trugschluß. Es stimmt zwar, daß die Rüstungsindustrie zu wirtschaftlichem Wachstum beigetragen und Arbeitsplätze bereitgestellt hat. Doch ist sie keineswegs unersetzlich. Eine Umstellung auf Zivilproduktion ist schneller erreichbar als oft angenommen wird, weil die wirtschaftlichen Probleme leichter zu bewältigen sind als politische.

Neueste Daten aus den Vereinigten Staaten sowie andere Studien, darunter eine des Internationalen Metallarbeiterverbands, bestätigen, daß gleiche Aufwendungen in der Rüstungsindustrie weniger Arbeitsplätze schaffen als in anderen Industriezweigen und im öffentlichen Sektor. Zahlreiche Studien haben gezeigt, daß ein beträchtlicher Teil des Kapitals und der Arbeitskräfte, die gegenwärtig in der Waffenproduktion und zu anderen militärischen Zwecken eingesetzt werden, ebensogut zur Herstellung solcher Güter, Anlagen und Dienstleistungen beitragen könnten, die friedlichen Zwecken dienen. Daran gibt es überhaupt keinen begründeten Zweifel. Diese und weitere für die Abrüstung wichtige Fragen werden derzeit von einer von den Vereinten Nationen eingesetzten berufenen Gruppe von Regierungsexperten für die Beziehungen zwischen Abrüstung und Entwicklung geprüft, welche ihre dreijährige Arbeitsperiode 1978 begonnen hat.

Auf der ganzen Welt und sogar im Norden bestehen große und bislang unbefriedigte Bedürfnisse im Gesundheits- und Transportwesen sowie der Stadtsanierung, die erweitert werden könnten, um eine bei Reduzierung der Waffenerzeugung entstehende Nachfragelücke zu füllen. Müßten weniger Steuern gezahlt werden – im Weltdurchschnitt geht jeder sechste Steuer-Dollar in die Militärausgaben – hätten die Steuerzahler keine Schwierigkeit, das Geld für andere Zwecke auszugeben. Es gibt auch viele Bereiche der Forschung und globalen Zusammenarbeit, die für die Menschheit wertvoller sind und ihr Überleben eher sichern als Verbesserungen jener Zerstörungsmaschinerie, für die heute soviel von unseren Mitteln aufgewendet wird. Doch vom Standpunkt der Weltentwicklung aus gesehen besteht für die Industrieländer die fundamentale Notwendigkeit, sich auf eine hochtechnologische friedliche Produktion umzustellen, die jene qualifizierten Fachkräfte beschäftigt, welche derzeit in der Rüstungsindustrie tätig sind.

Die sich aus einer solchen Umstellung ergebenden politischen Probleme sind nicht leicht zu lösen. Das interne politische Leben der einzelnen Länder steht in engem Bezug zu militärisch-industriellen Verflechtungen, welche die Innen- und Außenpolitik wie die Waffenproduktion und -ausfuhr beeinflussen.

Ein neues Sicherheitskonzept

Zu den wichtigen Aufgaben einer konstruktiven internationalen Politik gehört es, einem neuen, umfassenderen Verständnis von Sicherheit, das sich weniger auf rein militärische Aspekte beschränkt, zum Durchbruch zu verhelfen. Im weltweiten Zusammenhang kann wahre Sicherheit nur erreicht werden, wenn nicht weiterhin Waffen angehäuft werden – Verteidigung im engeren Sinne – sondern die Grundbedingungen für ein friedliches Zusammenleben der

Nationen geschaffen und eine Lösung nicht nur der militärischen, vielmehr auch der nicht-militärischen Probleme, die diese bedrohen, angestrebt wird. Das Wettrüsten, bei dem jeder Teilnehmer im Namen nationaler Sicherheit handelt und damit diesen Begriff verengt, hat eine Situation herbeigeführt, in der eine Auslöschung der gesamten Menschheit zur realen Möglichkeit geworden ist. Das Ziel, einen weltweit anerkannten Mechanismus zur Erhaltung des Friedens aufzubauen, stark genug, um zu verhindern, daß Konflikte sich zu Kriegshandlungen ausweiten, muß stets im Auge behalten werden. Eine Stärkung der Rolle der Vereinten Nationen bei der Sicherung der territorialen Integrität von Staaten sollte zu einer Reduzierung der nationalen Verteidigungskosten führen und so Mittel für konstruktivere Zwecke, einschließlich der Entwicklungshilfe, freisetzen.

Unser Überleben hängt nicht allein vom militärischen Gleichgewicht, sondern auch von globaler Zusammenarbeit für die Erhaltung der biologischen Umwelt und eines dauerhaften Wohlstands auf der Grundlage gerecht verteilter Mittel ab. Viel von der Unsicherheit in der Welt steht in unmittelbarem Zusammenhang mit den Unterschieden zwischen reichen und armen Ländern – schwerwiegende Ungerechtigkeit und Massenhunger verursachen zusätzliche Instabilität. Dennoch sind Forschung und Geldmittel, die zur Beseitigung von Hunger und Armut beitragen können, zur Zeit für die Rüstung mit Beschlag belegt. Die bedrohlichen Waffenarsenale wachsen, und Ausgaben für andere Zwecke, die ihre Notwendigkeit verringern könnten, werden vernachlässigt. Könnte eine Kontrolle der Verteidigungsausgaben erreicht und ein Teil der Einsparungen für Entwicklung verwendet werden, so erhöhte sich die Sicherheit in der Welt, und für die Masse der Menschheit, die gegenwärtig von einem erträglichen Leben ausgeschlossen ist, wäre eine erfreulichere Zukunft in Sicht.

Empfehlungen

Die vom Wettrüsten ausgehende schreckliche Gefahr für die Stabilität der Welt, die damit verbundene Belastung der Volkswirtschaften und die Mittel, die dadurch der friedlichen Entwicklung vorbehalten werden, müssen der Öffentlichkeit deutlicher bewußt gemacht werden.

Das beiderseitige Mißtrauen, welches das Wettrüsten zwischen

Ost und West anheizt, erfordert eine Fortsetzung des Entspannungsprozesses in Form von Abkommen über vertrauensbildende Maßnahmen. Alle Seiten sollten zu Verhandlungen (einschließlich solcher auf regionaler Ebene) bereit sein, um das Wettrüsten unter Kontrolle zu bringen, bevor neue Waffensysteme eingeführt sind. Die Welt braucht ein umfassenderes Sicherheitsverständnis, das sich weniger auf rein militärische Aspekte beschränkt. Jede Anstrengung muß unternommen werden, um internationale Abkommen zur Verhinderung der Ausbreitung von Kernwaffen zu erreichen.

Ein weltweit geachteter Mechanismus zur Erhaltung des Friedens sollte aufgebaut werden, wobei die Rolle der Vereinten Nationen gestärkt würde. Bei Sicherung der Integrität der Staaten könnte ein solcher friedenserhaltender Mechanismus Mittel für Entwicklung freisetzen, indem Spannungen in konfliktträchtigen Gebieten abgebaut und das damit verbundene Wettrüsten eingeschränkt wird. Die dadurch auf allen Seiten eingesparten Mittel könnten sodann anderen Zwecken zugeführt werden.

Militärausgaben und Waffenexporte könnten ein Element eines neuen Prinzips internationaler Abgaben für Entwicklungszwecke bilden. Eine Abgabe auf den Waffenhandel sollte höher sein als beim übrigen Handel.

Verstärkte Bemühungen sollten der Erreichung von Abkommen über die Offenlegung des Exports von Waffen und Waffenproduktionsanlagen gelten. Die internationale Gemeinschaft sollte sich ernsthafter mit den Konsequenzen der Lieferung von Waffen oder entsprechender Produktionsanlagen in die Dritte Welt befassen und sich darüber einigen, Lieferungen in Konfliktbereiche einzuschränken.

Notwendig ist mehr Forschung über die Möglichkeiten einer Umstellung von Waffenproduktion auf Zivilproduktion, wo die derzeit in der Waffenindustrie beschäftigten hochqualifizierten Wissenschaftler und Techniker Verwendung finden können.

8 Die Aufgabe des Südens

In unserem Arbeitsmandat hatten wir uns darauf geeinigt, uns auch »mit der Verantwortung der Entwicklungländer im Bereich ihrer jeweiligen nationalen Politik zu beschäftigen, damit deren Bemühungen um internationale wirtschaftliche und soziale Gerechtigkeit durch gleichgerichtete Anstrengungen zugunsten ihrer eigenen Bevölkerung eine Entsprechung finden.« Diesem Thema wenden wir uns im vorliegenden Kapitel zu. Dabei sind wir uns darüber klar, daß Innenpolitik in die nationale Kompetenz fällt, aber auch darüber, daß die Erörterung internationaler Entwicklungsfragen niemals realistisch sein kann ohne die volle Würdigung der wichtigen Aufgaben, die im Streben nach echter Entwicklung von den Entwicklungsländern selbst in Angriff genommen werden müssen.

Wir wollen damit keineswegs sagen, daß innenpolitische Veränderungen Voraussetzung für Reformen der globalen Ordnung sein müssen. Das Bestreben nach einer internationalen Ordnung, die der Entwicklung förderlich und hinsichtlich der Beziehungen zwischen den Staaten sowohl gerecht als auch vernünftig ist, hat seine eigenständige Gültigkeit. Es beruht nicht auf der Zufälligkeit des sozialen, ökonomischen oder politischen Verhaltens einzelner Nationen. Aber die Forderung nach mehr Ausgewogenheit innerhalb der Nationen ist ebenfalls gültig; und sie steht in direktem Bezug zu den Aussichten auf wirtschaftliche Entwicklung und auf mehr Lebensqualität für die Menschen, die Ziel der Entwicklung sind. In diesem Sinne erörtern wir hier einige der speziellen Aufgaben, die den Entwicklungsländern obliegen. Wir sprechen über nationale Anstrengungen zur Milderung der Armut und zur wirtschaftlichen Zusammenarbeit zwischen Entwicklungsländern; beides ist wichtig und miteinander verbunden.

Nationale Politik zur Minderung der Armut

In voraufgegangenen Kapiteln haben wir einen kurzen Überblick über die Entwicklung in der Nachkriegszeit gegeben und die Ausmaße der weltweiten Armut umrissen. Es bietet sich ein sehr unterschiedliches Bild: In bestimmten Gegenden ist die Modernisierung mit großen Schritten vorangegangen, der Fortschritt auf dem Wege zu den sozialen Zielen der Entwicklung jedoch war, einige wenige Länder ausgenommen, im allgemeinen enttäuschend. Wirtschaftswachstum hat nicht immer auch höheren Lebensstandard für die breiten Bevölkerungsschichten bedeutet. Einigen Ländern ist es gelungen, mit raschem Wirtschaftswachstum einen steigenden Lebensstandard für den größten Teil ihrer Bevölkerung zu verbinden; im ganzen jedoch ist die Zahl der in absoluter Armut lebenden Menschen weiter gestiegen; Arbeitslosigkeit und Unterbeschäftigung sind schlimmer und die Ungleichheiten in Einkommen und Wohlstand immer größer geworden.

Dieses Ergebnis entspringt im wesentlichen den bestehenden ökonomischen und sozialen Strukturen und den bisherigen Formen des Wachstums; diese wiederum sind von internationalen Faktoren beeinflußt worden. An anderer Stelle dieses Berichtes untersuchen wir die Funktionsweise der Weltwirtschaft und weisen nach, wie sie zur Lähmung der Entwicklungsbestrebungen des Südens beigetragen hat. Aber es besteht noch ein ebenso fundamentales Problem: Jene, die von der derzeitigen Verteilung des Reichtums und der wirtschaftlichen Macht den größten Nutzen haben, ob im Norden oder im Süden, pflegen es zu versäumen, ihrer gemeinsamen Verantwortung für ein besseres Los der Ärmsten in der Welt oberste Priorität zu geben. Häufig werden vorhandene Strukturen innerhalb von Entwicklungsländern noch zementiert – sowohl innenpolitisch durch Entscheidungen der Wirtschaftspolitik über Investitionen, Staatsausgaben, Preisgestaltung, Handelsbestimmungen und Wechselkurse, als auch durch die Konzerne des Nordens und ihre Einflüsse auf die Produktionsorganisation in den Entwicklungsländern. Diese Faktoren haben zusammenwirkend häufig zu einem Wachstum geführt, von dem hauptsächlich solche Minderheiten profitieren, die in den modernen Sektoren von Industrie und Landwirtschaft investieren oder arbeiten konnten oder die in den oberen Rängen der öffentlichen Dienste und der Berufszweige saßen.

Soziale und wirtschaftliche Reformen

Für schnelle Erfolge in der Verringerung der Armut werden also Veränderungen am internationalen Wirtschaftssystem wie auch an nationalen Wachstumsformen notwendig sein. Die Reformen an der internationalen Politik und ihren Institutionen, die wir vorschlagen, könnten zusätzlich Mittel und ein günstiges äußeres Umfeld für den weltweiten Angriff auf die Armut schaffen. Aber Veränderungen an der internationalen Ordnung werden allein nicht ausreichen. Sie müssen in den meisten Ländern durch soziale und wirtschaftliche Reformen auf nationaler Ebene ergänzt werden.

Die Entwicklungsländer sind hinsichtlich ihres Entwicklungsstandes, ihrer Ressourcen, der Struktur und Organisation ihrer Wirtschaft und der Formen ihrer Einkommens- und Vermögensverteilung höchst verschieden. Kein einheitliches politisches Schema kann für sie alle passen. Dennoch zeigt die Erfahrung der letzten beiden Jahrzehnte, daß viele von ihnen vor ähnlichen Problemen stehen, und läßt eine Reihe politischer Ansatzpunkte erkennen, die für eine breite Palette von Ländern zutreffend ist. In diesem Abschnitt versuchen wir, jene Entwicklungsstrategien herauszustellen, die, würden sie weithin angewendet, der Weltgemeinschaft das echte Engagement der Entwicklungsländer signalisieren würden, den Gewinn aus der Entwicklung gerechter zu verteilen und sich entschlossen um die Mobilisierung der menschlichen und materiellen Hilfsmittel für die Entwicklung zu bemühen.

Wieviel Aussicht besteht, daß diese Strategien angewendet werden, hängt weitgehend von inneren politischen Umständen ab. Der Annahme unserer Vorschläge stehen politische Zwänge entgegen, die aus etablierten Interessen und aus dem Ausmaß der Armut selbst entstehen; wir wollen zwar nicht für einzelne Länder fertige Rezepte anbieten, aber man kann immerhin sagen, daß breite politische Mitwirkung und entschlossene Führung die besten Garanten für eine Politik sind, wie wir sie vorschlagen. Wir meinen, daß in der überwiegenden Mehrzahl der Entwicklungsländer viel mehr für eine ausgewogene Entwicklung getan werden könnte.

Elemente einer Strategie gegen die Armut

Wenn die Armen unmittelbar aus dem Wachstum Nutzen ziehen und voll am Entwicklungsprozeß beteiligt sein sollen, dann sind neue Institutionen und politische Konzeptionen nötig, mit denen die Umverteilung von Produktionsmitteln an die Armen erreicht, schnell mehr Arbeits- und Verdienstmöglichkeiten geschaffen und soziale und wirtschaftliche Dienstleistungen für die Masse der Bevölkerung bereitgestellt werden können. Ein Umschwenken der Entwicklungsstrategie zu diesem Ziel hin wird von politischem

Willen, effizienter Wirtschaftsführung und wirksamer Mobilisierung der Ressourcen abhängen. Aber innenpolitische Entwicklungsbemühungen dürfen sich nicht ausschließlich auf Politik und Programme zur unmittelbaren Armutsbekämpfung beschränken; sie sind in dem größeren Rahmen der Politik für rasches Wachstum und wirtschaftliche Strukturveränderung zu sehen. Auch sollte die Politik gegen die Armut nicht bedeuten, daß Entwicklungshilfe nun nur noch begrenzte Projekte finanzieren sollte, die direkt und unmittelbar den Armen in Land und Stadt zugute kommen. Finanziell und ökonomisch lebensfähige Projekte im modernen Produktionsbereich einschließlich hochentwickelter Technologie und im Bereich der umfassenden ökonomischen Infrastruktur sind ein bedeutendes Element der Entwicklung, das internationale Unterstützung erfordert.

Zwar werden die institutionellen Veränderungen und die politischen Anstöße von Land zu Land verschieden sein müssen, doch ist es hilfreich, die Länder in zwei große Gruppen einzuordnen. Die erste Gruppe umfaßt Länder, in denen einige der wesentlichen Reformen bereits stattgefunden haben. In diese Gruppe fallen Länder mit mittlerem Einkommen wie auch einkommensschwache Länder, darunter einige der am wenigsten entwickelten. Viele der Länder mit mittlerem Einkommen sind in der Deckung der Grundbedürfnisse ihrer Menschen schon weit vorangekommen. Für die einkommensschwachen Länder in dieser Gruppe hat schnelles Wachstum die überragende Priorität. Die gleichmäßige Verteilung der Armut bedeutet nicht notwendigerweise einen Fortschritt zu gleichmäßiger Verteilung von Reichtum. Dafür ist sowohl die Mobilisierung der landeseigenen Ressourcen als auch ein verstärkter Mittelzufluß von außen entscheidend. Für sie wird es, wenn das Wachstum sich beschleunigt, um die laufende Anpassung ihrer Institutionen und ihrer Politik gehen, um zu verhindern, daß sich die neue Wirtschaftsmacht und der Reichtum in den Händen einer kleinen Minderheit konzentrierten. In bestimmten Ländern mag das bedeuten, daß man Opfer an rascherem Wachstum zugunsten breiterer, aber sicherer Entwicklung bringt, die soziale Spannungen verringert; in anderen, so sagt die Forschung, können Umverteilungsstrategien das Wachstum beschleunigen.

In die andere Gruppe gehört die Mehrzahl der Entwicklungsländer, in denen die bessere Verteilung der Produktionsmittel und der Einkommen noch vorgenommen werden muß, damit die Grundbedürfnisse aller Menschen befriedigt und deren Produktivität und

Initiative angeregt werden können, insbesondere auf dem Lande. In einigen Ländern mit mittlerem Einkommen, in denen das Armutsproblem vergleichsweise gemäßigte Dimensionen hat und in denen der Staat bedeutende Erlöse aus den Produktionsmitteln zieht, geht es hauptsächlich um die Umverteilung der Einkommen und Vermögen und um die rasche Ausweitung der Beschäftigungsmöglichkeiten. Für die anderen, sowohl die mit mittlerem wie die mit niedrigem Einkommen, wo Armut in großem Umfang herrscht, ist ein breiteres Bündel von Maßnahmen notwendig, darunter die Agrarreform, die Förderung von Kleinbetrieben und bedeutende Veränderungen an der Organisation und der Leistung öffentlicher Dienste.

Vorrang der Landwirtschaft

Die Armen in den Entwicklungsländern leben zu siebzig Prozent oder mehr auf dem Lande. Viele Länder haben in der Vergangenheit unverhältnismäßig viel für die Entwicklung der urbanen und industriellen Bereiche getan. Die Vernachlässigung der Landwirtschaft hat aber oft dazu geführt, daß die Pro-Kopf-Erzeugung von Nahrungsmitteln stagnierte oder sogar sank und daß die Nahrungsmittelpreise stiegen. Damit vergrößerte sich die Armut auf dem Lande und vertieften sich die Ungleichheiten. Wir halten die beständige Steigerung der Agrarerzeugung, besonders der Nahrungsmittelerzeugung, für eine notwendige Voraussetzung schnelleren Gesamtwachstums. Deshalb wird ein hoher Prozentsatz der Entwicklungsgelder in die ländlichen Gebiete gelenkt werden müssen: in die Infrastruktur, in Kredite, Bevorratung, Vermarktung, in Fortbildungsangebote, Forschung, in landwirtschaftliches Gerät und Arbeitsmittel wie Dünger, verbessertes Saatgut und Schädlingsbekämpfungsmittel.

Allerdings wissen wir aus Erfahrung, daß sich ein solches Vorgehen, wenn es nicht mit Strukturveränderungen einhergeht, nur unwesentlich oder sogar negativ auf die Armut der ländlichen Gebiete auswirken kann. In vielen Ländern herrscht krasse Unausgewogenheit in den Grundbesitzverhältnissen: Eine Minderheit von Gutsherren und Großbauern, häufig 5 bis 10 Prozent aller Haushalte auf dem Lande, können 40 bis 60 Prozent des landwirtschaftlich nutzbaren Bodens besitzen. Die gesamte übrige Landbevölkerung drängt sich auf kleinen, oft völlig zerstückelten Parzellen zusammen; viele Menschen besitzen überhaupt kein Land. In vielen Ländern wird ein großer Prozentsatz der Anbauflächen auf der Basis der Verpachtung oder der Ertragsteilung bebaut, wobei der Gutsherr sich große Teile der Gesamternte aneignet. Agrarstrukturen dieser Art sind sowohl ungerecht als auch ineffizient. In manchen Ländern werden die Großgrundbesitze nicht voll bewirtschaftet, und ihr Hektarertrag ist geringer als der kleinerer Höfe. Zur Verringerung der ländlichen Armut und zur Steigerung der Nahrungsmittelerzeugung sind die Agrarreform und die Förderung von Bauern- und Landarbeiterorganisationen vorrangige Aufgaben. Notwendig sind solche Reformen auch, um die große Masse der Menschen in die Lage zu versetzen, sich voll am Leben der Gesellschaft zu beteiligen.

Hilfe für den »informellen Sektor«

Außer im landwirtschaftlichen Bereich findet man unter extremer Armut leidende Menschen auch im sogenannten informellen Sektor, der »Grauzone« der Wirtschaft. Wer in diesem Bereich arbeitet, bezieht sein oft mageres Einkommen aus tausenderlei eng begrenzten Tätigkeiten: Reparaturen, Kleinherstellung, Bauarbeiten, Handel, Pflege- und anderen Dienstleistungen. Wo die Arbeitsmöglichkeiten im modernen Wirtschaftssektor nicht ausreichend gewachsen sind, ist die Grauzone rasch angewachsen. Sie ist gekennzeichnet durch leichte Zugänglichkeit, arbeitsintensive Produktions- und Verteilungsprozesse, althergebrachte oder leicht zu erwerbende Fertigkeiten, niedrige Löhne und die Benutzung örtlich verfügbarer Materialien und einfacher Werkzeuge und Apparaturen. In vielen Ländern hat die offizielle Politik diesen Bereich gern ignoriert oder sogar diskriminiert.

Um das Potential dieses Sektors in den Dienst der Entwicklung zu stellen, muß man helfen: Mit leichter zugänglichen Krediten, mit Ausbildung, mit technischem Rat zur Produktverbesserung und mit der Bereitstellung besserer Werkzeuge und infrastruktureller Einrichtungen. Die Ermutigung größerer Betriebe, Unterverträge abzuschließen, und öffentliche Aufträge können neue Nachfrage schaffen. Der gemeinschaftliche Einkauf von Arbeitsmitteln und Unterstützung beim Vertrieb kann die Wettbewerbsfähigkeit einzelner Gewerbetreibender stärken und sie befähigen, erfolgreicher mit den größeren heimischen und ausländischen Unternehmen zu konkurrieren.

In manchen Ländern ist das Armutsproblem so groß, daß all diese Maßnahmen noch der Ergänzung durch spezielle Arbeitsbeschaffungsprogramme des Staates bedürfen. Wenn solche Programme gut geplant und durchgeführt werden, können sie nicht nur eine Einkommensverbesserung für die Armen, sondern zugleich eine bessere Nutzung der Arbeitskraft insbesondere außerhalb der Saison gestatten und nutzbringende Infrastruktur schaffen, wobei vor allem in den ländlichen Gebieten etwas für die Lebensqualität und für die Produktionskraft getan wird. Programme dieser Art könnten sich auf Bodenkonservierung, Wiederaufforstung, kleine Bewässerungsprojekte wie Dämme, Gräben und Kanäle, Landgewinnung, Dränage- und Überschwemmungsschutzanlagen und den Straßenbau erstrecken. Es wird großer Sorgfalt bedürfen, um sicherzustellen, daß die durch diese Vorhaben geschaffenen Arbeits- und Verdienstmöglichkeiten und Werte wirklich den Armen zugute kommen. Für den Erfolg großangelegter staatlicher Arbeitsbeschaffungsprogramme mag die Agrarreform und angemessene Formen der Arbeiterorganisation eine notwendige Voraussetzung sein.

Technologische Entscheidungen sind von großer Bedeutung für die Beschäftigung und die Produktivität in der Landwirtschaft und im nichtlandwirtschaftlichen Kleingewerbe. Die meisten Entwicklungsländer kennzeichnet ein technologischer Dualismus: Während die moderne Industrie und Landwirtschaft sich hochentwikkelter Technologie bedienen, halten sich die Bauern und Arbeiter im traditionellen Sektor oft an jahrhundertealte Techniken. Das vielleicht größte technologische Problem, vor dem die Entwicklungsländer stehen, ist die entscheidende Notwendigkeit, das technologische Niveau in der traditionellen Landwirtschaft und im ›informellen Sektor‹ zu heben.

Soziale Dienstleistungen

Die Befriedigung der Grundbedürfnisse der Armen erfordert eine Kombination privater und öffentlicher Güter und Dienstleistungen. Während ausreichende Beschäftigungsmöglichkeiten und der Zugang zu Produktionsmitteln den Armen helfen können, das zur Befriedigung einiger ihrer Bedürfnisse nötige Einkommen zu erwerben, müssen die Regierungen mit Programmen für Bildung, Gesundheit, Wohnungs- und Wasserversorgung anderen Bedarf decken.

In den meisten Ländern sind die staatlichen Gesamtressourcen nicht ausreichend, um der Masse der Bevölkerung solche Dienstleistungen zu bieten. Oft wird das Problem noch dadurch vertieft, daß ein überproportionaler Anteil der verfügbaren Mittel dazu dient, einer kleinen Minderheit der Bevölkerung – in der Regel in urbanen Gebieten – hochqualifizierte Dienstleistungen zur Verfügung zu stellen. Mehrere Länder haben alternative Formen der Organisation und des Angebots solcher Dienstleistungen ausprobiert, und sie haben dabei besonderen Wert darauf gelegt, die armen Bevölkerungsschichten zu erreichen. Wie wir im Kapitel 2 dargelegt haben, sind einfachere, billigere und dennoch wirksame Programme denkbar, mit denen man innerhalb relativ kurzer Zeit an bedürftige Gruppen herankommen kann. Worauf es bei Gesundheits-, Wohnungs-, Wasser- und anderer Versorgung ankommt, ist die Entschlossenheit, mit Angeboten, die den Möglichkeiten des Landes angemessen sind, so viele Menschen wie möglich zu erreichen. Dies trifft auch auf die Ausbildung zu; hier hat eine Reihe von Ländern bewiesen, daß es möglich ist, mit verhältnismäßig begrenzten Mitteln auf diesem Gebiet außerordentlich rasche Fortschritte zu erzielen. So haben sie im Rahmen dieser Bemühungen so viele gebildete Personen wie möglich als Teilzeitlehrer eingesetzt, haben bestehende Einrichtungen besser genutzt und haben die Vermittlung von etwas Elementarbildung in ihre Ernährungs-, Gesundheits- und Familienplanungsprogramme einbezogen.

Die Bedeutung der Bevölkerungsplanung für die Entwicklung hat man heute weithin erkannt. In immer mehr Ländern wandelt sich das kulturelle und soziale Verhalten auf allen Ebenen der Gesellschaft, und es stehen Informationen und Einrichtungen zur Familienplanung zur Verfügung. Sie können, wie wir in Kapitel 6 ausgeführt haben, mehr bewirken, wenn sie als Bestandteil einer auf Schaffung von Arbeitsmöglichkeiten und von Gesundheits- und Bildungseinrichtungen für die Masse des Volkes gerichteten Entwicklungsstrategie angeboten werden. In einer Reihe von Ländern begannen die Wachstumsraten der Bevölkerung beträchtlich zu sinken, als sich das Angebot an Gesundheits-, Familienplanungs- und Bildungsdiensten erweiterte, als mehr Ausbildungs- und Arbeitsmöglichkeiten für Frauen entstanden und der Lebensstandard der Armen sich hob; wir befürworten die weitere Begrenzung des Bevölkerungswachstums durch solche breit angelegten Programme.

Planung ist wichtig

Ob die Formen und der Verlauf des Wachstums in der bereits umrissenen Weise erfolgreich verändert werden können, wird entscheidend von politischen Faktoren abhängen – von der wirksamen Formulierung und Anwendung von Strategien und von der Mobilisierung der landeseigenen Ressourcen. Umfassendere und intensivere Beschäftigung und die gründlichere Nutzung heimischer Materialien müßten die Entwicklungsmöglichkeiten verbessern. Um jedoch größere Investitionsbemühungen und bessere soziale und wirtschaftliche Dienstleistungen zu gestatten, dürfte der Luxuskonsum mit Hilfe von Import-, Waren- und Verbrauchssteuern eingeschränkt werden müssen, und in vielen Ländern können durch Grund- und Kapitalertragssteuern und durch höhere Besteuerung des Einkommens von Personen und Körperschaften zusätzliche Staatseinnahmen geschaffen werden. Manchmal kann auch das Einschreiten gegen Steuerhinterziehungen und lückenlose Steuereintreibung den Etat erhöhen. Kostendeckende Gebühren für die Inanspruchnahme der öffentlichen Versorgung – Strom, Wasser, Verkehrsmittel etc. – sind eine weitere staatliche Einnahmequelle und können vielfach ihrerseits auf die Verteilung der Wachstumsvorteile einwirken.

Welche Bedeutung der effizienten Planung und Wirtschaftsführung zukommt, kann gar nicht genug betont werden. Es müssen mehr Leute für die hohen und die mittleren Positionen in Planung, Management, Technik und einer Vielzahl anderer Fach- und Berufsbereiche ausgebildet werden, und die Ausbildung muß in engerem Bezug zu den örtlichen Gegebenheiten stehen. Die Anwendung der Nutzen-Kosten-Rechnung bei der Bewertung von Programmen und Projekten der öffentlichen Hand kann zu bedeutenden Einsparungen führen. Es ist durchaus möglich, überflüssige Ausgaben für Bürokratie oder Prestigeobjekte und auch verschwenderische Militärausgaben, die nicht immer im richtigen Verhältnis zur äußeren Gefährdung stehen, zu streichen. Gesunde Wirtschaftslenkung mag auch verlangen, das Preisgefüge so zu reformieren, daß es die tatsächlichen Kosten der Produktionsmittel besser berücksichtigt – einschließlich Kapital, Devisen und der Zinssätze für Spareinlagen.

Entwicklung erfordert Mitwirkung

Hand in Hand hiermit wird etwas getan werden müssen, um die Menschen anzuregen, sich zu organisieren. Arbeiter und Bauern, Frauen und Jugendliche, in Gewerkschaften, Genossenschaften und anderen Gruppen organisiert, werden vielfach die Garantie dafür bieten, daß auf vielen sozialen und wirtschaftlichen Gebieten Reformen durchgeführt werden. Darüber hinaus können solche Organisationen helfen, Entwicklungsvorhaben zu dezentralisieren, Ressourcen zu mobilisieren, insbesondere durch Selbsthilfe und öffentliche Aufträge, und soziale Dienstleistungen bereitzustellen, landwirtschaftliche Beratungsdienste, Kredit, Ausbildung und Förderung auf Gruppenbasis. Dezentralisierte Staats- und Verwaltungsbehörden könnten diesen Prozeß unterstützen. Keine Gesellschaft, der es an echter und umfassender Mitwirkung des Volkes fehlt, wird voll befriedigend oder wirklich effektiv an ihre Hauptentwicklungsziele gelangen.

Die Mittel und Wege, den Armen zur Mitwirkung am Entwicklungsstreben zu verhelfen, muß jedes Land unter Berücksichtigung seiner Probleme und Möglichkeiten selbst bestimmen. Die Vorschläge, die in diesem Kapitel gemacht werden, mögen sich für die einen eignen, für die anderen nicht. Aber die Forderung nach einer neuen internationalen Wirtschaftsordnung wird sehr an moralischem Gewicht verlieren, wenn sie nicht in eine weltweite Anstrengung zur Ausmerzung der Massenarmut umgesetzt wird. Eine entschlossene Anstrengung muß auf nationaler Ebene unternommen werden, und die internationale Völkergemeinschaft kann und muß ihr vollste Unterstützung zuteil werden lassen, indem sie die personellen, materiellen und finanziellen Mängel, die sich ihr in den Weg stellen, auszugleichen hilft.

Wirtschaftliche Zusammenarbeit unter Entwicklungsländern

Was Entwicklungsländer im Inland tun oder in Zusammenarbeit mit Industrieländern unternehmen können, erschöpft keineswegs alle Möglichkeiten, die ihnen offenstehen. Die Ministerkonferenz der »Gruppe der 77« beschloß 1979 in Arusha, einen »kurzfristigen Aktionsplan für globale Prioritäten in der Wirtschaftskooperation zwischen Entwicklungsländern« (ECDC) aufzustellen. Mehr und mehr legen die Entwicklungsländer Wert darauf, ihre Entwicklung durch Zusammenarbeit dieser Art zu fördern. Seit langem schon gibt es Bemühungen, regionale Integrationssysteme und regionale Entwicklungsbanken zu errichten. In jüngerer Zeit jedoch hat das Verlangen nach mehr Eigenständigkeit und wirtschaftlicher Unabhängigkeit dazu geführt, daß die wechselseitige Zusammenarbeit mehr in den Mittelpunkt gerückt wurde.

Dieser Schritt bedeutet nicht, daß der Süden sich vom Norden abwenden oder abkoppeln möchte. Im Gegenteil, er ging mit einer markanten Hinwendung zur Exportorientierung und mit expandierendem Handelsverkehr mit dem Norden einher. Wenn Entwicklungsländer als Einzelstaaten oder Staatengemeinschaften nach mehr Eigenständigkeit streben, sollte man darin den Versuch sehen, die wirtschaftliche Abhängigkeit vom Norden zu mindern, sich mehr auf sich selbst zu verlassen und die eigene Würde und Unabhängigkeit zu fördern. Eigenständigkeit bedeutet nicht Autarkie. Die Entwicklungsländer wollen die zunehmende und bisher unerkannte Übereinstimmung ihrer gegenseitigen Interessen, die aus ihrer zunehmenden Verflechtung untereinander entsteht, ausnutzen. Da die gegebenen Entwicklungs- und Machtunterschiede der Verflechtung mit dem Norden etwas Unausgewogenes geben, wollen die Entwicklungsländer nicht nur die eigene Unabhängigkeit stärken, sondern durch erweiterte Zusammenarbeit untereinander sich auch einen besseren Part bei der Führung der Weltwirtschaft sichern.

Daß das Wachstum des Nordens sich nicht nennenswert auf den Süden ausgewirkt hat, daß Jahre des intensiven Nord-Süd-Dialogs und der Verhandlungen nur magere Ergebnisse brachten, daß die Industrieländer sich in einer hartnäckigen Rezession befinden und ihre Aussichten, in absehbarer Zukunft zu den Wachstumsraten der sechziger Jahre zurückkehren zu können, sehr begrenzt sind, das alles sind Faktoren, die die Auffassung stützen, daß sowohl die binnenwirtschaftlichen Prozesse als auch die Politik der wechselseitigen Zusammenarbeit der Entwicklungsländer selber einen größeren Beitrag zu leisten haben.

Es hat noch andere positive Faktoren gegeben. Als sich neue Möglichkeiten ergaben und Entwicklungsländer sich untereinander ergänzen konnten, nahm man zunehmend das Potential zur Entwicklungsförderung durch Süd-Süd-Zusammenarbeit zur Kenntnis. Dieses Potential ist nur dann zu aktivieren, wenn jeder Partner aus solcher Zusammenarbeit unter dem Strich Vorteile erwarten kann. Aber es bietet den Ländern des Südens auch die Chance, sich zu ihrem Teil der kollektiven Verantwortung für die Armen unseres Planeten zu bekennen.

Neue Möglichkeiten haben sich dadurch ergeben, daß einige Entwicklungsländer zu Kapitalüberschußländern oder zu Exporteuren von Investitionsgütern geworden sind und dadurch, daß die neu industrialisierenden Länder immer höhere technologische Qualifizierung aufweisen. Die Bandbreite wirtschaftlicher Zusammenarbeit wächst mit der Entwicklung der Länder der Dritten Welt. Der Norden sollte es begrüßen, daß Entwicklungsländer die Verantwortung für ihr wirtschaftliches und politisches Geschick selbst übernehmen wollen und ungenutzte Möglichkeiten zu wirtschaftlicher Zusammenarbeit untereinander auszuschöpfen suchen. Die beschleunigte Entwicklung des Südens, wie immer sie auch auf den Weg gebracht wird, muß letztlich auch dem Norden nützen – in Form von größeren Möglichkeiten in einer erweiterten und blühenderen Weltwirtschaft. In Anbetracht der dynamischen Kräfte wirtschaftlicher Entwicklung hat der expandierende Handel zwischen Entwicklungsländern nie ein Schwinden der Handelsmöglichkeiten mit dem Norden bedeutet und wird es auch nie bedeuten. Das Interesse, das die Industrieländer an der Ausweitung der Süd-Süd-Zusammenarbeit haben, könnte sich deutlicher in ihrer Haltung gegenüber der wirtschaftlichen Zusammenarbeit zwischen Entwicklungsländern äußern.

Regionale Zusammenarbeit

Der Handel der Entwicklungsländer miteinander wächst schneller als ihr Handel mit dem Norden. Im Jahre 1976 blieben 22 Prozent der Gesamtexporte des Südens und 32 Prozent seiner Fertigwarenexporte im Süden. Um das Lima-Ziel, über das wir in Kapitel 11 sprechen, zu erreichen, muß der Handel zwischen Entwicklungsländern weiter zunehmen; wenn die entwickelten Länder es versäumen, den Protektionismus abzubauen, und wenn sie weiterhin geringes Wachstum erleben, dann werden die Entwicklungsländer ihren Handel miteinander sogar noch schneller ausweiten müssen.

Regionale und subregionale Wirtschaftsintegration bleibt ein wichtiges Mittel der Wirtschaftskooperation zwischen Entwicklungsländern. Einige Versuche der subregionalen Integration sind auf Schwierigkeiten gestoßen, und insgesamt ist es nur langsam vorangegangen. Das ist kaum überraschend, denn arme Länder sind noch weniger imstande als reiche, die kurzfristigen Lasten des Regionalismus zu tragen, wie bedeutend die langfristigen Vorteile auch sein mögen. Diese Schwierigkeiten sind in den letzten Jahren noch dadurch vertieft worden, daß die nationalen Volkswirtschaften zunehmend vor höchst ungünstigen Wirtschaftseinflüssen von außen abgeschirmt werden mußten. Dennoch haben Regionalsysteme wie die Andengruppe und die Assoziation Südostasiatischer Nationen (ASEAN) trotz der Schwierigkeiten weiterhin beträchtliche Fortschritte gemacht. Nachdem man jetzt besser weiß, was politisch, wirtschaftlich und institutionell nötig ist, bieten subregionale Integration und andere Formen enger Zusammenarbeit ein handliches Instrumentarium für die beschleunigte Entwicklung und Strukturveränderung in vielen benachbarten Entwicklungsländern. Besonders im Falle sehr kleiner Staaten verdienen solche Regionalisierungsbestrebungen die kräftige Unterstützung der internationalen Gemeinschaft.

Kernpunkt subregionaler Zusammenschlüsse ist ein freier regionaler Handel und die Festlegung entwicklungsfördernder Handelspräferenzen, die zur Spezialisierung anregen und es zulassen, daß man sich die Vorteile größerer Produktionsserien zunutze macht. Diese Form der Zusammenarbeit ist besonders nützlich für Länder mit kleinen Binnenmärkten, die isoliert nicht imstande sind, sich über ein breites Spektrum von Wirtschaftsbereichen hinweg wirksam zu industrialisieren. Allerdings wird immer mehr anerkannt, daß Handelspräferenzen der Ergänzung durch bessere Zusammenfassung der regionalen Ressourcen bedürfen, um gemeinsame Industrien zu errichten. Gemeinsame Industrieunternehmen mehrerer Länder können zur Liberalisierung des Handels beitragen und durchdachtere Formen wirtschaftlicher Zusammenarbeit fördern.

Zusammenarbeit in der Produktion könnte auch die Form gemeinsamer Wirtschaftsprogramme und spezieller Handelsvereinbarungen zur Unterstützung des landwirtschaftlichen Sektors oder auch die der gemeinsamen Entwicklung von Verkehrs- und Kommunikationseinrichtungen und anderer Arten der technischen Infrastruktur annehmen. Regionale Entwicklungsvorhaben sind eine besondere Form der Zusammenarbeit, die auch außerhalb einer offiziellen, allgemeinen Regionalbewegung möglich ist. Mit solchen Vorhaben können mehrere Länder, die sich den Lauf eines Flusses teilen oder die im selben geographisch bestimmten Armutsgürtel liegen, sich zur Überwindung gemeinsamer Entwicklungsprobleme zusammentun. Auch die »exklusiven Wirtschaftszonen« (EEZ) von 200 Seemeilen würden, wenn sie beschlossen werden, Raum für regionale Zusammenarbeit bei der Ausbeutung und Verwaltung der Ressourcen des Meeres bieten.

Zusammenarbeit in Währungs- und Kreditwesen

Zusammenarbeit in Währungsfragen war ein weiteres Merkmal vieler subregionaler und regionaler Integrationsbewegungen. Sie spielt sich in Form von Zahlungs- und Verrechnungsvereinbarungen, Kreditvereinbarungen oder »Reserve-Pools« und hier und da auch einer Währungsunion ab. Zahlungs- und Verrechnungsvereinbarungen erleichtern den Handel, indem sie für Zahlungsausgleich sorgen, und tragen dazu bei, daß verfügbare internationale Währungsreserven effizienter genutzt werden. Kreditvereinbarungen erstrecken sich auch auf gemeinsame Währungsreserven und tragen damit zusätzlich zur Stützung der Zahlungsbilanzen bei. Darüber hinaus könnte der Handel der Entwicklungsländer – mit anderen Ländern wie auch untereinander – erheblich leichter gefördert werden, wenn die Exportkredite und Refinanzierungsregelungen, wie etwa die der Lateinamerikanischen Exportbank, ausgeweitet würden.

Neue Formen des Handels fördern

Wirksame Zusammenarbeit zwischen Entwicklungsländern setzt voraus, daß für den Handel innerhalb der Dritten Welt die Infrastruktur geplant und entwickelt wird. Auf Grund historisch gewachsener Bindungen tendiert alles, die Informationsflüsse des Handels, die Exportkredit-Versicherung, die Verkehrs- und Kommunikationssysteme dahin, bestehende Formen des Nord-Südhandels zu begünstigen. Ohne gezielte Anstöße ist eine nennenswerte Veränderung der Handelsformen unwahrscheinlich.

Die Ausweitung von gegenseitigen Handelspräferenzen ist ein wertvolles Instrument zur Förderung des Handels unter Entwicklungsländern. Einige Entwicklungsländer sind zu durchaus wettbewerbsfähigen Herstellern von Investitionsgütern geworden. So exportiert beispielsweise Indien schwere Maschinen, Hochspannungsmasten und ganze Fabrikanlagen. Solche Entwicklungen verstärken die Komplementärfunktion der Entwicklungsländer füreinander, und die Förderung von Handelspräferenzen unter ihnen wird in Erwägung gezogen. Inzwischen können gezieltere Ansätze, für einzelne Produkte oder Sektoren zu bilateralen oder interregionalen Regelungen zu kommen, gute Ergebnisse bringen.

Auch die Errichtung multinationaler Absatz- und Einkaufsunternehmen der Entwicklungsländer könnte dazu beitragen, sie von transnationalen Unternehmen unabhängiger zu machen und ihre Handelsexpansion zu erleichtern.

Die OPEC und Dreiecks-Kooperation

Daß es inzwischen Entwicklungsländer (hauptsächlich OPEC-Mitglieder) mit hohen Zahlungsbilanzüberschüssen gibt, hat dazu geführt, daß aus ihnen beträchtliche Kapitalströme in andere Länder der Dritten Welt fließen. Große Teile dieser Mittel sind durch internationale Geschäftsbanken kanalisiert worden. Mehr direkter Kapitalverkehr mit Hilfe entsprechender Institutionen wie Entwicklungshilfe-Behörden und Entwicklungsbanken wäre ein wichtiger Schritt zur Zusammenarbeit der Dritten Welt, und es müßte sehr viel mehr getan werden, um solche Institutionen zu stärken oder neu zu schaffen. Steigende Staatseinnahmen der OPEC müßten den Spielraum für dreiseitige Regelungen vergrößern, durch welche Projekte in Entwicklungsländern mit Finanzhilfe aus Kapitalüberschußländern und Technologie aus Industrie- oder anderen Entwicklungsländern durchgeführt werden können.

Die Technologie verbessern

Wenn sie ihre Industrialisierung und die Entwicklung ihrer Landwirtschaft vorantreiben, sollten die Entwicklungsländer nicht den Charakter und die Qualität ihrer Industrie aus den Augen verlieren. In der Technologie können sie viel tun, um ihren einheimischen technologischen Begabungen in gemeinsamem Bemühen den Aufstieg zu ermöglichen. Sie können sich ihr Fachpersonal teilen und, wo nötig, regionale und subregionale Zentren einrichten, in denen Technologie entwickelt und angepaßt wird. Bei solchen Initiativen können die wirtschaftlich weiter fortgeschrittenen Länder wie Indien, Brasilien und Jugoslawien die Führung übernehmen.

Technische Zusammenarbeit unter Entwicklungsländern (TCDC) ist inzwischen als bedeutender Aspekt der wirtschaftlichen Zusammenarbeit anerkannt, und besonders die Arbeit des

UNDP zu ihrer Förderung verdient internationale Unterstützung. Auf den Einsatz entsprechenden Fachverstands und technischen Wissens, die in Entwicklungsländern zur Verfügung stehen, bei der Lösung von Problemen in anderen Entwicklungsländern wird jetzt mehr Wert gelegt; aber in der technischen Zusammenarbeit zwischen Entwicklungsländern können weit mehr Fortschritte gemacht werden: Wenn beispielsweise Entwicklungsländer durch Beratungsdienste die Anpassung und Anwendung von ihnen entwikkelter Ausrüstung fördern, so wäre die breitere Nutzung solcher Dienste dem Süd-Süd-handel und der technologischen Entwicklung förderlich.

Internationale Unterstützung für die wirtschaftliche Zusammenarbeit zwischen Entwicklungsländern

Ein internationales Umfeld und internationale Organisationen, die technische und wirtschaftliche Hilfe leisten, sollten die Zusammenarbeit unter Entwicklungsländern entschieden unterstützen. Internationale Hilfe kann die Bemühungen des Südens ergänzen, unter anderem durch Befreiung der Entwicklungshilfe von Lieferbindungen, damit Ausrüstung und Technologie aus Entwicklungsländern gekauft werden können; Lockerung der »Ursprungsregeln« in den Bestimmungen über Präferenzzölle, Förderung mehrstaatlicher Industrieprojekte und Gewährung von Unterstützung für regionale Integrationsvorhaben. Würden unterstützende Maßnahmen für die wirtschaftliche Zusammenarbeit zwischen Entwicklungsländern, wie UNCTAD V sie 1979 beschloß, wirksam in die Tat umgesetzt, könnten sie die eigenen Anstrengungen der Entwicklungsländer wesentlich ergänzen.

Organisation der Dritten Welt

Größere Unterstützung der wirtschaftlichen Zusammenarbeit zwischen Entwicklungsländern durch internationale Organisationen macht es nicht überflüssig, daß die Entwicklungsländer sich einen eigenen organisatorischen Apparat schaffen. Aufgaben wie die Organisierung ihrer schwachen und zersplitterten Verhandlungsmacht und die Vorbereitung von Verhandlungspositionen und -strategien sind am besten von einer eigenen Organisation der Dritten Welt wahrzunehmen. Diese Aufgaben erwachsen aus der Verflechtung des Südens in internationale Verhandlungen. Eine solche Organisation würde aber auch den Zielen dienen, die der Süden mit der wirtschaftlichen Zusammenarbeit untereinander zu erreichen sucht. Und die große Unterschiedlichkeit der Interessen unter den Entwicklungsländern spricht für, nicht gegen eine solche Körperschaft. Eine Organisation dieser Art wäre besonders wertvoll für die kleineren Länder, die sich vor schwierige und vielfältige internationale Probleme gestellt sehen. Außerdem wäre es im Hinblick auf die genannten Aufgaben hilfreich, wenn die bestehenden Regionalen Wirtschaftskommissionen der UN gestärkt und ergänzt werden könnten, etwa nach dem Muster des Sistema Economico Latinoamericano (SELA).

Über die Errichtung einer eigenen Organisation der Dritten Welt muß der Süden selbst entscheiden. Man sollte in ihr nicht den Ausdruck einer Konfrontationshaltung der Entwicklungsländer sehen, sondern mehr den Ansprechpartner der bestehenden Institutionen des Nordens für die Zusammenarbeit mit der Dritten Welt – eine Organisation für die wirtschaftliche Zusammenarbeit der Entwicklungsländer.

Empfehlungen

Bei jedem Angriff auf die internationale Armut müssen soziale und wirtschaftliche Reformen innerhalb der Entwicklungsländer die entscheidende Rolle ergänzen, die das internationale Entwicklungsumfeld spielt – welches selbst günstiger gestaltet werden muß.

In Ländern, in denen wesentliche Reformen noch nicht stattgefunden haben, ist die Umverteilung von Produktionsmitteln und Einkommen notwendig. Zu einem Bündel staatlicher Verbesserungen müßten die Ausdehnung sozialer Dienstleistungen für die Armen, die Agrarreform, mehr Entwicklungsausgaben in ländlichen Gebieten, die Förderung des Kleingewerbes und bessere Steuerverwaltung gehören. Solche Maßnahmen sind sowohl für die Befriedigung der Grundbedürfnisse als auch für die Steigerung der Produktivität insbesondere auf dem Lande wichtig.

Soll das volle Potential des informellen Sektors zur Wirtschaftsentwicklung beitragen, so ist die Bereitstellung größerer Mittel in Form von leichter zugänglichen Krediten und erweiterten Ausbildungs- und Fortbildungsmöglichkeiten erforderlich.

Um die landeseigenen technologischen Fähigkeiten zu stärken, bedarf es oft einer stärker naturwissenschaftlich ausgerichteten Erziehung, der Ermutigung einer heimischen Maschinenindustrie, der stärkeren Konzentration auf mittlere Technologie und des Erfahrungsaustausches.

Besseres wirtschaftliches Management und die verstärkte Mobilisierung heimischer Ressourcen sind für die Förderung der Entwicklung wesentlich. In vielen Ländern ist Raum für Verbesserungen auf Gebieten wie der Steuerpolitik, der öffentlichen Verwaltung und der Handhabung des Preisgefüges.

Die Mitwirkung breiter Schichten am Entwicklungsprozeß sollte gefördert werden; hierzu können Maßnahmen wie Dezentralisierung staatlicher Verwaltungsstellen und Unterstützung für gesellschaftliche Organisationen gehören.

Regionale und subregionale Zusammenschlüsse oder andere Formen enger Zusammenarbeit bieten immer noch eine praktikable Strategie für beschleunigte Wirtschaftsentwicklung und strukturelle Veränderungen unter Entwicklungsländern, insbesondere unter den kleineren. Sie fördern die Industrialisierung und die Ausweitung des Handels und bieten Möglichkeiten für gemeinsame Unternehmen mehrerer Entwicklungsländer.

Die Entwicklungsländer sollten Schritte unternehmen, um unter sich die Handelspräferenzen auszuweiten. Dies könnte durch Maßnahmen wie die Befreiung der Entwicklungshilfe von Lieferbindungen gefördert werden.

Die Entwicklungsländer sollten der Schaffung und Ausdehnung von Zahlungs- und Kreditvereinbarungen untereinander besondere Beachtung schenken, um den Handel zu erleichtern und Zahlungsbilanzprobleme zu mildern.

Die Entwicklungsländer mit Kapitalüberschüssen bieten besondere Möglichkeiten, auf der Basis dreiseitiger Vereinbarungen Projekte durchzuführen, an denen Entwicklungsländer allein oder in Partnerschaft mit Industrieländern beteiligt sind. Solche Vereinbarungen sollten von Industrie- und Entwicklungsländern gleichermaßen unterstützt werden. Dreiseitige Projekte – unter Einschluß von Industrieländern, wo es angemessen ist – sollten von Staaten mit komplementären Ressourcen wie Kapital und Technologie gefördert werden.

Die Entwicklungsländer sollten sich überlegen, welche Organisationsformen des gegenseitigen Beistands ihnen helfen könnten, wirksamer an Verhandlungen und an der Arbeit internationaler Organisationen teilzunehmen und die wirtschaftliche Zusammenarbeit untereinander zu fördern.

9 Rohstoffhandel und Entwicklung

Die Exporterlöse der Dritten Welt stammen zumeist aus Rohstoffen – 1978 zu 57 Prozent, oder zu 81 Prozent, wenn das Öl einbezogen wird. In einigen Ländern tragen Rohstoffe etwa 50 bis 60 Prozent zum Bruttosozialprodukt bei. Die Exporte zahlreicher Entwicklungsländer hängen zudem weitgehend von einer sehr begrenzten Anzahl von Rohstoffen ab. Wenngleich ihr wirtschaftlicher Fortschritt zunehmend von der industriellen Produktion bestimmt werden wird, könnten gesteigerte Rohstofferlöse unter den gegenwärtigen Umständen wesentlich zur Gesamtentwicklung beitragen. Viele Fehler und Mängel haben sich nachteilig auf das Funktionieren der Rohstoffmärkte ausgewirkt. Die Entwicklungsländer hatten wenig Gelegenheit, sich an der Verarbeitung, dem Transport, dem Absatz und dem Vertrieb ihrer Rohstoffe zu beteiligen. Zusätzlich sahen sich viele konfrontiert mit schwankenden Preisen, mit Zollschranken und anderen gegen den Export gerichteten Maßnahmen, – insbesondere bei weiterverarbeiteten Erzeugnissen –, mit real sinkenden Preisen über einen längeren Zeitraum hinweg, mit unzureichenden Investitionen und Ungewißheit bei Erforschung und Erschließung von Rohstoffvorkommen, und schließlich mit einer Tendenz zur Marktkonzentration auf seiten der Importeure und damit zu ungleicher Marktmacht.

Ziele der Rohstoffpolitik

Die Entwicklungsländer müssen Wege finden, ihren Rohstoffbereich zu verstärken, damit er wesentlich mehr zur Entwicklung der Gesamtwirtschaft beiträgt und weniger anfällig für instabile Märkte wird. Es liegt heute empirisches Material in Hülle und Fülle vor, welches beweist, daß die Entwicklungsländer ihre Inlandswertschöpfung, ihre Beschäftigung und ihre Deviseneinnahmen erheblich steigern können, wenn sie ihre Rohstoffe in größerem Maße selbst verarbeiten. Das UNCTAD-Sekretariat hat kürzlich anhand der Handelszahlen von 1975 geschätzt, daß den Entwicklungsländern bei eigener Halbverarbeitung von zehn wichtigen Rohstoffen zusätzliche Bruttoexporterlöse von ungefähr 27 Milliarden Dollar im Jahre zufließen würden, mehr als anderthalbmal soviel, wie diese Güter heute einbringen. Das würde natürlich erhebliche Investitionen erfordern. Eine größere Beteiligung der Entwicklungsländer an Absatz, Transport und Vertrieb könnte zu weiteren beträchtlichen Gewinnen führen.

Noch in jüngster Zeit bot die internationale Zusammenarbeit auf den Gebieten der Verarbeitung und des Vertriebs wenig Hoffnung dafür, daß dieser Bereich Gegenstand internationaler Verhandlungen werden könnte. Die Aufmerksamkeit richtete sich deshalb auf Stabilisierungsvereinbarungen, die durch starke Schwankungen der Rohstoffpreise Anfang der siebziger Jahre dringlicher wurden. Dazu wird die Stabilisierung der Rohstoffpreise immer mehr als eine Angelegenheit angesehen, die im gemeinsamen Interesse von Nord und Süd liegt. Dem Norden ist zunehmend daran gelegen, daß Perioden des Preisanstiegs seine eigene Inflation nicht verstärken und daß Preisschwankungen sich nicht hinderlich auf Investition und langfristig angemessene Versorgung auswirken. Der Süden ist seit jeher besorgt, instabile Preise könnten der Innovation und den Produktivitätsverbesserungen auf dem Rohstoffsektor selbst schaden und ganz allgemein ihre Finanz- und Wirtschaftsplanung erschweren. Der Rohstoffhandel ist die Lebensader des Südens, besonders der ärmeren Länder. Wer weiß, welchen Schaden sie durch die Schwankungen des Marktes erleiden, der versteht, warum sie ein so leidenschaftliches Interesse an der Sache haben.

Rohstoffentwicklung

Die Produktion und der Export von landwirtschaftlichen Bergbauerzeugnissen schaffen die Grundlage zur Errichtung und Erweiterung von Verarbeitungsindustrien in den Entwicklungsländern. Dies könnte dazu beitragen, die Industrialisierung voranzubringen und zu diversifizieren – eine notwendige Entwicklung angesichts der quantitativen Beschränkungen dieser Länder auf wenige arbeitsintensive Leichtindustrien. Doch die Expansion der heimischen Verarbeitung wird auch nachdrücklich beeinträchtigt durch Zoll- und andere Handelsschranken, welche die Industrieländer errichtet haben. Entwicklungsländer können etwa Reis zollfrei in die Europäische Gemeinschaft exportieren; doch bei vielen Arten von weiterverarbeitetem Reis oder Reisprodukten sehen sie sich einem Zoll von 13 Prozent oder Einfuhrausgleichsabgaben gegenüber; die Vereinigten Staaten erheben einen Zoll von fast 15 Prozent auf geschälten Reis. Rundholz kann zwar frei nach Australien eingeführt werden, doch wurde der Zoll für Schnittholz kürzlich von 7 auf 14 Prozent erhöht. Rohes Palmöl hat in der EWG mit einem Zoll von 4 Prozent zu rechnen; ist es halb-raffiniert, beträgt der Zollsatz 12 Prozent. Es gibt aber auch andere Einfuhrschranken und technische Vorschriften, die der Eigenverarbeitung im Wege stehen.

Selbst wenn die Zölle auf weiterverarbeitete Produkte niedrig erscheinen mögen, sind sie hoch im Verhältnis zur Wertsteigerung, die Rohstoffe durch Verarbeitung erfahren. Dieser »tatsächliche Schutz« gegen weiterverarbeitete Produkte bedeutet ein ernstes Hindernis für die Exporte aus Entwicklungsländern. Wenn der Zollsatz mit dem Verarbeitungsgrad steigt, wie dies im Normalfall geschieht, ist der tatsächliche effektive Schutz stets höher als die Nominalrate. Das Problem konnte durch die verschiedenen Runden der multilateralen Wirtschaftsverhandlungen und des allgemeinen Präferenzsystems nur geringfügig entschärft werden. Der Abbau von Zolldifferenzen zwischen verschiedenen Verarbeitungsstufen und die Beseitigung von anderen Handelsschranken sowie die Verlagerung von Verarbeitungsindustrien in die Nähe der Rohstoffquellen ließe sich erheblich erleichtern, wenn Wege und Mittel zu finden wären, eine wirksame Anpassungspolitik zu betreiben. Unsere Vorschläge zur industriellen Anpassung werden in Kapitel 11 erörtert.

Ein weiteres Hindernis zur Entwicklung von Verarbeitungsindustrien ist die Tendenz, daß auch die Frachtraten für Fertigprodukte höher liegen. Da sie für einige Produkte ebenso hoch sind wie die Zölle, könnte die Frachtratendifferenz ein ebenso schwerwiegendes Problem für diese Produkte darstellen wie die Zollprogression. Eine kürzlich durchgeführte Studie hat gezeigt, daß bei Exporten in die USA die Frachtraten in Prozent der Ausfuhrwerte (f. o. b.) weiterverarbeiteter Produkte im Vergleich zu denen der entsprechenden Rohstoffe erheblich höher lagen: Bei Gummi aus Malaysia waren sie dreimal so hoch und bei Leder aus Indien und Holz aus Brasilien doppelt so hoch. (Soweit diese Unterschiede unterschiedliche Kosten der Verladung wiedergeben, lassen sich natürlich nicht die gleichen Einwände gegen sie erheben.) Die Expansion der heimischen Rohstoffverarbeitung wird auch durch wettbewerbsbeschränkende Geschäftspraktiken erschwert. Relevant sind außerdem Faktoren wie Kostenverminderung durch höheres Verarbeitungsvolumen, die beträchtlichen Kapitalerfordernisse mancher

Verarbeitungsanlagen und die Unzulänglichkeit der Absatzvereinbarungen. Konzentrierte Anstrengungen, unnötige Beschränkungen der Verarbeitung in den Ursprungsländern festzustellen und zu beseitigen, sind dringend erforderlich.

Neben verstärkter Verarbeitung sind die Entwicklungsländer, die weitgehend von wenigen Rohstoffen abhängig sind, natürlich bestrebt, sie kostengünstiger zu erzeugen und andere Produkte herzustellen, um den Risiken der Rohstoffmärkte weniger ausgesetzt zu sein. Unzulängliche Forschung und Entwicklung haben in vielen Fällen nur zu begrenzten Verbesserungen geführt und wenig Fortschritte bei der Suche nach neuen Verwendungsmöglichkeiten für Naturprodukte gebracht. Die riesigen Ausgaben der Industrienationen für die Erforschung und Entwicklung von Kunststoffen hat zu erheblichen Einbrüchen beim Handel mit Naturprodukten geführt. Die kürzlich zu verzeichnenden jähen Kostensteigerungen bei Erzeugnissen der Petrochemie haben einige Naturprodukte wieder konkurrenzfähiger werden lassen. Diese Gelegenheit sollte zu Produktivitätsverbesserungen bei der Rohstofferzeugung genutzt werden. Auch bei der Absatzförderung besteht ein großes Ungleichgewicht zwischen natürlichen und synthetischen Produkten, und zwischen Rohstoffen aus Entwicklungsländern und jenen, beziehungsweise den entsprechenden Kunststoffen, die von entwickelten Ländern hergestellt werden. Gemeinsames Handeln der Erzeuger in den Entwicklungsländern im Sinne einer gezielten Absatzförderung könnte zu einem besseren Gleichgewicht führen.

Ein größerer Anteil für Erzeuger

Die vorliegenden Daten zeigen, daß die Erzeuger in den Entwicklungsländern in der Regel weniger als 25 Prozent der Endverbraucherpreise erhalten. Die Marktmacht von Importeuren, der verarbeitenden Industrie und des Handels ist eine der Ursachen dafür. Sie steckt in jedem Falle den Rahmen für die Erlössteigerungen ab, die Entwicklungsländer aus ihren Rohstoffen erzielen können. Wenn auch eine gesteigerte heimische Verarbeitung zu einer größeren Beteiligung in der Vermarktung beitragen würde, so darf sich das Bemühen um Fortschritte nicht allein auf die Verarbeitung richten, sondern muß auch die Absatzförderung und die Verbesserung der Marktstrukturen einschließen. So kann der Anteil der Ursprungsländer am Teepreis in den Supermärkten der Verbraucherländer je nach Absatz- und Steuerbedingungen zwischen 20 und 40 Prozent betragen. Bei vielen Rohstoffen geht es nicht in erster Linie darum, mehr Wettbewerb auf den Märkten sicherzustellen, sondern darum, ein Gleichgewicht der Marktmacht herbeizuführen, wie es die Landwirte in den entwickelten Ländern durch landwirtschaftliche Genossenschaften und Bauernverbände im Kampf um angemessene Erlöse für ihre Erzeugnisse getan haben.

Im Gemeinsamen Fonds für Rohstoffe, der nunmehr kurz vor seiner Verabschiedung in der UN steht, wird der sogenannte »Zweite Schalter« (im Sinne von Bankschalter) die Aufgabe haben, Maßnahmen zur Rohstoffentwicklung zu finanzieren, und viele Entwicklungsländer halten diese Maßnahmen für den wichtigsten Beitrag des Gemeinsamen Fonds. Vorhandene Entwicklungsinstitutionen – bilateral wie multilateral – tragen zur Finanzierung von Projekten auf diesen Gebieten bei, doch haben sie es sich manchmal dadurch selbst schwer gemacht, daß sie den einzelnen Erzeugerländern mehr Aufmerksamkeit schenkten als den Weltmärkten der betreffenden Rohstoffe; als Folge haben sie zur Erhöhung des Angebots manchmal dann beigetragen, wenn die Marktaussichten schlecht standen. Andere Projekte sind abgelehnt worden, etwa weil Einwände von Erzeugern im Norden kamen – so sollte beispielsweise durch Druck des US-Kongresses verhindert werden, daß die Weltbank den Anbau von Ölpalmen finanziert. Angemessene Mittel sollten für den zweiten Schalter verfügbar gemacht werden zur Unterstützung langfristiger Ziele wie Lagerung, Weiterverarbeitung, Absatz, Produktivitätssteigerung und Diversifizierung – in Anbetracht der Bedeutung dieser Maßnahmen für die Entwicklung des Rohstoffsektors. Bei der fünften UNCTAD-Konferenz in Manila 1979 einigte man sich auf einen Rahmen für die internationale Zusammenarbeit, um die Beteiligung der Entwicklungsländer an der Weiterverarbeitung und der Vermarktung ihrer Erzeugnisse zu erweitern. Die Entwicklung eines konzertierten Programms zur Verminderung dieser Schwierigkeiten verdient volle Unterstützung. Auch unsere Vorschläge in anderen Kapiteln zur Verbesserung des Marktzugangs, zu Richtlinien für multinationale Unternehmen, zur Kontrolle restriktiver Geschäftspraktiken und der Absprachen zum Technologietransfer betreffen diese Probleme.

Schwankende Rohstoffpreise

Es wird seine Zeit brauchen, bis Entwicklungsländer einen großen Teil ihrer Rohstoffe selbst verarbeiten können. Deshalb sind stabile und einträgliche Rohstoffpreise für sie besonders wichtig. Denn solche Preise fördern ihre kontinuierliche wirtschaftliche Entwicklung und bewahren sie vor anhaltenden Zahlungsbilanzdefiziten. Die Preise vieler Rohstoffe schwanken häufig, was oft zu unbeständigen Exporterlösen der Rohstoffländer führt. Das Problem stellt sich verstärkt bei den vielen Ländern, die auf den Export von ein oder zwei Rohstoffen angewiesen sind: Ihnen bleibt die größere Einkommensstabilität versagt, die mit einer diversifizierteren Produktionsstruktur einhergeht. Beispiele von Ländern, die fast ihre gesamten Exporterlöse aus dem Verkauf eines einzigen Rohstoffes beziehen, sind: Sambia (94 Prozent aus Kupfer), Mauritius (90 Prozent aus Zucker), Kuba (84 Prozent aus Zucker) und Gambia (85 Prozent aus Erdnüssen und Erdnußöl). Zwischen 1970 und 1972 bezogen mehr als die Hälfte der Entwicklungsländer ohne Erdölvorkommen mehr als 50 Prozent ihrer Deviseneinnahmen aus dem Export von ein oder zwei landwirtschaftlichen Produkten oder Bodenschätzen.

Welche Folgen die starke Abhängigkeit von einem Rohstoff für Importkapazität und Wirtschaftswachstum hat, zeigte sich in den letzten Jahren deutlich am Beispiel *Sambias*. Seit 1972 kam es zu einem Boom der Kupferpreise, der 1974 einen Höchststand von 3.034 US-Dollar pro Tonne brachte. Noch vor Ende desselben Jahres fiel der Preis dann auf 1.290 US-Dollar. Da aber die Einfuhrpreise weiter stiegen, sank das Importvolumen, das Sambia sich leisten konnte, zwischen 1974 und 1975 um 45 Prozent, und das Bruttosozialprodukt ging um 15 Prozent zurück. Eine Vorstellung davon, welche schwerwiegenden Folgen dies für Sambia hatte, läßt sich aus einem Vergleich mit dem »Ölschock« von 1974 gewinnen. Der damalige Anstieg des Ölpreises entsprach für die Industrieländer einer Minderung ihres Bruttosozialprodukts um ungefähr 2,5 Prozent. In Zahlen ausgedrückt war der Schock für Sambia sechsmal so groß; für die Bevölkerung eines so viel ärmeren Landes war er um vieles schlimmer.

Die Unbeständigkeit der Preise hängt mit den besonderen Angebots- und Nachfragebedingungen auf den Rohstoffmärkten zusammen. Auf der Nachfrageseite bewirken Konjunkturschwankungen und Änderungen der Lagerhaltung in Verbindung mit Markterwartungen Nachfrageschwankungen, an die sich das Angebot nicht rasch genug anpassen kann – etwa wenn die landwirtschaftliche Produktion zwischen Aussaat und Ernte nicht verändert werden kann oder Änderungen in der Förderungskapazität bei Bodenschätzen eine gewisse Mindestzeit erfordern. Auch auf der Angebotsseite entsteht Unbeweglichkeit durch ungeplante Ernteschwankungen. Ein weiterer Faktor kann erschwerend hinzutreten: Eine schwache Finanz- oder Devisendecke zwingt manche Erzeugerländer, zu einem – an der Marktsituation gemessen – ungünstigen Zeitpunkt zu verkaufen. Dieser Faktor spielte beispielsweise mit, als die kakaoerzeugenden Länder den gesamten Ertrag ihrer knappen Ernte von 1968/69 schon im voraus verkauft hatten – und dies zu einem Preis, der um ein Drittel unter dem nach der Ernte geltenden Durchschnittspreis lag. Darüber hinaus werden die Auswirkungen von Preisschwankungen manchmal durch Kursschwankungen der Währung weiter verschärft, in der der Rohstoffpreis festgesetzt wird. Dies gilt besonders, wenn im Rahmen von Rohstoffabkommen langfristige Verträge geschlossen werden.

In manchen Situationen verstärkten sich Preisschwankungen auf der Erzeugerebene durch die Tätigkeit des Zwischenhandels. Die Konzentration der Marktmacht auf der Käuferseite – eine Situation, die im Rohstoffhandel nicht ungewöhnlich ist – sowie wenig flexible Handelsspannen und Frachtraten führen in der Regel ebenfalls zu einer Verstärkung der Preisschwankungen für die Erzeuger.

Viele Industrieländer sind maßgebliche Erzeuger und Exporteure von Rohstoffen. Auch ihre Rohstoffe sind gelegentlich Preisschwankungen unterworfen. Doch werden die nachteiligen Auswirkungen auf ihre Volkswirtschaften oder Erzeuger gewöhnlich durch solche Faktoren abgeschwächt wie geringere Abhängigkeit von Rohstoffen, Ausfuhr von Rohstoffen als Fertig- oder Halbfabrikate und Programme zur Stabilisierung von Preisen oder Einkommen im Inland. Beispielsweise werden die Landwirte gewöhnlich gegen Preis- oder Einkommensschwankungen und unrentable Preise durch umfassende Vereinbarungen zur Marktintervention abgeschirmt, die durch schützende Handelsschranken gestützt werden, wie etwa die Gemeinsame Agrarpolitik der EWG und die landwirtschaftlichen Hilfsprogramme der Vereinigten Staaten, Kanadas und anderer Länder.

Einträgliche Preise

Neben der Frage von Preisschwankungen ist für die Entwicklungsländer das Preisniveau ein wichtiges Anliegen. Erzeugerländer vertreten die Auffassung, daß die Rohstoffpreise die Tendenz aufwiesen, im Verhältnis zu denen der Industrieerzeugnisse langfristig zu sinken. Sie weisen dabei auf den ständigen und manchmal beträchtlichen Zwang zu höheren Stückkosten in der verarbeitenden Industrie entwickelter Länder hin und auf den harten Wettbewerb der Erzeugerseite auf manchen Rohstoffmärkten. Als Beweis für die unterschiedliche Preisentwicklung führen sie den unaufhaltsamen Preisanstieg bei Industrieerzeugnissen an, während die Rohstoffpreise schwanken.

Es hat Diskussionen darüber gegeben, ob auf lange Sicht die Austauschverhältnisse (Terms of Trade) sich für Rohstoffproduzenten ungünstig entwickelt haben. Bei der statistischen Untersuchung dieser Frage für einen sehr langen Zeitraum gibt es schwierige Messungsprobleme, über die man sich sehr wohl im klaren ist. Es gab Zeiten in der Vergangenheit, da waren die Terms of Trade für die Rohstoffproduzenten günstig, und einige Fachleute meinen, die Welt gehe wieder einer solchen Zeit entgegen. Doch wie immer es sich allgemein mit historischen Trends verhalten mag, es kann kein Zweifel daran bestehen, daß es lange Zeiträume gab, in denen eine relative Abnahme der Rohstoffpreise zu verzeichnen war. Ein solcher Zeitraum erstreckte sich von Mitte der fünfziger bis Anfang der siebziger Jahre. In solchen Zeiten sahen sich die armen Länder durch verminderte Exporterträge weitgehend außerstande, wirtschaftlichen Fortschritt zu erzielen. Wenn ein solcher Preisrückgang darauf zurückzuführen ist, daß die Erzeugnisse ihre Wettbewerbsfähigkeit verlieren, können sich Versuche, die Preise zu erhöhen, gegen die Produzenten selbst auswirken. Die einzige Rechtfertigung für Programme zur Stützung von Preisen oder Einkommen wären unter diesen Umständen Anpassungshilfen, um die Auswirkung des Rückgangs der Terms of Trade zu lindern. Unter solchen Umständen können die Erlösstabilisierung und Investitionen in anderen Bereichen angemessener sein als Versuche, die Preise auf einem künstlich hohen Niveau zu stützen, die nur zu einem rascheren Schrumpfen der betroffenen Industrie führen würden.

Wenn niedrige Rohstoffpreise nicht auf langfristige Marktfaktoren zurückzuführen sind, sondern auf die kurz- und mittelfristigen Unwägbarkeiten des Marktes, wirkt sich das über längere Zeiträume nicht nur nachteilig auf Erzeugerländer aus, sondern auch auf Verbraucherländer, da es der Investitionsbereitschaft entgegenwirkt und so die Sicherheit langfristiger Versorgung aufs Spiel setzt. Man ist derzeit sehr besorgt darüber, daß die Investitionen für Erforschung und Abbau von Bodenschätzen den erwarteten langfristigen Bedürfnissen möglicherweise nicht entsprechen. Gewöhnlich wird in diesem Zusammenhang Kupfer als Beispiel genannt. Wir meinen, daß zwar das Preisniveau nicht der einzige Faktor ist, daß es jedoch für das Investitionsproblem von großer Bedeutung ist. Vereinbarungen zwischen Erzeugern und Verbrauchern sollten deshalb der Festsetzung von einträglichen Preisen die nötige Aufmerksamkeit schenken. Das liegt im Interesse beider Seiten.

Vereinbarungen über Preisstabilisierung

Die Frage schwankender Rohstoffpreise und von Vereinbarungen, die hier Abhilfe schaffen sollen, finden im internationalen Handel seit langer Zeit großes Interesse. Allgemein ist man sich darüber einig, daß stabilere Preise günstig für die Exportländer wären. Sie wären ihnen behilflich, ihre Deviseneinkünfte zu sichern, und würden ihnen die finanzwirtschaftliche Planung und die gesamtwirtschaftliche Steuerung erleichtern. Doch gehen die Ansichten über das Ausmaß solcher Vorteile auseinander, nicht nur weil die Auswirkungen der Preisschwankungen unterschiedlich eingeschätzt werden, sondern auch weil man erkennt, wie schwierig es ist, wirksame Stabilitätsvereinbarungen auszuhandeln. In der Nachkriegszeit hat man versucht, internationale Rohstoffabkommen zu treffen, doch erwies sich ihre Aushandlung als schwierig, und selbst, wenn sie abgeschlossen wurden, scheinen sie ihre Ziele nicht ganz erreicht zu haben. Kürzlich wurde im Rahmen der UNCTAD eine konzertiertere Anstrengung unternommen. Trotz der Schwierigkeiten wächst das Verständnis dafür, daß Erzeuger- wie Verbraucherländer ein beiderseitiges Interesse daran haben, für beständigere und einträglichere Preise zu sorgen. Bislang sind jedoch nur vier Abkommen in Kraft – für Zucker, Zinn, Kaffee und Kakao, und die Verhandlungen für einen weiteren Rohstoff – Gummi – sind kürzlich abgeschlossen worden.

Die Industrieländer haben zwei Hauptinteressen: größere Sicherheit in der Versorgung und stabilere Preise. Viele Industrieländer sind sehr abhängig von Rohstoffeinfuhren aus dem Süden, vom Öl abgesehen beispielsweise von Kaffee, Tee, Kakao, Naturgummi, Jute und Hartfasern sowie von etlichen Bodenschätzen wie Nickel, Kupfer, Mangan und Zinn. Diese Abhängigkeit ist in Europa und Japan besonders hoch. In Zukunft werden die Industrieländer im Westen wie im Osten wahrscheinlich noch abhängiger vom Import von Rohstoffen aus Entwicklungsländern werden. Ihre Versorgung wird von den Investitionen abhängen, die ihrerseits abhängen von der Reduzierung der Preisschwankungen und anderer Ungewißheiten sowie von der Zusicherung einträglicher Preise. Da gegenseitige Verflechtung unter den Industrieländern noch größer ist als die zwischen ihnen und den Entwicklungsländern, trifft jede Versorgungsstörung in einem Industrieland alle übrigen, hat also weitreichende Konsequenzen für alle.

Die Inflationskontrolle ist zu einem Hauptanliegen der Industrieländer geworden. Die Reduzierung der Wachstumsraten ist eng verbunden mit Maßnahmen zur Sicherung der Preisstabilität. Man schätzt, daß sich die Produktionseinbußen durch »Stagflation« in den Industrieländern jetzt auf über 400 Milliarden US-Dollar pro Jahr belaufen. Bei Abfassung dieses Berichts haben sich die Aussichten für eine Reduzierung der Inflation und eine Verbesserung der Zuwachsraten weiter verschlechtert. Die Ansichten über die inflationären Folgen schwankender Rohstoffpreise für die Industrieländer gehen auseinander. Eine Studie, die 1977 für den Overseas Development Council in den USA durchgeführt wurde, zeigt anhand eines simulierten Stabilisierungsprogramms, das acht wichtige und fünf andere Rohstoffe im Zeitraum von 1963 bis 1973 erfaßt, für die Entwicklungsländer einen Gewinn von 5 Milliarden Dollar. Der geschätzte Gewinn für die USA aus der Vermeidung von Bruttosozialproduktverlusten, zu denen es ohne das Programm gekommen wäre, entsprach im selben Zeitraum 15 Milliarden Dollar. Wenn solche Berechnungen auch viele Unsicherheitsfaktoren enthalten, so glauben wir doch, daß die Stabilisierung der Rohstoffpreise zum Inflationsabbau beitragen könnte.

Es gibt verschiedene Gründe dafür, daß wirksame internationale Rohstoffabkommen nicht zustande kommen. Die Verbraucher verlieren das Interesse an der Stabilisierung, wenn die Preise rückläufig sind, und die Erzeuger verlieren das Interesse, wenn sie steigen. Außerdem ist das Interesse an Preisstabilisierung bei Verbrauchern und Erzeugern unterschiedlich stark, da Rohstoffe einen weit kleineren Anteil des Gesamthandels der Verbraucherländer ausmachen als desjenigen der Erzeugerländer. Übereinstimmung zwischen Erzeuger- und Verbraucherländern über den Preisbereich zu erzielen, der unbedingt zu verteidigen sei, war seit jeher schwierig. Meinungsverschiedenheiten auf seiten der Produzenten, die gelegentlich Interessenkonflikte zwischen neuen und etablierten Erzeugern widerspiegeln, standen geschlossenen Verhandlungspositionen im Wege. Finanzen für Ausgleichslager (›buffer stocks‹) und andere Stabilisierungsmaßnahmen waren nicht ohne weiteres verfügbar.

Der Gemeinsame Fonds und seine »Schalter«

Angesichts dieser Schwierigkeiten hat man in den letzten Jahren ein umfassenderes und vollständigeres Verfahren zur Lösung des Rohstoffproblems erörtert. Daraufhin hat die UNCTAD IV 1976 in Nairobi ein ›Integriertes Rohstoffprogramm‹ beschlossen und einen Zeitplan für die Verhandlungen über das Programm festgesetzt, das vor allem einen Gemeinsamen Fonds und internationale Rohstoffabkommen für eine beträchtliche Zahl von Rohstoffen umfassen sollte, an deren Export die Entwicklungsländer interessiert sind. Die Schlüsselrolle fiel dem Gemeinsamen Fonds zu, der dem Vorschlag zufolge am Ende über ein Kapital von 6 Milliarden US-Dollar zur Finanzierung von Ausgleichslagern und anderen Preisstabilisierungsmaßnahmen verfügen sollte. Das eingezahlte Kapital der Mitgliedsländer sollte anfänglich 1 Milliarde und schließlich 2 Milliarden betragen. Die restlichen 4 Milliarden sollten auf dem Kapitalmarkt aufgenommen werden.

Seither haben intensive Verhandlungen stattgefunden, in denen es sowohl um den vorgeschlagenen Gemeinsamen Fonds wie um individuelle Rohstoffabkommen ging. Der Vorschlag, der dabei in Erwägung gezogen wurde, sieht einen gemeinsamen Fonds mit zwei Schaltern vor. Aus dem ersten würden die Ausgleichslager finanziert, aus dem zweiten andere rohstoffbezogene Maßnahmen, die zur Erzeugung, Verarbeitung und dem Absatz von Rohstoffen beitragen könnten. Im März 1979 hat man sich über die Grundzüge des Gemeinsamen Fonds geeinigt.

Der prinzipielle Unterschied zwischen der Übereinkunft vom März und dem ursprünglichen Vorschlag für den Fonds liegt darin, daß das anfänglich einzuzahlende Kapital für die Anlage von Vorräten auf 400 Millionen US-Dollar verringert wurde, also nicht mehr – wie von den Entwicklungsländern vorgeschlagen – 1 Milliarde US-Dollar beträgt (die zu einem späteren Stadium um eine weitere Milliarde vermehrt werden sollte). Doch anders als der ursprüngliche Vorschlag es vorsah, wird der Fonds jetzt zusätzlich Bareinlagen von den internationalen Rohstoffabkommen erhalten, die mit ihm assoziiert sind. Sie betragen ein Drittel ihres maximalen Finanzbedarfs. Geht man davon aus, daß für den gemeinsamen Fonds schließlich Kapitalmittel in Höhe von 6 Milliarden Dollar erforderlich sein würden, würden mit diesen Bareinlagen weitere 2 Milliarden Dollar zur Verfügung stehen. Davon abgesehen, sind sich die beiden Versionen sehr ähnlich. Beide sehen eine Kreditaufnahme von 4 Milliarden Dollar auf der Basis des 6 Milliarden-Modells vor. Während jedoch nach dem ursprünglichen Vorschlag das für die Kreditbeschaffung erforderliche Instrumentarium von allen Mitgliedern des Fonds kommen sollte, soll es nach dem Märzabkommen zwar auch direkt zum Fonds beigesteuert werden, doch nur durch diejenigen Mitglieder des Fonds, die unmittelbar am betreffenden Rohstoffabkommen beteiligt sind.

Verhandlungen über die endgültige Vereinbarung zur Einrichtung des Fonds finden gegenwärtig statt. Wir fordern dringend dazu auf, daß alle Anstrengungen gemacht werden, diese Verhandlungen zum Abschluß zu bringen und den Fonds so rasch wie möglich einzurichten, vor allem da man sich über die wichtigsten Bedingungen zur Finanzierung des Fonds bereits geeinigt hat. Die entscheidenden Vorteile des Fonds lägen im Zugang zu speziellen Finanzmitteln für die Stützung internationaler Rohstoffabkommen, in den wirtschaftlichen Vorteilen, die aus der gemeinsamen Finanzierung von Ausgleichslagern erwachsen könnten und in der Ermutigung, die der Fonds für die koordinierte Finanzierung von rohstoffbezogenen Maßnahmen bedeuten würde, in denen es um Marktstabilisierung geht. Der Fonds sieht auch vor, Aktivitäten zu finanzieren, durch die rohstofferzeugenden Ländern dort Hilfe geleistet wird, wo Preisstabilisierungsabkommen unter Umständen nicht möglich sind.

Man hat schwerwiegende Zweifel daran geäußert, daß die Finanzierung, auf die man sich hinsichtlich des Fonds geeinigt hat, angemessen ist. Natürlich wird die Erfahrung bei der Bestimmung des Finanzbedarfs helfen. Jede Anstrengung sollte gemacht werden, um diesem neuen Versuch zur internationalen Zusammenarbeit eine Erfolgsmöglichkeit zu sichern. Dabei sollte man sorgfältig beobachten, ob die Finanzvereinbarungen funktionieren und ob sie geeignet sind, die Ziele des Fonds auch wirklich zu erfüllen.

Gemeinsame Interessen im Rohstoffhandel

Wir sprachen oben von unserer Überzeugung, daß es ein grundlegendes gegenseitiges Interesse an stabilen und einträglichen Preisen für Rohstoffe gibt. Zahlreiche Unzulänglichkeiten und Mängel wurden im Funktionieren der Rohstoffmärkte aufgezeigt. Diese haben sich in vielen Fällen auf dem freien Markt entwickelt. Wir meinen, daß es die Aufgabe von Stabilisierungsprogrammen sein sollte, diese Mängel zu korrigieren. Sie sollten sicherstellen, daß der Markt die richtigen Signale für Investitions- und Verbrauchsentscheidungen gibt sowie für Preise sorgt, die für die Erzeuger einträglich und für die Verbraucher fair sind. Insofern sollte man sie nicht als unnötige Eingriffe ansehen, sondern ihre positive Rolle erkennen.

Trotz dieser Erwägungen und manchmal aufgrund doktrinärer Befürchtungen über den Eingriff in das Spiel der Kräfte auf den Weltrohstoffmärkten stehen einige Industrieländer dem Abschluß internationaler Rohstoffabkommen ablehnend gegenüber. Dieser Faktor bildet neben der Schwierigkeit, die verschiedenen Interessen der Teilnehmer aufeinander abzustimmen, das Kernproblem bei Vereinbarung und Durchführung internationaler Rohstoffabkommen. Dies alles hat zu der Auffassung geführt, daß Programme zur Stabilisierung der Exporterlöse oder kompensatorische Finanzierung, den besten Ansatz zur Lösung des Rohstoffproblems darstellen würden. Nach unserer Auffassung erfüllen Abkommen zur Stabilisierung von Preisen bzw. von Erlösen komplementäre Rollen. Die wichtigen Aufgaben der Preisstabilisierung liegen vor allem darin, Investitionen anzuregen, Verbrauch zu stabilisieren, Inflationsdruck zu mildern und die Kaufkraft von rohstoffexportierenden Ländern zu kräftigen.

Internationale Rohstoffabkommen

Das Integrierte Programm der UNCTAD enthält einige neue Ansätze zum Abschluß internationaler Rohstoffabkommen. Vorausgesetzt, der gemeinsame Fond würde über genügend Mittel verfügen, könnte er zur Bildung neuer Abkommen anregen und bei der Durchführung vorhandener helfen. Wir glauben aber nicht, daß damit alle Probleme gelöst werden könnten, vor die sich Exportländer gestellt sehen. In internationalen Rohstoffabkommen sind auch zusätzliche Formen der Unterstützung erforderlich, besonders soweit es die innerhalb der Abkommen beschlossenen Stabilisierungsmechanismen anbelangt. Es hat sich als schwierig erwiesen, Preisbereiche auszuhandeln, anzugleichen und einzuhalten. Ernsthaft erwogen werden sollten Fragen wie die, ob Mindestpreise allein ausreichen oder ob Exportsteuern nicht möglicherweise besser geeignet sind und ob sie nicht unter bestimmten Umständen leichter auszuhandeln und anzuwenden sind; doch Maßnahmen zur Einführung vernünftiger Mindestpreise, wo immer dies möglich ist, sind außerordentlich wünschenswert.

Zu internationalen Rohstoffabkommen gehört eine Kooperationsabsprache zwischen Erzeugern und Verbrauchern. Sie bedeutet eine wertvolle institutionelle Entwicklung, mit deren Hilfe sich beiderseitige Interessen im internationalen Rohstoffhandel verfolgen ließen. Natürlich müßte der Nutzen einer neuen Ordnung für den Rohstoffhandel auch den tatsächlichen Urproduzenten zugute kommen, nämlich den Männern und Frauen, die etwa auf Kaffee- oder Teepflanzungen und in Bergwerken arbeiten. Einige Rohstoffabkommen enthalten Bestimmungen über Arbeitsrichtlinien. Für die Einhaltung dieser Richtlinien sollte gesorgt werden.

Die Rolle internationaler Rohstoffabkommen sollte an Bedeutung gewinnen, wobei das Augenmerk der Frage gelten sollte, wie sich ihre Wirkungsweise verbessern läßt. Die Alternative – verbesserte Programme zur Erlösstabilisierung – würde nicht ausreichen, um mit Mängeln wie schwankenden und nicht einträglichen Preisen oder Marktkonzentration auf der Käuferseite fertig zu werden. Das Fehlen internationaler Rohstoffabkommen könnte in manchen Fällen dazu führen, daß man Lösungen in Form von Konfrontation und Kartellbildung suchte. Das wäre keine gesunde Entwicklung und würde abträgliche Folgen für die internationale Wirtschaftzusammenarbeit haben. Wir glauben, daß internationale Rohstoffabkommen mehr Unterstützung erhalten und die Verhandlungen, in denen es gegenwärtig um solche Abkommen geht, so rasch als möglich zum Abschluß gebracht werden sollten.

Nationale Vorratslager

Wo internationale Abkommen noch nicht getroffen worden sind oder wo ihr Abschluß sich als schwierig erwiesen hat, könnte die Verfügbarkeit von Finanzen zur nationalen Vorratsbildung dazu beitragen, daß die Erzeugerländer nicht zur unrechten Zeit verkaufen. Manche Länder haben schon von sich aus solche Vorräte angelegt, doch ärmere Länder können sich das nicht leisten. Die Bereitstellung solcher Finanzen unter besonderen Umständen, besonders für ärmere Länder, könnte zu weiterer nationaler Vorratsbildung anregen, die entweder von innen oder außen finanziert würde, da alle davon größeren Nutzen hätten, auf die sich die daraus ergebende größere Preisstützung auswirken würde. Der Gemeinsame Fonds sollte die Möglichkeit erhalten, die nationale Vorratsbildung außerhalb internationaler Rohstoffabkommen zu finanzieren.

Stabilisierung der Exporterlöse

Erlösstabilisierung, auch bekannt als kompensatorische Finanzierung, muß die Preisstabilisierung ergänzen. Selbst wo internationale Rohstoffabkommen vorhanden sind, kann es ihnen nicht gelingen, alle Exporterlösschwankungen zu beseitigen. Im Falle von landwirtschaftlichen Exporten können Ertragsschwankungen an einem unterschiedlich hohen Ernteergebnis liegen, das auf die Wechselfälle der Natur zurückgeht. Bei verminderter Ausbringung können die Exporterträge, wenn die Preise aufgrund eines Preisstabilisierungsprogramms nicht angehoben werden können, unter normales Niveau absinken. Naturkatastrophen, wie Trockenheit oder Überschwemmung, können leicht die Ernte eines ganzen Landes vernichten. Außerdem gibt es einige Rohstoffe, die sich nicht leicht lagern lassen, zum Beispiel Bananen. Es ist wichtig, für diese Fälle Vorsorge zu treffen, in Ergänzung zu Vorratslagerung und anderen Preisstabilisierungsmaßnahmen. Dies war das Hauptargument für die Einrichtung von Fazilitäten für Exporterlösschwankungen.

Wir meinen, daß kompensatorische Finanzierung eine noch weiterreichende Rolle spielen kann. Es gibt Rohstoffe, die sich von Preisstabilisierungsübereinkünften nur schwer erfassen lassen. Möglicherweise ist die UNCTAD etwas optimistisch gewesen, als sie die Liste der Rohstoffe zusammenstellte, für die internationalen Rohstoffabkommen ausgehandelt werden sollten. Normalerweise stellen kompensatorische Finanzierungsprogramme ihre Finanzmittel jedoch erst zur Verfügung, wenn es bereits zum Erlösausfall gekommen ist; aber es ist offensichtlich besser, der Entstehung von Erlösausfällen und anderen Schwierigkeiten durch Preisstabilisierungsmaßnahmen nach Möglichkeit vorzubeugen, statt sie nach ihrem Eintritt auszugleichen.

Vorhandene Vereinbarungen zur Stabilisierung der Exporterlöse der Entwicklungsländer haben sich als wertvoll erwiesen. Die Ziehungen aus der Kompensatorischen Finanzierungsfazilität des IWF zwischen 1976 und Mitte 1979 betrugen fast die Hälfte der Gesamtkredite, die der IWF Entwicklungsländern gewährte. Bezüglich der Rohstoffe ist ein wichtiger Gesichtspunkt für die Zukunft, ob die Fazilität ausreichend an die Bedürfnisse angepaßt werden kann, die sich aus den Schwankungen der Rohstoffexporterlöse ergeben. Gegenwärtig finanziert die Fazilität allgemeine Exporterlösausfälle, wenn außerdem ein Zahlungsbilanzproblem vorliegt. Es gibt Maximalgrenzen für Ziehungen, die sich aus den IWF-Quoten statt aus dem Ausmaß der Erlösausfälle berechnen, und die Höhe der Ausgleichszahlung richtet sich nach den Nominal- und nicht nach den Realerlösen. Wie auf der UNCTAD V verlangt wurde, sollte man sich eingehender mit dem Vorschlag beschäftigen, eine neue ergänzende Fazilität einzurichten, entsprechend den Bedürfnissen des Rohstoffsektors an kompensatorischer Finanzierung.

Neben der IWF-Fazilität gibt es im Rahmen des Lomé-Abkommens zwischen der Europäischen Wirtschaftsgemeinschaft und den Staaten Afrikas, der Karibik und des Pazifiks (AKP) ein Programm zur Stabilisierung der Exporterlöse – als STABEX bekannt. Bei Neuverhandlungen über das Abkommen, die kürzlich stattfanden, ist das Programm, das die Erlöse aus den Exporten individueller Rohstoffe stabilisiert und das mit wenigen Ausnahmen die Exporte in die EWG betriffft, hinsichtlich des Umfangs der einbezogenen Erzeugnisse verbessert worden. Die Größe des Fonds ist für den Fünfjahreszeitraum von 1980 bis 1985 auf 550 Millionen Europäische Rechnungseinheiten oder etwa 750 Millionen Dollar begrenzt. Trotz des Ersuchens der AKP-Länder erfaßt das Programm keine Bodenschätze; im Falle von Eisenerz, dem einzigen Bergbauerzeugnis, das gegenwärtig einbezogen ist, wird die Finanzierung auslaufen. Doch wird eine neue Einrichtung – ein ›Mineralienkrisenfonds‹ – mit einem Volumen von 280 Millionen Rechnungseinheiten oder ungefähr 380 Millionen US-Dollar geschaffen werden, um sechs AKP-Staaten, die in bedeutendem Maße von sieben bestimmten Bergbauerzeugnissen abhängen, dabei zu helfen, ihre Produktions- und Exportkapazität aufrecht zu erhalten. Für jedes der sieben Mineralien werden – sofern ein bedeutsamer Rückgang der Produktions- oder Exportkapazität zu verzeichnen ist – Darlehen zu sehr günstigen Bedingungen gewährt: ein Rückzahlungszeitraum von 40 Jahren, der 10 tilgungsfreie Jahre einschließt und 1 Prozent Zinsen.

Die IWF-Fazilität wurde kürzlich verbessert. Weitere Verbesserungen werden in einem abschließenden Kapitel vorgeschlagen. Anders als die IWF-Fazilität gewährt STABEX den am wenigsten entwickelten AKP-Ländern Ausgleichszahlungen in Form von Zuschüssen anstelle von Krediten. Weitere Veränderungen der IWF-Fazilität sollten in dieser Richtung erfolgen.

Versorgung mit Bodenschätzen und Investitionen

Die Welt ist sich der Tatsache bewußt geworden, daß sie natürliche Ressourcen verbraucht, die begrenzt sind und nicht erneuert werden können. Hauptverbraucher sind die reichen Industrieländer, die auch den größten Teil der bislang entdeckten Bodenschätze besitzen, aber dennoch einen großen Teil ihres Bedarfs aus Entwicklungsländern decken. Gegenwärtig produzieren die Industrieländer zweieinhalbmal so viel Bodenschätze pro Kopf (Brennstoffe eingeschlossen) wie die Entwicklungsländer, doch sie konsumieren sechzehnmal so viel. Deshalb sind sie in so hohem Maße von Einfuhren abhängig. Ungeführ 70% des Weltimports an Energie und anderen Bodenschätzen stammen aus Entwicklungsländern, und dieses Verhältnis weist eine steigende Tendenz auf.

Wirtschaftswachstum durch moderne Technologie hängt von diesen Ressourcen ab; und die Erkenntnis, daß sie erschöpfbar sind, ist ein Hinweis auf die Endlichkeit und führt zu bestürzenden Fragen. Mit Gewißheit lassen sich auf lange Sicht das Tempo und die Art der Wirtschaftsexpansion, die das Kennzeichen der letzten hundert Jahren war, nicht unbegrenzt fortsetzen.

Nachlassende Suche nach Bodenschätzen im Süden

Eine allgemeine Erschöpfung der Weltressourcen wird für dieses Jahrhundert nicht erwartet, obgleich die Erdölreserven bis dahin erheblich reduziert sein werden. Die UN-Studie über die Zukunft der Weltwirtschaft (der 1977 veröffentlichte Leontief-Bericht) meint, daß Blei und Zink, möglicherweise auch Nickel und Kupfer, gegen Ende des Jahrhunderts knapp werden dürften. Man hat sich auch besorgt geäußert über die Versorgung mit anderen Bodenschätzen wie Quecksilber, Phosphor, Zinn und Wolfram; obgleich ständige Verbesserungen der Gewinnungstechnologie, neue Entdeckungen und die Wiederverwendung (Recycling) bei diesen und anderen Stoffen die Knappheit noch hinauszögern können. Doch die Welt muß ein größeres Interesse daran gewinnen, die wirtschaftlichsten Rohstoffquellen aufzufinden, was wiederum voraussetzt, daß die Exploration in geeigneten Regionen stattfindet – ein Prozeß, der der tatsächlichen Förderung um zehn oder mehr Jahre vorausgehen muß. Bislang verlief diese Exploration sehr einseitig. In den letzten Jahren sind 80 bis 90% der Explorationsinvestitionen auf einige wenige Industrie- und Schwellenländer konzentriert worden, während sie weite Bereiche der dritten Welt fast völlig übergingen.

Traditionell lag der Abbau von Bodenschätzen in Entwicklungsländern in der Hand von internationalen Bergwerksgesellschaften, die das Kapital, das technische Wissen und die Absatzeinrichtungen zur Verfügung stellten und das Explorationsrisiko selbst trugen. Für die Entwicklungsländer bestand häufig ein Ungleichgewicht von Vor- und Nachteilen. Diese Form von Exploration und Investition ist jetzt zusammengebrochen. Die Bergwerksgesellschaften geben die Schuld an dieser Situation großenteils der Unbeständigkeit von Konzessionsabkommen mit Ländern der Dritten Welt und der durch Verstaatlichung und erzwungene Neuverhandlungen bedingten Aushöhlung dessen, was sie für ihre vertraglichen Rechte halten.

Doch es gibt andere fundamentale Ursachen. Den Regierungen von Entwicklungsländern, die endlich die souveräne Verfügung über ihre natürlichen Ressourcen errungen haben, widerstrebt es nun, diese Ressourcen in weitreichenden Konzessionsabkommen wieder aufzugeben, die zu einem Zeitpunkt ausgehandelt werden, da sie wenig über das Ausmaß und den Reichtum dessen wissen, was möglicherweise in ihrem Lande entdeckt ist, und da ihre eigene Verhandlungsposition gegenüber der Explorationsgesellschaft mit Sicherheit schwach ist. Nun sind Bergwerksgesellschaften jedoch nicht bereit, Geld in umfangreiche Explorationsunternehmen in Entwicklungsländer zu stecken, wenn nicht vorher in allen Einzelheiten ausgehandelt wird, in welchem Maße eine Fundstelle ausgebeutet werden darf, und wenn dies nicht durch eine internationale Behörde garantiert wird, was sie noch lieber sehen.

Diese Situation wurde durch die schleppende Nachfrage und die niedrigen Preise verschärft, die in den siebziger Jahren vielfach für Bodenschätze zu verzeichnen waren. Daraus ergibt sich eine Situation, die den rohstoffimportierenden Industrieländern wie den potentiell exportierenden Entwicklungsländern zum Nachteil gereicht. Die Folgen der gegenwärtigen Fehlorientierung bei der Suche nach Bodenschätzen werden mit einer gewissen Verzögerung zutage treten – denn größere neue Bergwerksprojekte brauchen zumindest sieben bis acht Jahre (und häufig Aufwendungen bis zu 1 Milliarde Dollar), bevor sie das Produktionsstadium erreichen. Dennoch sind diese Folgen gewiß. In Erscheinung treten werden sie als Verknappung einzelner Bodenschätze, als Preisinstabilität und schwere inflationäre Einflüsse sowie in dem Versäumnis vieler Entwicklungsländer, potentielle Vorkommen zu erschließen.

Die Notwendigkeit von sicheren Abkommen

Deshalb haben wir es hier mit einem Bereich zu tun, in dem neue Initiativen, zu denen auch phantasievolle neue Vereinbarungen gehören, sicherlich im Interesse des Nordens wie des Südens liegen. Es sind Maßnahmen erforderlich, die Exploration und Abbau von Vorkommen in Entwicklungsländern beschleunigen, in denen aber gleichzeitig dafür Sorge getragen wird, daß die Regierungen der Gastländer ausreichend am Gewinn aus Abbau, Verarbeitung und Export beteiligt werden.

Der erste Schritt muß die Bereitstellung von Finanzen für eine intensivere Exploration in der Dritten Welt sein. Die Exploration macht durchschnittlich nur 5 % der Gesamtinvestition bei Bodenschätzen aus, die nicht dem Brennstoffbereich angehören (im Vergleich dazu betragen sie bei Öl im Durchschnitt grob gerechnet 25 %). Dafür sind die damit verbundenen Risiken hoch. Entwicklungsländer können es sich nicht leisten – und werden im allgemeinen dazu auch nicht bereit sein –, diese Explorationsausgaben selbst aufzubringen. Die vorhandenen Finanzierungsinstitutionen wie die Weltbankgruppe und die regionalen Entwicklungsbanken haben sich schließlich ungern bereit gefunden, solche Risiken zu tragen, obgleich sie in jüngerer Zeit mehr Bereitschaft zeigen, Darlehen zur Exploration und Erschließung von Erdöl zu gewähren.

Und doch müssen Konzessionsabkommen so lange unbeständig bleiben, bis Abkommen über Erschließung und Abbau von Bodenschätzen auf der Grundlage gesicherten und allen Beteiligten verfügbaren Wissens über Ausmaß und potentiellen Wert von Vorkommen ausgehandelt werden. Es ist ein unvermeidliches Merkmal der herkömmlichen Abkommen, daß es immer, wenn ein wirklich reiches Vorkommen entdeckt wurde, in der Rückschau so erscheint, als habe man die unwiederbringlichen Ressourcen des Landes zu billig hergegeben. Das öffentliche Verlangen nach Neuverhandlungen wird unwiderstehlich sein. Deshalb bedarf es einer multilateralen Finanzierungseinrichtung. Diese muß Mittel zur Exploration zur Verfügung stellen, die sich in einen Darlehensteil umwandeln lassen, falls ein wirtschaftliches Vorkommen entdeckt, erschlossen und abgebaut wird. Sie sollte dann auch in der Lage sein, einen Teil der anfänglichen Finanzierung des Projektes bereitzustellen. Die Existenz einer solchen multilateralen Einrichtung würde die internationale Verantwortung für den Abbau von Bodenschätzen und das gemeinsame Interesse daran dokumentieren.

Grenzen des UN Revolving Fund

Der UN Revolving Fund for Natural Resource Exploration, der seit 1975 besteht, wird dieser Anforderung bis zu einem gewissen Grade gerecht. Doch die Bedingungen dieses Fonds sehen vor, daß erfolgreiche Explorationen auch die Kosten erfolgloser Bemühungen abzudecken haben. Diese Erwartung ist unrealistisch. Der Versuch einer kollektiven Risikoverteilung unter den Ländern der Dritten Welt bewirkt hohe Rückerstattungsbelastungen (2% des Bruttoproduktionswertes über einen Zeitraum von 15 Jahren). Dies wirkte einer Inanspruchnahme des Fonds entgegen, der immer noch klein ist und in erster Linie auf den freiwilligen Beiträgen einiger Industrieländer beruht. Im Prinzip verdient der Fonds größere Unterstützung. Doch wenn er eine verstärkte Exploration in den ärmeren Ländern anregen soll, müssen seine Rückzahlungsbedingungen gelockert werden. Die Finanzierungsrisiken könnten billigerweise auf einen weit größeren Kreis von Ländern verteilt werden, die an der künftigen Versorgung mit Bodenschätzen interessiert sind. Und weit mehr Finanzen sind für die Energieexploration erforderlich, für die der UN-Revolving-Fonds nicht zuständig ist.

Mehr Finanzkanäle für Exploration und Erschließung

Sobald die Exploration abgeschlossen und das Ausmaß von Vorkommen bekannt ist, werden die Regierungen der Gastländer es sehr viel einfacher haben, faire und dauerhafte Verträge mit den ausländischen Gesellschaften abzuschließen und langfristige Kredite zu beschaffen. Die Weltbank und die regionalen Banken sind erstmals oder verstärkt bereit, die Erschließung von Energie und Bodenschätzen zu finanzieren, und die Beteiligung dieser Institutionen an Finanzierungsabkommen ist häufig eine Ermutigung für die Regierungen der Gastländer wie der Investoren. Doch es gibt immer noch einige Länder, die sich nicht um private Investitionen bemühen oder die bei der Erschließung ihrer Energie und Bodenschätze von solchen Investitionen nicht abhängig werden möchten. Im Gesamtbereich der Finanzierung von Energie und Bodenschätzen bleiben deshalb große Lücken. Am deutlichsten klaffen sie bei der Bereitstellung von Finanzen für eine angemessene Beteiligung der Regierungen der Gastländer an gemeinsamen Bergbauunternehmen und an den Kosten von Einrichtungen zur Weiterverarbeitung der Bodenschätze in den Entwicklungsländern.

Darlehen für die Exploration und Erschließung von Bodenschätzen sollten auf systematischer und breiter Grundlage gewährt werden. Wir erkennen zwar die begrenzten Aktivitäten des UN Revolving Fund, der Weltbank und anderer internationaler Organisationen auf diesem Gebiet an, doch machen es die bereits angesprochenen schwierigen Probleme dringend erforderlich, daß die Bedürfnisse für eine gesteigerte Finanzierung dieses Bereichs von einer Institution abgedeckt werden, in der die Entwicklungsländer gleichberechtigt an Entscheidung und Leitung beteiligt sind. Wenn wir in einem späteren Kapitel auf die Rolle übernationaler Gesellschaften zu sprechen kommen, so hat auch das entscheidend mit diesen Fragen zu tun.

Technischer Beistand

Wenn die Regierungen der Entwicklungsländer ihre eigenen Bergbaugesetze und Vorschriften vorbereiten, wenn sie neue Institutionen aufbauen und wenn sie mit internationalen Bergbaugesellschaften und Kreditorganisationen verhandeln, werden sie in den meisten Fällen wahrscheinlich technischen Rat brauchen. Auch bei der Verhandlung über Vereinbarungen zur Weiterverarbeitung werden sie Rat brauchen, wie sich die vielen künstlichen Schranken überwinden lassen, die sich der Gründung solcher Verarbeitungseinrichtungen in den Weg stellen. Es ist entscheidend, daß kein Zweifel an der technischen Kompetenz dieser Beratung aufkommt oder an der Tatsache, daß sie im ausschließlichen Interesse der betroffenen Gastregierung erfolgt. Solche technische Hilfe könnte durch die oben vorgeschlagene Finanzierungseinrichtung geleistet werden.

Empfehlungen

Der Rohstoffsektor der Entwicklungsländer sollte durch größere Beteiligung dieser Länder an der Verarbeitung, dem Absatz und der Verteilung ihrer Rohstoffe einen größeren Beitrag zu ihrer Wirtschaftsentwicklung leisten. Maßnahmen zur Stabilisierung von Rohstoffpreisen auf einträglichem Niveau sollten mit höchster Dringlichkeit in Angriff genommen werden.

Maßnahmen zur Beteiligung der Entwicklungsländer an Verarbeitung und Absatz sollten die Beseitigung von Zoll- und anderen Handelsschranken gegen Fertigprodukte aus Entwicklungsländern einschließen, dazu die Festsetzung fairer und gleicher internationaler Frachtraten, die Abschaffung restriktiver Geschäftspraktiken und verbesserte Finanzierungsvereinbarungen zur Erleichterung der Verarbeitung und des Absatzes.

Angemessene Mittel sollten bereitgestellt werden, damit der gemeinsame Fonds in der Lage ist, effektive internationale Rohstoffabkommen anzuregen und zu finanzieren, die die Preise auf einträglichem Niveau stabilisieren würden, nationale Vorratsbildung außerhalb der internationalen Rohstoffabkommen zu finanzieren und Maßnahmen des »Zweiten Schalters« wie Lagerung, Verarbeitung, Absatz, Produktivitätsverbesserung und Diversifikation zu erleichtern.

Die internationalen Rohstoffabkommen zwischen Erzeugern und Verbrauchern sollten mehr Unterstützung erhalten und die Verhandlungen, die augenblicklich über sie geführt werden, sollten so rasch wie möglich abgeschlossen werden. Größere Anstrengungen sollten unternommen werden, um Verhandlungen über individuelle Rohstoffabkommen – wo immer dies machbar ist – zu einem raschen und erfolgreichen Abschluß zu bringen.

Kompensatorische Finanzierungsfazilitäten sollten erweitert und verbessert werden, um preisbereinigten Erlösausfällen bei Rohstoffausfuhren angemessener begegnen zu können.

Das gemeinsame Interesse von Erzeuger- und Verbraucherländern an der Erschließung von Bodenschätzen macht die Schaffung neuer Finanzierungsvereinbarungen erforderlich, die zu gerechteren und dauerhafteren Erschließungsabkommen führen, zu besserer Sicherung der Weltversorgung mit Bodenschätzen und zunehmender Beteiligung der Entwicklungsländer an der Erschließung ihrer Ressourcen. Auf der Grundlage einer weltweiten Verantwortung für die Investition in Bodenschätze sollte eine Finanzierungsfazilität geschaffen werden, deren Hauptaufgabe es wäre, zu Sonderkonditionen Finanzmittel für die Exploration von Bodenschätzen bereitzustellen.

10 Energie

Im Laufe der siebziger Jahre sind die Kosten und die Verfügbarkeit von Energie, insbesondere von Erdöl, zu einem weltweiten Anliegen geworden. Alle Länder sind auf Erdölprodukte angewiesen, um ihre öffentlichen und privaten Transportsysteme, ihre industrielle und landwirtschaftliche Produktion, ihre nationale Verteidigung und andere lebenswichtige Funktionen zu erhalten. Die meisten sind dabei auf Einfuhren von Öl und Erdgas aus anderen Ländern angewiesen. Die bloße Gefahr einer Unterbrechung der internationalen Versorgungswege schickt Schockwellen durch nationale Gesellschaften ebenso wie durch die Weltwirtschaft. Gleichzeitig schreitet die Erschöpfung der Ölvorkommen der Erde so rasch fort, daß in absehbarer Zukunft der Übergang auf andere Energiequellen notwendig sein wird.

Energieknappheit hat viele Gesichter. Plötzliche Erhöhungen der Ölpreise ziehen alle Länder in Mitleidenschaft. Doch während die Verwendung von Kraftfahrzeugen zum bloßen Vergnügen in großem Maßstab fortdauert, können die Fischer armer Inseln wie den Malediven noch nicht einmal genug Öl bekommen, um mit ihren Booten auszufahren. Und die Bauern in Indien und Pakistan haben nicht das Öl, um ihre Bewässerungspumpen arbeiten zu lassen. Die Energiekrise in großen Teilen Afrikas und Asiens bedeutet Knappheit an Brennholz: Arme Familien müssen in immer weiterem Umkreis nach Holz suchen, um ihren Reis oder ihren Weizen zu kochen, während immer größere Landstriche entwaldet werden. Viele Entwicklungsländer haben Schwierigkeiten mit ihrer Zahlungsbilanz oder sind zu wirtschaftlichen Einschränkungen gezwungen, weil höhere Ausgaben für Brennstoffe zu Einsparungen an anderer Stelle zwingen. Die langfristigen Lösungen liegen in der Entwicklung von alternativen und erneuerbaren Energiequellen; doch die kurzfristigen Schwierigkeiten sind enorm. Unter beiden Blickwinkeln bedarf es einer weltweiten Energiestrategie.

Energieprobleme sind eng verknüpft mit vielen der Fragen, die wir in den vorstehenden Kapiteln erörtert haben und die wir in späteren noch aufwerfen werden. Erdöl ist der führende Rohstoff des Welthandels; sein Anteil daran liegt bei einem Achtel. In der Vergangenheit wurde es von wenigen multinationalen Gesellschaften kontrolliert. Das Ausmaß seiner Verwendung und die Geldströme zu seiner Bezahlung sind so gewaltig, daß sie sich auf das Wohlergehen eines jeden Landes auswirken und auch das Gleichgewicht des Finanz- und Währungssystems der Welt beeinflussen, das heute durch die allgemeinen weltwirtschaftlichen Bedingungen ohnehin ernsthaft bedroht ist. Die gerechte Verteilung des Öls und die Entwicklung von Ersatzenergien werden in Zukunft wahrscheinlich ganz außergewöhnliche Anstrengungen der internationalen Zusammenarbeit verlangen.

Übergang zu neuen Energiearten

Die Versorgung mit Energie und insbesondere mit Öl ist zu einem vorrangigen Nord-Süd-Problem geworden. Dennoch gibt es bedeutsame Übereinstimmungen. Heute wird weithin anerkannt, daß in den sechziger Jahren, als die Industriegesellschaften und einige wenige Entwicklungsländer ihren Verbrauch an billigem Öl rasch steigerten, die Preise die Erschöpfung der Ressourcen nicht ausreichend widerspiegelten. Im Verhältnis zu den Preisen anderer Güter war das Öl 1970 um 25% billiger als 1955. Ein höherer Preis war notwendig, um den Verbrauch einzuschränken und dafür zu sorgen, daß langfristige Erfordernisse berücksichtigt wurden und die Entwicklung alternativer Brennstoffe ins Auge gefaßt wurde, die an die Stelle des Öls treten könnten. Selbst bei höheren Ölpreisen wird – besonders in Industriegesellschaften – dieser Rohstoff, der für das Überleben der Menschheit unentbehrlich ist, verschwenderisch und unverantwortlich genutzt.

Seit dem ersten wirtschaftlich verwertbaren Erdölfund im Jahre 1857 in Pennsylvania ist dessen Nutzung kontrovers gewesen. Als die Ölversorgung noch von Kartellen oder Unternehmensgruppen kontrolliert wurde, entsprachen die Preise deren Marktposition zu einer bestimmten Zeit. Seither hat es bei der Kontrolle des Angebots bedeutsame Veränderungen gegeben. In den sechziger Jahren begann eine Anzahl »unabhängiger« Gesellschaften die Monopolmacht der großen Ölgesellschaften herauszufordern; und in den siebziger Jahren übernahmen die Erzeugerländer in zunehmendem Maße die Kontrolle, indem sie langfristige Verträge mit den »Ölmultis« abschlossen. Auf dem ›freien Markt‹, auf dem das Öl unabhängig von langfristigen Verträgen verkauft wird, reagieren die Preise empfindlich auf plötzliche kurzfristige Überschüsse oder Engpässe. Bislang wurden auf diesem ›Spot-Markt‹ relativ unbedeutende Mengen gehandelt, doch 1979 hat er erheblich an Bedeutung gewonnen. Die Experten sind sich nicht sicher, ob dies auch weiterhin der Fall sein wird oder ob es sich um eine vorübergehende Erscheinung handelt, die sich aus den neuen Angebotsstrukturen ergibt.

Jede Bewertung der Weltölpreise muß zweierlei in Rechnung stellen: einerseits das Bedürfnis nach Einsparung und Sicherung langfristiger Versorgung und andererseits den dringenden Bedarf an Öl, der in den Industrienationen wie in den Ländern der Dritten Welt noch mindestens während der nächsten beiden Jahrzehnte anhalten wird. In unmittelbarer Zukunft wird das Öl der Lebensnerv der Industriegesellschaft bleiben. Während das langfristige Ziel der Energiepolitik sein muß, die Abhängigkeit von diesem knapper werdenden Rohstoff abzubauen, läßt sich der Umstand nicht leugnen, daß während der Übergangsphase kein Land heftigen Erschütterungen entgehen kann, sobald seine Ölversorgung drastisch reduziert wird. Das Gebot, diese gefährlichen politischen Untiefen zu umschiffen, eine gerechte Verteilung des Öls zu erreichen und gleichzeitig langfristige Alternativen bereitzustellen, ist eine weltweite Herausforderung an die Führungsqualitäten der Politiker.

Ungleiche Verwendung

Die Energieverwendung in der Welt ist sehr unausgewogen. Der Energieverbrauch pro Kopf in den Industrieländern weist im Vergleich zu Ländern mit mittlerem und niedrigem Einkommen das Verhältnis von 100:10:1 auf. Ein Amerikaner verbraucht so viel Energie wie zwei Deutsche oder Australier, drei Schweizer oder Japaner, sechs Jugoslawen, neun Mexikaner oder Kubaner, 19 Malaien, 53 Inder oder Indonesier, 109 Ceylonesen, 438 Malier oder 1072 Nepalesen. Der gesamte Brennstoff, der für alle Zwecke von der Dritten Welt verbraucht wird, liegt nur geringfügig über der Benzinmenge, die die nördliche Hemisphäre verbrennt, um ihre Kraftfahrzeuge anzutreiben.

Die ölimportierenden Entwicklungsländer gewinnen etwa zwei Drittel ihrer Energie aus dem Öl, ein noch höherer Anteil als in den Ländern der OECD (die Hälfte) oder Osteuropas (ein Drittel). Der Norden hat mehr Möglichkeiten, Energie einzusparen, indem er relativ mühelose Anpassungen vornimmt oder weniger energieintensive Technologien einführt. Die meisten Länder der südlichen

Hemisphäre haben nur einen bescheidenen Ölverbrauch; doch in dem Maße, in dem sich ihre Industrien und ländlichen Gemeinden entwickeln und auf traditionelle Brennstoffe verzichten, werden sie ihren Verbrauch an Öl und anderen Energieträgern erheblich steigern müssen. In den letzten Jahren hatte jedoch eine Anzahl von Entwicklungsländern Schwierigkeiten, auch nur die relativ geringfügigen Ölmengen zu erhalten, die sie gegenwärtig brauchen.

Während der Energieverbrauch des Nordens sich zwischen 1960 und 1976 verdoppelte, verdreifachte er sich in den Entwicklungsländern. Immer noch machte er jedoch lediglich ein Fünfzehntel des Verbrauchs im Westen oder ein Zwölftel des Verbrauchs in Osteuropa aus. Die Entwicklungsländer führen nur etwa 10% des insgesamt gehandelten Öls ein. Zu Recht besteht heute ein großes Interesse an alternativen Energiequellen – etwa der Sonnenenergie, die letzlich für die Entwicklungsländer besonders geeignet sein mag. Doch sollten sie nicht gezwungen werden, vorzeitig teure neue Technologien zu übernehmen. Sie haben ein legitimes Bedürfnis, in den kommenden Jahren einen wachsenden Anteil am Öl zu bekommen.

Möglichkeiten der Energieeinsparung

Die Industrieländer werden ihren Lebensstil verändern müssen, der sich auf einen übersteigerten Energieverbrauch gründet. Das muß keine ernsten wirtschaftlichen Folgen haben; die Beziehung zwischen Wachstum des Bruttosozialproduktes und Energieverbrauch hat sich nicht als unveränderlich erwiesen. So zeigen die Statistiken der Mitgliedsländer der OECD in den letzten Jahren einen leichten Rückgang der Energieverwendung pro Einheit des Bruttosozialproduktes. Der Verbrauch stieg in den letzten Jahrzehnten rasch, weil die Menschen mehr Autos, Geräte, Heizöfen oder Klimaanlagen kauften und weil billiges Öl zu energieintensiver Technologie verleitete. Mittlerweile ist Energieeinsparung und Anpassung an höhere Energiekosten zu einem Hauptanliegen geworden. Studien, die kürzlich in vielen Industrieländern durchgeführt wurden, haben gezeigt, daß der Energieverbrauch pro Kopf bei nur geringfügigen Veränderungen in Einstellung und Verhaltensweise ohne große Einbußen an Wirtschaftswachstum wesentlich verringert werden kann.

Auf dem Gipfeltreffen in Tokio verpflichteten sich Regierungschefs der westlichen Industrieländer im Jahre 1979, ihre Ölimporte bis 1985 auf den Umfang von 1977/78 zu begrenzen. Wir meinen, daß es für die Hauptölverbraucher – heute entfallen 85 % des Weltölverbrauchs auf die industrialisierte Welt – an der Zeit sei, sich selbst ehrgeizige Ziele zur Energieeinsparung zu setzen. Auch Entwicklungsländer müssen solche Anstrengungen unternehmen, wo immer die Möglichkeit dazu besteht. Dies kann auf verschiedene Weise geschehen, etwa durch Zielsetzungen für den Gesamtverbrauch oder Verbrauchsstandards in bestimmten Bereichen – z. B. für den Benzinverbrauch von Fahrzeugen oder die Wärmedämmung bei Gebäuden. Letztlich sollten solche Standards selbst Gegenstand von Abkommen und der Überwachung auf internationaler Ebene werden.

Ölproduktion und die Probleme der achtziger Jahre

Die OPEC-Länder liefern etwa ein Viertel der Kommerziellen Weltenergie. Gemessen an den bekannten und gesicherten Ölreserven könnte für die nahe Zukunft eine größere Zunahme der Erdölproduktion im wesentlichen nur im Nahen Osten erfolgen. Und kurzfristig muß jede Expansion des Energieverbrauchs der Welt im wesentlichen durch Öl gedeckt werden. Allerdings sind eine Reihe von Faktoren zu berücksichtigen, wenn man auf die Förderung im Nahen Osten baut.

Vor allem betrachten die Erzeugerländer den Umgang mit Öl als eine Angelegenheit, die alle Länder betrifft und für die alle Länder verantwortlich sind. Sie sind sich der Grenzen der Ölvorräte nur zu sehr bewußt und haben das Gefühl, daß die Verbraucher sich noch bis vor kurzem so verhalten haben, als sei die Versorgung unbegrenzt. Die ölproduzierenden Länder vertreten die Auffassung, daß künftige Generationen ihnen vorwerfen werden, sie seien mit diesem kostbaren Rohstoff nicht sparsam genug umgegangen. Außerdem gibt es technische Gründe, die eine höhere Förderung verbieten. Je stärker man eine Ölquelle anzapft, desto geringer wird wahrscheinlich die Menge des Öls sein, das die Quelle letztlich hergibt. Wenn das Öl abgepumpt ist, wird Gas frei, das möglicherweise abgefackelt und damit verschwendet werden muß. Natürlich gibt es auch wirtschaftliche Gesichtspunkte. Die Nutzung des Öls in Verbrennungsmotoren, stellt eine der Verwendungsweisen mit dem geringsten Umwandlungswert dar. Die Verarbeitung zu petrochemischen Erzeugnissen ist wichtiger und einträglicher und nimmt in den Erzeugerländern des Nahen Ostens entsprechend zu.

Für die ölexportierenden Länder ist es angesichts ihres Kapitalüberschusses eine der wichtigsten Fragen, was sie als Gegenwert für ihr Öl erhalten. Solange der Ölpreis in erster Linie in US-Dollar festgesetzt und bezahlt wird, ist die Stabilität des Dollars ein entscheidender Faktor. Auch wenn die exportierenden Länder ihre Dollars in langfristige Geldanlagen umwandeln, ist die Wertbeständigkeit dieser Anlagen eine ebenso kritische Frage. Wenn ein Erzeugerland die Öleinkünfte nicht für sofortige Importzahlungen braucht, so stellt sich die berechtigte Frage, ob es sinnvoll ist, einen begrenzten und im Wert ständig steigenden Rohstoff, der ohne Schwierigkeiten in der Erde gelassen werden kann, gegen etwas einzutauschen, dessen langfristiger Wert möglicherweise weniger gewiß ist.

Neue Ölquellen?

Aus all diesen Gründen ist eine bedeutende Erhöhung der Ölförderung des Nahen Ostens problematisch. Außerdem würde eine solche Erhöhung Investitionen in der Größenordnung von Milliarden Dollar erfordern. Wenn neue Kapazitäten in naher Zukunft verfügbar werden sollen, müssen die Entscheidungen über solche Investitionen relativ rasch getroffen werden. Doch in der heutigen Weltsituation sind Entscheidungen nur sehr schwer zu treffen. All diese Gesichtspunkte unterstreichen, wie dringend eine Einigung zwischen Erzeugern und Verbrauchern ist. Sie unterstreichen auch, wie wichtig der sparsame Umgang mit den Ölvorräten ist, ein Gesichtspunkt, der in der Auffassung der Erzeugerländer schwer wiegt.

Es gibt andere Ölversorgungsquellen in den Industrieländern und der Dritten Welt. Erhebliche Funde, die kürzlich in Mexiko gemacht wurden, zeigen, daß es immer noch neue Reserven zu entdecken gibt, besonders in der Dritten Welt, wo – wie im Falle der anderen Bodenschätze – weit weniger nach neuen Reserven gesucht wurde als in den Industrieländern, die bereits intensiv erforscht worden sind. Die Bohrdichte in möglichen Ölgebieten ist in den Industrieländern vierzigmal höher als in den ölimportierenden Entwicklungsländern. Doch hier ist die Notwendigkeit besserer Nord-Süd-Beziehungen fundamental. Das Mißtrauen auf seiten der großen Ölgesellschaften einerseits und vieler Entwicklungsländer andererseits steht einer Erforschung ernsthaft im Wege. Die Finanzierungsweise, die Sicherheiten und der Rahmen für faire Verhandlungen und Garantien, die wir in späteren Kapiteln vorschlagen, sind im Falle des Öls besonders dringlich. Zur Exploration und Erschließung von Energiequellen ist gewöhnlich der Sachverstand und die Finanzkraft erforderlich, über die nur die großen internationalen Gesellschaften verfügen, obgleich es eine wachsende Zahl nationaler Ölgesellschaften und kleinerer privater Unternehmer gibt.

Die Notwendigkeit verschiedener Akteure

Es wird eine Vielfalt von Akteuren benötigt. Die multinationalen Konzerne sind zunehmend bereit, mit multilateralen Institutionen zusammenzuarbeiten. Wir meinen nicht, daß man die Suche allein den großen Ölgesellschaften überlassen sollte. In ihrer neuen Rolle als Instanzen, die die Gesamtversorgung regeln, machen die Ölkonzerne beträchtliche Gewinne, die zu mancherlei Kritik Anlaß gegeben haben. Aufgrund des weltweiten Interesses an diesen Gesellschaften müssen die wechselseitigen Verpflichtungen transnationaler Gesellschaften, der Gast- und der Heimatländer, wovon in Kapitel 12 die Rede ist, besonders sorgfältig beachtet werden. Zumindest sollten diese Gesellschaften ihre Investitionen zur Ölsuche in der Dritten Welt erhöhen. Selbstverständlich müssen die Entwicklungsländer jedoch den Abbau ihrer eigenen Ressourcen kontrollieren.

Die Förderung läßt sich auch in einigen Industrieländern steigern. Abermals stellen sich den Überschußländern Probleme, wenn die Industrieländer sie drängen, ihre Produktion zu steigern, während die ölproduzierenden Industrieländer selbst Zurückhaltung an den Tag legen und ihre Reserven zu erhalten suchen.

Ein ›Sofortprogramm‹

In unserem letzten Kapitel schlagen wir für internationale Verhandlungen ein »Sofortprogramm« vor, in dem es auch vorrangig um das Energieproblem geht. Ohne Übertreibung läßt sich dieses als dringlich bezeichnen. In praktisch allen Sachverständigenvoraussagen ist die Rede von einer sehr angespannten Ölsituation in den achtziger Jahren mit steigender Nachfrage und großer Ungewißheit hinsichtlich der Versorgungslage. Wir brauchen nicht die Gefahren auszumalen, die vor uns liegen: die Verwundbarkeit der Versorgung durch politische Unruhen in irgendeinem der Erzeugerländer, die drohende Möglichkeit großer Engpässe in Entwicklungsländern, die Gefahren für die Weltwirtschaft – ganz zu schweigen von der noch größeren Gefahr, daß die Großmächte ihr Heil in militärischen Interventionen suchen, wenn sie meinen, ihre lebenswichtigen Interessen stünden durch irgendeine ernsthafte Störung der Versorgung auf dem Spiel. Das Niveau der Ölförderung ist auf nationaler wie internationaler Ebene bereits eine hochpolitische Frage, nicht zuletzt weil die Marktanreize und die Angebotsstruktur der gegenwärtigen Ölerzeugung keinen geordneten Rahmen für einen Ausgleich von Angebot und Nachfrage schaffen. So stehen wir nicht an, eine weltweite Energiestrategie als eine Angelegenheit von äußerster Dringlichkeit zu bezeichnen.

Alternative Energiequellen

Die Abkehr vom Öl wird dadurch so erschwert, daß es sich beim Öl um eine ungewöhnlich vielseitige Energieform handelt, die auf vielfältige Weise verwendet werden kann und allen jenen Anforderungen an hochkonzentrierter Energie gerecht wird, die die Begleiterscheinungen von Urbanisierung und Industrialisierung sind. Und selbst wenn viel neues Öl entdeckt würde, muß der Umstieg auf andere Energiequellen in sehr naher Zukunft stattfinden. Letztlich muß die Menschheit zu unerschöpflichen Energiequellen finden, zur Sonnenenergie im weitesten Sinne, zur Nutzung von Biomasse, Wind und Gezeiten, zu neuen Formen der Kernenergie, die Wasserkraft und geothermische Energiequellen ergänzen. Doch in den verbleibenden Jahren dieses Jahrhunderts müssen Erdöl und Erdgas und andere erschöpfbare Energiequellen – insbesondere Kohle – den meisten zusätzlichen Bedarf befriedigen.

Bei den meisten der alternativen Energiequellen ergibt sich eine Fülle von Problemen – der Technologie, der Ökologie und der Kosten. Natürlich gibt es »neue« Ölquellen wie Teersände und Ölschiefer, aus denen synthetische Öle produziert werden können. Bei ihnen stellen sich ähnliche Probleme wie bei der Kohle besonders wegen der großräumigen Abbaumethoden, wegen des hohen

Wasserbedarfs, der Ausgaben für kostensenkende Forschungsarbeiten. Einige Industrieländer haben genug Kohle, um ihren Gesamtenergiebedarf auf Jahrzehnte oder in manchen Fällen sogar auf Jahrhunderte zu decken. Doch die Risiken für Mensch und Umwelt, die Produktion und Verwendung der Kohle bergen, gehören zu den Gründen dafür, daß man auf andere Brennstoffe umstieg. Verstärkte Forschungsanstrengungen können und werden unzweifelhaft einige dieser Risiken verringern. Sie können auch die Kosten der Umwandlung von Kohle in Gas oder in flüssigen Brennstoff verringern. Eine wesentlich umfangreichere Verwendung der Kohle scheint in den nächsten Jahrzehnten unvermeidlich zu sein.

Probleme der Kernenergie

Kernenergie ist eine weitere wichtige Alternative. Für die unmittelbare Zukunft gibt sie Anlaß zu berechtigter Besorgnis. Sie birgt zwei Risiken: zum einen das von Betriebsunfällen – wie sich 1979 beim Zwischenfall in Harrisburg erwies – zum anderen das Risiko schwacher Langzeitstrahlung, welches die Kernergie für die Öffentlichkeit besonders beunruhigend macht. Diese Option muß rational und nüchtern geprüft werden. Angesichts der weitverbreiteten Besorgnis müssen Sicherheitsvorkehrungen und Sicherheitsvorschriften strenger gefaßt werden als bei anderen Energiequellen. Die Entscheidung für Kernenergie wird vielleicht letztlich den Rückgriff auf Brutreaktoren verlangen; dort aber ist die Kontrolle des Brennstoffkreislaufs von entscheidender Bedeutung. Mit dem Eintritt in das 21. Jahrhundert kann die Kernfusion möglich werden, die eine praktisch unerschöpfliche Energie aus einem ziemlich ungefährlichen Prozeß verspricht. Doch im gegenwärtigen Stadium der Kernenergie sind die Probleme des Strahlungsrisikos bei der Energieerzeugung sowie der sicheren Lagerung und dem sicheren Transport der nuklearen Abfallprodukte ungelöst. Auch der große Bedarf an Wasser und Land für Kernkraftanlagen gibt zu Besorgnis Anlaß. In vielen Ländern macht sich in der Öffentlichkeit Widerstand gegen neue Kernkraftwerke lautstark bemerkbar. So ist die Kernkraftalternative problematisch. In den meisten Ländern darf man nicht davon ausgehen, daß sie in diesem Jahrhundert mehr als ein Teilbeitrag zum gesamten Energieverbrauch liefert.

Wasserkraft und Sonnenenergie

Die Energiegewinnung durch Wasserkraft ist eine bekannte und praktikable Technologie, für die in naher Zukunft beträchtliche neue Investitionen aufgebracht werden sollten. Ihr sollte auf nationaler und internationaler Ebene höchste Priorität eingeräumt werden. Sonnenenergie scheint jedoch bislang nur in bestimmten Bereichen wirtschaftlich zu sein, wie auf dem Heizungssektor oder bei der Stromerzeugung an abgelegenen Orten. Große Fortschritte werden auf dem Gebiet der Fotozellen und der Wärmeumwandlung berichtet; dringend erforderlich ist jedoch ein Durchbruch im Bereich der Elektrizitätsspeicherung. Angesichts der Sonneneinstrahlung, der die Entwicklungsländer ausgesetzt sind, ist es denkbar, daß sie eines Tages relativ gut mit Energie eingedeckt sein werden, vorausgesetzt, daß tatsächlich eine kostengünstige Technologie entwickelt wird. Doch dazu ist Forschung in großem Maßstabe erforderlich. In manchen Ländern – besondes in armen Ländern ohne Zugang zum Meer, die über keine eigenen fossilen Brennstoffe verfügen und für die sich das Öl durch hohe Transportkosten zusätzlich verteuert – kann die Solartechnologie bereits mit anderen Energiequellen konkurrieren, eine Situation, die durch die weitere Entwicklung noch verstärkt werden wird. Wir meinen, daß angesichts des allseitigen Interesses an einer gesicherten, weltweiten Energieversorgung vieles dafür spricht, die Forschungsergebnisse, die der Norden auf dem Gebiet der Sonnenenergie erzielt hat, unter besonders günstigen Bedingungen den ärmeren Ländern im Süden zugänglich zu machen. Den ölexportierenden Ländern selbst ist sehr daran gelegen, einen Teil ihrer Mittel in die Entwicklung alternativer Energiequellen für die »Nachölzeit« anzulegen.

Für die Zukunft planen

In den verbleibenden Jahren dieses Jahrhunderts muß die meiste zusätzliche Energie fast ausschließlich aus Technologien bezogen werden, die bereits bekannt sind. Einige Schwierigkeiten, wie höhere Kosten und größere Investitionen in Technologien, lassen sich vorhersehen, andere sind weniger genau vorherzusagen – etwa Kernkraftunfälle, Ölverschmutzung oder politische Umwälzungen in Erzeugerländern. Doch während das Umsteigen auf andere Energien unvermeidlich ist, so sind es Katastrophen nicht. Es sollte möglich sein, die Umstellungsschwierigkeiten durch geeignete Planung und Koordination zu mildern. Gegenwärtige Versäumnisse würden erhebliche negative Effekte in der Zukunft zeitigen, denn das Energieangebot wie die entsprechende Nachfrage werden von den Entscheidungen abhängen, die Regierungen, Investoren und Verbraucher heute treffen.

Eine internationale Energiestrategie

Die größten Gefahren, welche die Welt kurz- und mittelfristig bedrohen, sind Versorgungsstörungen und daraus resultierende Preissprünge sowie miteinander unverträgliche nationale Politiken.

Seit der Ölkrise von 1973 hat man eingesehen, daß man internationale Vereinbarungen anstreben muß. Die Industrieländer hatten vor der Konferenz über internationale wirtschaftliche Zusammenarbeit (KIWZ) von 1975 bis 1977 in erster Linie Erdöl und Energie im Auge, während die OPEC-Nationen darauf bestanden, dem Gesamtkomplex des Nord-Süd-Dialogs gleiche Aufmerksamkeit zu schenken. Dies, weil sie sich als Teil des Südens verstanden und weil sie andererseits als ölerzeugende Länder ein besonderes Interesse an der Diskussion anderer Aspekte der Weltwirtschaft hatten. Natürlich machten sie sich Sorgen um die Weltinflation, die den Wert der Währungen, vor allen Dingen des Dollars, verminderte, für den sie ihre abnehmenden Ölvorkommen eintauschten. Sie waren daran interessiert, den Wert ihrer wachsenden Geldanlagen in Industrieländern zu erhalten; ihnen war daran gelegen, größeren Zugang zur Technologie für den Aufbau von Industrien zu bekommen, die ihnen eine ökonomische Basis nach der Erschöpfung der Ölquellen ermöglichen. Größte Bedeutung besaß für sie eine größere Kontrolle multinationaler Konzerne, mit denen ihre Geschichte so sehr verwoben ist. Die wachsende Bedeutung des Öls für den Welthandel und die Zahlungsbilanzen steigerte ihr Interesse an einem funktionierenden internationalen Währungs- und Finanzsystem. Aus all diesen Gründen vertraten sie nachdrücklich die Auffassung, daß das Problem der Energieversorgung nur ein Teil des größeren Problems einer Neuordnung der Weltwirtschaft sei. Gleichzeitig setzten sie sich mit anderen Nationen der südlichen Hemisphäre für fairere Bedingungen auf anderen Rohstoffmärkten und für eine gerechtere Verteilung der Weltressourcen ein. Diese Probleme haben bis heute noch nichts von ihrer Aktualität eingebüßt.

Die unterschiedliche Sichtweise sollte nicht den Blick auf wichtige Bereiche gemeinsamen Interesses und potentieller Übereinstimmung zwischen Erzeuger- und Verbraucherländern und auf das Bedürfnis nach einer Fortdauer des Dialogs verstellen. Alle Parteien haben ein Interesse daran, ein internationales Umfeld und ein politisches Klima zu schaffen, in dem es zu einer vertrauensvollen Zusammenarbeit aller Länder auf den Gebieten langfristiger Erforschung und Erschließung von Energie und dem geordneten und weltweiten Übergang der Wirtschaft und Industrie von Öl auf erneuerbare Energiequellen kommen kann. Die Länder im Süden wie im Norden haben ein gemeinsames Interesse an Energieeinsparung und an der Vermeidung plötzlicher Preisveränderungen. Alle müssen sich der besonderen Notwendigkeit bewußt sein, die ärmeren erdölimportierenden Länder zu schützen. Für die OPEC-Länder ist es schwierig, den Bedarf dieser Länder zu decken, da es ihnen auf dem Ölsektor an Anlagen zur Weiterverarbeitung und zum Vertrieb fehlt. Es wird allerdings von einigen OPEC-Ländern vorgeschlagen, man solle für Gruppen von Entwicklungsländern – und mit deren Beteiligung – als joint venture besondere Raffinerien errichten, für welche die Ölzufuhr aus den Erzeugerländern garantiert würde; so würden die Bedürfnisse dieser armen Länder gedeckt und mehr Sicherheit gewährt.

Ein internationales Forschungszentrum

Natürlich müssen alle Länder in Übereinstimmung mit ihren Bedürfnissen und Ressourcen die Richtlinien der Energiepolitik festlegen. Sie müssen in der Lage sein, ihre Pläne anhand der zutreffendsten Informationen aufzustellen und ihre Strategien soweit wie möglich mit anderen Nationen zu koordinieren. Zwanzig der ölimportierenden Länder des Westens gehören bereits der Internationalen Energie-Agentur in Paris an, in der unlängst Anstrengungen gemacht wurden, für den Ölimport bestimmte Ziele festzusetzen und sich auf deren Überprüfung zu einigen. Wir empfehlen die Einrichtung eines internationalen Energieforschungszentrums unter Schirmherrschaft der Vereinten Nationen, das zunächst ein Sammelpunkt für Informationen, Forschung und Planung wäre. Solch ein Zentrum könnte vor allem Forschungsarbeiten auf dem Gebiet erneuerbarer Energiequellen unterstützen. Die UN-Konferenz im Jahr 1981 über ›Neue und erneuerbare Energiequellen‹ wird eine wichtige Gelegenheit sein, um Fortschritte auf diesem Gebiet zu erzielen.

Schutz ölimportierender Entwicklungsländer

Für die Entwicklungsländer war es in Zeiten ernsthafter Engpässe schwierig, die benötigten Brennstoffe zu bekommen. Besonders die kleineren wurden in der Regel nicht in das System der großen Ölgesellschaften einbezogen, weil sie als Verbraucher nur von nebensächlicher Bedeutung waren. Außerdem sind die ölimportierenden Entwicklungsländer durch den scharfen Kostenanstieg ihrer Ölimporte empfindlich getroffen worden, die bei vielen von ihnen in den letzten Jahren einen rasch steigenden Anteil ihrer Deviseneinträge aufgezehrt haben. Es ist dringend erforderlich, Regelungen zu finden, mit deren Hilfe sich der Finanzbedarf decken läßt, den solche Kostensteigerungen verursachen – und zwar über die allgemeinen Maßnahmen hinaus, die erforderlich sind, um die Zahlungsbilanzen dieser Länder durch Programmkredite und andere Mittel zu unterstützen. Die Finanzierung der Suche nach fossilen Brennstoffen und die Entwicklung neuer Energiequellen in der Dritten Welt – wozu Erdgas, Wasserkraft und geothermale Energie gehören – liegen gleichfalls im Interesse aller Beteiligten und sollten internationale Unterstützung erhalten.

Gelegentliche Versorgungsstörungen wird es auch in Zukunft geben, wie es sie in der Vergangenheit gab. Deshalb ist die Planung für unvorhersehbare Engpässe wesentlich. Die ölimportierenden Entwicklungsländer, die am schutzbedürftigsten sind, sind von internationalen Abkommen bislang nicht berücksichtigt worden. Die Energiekommission der KIWZ hatte empfohlen, daß sie in Zeiten eingeschränkter Ölversorgung das Recht erhalten sollten, ihren notwendigsten Bedarf vorrangig zu decken. Ähnliche Vorschläge wurden auch von anderer Seite vorgebracht. Es sollte Pläne für besondere Notfälle geben, um diese Länder im Falle akuter Knappheit zu schützen.

Machtpolitik ist keine Lösung

Die politischen Gefahren, die aus der Energiesituation erwachsen, werden durch Befürchtungen unterstrichen, die in Medien und andernorts geäußert werden. Dort heißt es, mächtige Nationen könnten unter bestimmten Umständen Gewalt anwenden, um die künftige Versorgung mit Öl zu sichern. Solche Interventionen würden den Weltfrieden aufs Spiel setzen; von ihnen zu sprechen, verschärft bereits die politischen Spannungen und erschwert mögliche Lösungen – wir brauchen kaum darauf hinzuweisen, wie wichtig es ist, solche Vorstellungen aufs schärfste zurückzuweisen und die Energieprobleme der Welt mit friedlichen Mitteln zu lösen.

Verständigung zwischen Erzeugern und Verbrauchern

Wir glauben, daß es so notwendig wie dringend ist, nach Verständigung zwischen Erzeugern und Verbrauchern aller international gehandelten Energieformen zu suchen. Teil einer solchen Verständigung wäre die Sicherung regelmäßiger Ölversorgung, effektivere Energiesparmaßnahmen, vorhersagbarere Veränderungen der Ölpreise und die Entwicklung alternativer Energiequellen. Für einige dieser Ziele sind langfristige Maßnahmen erforderlich, doch ein Anfang muß mit ihnen allen gemacht werden. Zu diesem Zweck schlagen wir in unserem letzten Kapitel ein grundlegendes und weltweites Abkommen vor. Zu ihm gehören eine internationale Energiestrategie, Finanzierungsmaßnahmen, um dem allgemeinen Kreditbedarf der Entwicklungsländer gerecht zu werden und um für das Recycling der überschüssigen OPEC-Mittel zu sorgen, sowie andere Maßnahmen für eine internationale Wirtschaftsreform. Sie alle zusammen können vielleicht die Lösung der Nord-Süd-Probleme einleiten und den Weg zu einer vernünftigeren und gerechteren Weltordnung ebnen.

Eine Übereinkunft zwischen Erzeugern und Verbrauchern sollte alle Länder einschließen. Die Sowjetunion erzeugt mehr Öl als irgendein anderes Land und ist der zweitgrößte Exporteur nach Saudi-Arabien. Sie verdient auch die Hälfte ihrer Einnahmen in harten Währungen mit Öl. Außerdem besitzt sie die größten Reserven an Erdgas, dessen zweitgrößter Erzeuger (nach den USA) und dessen drittgrößter Exporteur sie ist. Andere Länder Osteuropas haben bislang 90% ihrer Ölimporte aus der Sowjetunion bezogen, haben jedoch in den letzten Jahren begonnen, sich den Quellen in der Dritten Welt zuzuwenden. Man vermutet, daß China zumindest über zweimal so viel Ölreserven verfügt wie die USA. Öl umfaßt bereits 15% der US-Importe aus China. Auch ist China der drittgrößte Kohleerzeuger der Welt.

Alle Völker der Erde müssen sich in die Verantwortung für die Energie teilen. Will man zu einer Verständigung kommen, wird dazu gewiß erforderlich sein, diese und die anderen Probleme, die wir angesprochen haben, ernsthaft in Angriff zu nehmen. Unsere ganze Zukunft könnte von dem Erfolg abhängen, der diesen weltweiten Anstrengungen beschieden ist.

Empfehlungen

Erforderlich ist der systematische Abbau der hohen Abhängigkeit von zunehmend knapper werdenden, nicht erneuerbaren Energiequellen.

Eine internationale Energiestrategie, die zu dem im letzten Kapitel des Berichtes empfohlenen »Sofortprogramm« gehört, sollte unverzüglich in Angriff genommen werden.

Preise, die langfristige Verknappung widerspiegeln, werden eine wichtige Rolle bei diesem Übergang spielen; systematische und berechenbare Preisveränderungen sind wichtig, um eine reibungslosere Entwicklung der Weltwirtschaft zu ermöglichen.

Es sollten spezielle Absprachen, unter Einschluß finanzielle Hilfe, getroffen werden, um die Energie-Versorgung der ärmeren Entwicklungsländer zu sichern.

Internationale und regionale Finanzorganisationen müssen wesentlich mehr Mittel zu Verfügung stellen, um die Suche nach neuen Energiequellen und ihre Erschließung zu finanzieren, wozu auch die Entwicklung erneuerbarer Energieressourcen gehören muß.

Unter der Schirmherrschaft der Vereinten Nationen sollte ein globales Energieforschungszentrum geschaffen werden, das Information und Projektionen zu koordinieren und die Erforschung neuer Energiequellen zu unterstützen hätte.

11 Industrialisierung und Welthandel

An die industriellen Revolutionen, die in den vergangenen zweihundert Jahren in Europa und Nordamerika aufeinander folgten, schließt sich jetzt die Industrialisierung Lateinamerikas, Asiens und Afrikas an, eine natürliche und gewiß unvermeidliche Entwicklung, die bereits beginnt, die Bedingungen der Wettbewerbsvorteile in der Weltwirtschaft zu verändern. Die meisten Länder in der Dritten Welt betrachten die Industrialisierung als ein zentrales Ziel ihrer Wirtschaftpolitik. Sie halten sie mit dem landwirtschaftlichen Fortschritt zusammen für einen wesentlichen Bestandteil von Entwicklung und Strukturwandel. Im Drang zur Industrialisierung spiegelt sich das tiefverwurzelte Bedürfnis nach Modernisierung und wirtschaftlicher Unabhängigkeit.

Der Anteil der Entwicklungsländer an der Weltindustrieproduktion ist recht gering. In den sechziger Jahren lag er konstant bei etwa 7%. Bis 1977 ist er auf 9% angestiegen. In dem Zeitraum von 1970 bis 1976 stieg ihre Industrieproduktion pro Jahr um 7,5% – mehr als doppelt so schnell wie in den Industrieländern der OECD – wenn auch nicht so rasch wie in Osteuropa, wo die Zuwachsrate bei 8,7% lag.

Doch die Industrialisierung ist in der Dritten Welt sehr ungleichmäßig verlaufen. Einige der Länder mit ›mittlerem Einkommen‹, insbesondere in Lateinamerika und Südostasien, haben auf industriellem Gebiet spektakuläre Fortschritte erzielt. Einige beschäftigen rund ein Viertel ihrer Arbeitskräfte in der Industrie – soviel wie nach heutigem Stand einige der »alten« Industrieländer. Andere Länder weisen wenig Wandel auf. In vielen der ärmsten Länder sind weniger als 5% der Arbeitskräfte im Industriesektor beschäftigt.

Die Generalkonferenz der UNIDO nahm 1975 die Lima-Deklaration an, die das Ziel enthält, daß der Anteil der Entwicklungsländer an der Weltindustrieproduktion im Jahre 2000 zumindest 25% erreicht haben sollte. Dies bedeutet, daß die Entwicklungsländer eine industrielle Wachstumsrate beibehalten müßten, die um rund 5 Prozentpunkte über jener der übrigen Welt liegen müßte. Hier und da wird bezweifelt, daß dies möglich sei, doch ist es durchaus im Bereich der Möglichkeiten, wenn den Entwicklungsländern bei ihrer Industrialisierung geholfen wird, statt daß man ihnen Steine in den Weg legt.

Gleichgewicht zwischen Landwirtschaft und Industrie

Einige Länder der Dritten Welt haben sich verstärkt der Entwicklung ihres landwirtschaftlichen Sektors zugewandt und ihre Industrie auf dieser Grundlage aufgebaut. Andere haben die Industrialisierung als zentrales Instrument zur Entwicklung ihrer Gesellschaften benutzt: entweder im Rahmen der herkömmlichen wachstumsorientierten Politik oder im Rahmen einer Politik, die gezielter darauf ausgerichtet ist, die absolute Armut zu verringern und die Produktivität der Armen zu steigern. Inwieweit diese Länder dabei Erfolg haben, hängt weitgehend vom internationalen Klima und den Reaktionen anderer Länder ab (wir werden uns damit noch eingehender an anderer Stelle dieses Kapitels befassen). Doch tragen die Entwicklungsländer selbst die Hauptverantwortung dafür, daß die Industrialisierungspolitik in die Gesamtentwicklungsmaßnahmen – Erhöhung von Beschäftigtenzahlen und Einkommen, Befriedigung elementarer Bedürfnisse der Bevölkerung und Förderung wirtschaftlicher Unabhängigkeit – integriert wird.

Die Industrialisierung läßt sich nicht anhand rein wirtschaftlicher Gesichtspunkte verstehen, da sie tiefgreifenden gesellschaftlichen Wandel mit sich bringt. Die Abwanderung vom Land in die Städte, die Übernahme neuer Lebensstile und Einstellungen haben weitreichende Folgen. Es muß aber in der Entwicklung einer Nation nicht zu Konflikten zwischen industriellen und landwirtschaftlichen Prioritäten kommen. Beide stehen in einem engen gegenseitigen Abhängigkeitsverhältnis, insofern Ertrag und Produktion der einen die Nachfrage für die andere Seite schaffen. Die Bewahrung dieses empfindlichen Gleichgewichtes zwischen Industrie und Landwirtschaft und die Sorge für gesunde Bedingungen in beiden Sektoren ist eine der entscheidenden Aufgaben für die Regierungen der Dritten Welt.

Förderung von Industrieexporten

In den Anfangsphasen der Industrialisierung versuchen die meisten Länder, eingeführte Fertigprodukte durch einheimische Produkte zu ersetzen. Sie schützen ihre eigenen Produzenten gegen die Konkurrenz aus dem Ausland durch Zollschranken, Einfuhrlizenzen und Wechselkurspraktiken, welche die Einfuhren verteuern. Dieser Prozeß, in dem Importe durch einheimische Erzeugnisse ersetzt werden, kann auf lange Sicht für Länder mit großen Binnenmärkten und natürlichen Ressourcen durchaus erfolgreich sein. Denn sie haben so die Möglichkeit, Investitionsgüter im Lande auf der Grundlage eingeführter Rohstoffe herzustellen. So haben Brasilien und Indien beträchtliche und produktive Kapazitäten im Maschinenbau errichtet. Aber früher oder später stößt diese Politik doch auf ihre Grenzen. Verantwortlich dafür sind die einheimischen Märkte – wegen der Größe des Landes, unzureichender Anstrengungen auf dem Gebiet der Einkommensverteilung oder anderer Faktoren – sowie der Mangel an Devisen für Einfuhren aus dem Ausland. Sobald diese Länder sich eine industrielle Grundlage geschaffen haben, spüren sie die Notwendigkeit, ihre Politik zu ändern oder zu modifizieren. Solchen Wandel können sie nicht plötzlich herbeiführen. Doch seit den sechziger Jahren haben sich viele Entwicklungsländer Strategien zugewandt, die das Ziel haben, ihre Exporte zu fördern und Nachteile zu beseitigen, die sich aus der Isolierung ihrer Binnenmärkte ergeben.

Mehrere Länder, die sich einer exportorientierten Politik zugewandt haben, konnten ihre relativen Vorteile auf dem Weltmarkt ausnutzen. Dazu gehören einige lateinamerikanische Länder, die auf eine recht lange Geschichte nationaler Unabhängigkeit zurückblicken können, sowie die Wirtschaft einiger Insel- und Stadtstaaten, die von vornherein genötigt waren, sich auf die Exportnachfrage zu verlassen. Wenn die Industrialisierung einmal Fuß gefaßt hat, so sind diese Staaten nicht nur dank ihrer arbeitsintensiven Industrien, etwa mit Textil- und Lederprodukten, sondern auch dank relativ kapitalintensiver Verarbeitungsindustrien, wie der Elektronikindustrie, der Stahl- und Schiffsbauindustrie, in der Lage, eine hohe Konkurrenzfähigkeit auf den Weltmärkten zu entwickeln.

Industrieproduktion wird wichtiger

Obgleich die Exporte von Fertigprodukten aus vielen der ärmeren Länder sich nur geringfügig erhöht haben, nehmen insgesamt gesehen die Fertigprodukte am Gesamtexport der Entwicklungsländer allmählich doch einen viel größeren Raum ein. So betrug dieser Anteil im Jahre 1955 noch lediglich 10% aller Exporte (ohne Energie). Zehn Jahre später waren es schon 20%, und im Jahre 1975 wurde die Vierzigprozentmarke überschritten. Die meisten dieser Exporte stammen nur aus einigen wenigen Ländern. Acht dieser

Länder waren zwischen 1970 und 1976 mit 78% am Zuwachs der Exporte von Fertigwaren aus der Dritten Welt in Mitgliedsländer der OECD beteiligt. Aber die Zahl der erfolgreichen Exportländer ist im Steigen begriffen.

Ein erheblicher Anteil dieses Produktions- und Handelsgeschehens erfolgt innerhalb der weltweiten Operationen transnationaler Gesellschaften. Die Exporte von Industriegütern aus Entwicklungsländern, insbesondere in Industrien mit den besten Marktaussichten, werden zu einem wesentlichen Teil von solchen Gesellschaften kontrolliert – entweder durch Tochtergesellschaften oder durch Nebenverträge mit einheimischen Unternehmen. Die zweite Methode gewinnt zunehmend an Bedeutung. Doch haben einheimische Firmen einen größeren Anteil insgesamt und bei weitem den größten Anteil an Exporten der Textil-, Bekleidungs- und Schuhindustrie.

Märkte für Produkte der Dritten Welt

Die fortlaufende Industrialisierung der Entwicklungsländer verlangt den Zugang zu internationalen Märkten. Zunehmend bietet dabei der Süden selbst mit seinen hohen Bevölkerungszahlen einen großen Markt. 1976 gingen 22% der Gesamtexporte des Südens und 32% seiner Fertigprodukte an andere Länder der südlichen Hemisphäre. In der ersten Hälfte der siebziger Jahre wuchs dieser Anteil rascher als die Exporte in den Norden, was eine Umkehr der Vorgänge aus den sechziger Jahren darstellte. Der Handel zwischen Ländern des Südens wird besondere Bedeutung gewinnen, wenn die Märkte der Industrieländer in den kommenden Jahrzehnten zu langsam wachsen, um die Export- und Importbedürfnisse des Südens zu befriedigen. Wenn beispielsweise das Bruttosozialprodukt in den Entwicklungsländern pro Jahr um 6 bis 7% steigen sollte, während das der Industrieländer um 3 bis 4% wächst, werden die Entwicklungsländer ihren Handelsbedarf in höherem Maße untereinander decken müssen. Je besser es diesen Ländern gelingt, ihre industriellen Aktivitäten in das breit angelegte entwicklungsorientierte Bestreben zur Anhebung von Einkommen und Lebensstandard zu integrieren, desto besser wird die Grundlage für eine anhaltende Expansion dieses Handels sein. Maßnahmen, die zur Belebung der Handelsbeziehungen zwischen Ländern des Südens erforderlich sind, wurden in Kapitel 8 erörtert. Noch auf lange Zeit werden die Industrieländer jedoch die Hauptmärkte für die Fertigprodukte des Südens bleiben.

Der Westen ist aber nicht der einzige Markt für Industrieerzeugnisse. Die Sowjetunion und andere Länder des Comecon nehmen rund 6% der Exporte aus den Entwicklungsländern ab, doch entfällt auf Fertigwaren ein viel geringerer Anteil an ihren gesamten Einfuhren aus Entwicklungsländern, die nicht der OPEC angehören – etwa 15% im Jahre 1976 – als beispielsweise in den USA (etwa 40%), Japan (24%) oder der EWG (etwa 29%). Allerdings haben die Importe von Fertigprodukten der Comecon-Länder diesen Stand von einer Ausgangsbasis erreicht, die in den fünfziger Jahren praktisch Null war. Hier ist noch viel Spielraum für weitere Expansion, besonders wenn eine große Zahl von Ländern der Dritten Welt, mit denen noch keine Handelsabkommen getroffen worden sind, Zugang zu Comecon-Märkten finden und Comecon-Länder in höherem Maße bereit sind, in konvertierbaren Währungen zu zahlen.

Notwendigkeit fortgesetzter Anpassung

Trotzdem sind es die Mitgliedsländer der OECD, die mit ihrer hohen Kaufkraft die Hauptabnehmer bei einer weiteren Expansion der exportorientierten Industrieproduktion im Süden sein werden müssen. Dieser Prozeß muß nicht mit den langfristigen Interessen des Nordens kollidieren, wenn er in einer Weise gefördert wird, die plötzliche Unterbrechungen und Richtungsänderungen der Handelsströme vermeidet. Die internationale Arbeitsteilung ist ein dynamischer Prozeß, der von allen Ländern ständige Anpassung verlangt. In dem Maße, wie die Entwicklungsländer das Tempo ihrer Industrialisierung beschleunigen, werden die alten Industrieländer Kapital und Arbeitskräfte zunehmend in der Produktion qualifizierter und technisch hoch entwickelter Waren einsetzen müssen.

In der Vergangenheit erwiesen sich Befürchtungen, daß die Einfuhren aus dem Süden zu einer erheblichen Arbeitslosigkeit im Norden führen würden, als falsch. Ein Bericht der EWG, dem zahlreiche Studien über die Auswirkungen dieses Prozesses in den Vereinigten Staaten, der Bundesrepublik Deutschland, Großbritannien, Frankreich und anderen Ländern zugrunde lagen, führt zu der entgegengesetzten Schlußfolgerung: Die unmittelbare Auswirkung auf die Arbeitsplätze war im Vergleich zur Auswirkung des einheimischen technischen Fortschritts nur gering, obgleich der Druck gesteigerter Importe in der Regel zu Produktivitätsverbesserungen führt. Dieser Schluß wurde durch eine Reihe anderer Untersuchungen bestätigt.

Mit Bekleidungs- und Textilerzeugnissen sind die Entwicklungsländer am stärksten auf die Märkte des Nordens vorgedrungen. Mitte der siebziger Jahre erreichte ihr Anteil am Verbrauch in der EWG, den USA, Kanada und Japan 7,2% – in einem Land wie Schweden sogar noch einen wesentlich höheren Anteil. Doch selbst in diesem Bereich wirkt sich diese Entwicklung auf die Arbeitslosigkeit in den Industrieländern weit geringer aus als der einheimische technologische Wandel. Die gesamte Einfuhr von Fertigprodukten aus Entwicklungsländern deckte nur 1,7% des Verbrauchs. Auch hier war die Auswirkung auf die Beschäftigungssituation gering. Eine neuere Studie über die Anpassungsprobleme in der britischen Wirtschaft zeigte, daß die Importsteigerung bei Fertigwaren aus 23 ›Schwellenländern‹ zwischen 1970 und 1977 wahrscheinlich zur Entlassung von nicht mehr als 2% der 1970 in den betroffenen Industrien beschäftigten Arbeitskräfte geführt hat. Die gleiche Berechnung für den Exportanstieg britischer Fertigwaren in diese Länder läßt auf einen ungefähr gleichen Beschäftigungs*anstieg* schließen. Im Endeffekt haben sich also keine Entlassungen ergeben. Studien, die sich mit anderen Ländern des Nordens beschäftigen, lassen auf ein ähnliches Gleichgewicht von Arbeitsplatzverlusten und Arbeitsplatzgewinnen schließen.

Manchmal genügt es jedoch nicht, sich mit einer pauschalen Betrachtung der Auswirkungen zu begnügen. Der Verlust von Arbeitsplätzen in Bereichen, die vom Wettbewerb mit Schwellenländern betroffen worden sind, hat in der Regel die bestehenden Schwierigkeiten in wirtschaftlich schwächeren Regionen und Beschäftigungsgruppen noch verstärkt. Der Abzug der Arbeitskräfte aus rückläufigen Industriezweigen ist nicht immer leicht. So werden beispielsweise Näherinnen in der Bekleidungsindustrie nicht in der Lage sein, Stellenangebote als Dreher oder Monteure anzunehmen, die vielleicht von technischen Betrieben oder Elektronikfirmen in ganz anderen Gegenden angeboten werden. Dies gilt sogar für eine gesunde Wirtschaft mit Vollbeschäftigung. In Zeiten mit wachsender Arbeitslosigkeit schafft dieser Anpassungsprozeß schwierige politische und soziale Probleme, die von den betroffenen Regierungen mit Fingerspitzengefühl und Einfallsreichtum behandelt sein wollen.

Die Rückkehr zum Protektionismus

Zu den größten Herausforderungen, denen sich die internationale Wirtschaftspolitik für den Rest dieses Jahrhunderts gegenübersehen wird, gehört die Aufgabe, einer neuen Entwicklung industrieller Kapazität in der Weltwirtschaft den Weg zu ebnen – ein Umwälzungsprozeß von historischen Dimensionen. In dem Maße, wie die wirtschaftliche Entwicklung der Dritten Welt vorankommt, werden Neulinge die Konkurrenz auf dem Gebiet der Herstellung zahlreicher traditioneller Produkte anführen und so ihre Konkurrenten im Süden wie im Norden zur Anpassung zwingen. Aber diese Konkurrenten werden sich ihrerseits weiterentwickeln und auf andere Sektoren und andere Tätigkeitsbereiche ausweichen. Im Norden wird man dazu gezwungen sein, die Beschäftigungszahlen in vielen traditionellen Bereichen zu verringern, um sich den neuen Industriekapazitäten des Südens anzupassen. Dieser Strukturwandel der Weltwirtschaft ist unvermeidlich und wird auf lange Sicht beiden Seiten zum Nutzen gereichen. Insofern ist es besorgniserregend, daß der Norden in jüngster Zeit erkennen ließ, daß er sich weniger um Anpassung bemüht, sondern protektionistische Maßnahmen verstärkt.

In der Nachkriegszeit haben die Industrieländer nach und nach ihre Handelsschranken für Industrieprodukte abgebaut, und zwar größtenteils durch sukzessive multilaterale Handelsvereinbarungen. Dies trug für mehr als zwei Jahrzehnte zum stetigen und schnellen Wachstum des Welthandels bei, woraus der Norden und weitgehend auch der Süden große Vorteile zogen. Doch Anfang der sechziger Jahre wurden die Exporte von Textilien und Bekleidung aus der Dritten Welt »freiwilligen Exportbeschränkungen« unterworfen, um drastischen einseitigen Restriktionen zuvorzukommen. Die Gesamtexporte an Industrieprodukten aus den Entwicklungsländern stiegen zwischen 1970 und 1976 jährlich um 15 %, und als die Konkurrenten aus dem Süden stärker auf die Märkte des Nordens vordrangen, errichteten die Länder dort zusätzliche nichttarifäre Handelshindernisse, zumeist in Form von Quoten. Diese Einfuhren von Industrieprodukten trafen auf mehr und höhere Schranken als jene aus anderen Industrieländern.

Die Rezession von 1974, der steile Anstieg der Arbeitslosenzahlen im Norden und fortgesetzte Zahlungsbilanzprobleme beschwören nun die Gefahr herauf, daß immer stärker von liberalen Handelsprinzipien abgewichen wird. Das sogenannte »Welt-Textil-Abkommen«, das festlegt, daß die Importquoten pro Jahr mindestens um 6% steigen sollten, wurde durch einseitige Restriktionen um einen Teil seiner Wirkung gebracht. Der Handel auf dem Schiffsbau-, Schuh-, Elektronik- und Stahlsektor wurde bedenklich eingeschränkt. Die Regierungen haben international nicht-wettbewerbsfähigen Firmen verstärkt Subventionen und Aufträge zukommen lassen, und ihre Klagen über ausländische Dumping-Maßnahmen haben zugenommen.

Der Druck auf die Regierungen, den Handel einzuschränken, dürfte in den vor uns liegenden Jahren noch stärker werden. Allein schon die Androhung von Wettbewerbsbeschränkungen schafft ein Klima, das für Investitionen in der Dritten Welt ungünstig ist. Die tatsächliche Verhängung solcher Restriktionen, besonders wenn sie die Form von Quoten annehmen, führt zu Arbeitslosigkeit und zu Verlusten der exportabhängigen Produzenten und bremst das Wachstum der Entwicklungsländer.

Das Verlangen nach Schutz oder Subventionen im Norden kommt von politischen Parteien, Wirtschaftsorganisationen sowie den Arbeitgebern und Gewerkschaften in jenen Industrien, denen Rückschläge, Insolvenzen und Arbeitsplatzverluste drohen, besonders wenn diese Arbeitsplätze in Regionen konzentriert sind, in denen kurzfristig keine Aussicht auf andere Beschäftigungsmöglichkeiten besteht. In einer Zeit allgemeiner Rezession sind solche Forderungen verständlich. Es geht dann um das Leben der Menschen und ihrer Familien; da sind Regierungen möglicherweise versucht, solchem Druck nachzugeben. Man wird den notwendigen Strukturwandel im Norden leichter vertreten können, wenn man zeigen kann, daß breiten Bevölkerungsschichten der Länder im Süden daraus konkreter Nutzen erwächst.

Gefahren von Handelsbeschränkungen

Die Stimmen der Konsumenten und Hersteller, die lieber billigere Importe kaufen würden, vermögen sich in der öffentlichen Diskussion der reichen Länder häufig weniger Gehör zu verschaffen als die Befürworter des Protektionismus. Dieser verursacht den Verbrauchern höhere Kosten und fügt der Gesamtwirtschaft auf lange Sicht Verluste zu, weil er den dynamischen Sektoren Ressourcen vorenthält. Man sollte auch die Auswirkungen eines ungehinderten Stroms von Importwaren auf das Preisniveau nicht unterschätzen.

In Industriezweigen mit umfangreichen Einfuhren aus Entwicklungsländern sind die Einzelhandelspreise in weit geringerem Maße gestiegen als das durchschnittliche Preisniveau in den meisten Ländern des Nordens. Eine 1978 durchgeführte Analyse aller Verbrauchsgüter in den USA – mit Ausnahme von Nahrungsmitteln und Kraftfahrzeugen – ergab, daß aus Asien und Lateinamerika eingeführte Waren im Durchschnitt um 16 % billiger verkauft wurden als einheimische Produkte gleicher Qualität. Importe aus der Dritten Welt können somit eine wichtige Rolle für die Dämpfung der Inflation im Norden spielen.

Ferner schmälert die Beschränkung der Exporte aus den Entwicklungsländern auch deren Möglichkeit, Waren einzuführen. Dies wiederum steht der Schaffung neuer und produktiverer Arbeitsplätze im Norden im Wege und zwingt die Entwicklungsländer, mehr Kredite aufzunehmen. Das hat seinerseits zur Folge, daß es für die Entwicklungsländer immer schwieriger wird, ihre Schulden zu bezahlen, wodurch ihre ohnehin schon angespannte finanzielle Situation noch prekärer wird. In diesem Zusammenhang sollte man sich daran erinnern, daß die meisten Industrieländer aus den Entwicklungsländern nur einen Bruchteil der Fertigprodukte importieren, die sie dorthin exportieren: 1978 entsprachen die Einfuhren von Industrieprodukten und Halbfabrikaten einem Wert von 32 Milliarden Dollar. Der Handel in umgekehrte Richtung belief sich auf 125 Milliarden Dollar. Die Gesamteinfuhren von Industrieländern aus Entwicklungsländern repräsentierten hingegen einen Wert von 216 Milliarden Dollar – gegenüber 200 Milliarden Dollar an Ausfuhren in diese Länder.

Diese Einengung des freien Welthandels, die Hand in Hand mit einer sich verschärfenden Wirtschaftskrise geht, ist ein sehr ernstes Problem für die Zukunft. Sie bedeutet auch eine Gefahr für den Handel zwischen den Industrieländern selbst. Doch treffen die Exporte aus den Entwicklungsländern auf die härtesten Schranken. Die Hindernisse, die sich ihrer Expansion in den Weg stellen, setzen die Zukunft der mehr nach außen gerichteten, produktiven und auf Gleichberechtigung gegründeten Expansionsstrategien aufs Spiel, die von Industrienationen und internationalen Institutionen sonst immer empfohlen wurden. Viel wird von den Grundsätzen abhängen, zu denen sich die Handelsnationen in ihrem je eigenen und in ihrem gemeinsamen Interesse bekennen. Der Protektionismus der Industrieländer, der sich gegen die Exporte aus Entwicklungsländern richtet, sollte abgebaut werden. Dies sollte durch ein verbessertes institutionelles Instrumentarium sowie durch neue Handelsrichtlinien und Prinzipien erleichtert werden.

Multilaterale Handelsvereinbarungen

Die Entwicklungsländer waren mit den Ergebnissen der jüngsten multilateralen Verhandlungen im GATT, die allgemein unter der Bezeichnung ›Tokio Runde‹ bekannt wurden, nicht zufrieden und stimmten dem Abkommen aus dem Jahre 1979 deshalb auch nur zögernd zu. Sie stellten fest, daß es nur begrenzte Vorteile für sie bietet, da zahlreiche für sie besonders interessante Warenkategorien ausgeschlossen waren. Die hohen Zolltarife, die die Verarbeitung von Rohstoffen einschränkten, wurden nur unerheblich gesenkt. Bestehende quantitative Beschränkungen waren überhaupt nicht Gegenstand der Verhandlungen; bestehende Präferenzen werden durch die Herabsetzung der Zölle in Mitleidenschaft gezogen, und Zölle auf Waren wie Textilien und Schuhe sind nicht erheblich herabgesetzt worden. Vor allem konnte man sich auf keine akzeptablen Bedingungen für die Anwendung von Schutzmaßnahmen gegen ihren Export einigen. Die Verhandlungen erbrachten jedoch eine Reihe von Verhaltensrichtlinien, deren Ziel es ist, die Regeln des Welthandels zu modernisieren und zu liberalisieren. Diese behandeln die wichtigsten Streitpunkte wie nichttarifäre Handelsschranken und staatliches Beschaffungswesen, die zu ernsthaften Hindernissen des Freihandels geworden sind. Die Richtlinien und Vorschriften, die das Verhalten auf diesem und auf anderen Gebieten regeln sollten, enthalten eingehende Bestimmungen über gegenseitige Unterrichtung, Beratung, Schlichtung und Überwachung. Es bleibt abzuwarten, ob dieses Instrumentarium auch angewendet und genügend respektiert werden wird, um ein faireres und berechenbareres Handelsklima zu schaffen. Das Richtliniensystem eröffnet jedoch einen Weg für die multilaterale Klärung für eine Reihe von Handelsstreitigkeiten. Es sollte ohne Diskriminierungen angewendet werden und alle Entwicklungsländer als Nutznießer einschließen.

Mißbräuche des Schutzsystems

Die Artikel des GATT beruhen auf der Annahme, daß Länder sich nur dann zur Liberalisierung ihres Handels verpflichten, wenn ihnen gestattet wird, im Notfall entsprechende Schutzmaßnahmen zu treffen. Die wichtigste Schutzklausel gestattet einem Land, dann Restriktionen zu verhängen, wenn durch eine Steigerung der Einfuhren die einheimischen Produzenten entweder schon eine »ernsthafte Beeinträchtigung« erlitten haben oder ein solcher Schaden droht. Das Einfuhrland muß aber zuerst die betroffenen Ausfuhrländer unterrichten und sich mit ihnen beraten und darf Restriktionen »nur insoweit und für eine solche Zeit verfügen, wie dies erforderlich ist, um eine solche Beeinträchtigung zu verhindern oder zu beseitigen«.

Viele Länder haben sich schon auf die Schutzklauseln (Artikel XIX) berufen, doch häufiger haben sie in Verletzung dieser Klausel nichttarifäre Handelsschranken errichtet, entweder einseitig oder indem sie sogenannte »freiwillige Exportbeschränkungen« oder »ordentliche Vertriebsvereinbarungen« ausgehandelt haben, wobei Entwicklungsländern, die solche Vereinbarungen akzeptierten, keine echte Wahl blieb. Auf diese Weise blieb das Abkommen weitgehend ohne Wirkung. Deshalb wäre ein strengeres Schutzsystem ohne Frage wünschenswert.

Die Verhandlungen über Schutzklauseln sollten mit aller Dringlichkeit vorangebracht werden, da in der Regel beträchtliche Zeit zwischen Aufnahme und Abschluß solcher Verhandlungen verstreicht. Da diese Fragen so wichtig sind, sollte geregelt werden, daß die Einfuhrländer mit den betreffenden Ausfuhrländern in Beratungen eintreten – in unilaterale, bilaterale oder multilaterale Beratungen mit rückhaltloser Offenlegung der Information. Länder, die zu Schutzmaßnahmen greifen möchten, müßten zur Zufriedenheit einer mit den Verbraucher- und Ausfuhrländern in Beratung stehenden multilateralen Behörde beweisen, daß ihren einheimischen Produzenten tatsächlich ernsthafter Schaden droht.

Schutzmaßnahmen müssen eindeutig und von begrenzter Dauer sein und allmählich abgebaut werden. Auch müssen sie in ihrer Anwendung zwischen Industrie- und Entwicklungsländern sowie zwischen den Entwicklungsländern selbst nicht diskriminierend sein. Außerdem sollten Regierungen, die zu Schutzmaßnahmen Zuflucht nehmen, genau angeben, welche Maßnahmen sie zu verhängen beabsichtigen, um die notwendige industrielle Anpassung zu erreichen. Diese Angaben sollten dann von einer multilateralen Behörde überprüft werden. Wenn ein Land Schutzmaßnahmen ergreift, um die Arbeitsplätze in einem Industriezweig zu sichern, der in einem durchaus fairen Konkurrenzkampf mit den Industrien anderer Länder steht, sollte das Abkommen den betroffenen Ländern Ausgleichsrechte zugestehen, wie beispielsweise Handelskonzessionen in anderen Bereichen. Dies würde auch die Einfuhrländer davor abschrecken, leichtfertig Schutzmaßnahmen zu ergreifen.

Vorschläge, die der Norden im Interesse von »geordnetem Absatz« oder »organisiertem Freihandel« eingebracht hat, haben das Ziel, Engpässe dadurch zu vermeiden, daß die Praxis von Vertriebsabkommen und Quoten auf mehr Industrien ausgedehnt wird, etwa auf die Bereiche von Schiffsbau, Stahl, Petrochemie und Autos. Doch können in solchen Vereinbarungen wirtschaftlich stärkere Länder unbillige Vorteile gegenüber schwächeren durchsetzen, wodurch die Anpassung eher blockiert als gefördert wird. Solche internationalen Vereinbarungen sollten nur akzeptiert werden, wenn sie verknüpft sind mit einem Programm zur Anpassung und zur Kompensation in bestimmten Sektoren – einem Programm, das internationale Zustimmung findet und eine gerechte Verteilung der Anpassungslasten gewährleistet.

Umschulung und Umstrukturierung

Der Verbindung zwischen Schutzmaßnahmen und Maßnahmen zur industriellen Anpassung kommt große Bedeutung zu. Wenn Regierungen in eine Politik des industriellen Protektionismus zurückfallen, sobald die Arbeitsplätze gefährdet sind, dann ist dies auch für andere Länder ein Anlaß zu tiefer und berechtigter Besorgnis. Doch das Ergebnis industrieller Anpassungspolitik war bisher nicht sehr befriedigend. Allzu leicht nimmt sie defensiven Charakter an und hält nicht-wettbewerbsfähige Industriezweige künstlich am Leben. Das Beispiel Japans kann anderen Industrieländern wertvollen Aufschluß darüber geben, wie sich die Umstrukturierung an der Vorausplanung orientieren kann, wobei nicht-wettbewerbsfähige Industriezweige rasch abgebaut und Arbeitskräfte und Investitionen in neue Bereiche geleitet werden. Trotzdem bereitet die japanische Einfuhrpolitik in einigen Bereichen den ausländischen Anbietern Sorgen.

Es gibt viele Maßnahmen, durch die sich Strukturwandel anregen und erleichtern läßt. Zwar ist es heute weitgehend üblich, Arbeitskräfte für die Beschäftigung in neuen Industriezweigen umzuschulen und Arbeitnehmer, die auf der Suche nach Arbeitsplätzen einen Wohnungswechsel vornehmen müssen, finanzielle Hilfe zukommen zu lassen. Aber die Anstrengungen, die Mobilität von Arbeitnehmern zu erhöhen, könnten noch intensiviert werden. In Japan hat es sich als erfolgreich erwiesen, überflüssige Kapazitäten durch den Staat aufzukaufen und abzubauen, statt weitere Investitionen in unwirtschaftliche Industriezweige zu unterstützen. Auch lokale und regionale Entwicklungspläne, wozu auch die Beschaffung von Arbeitsplätzen in neuen Industriezweigen gehört, müssen dabei eine wichtige Rolle spielen. Erschwert wird der Strukturwandel häufig durch die geographische Konzentration unwirtschaftlicher Industriezweige. Für die Antwort auf die Frage, welche Politik hier zu wählen sei, lassen sich keine allgemeinen Regeln aufstellen. Auf jeden Fall sollte die Anpassung nicht defensiv, sondern positiv und mit dem Blick in die Zukunft angegangen werden. Auch muß es einen festen Zeitplan für alle denkbaren vorübergehenden Restriktionen geben, die im Rahmen der Schutzklauseln verhängt werden dürfen. Man sollte eine engere Koordination zwischen den Investitionsvorhaben in betroffenen Industriezweigen und den Handelsabsichten in verschiedenen Ländern anstreben – wie schwer sich das auch immer realisieren läßt. Wo es keine solchen Pläne gibt, sollten auf internationaler Ebene Konsultationen, die auch die Entwicklungsländer einbeziehen müßten, über Investitionsabsichten und industrielle Umstrukturierungsmaßnahmen geführt werden.

Die Schwierigkeiten, die diesem Prozeß entgegenstehen, lassen sich nicht leugnen; zu viele Interessen sind beteiligt. Fortschritte lassen sich nur schrittweise erzielen, doch sollten Länder, die legitime Schutzmaßnahmen ergreifen, spezifische Zeitpläne aufstellen – beispielsweise für einen Zeitraum von fünf Jahren – in denen festgelegt wird, wie nicht konkurrenzfähige Industriezweige abgebaut werden. In solchen Plänen sollten Faktoren berücksichtigt werden wie Umschulung und Verluste, die einheimischen Arbeitnehmern, Gemeinden oder Firmen entstehen.

Wenn größere Investitionsvorhaben Gegenstand internationaler Konsultationen würden, bliebe genügend Zeit, die industrielle Umstrukturierung vorzunehmen und »ernsthafte Beeinträchtigung« abzuwenden, sofern sie droht. In den in Frage kommenden internationalen Organisationen müßte Gelegenheit zu multilateraler Konsultation und Kritik sein. Dadurch ließen sich die Grundsätze gegenseitiger Anpassung und Fairneß stärken, an denen sich die Umstrukturierung der Weltwirtschaft zu orientieren hat.

Angemessene Arbeitsbedingungen

Wenn einer Industrie im Norden Konkurrenz im Ausland entsteht und es dadurch zu einem Verlust an Märkten und Arbeitsplätzen kommt, so haben die Arbeiter, die ihren Arbeitsplatz verlieren, die Hauptlast zu tragen. Die Gewerkschaften haben in den meisten Fällen der natürlichen Versuchung widerstanden, einen Schutz vor der Konkurrenz aus Ländern zu fordern, in denen die Löhne niedrig sind, weil die Menschen arm sind. Die internationale freie Gewerkschaftsbewegung, die Gewerkschaften aus Industrieländern und der Dritten Welt in einem Geist der Solidarität vereint, vertritt in der Frage der Liberalisierung des Handels und der Kooperation in Angelegenheiten der Entwicklungspolitik eine progressive Haltung. Doch erheben die Gewerkschaften Einspruch, wenn sie argwöhnen, daß die Löhne in den Entwicklungsländern durch die Ausbeutung einer schwachen und unorganisierten Arbeiterschaft, durch übermäßig lange Arbeitszeiten oder durch Kinderarbeit niedrig gehalten werden. Besonders empfindlich reagieren sie, wenn die Konkurrenz dadurch überhöhte Gewinne erzielt – besonders wenn es sich dabei um multinationale Konzerne handelt, die in einigen Fällen sogar ihre eigenen Arbeitgeber sein können.

Auf der Weltarbeitskonferenz von 1976 wurde zum Ausdruck gebracht, daß »die Konkurrenzfähigkeit neuer Importe aus Entwicklungsländern nicht auf Kosten angemessener Arbeitsbedingungen gehen dürfe«. Im Jahre 1978 beschlossen zudem die Führer der freien Gewerkschaften der Welt einstimmig, die Aufnahme einer sogenannten »Sozialklausel« in die Handelsvereinbarungen zu fordern. Diese Klausel sollte Diskriminierung, Kinderarbeit und Zwangsarbeit verhindern, angemessene Arbeitsbedingungen und das Recht auf Versammlungsfreiheit garantieren und für die Einhaltung geeigneter Sicherheits- und Gesundheitsbestimmungen sorgen. Wenn Exporte auf Arbeitsbedingungen beruhen, die sich über minimale Sozialstandards einer gegebenen Gesellschaft hinwegsetzen, so sind sie weder im Interesse der betroffenen Arbeitskräfte, noch im Interesse der Arbeitskräfte aus den konkurrierenden Exportländern der Dritten Welt oder der Arbeitskräfte der Importländer, deren Wohlergehen und sozialer Status dadurch untergraben wird. Sie verstoßen auch gegen die Interessen von Unternehmen und Ländern, die sich für den sozialen Fortschritt einsetzen. Ebenso wie sich Entwicklungsländer selbst um den industriellen Anpassungsprozeß anderer Länder kümmern, so werden die Bedingungen in ihren eigenen Industrien zunehmend Gegenstand internationaler Sorge und Kritik werden.

Die Notwendigkeit neuer Handelsregeln

Neue internationale Regeln sind erforderlich, um Streitigkeiten zu regeln, die aus dem Welthandel erwachsen. Wettbewerbsbeschränkende Handelspraktiken, Mißbräuche im Bereich des Handels innerhalb großer Konzerne, Einschränkung von Exportkontrollen und sogenannter Zugang zur Lieferquelle – all dies bedarf der Überwachung und Kontrolle. Die verschiedenen Preiskalkulationssysteme in westlichen und osteuropäischen Ländern können zu einem ungleichen Wettbewerb führen – ein Problem, das es zu lösen gilt. Der Austausch auf dem Dienstleistungssektor und der Handel mit landwirtschaftlichen Produkten wie auch der Handel zwischen Teilbetrieben internationaler Unternehmen sowie staatlicher Handel blieben im GATT weitgehend unberücksichtigt.

Unmittelbare Sorge bereitet die Zukunft des Allgemeinen Präferenzsystems (GSP), das im Jahre 1968 in der UNCTAD ausgehandelt wurde und das zunächst den Entwicklungsländern für einen Zeitraum von zehn Jahren Präferenzen einräumte. Das GSP hat vielen Entwicklungsländern geholfen – wenn auch weniger, als es vermocht hätte. Man sollte seinen Mängeln die nötige Aufmerksamkeit schenken: So sollten jetzt beispielsweise die ursprünglichen Regeln, die Ausnahmen und Quotenbeschränkungen gelokkert werden. Auch ist zu wünschen, daß das allgemeine Präferenzsystem über das Jahr 1981 hinaus verlängert und »verbindlich« gemacht wird, um die Gefahr auszuschließen, daß es durch einseitiges Handeln unterlaufen werden könnte. Es sollten verstärkte Anstrengungen unternommen werden, um den am wenigsten entwikkelten Ländern zu ermöglichen, Nutzen aus dem GSP zu ziehen. In der Vereinbarung des Gipfeltreffens von Tokio wurde berücksichtigt, daß eine Vorzugsbehandlung der Entwicklungsländer als ständiges Wesensmerkmal des Welthandels akzeptiert werden sollte, statt sie als vorübergehende Maßnahme anzusehen. Andererseits haben die Entwicklungsländer erklärt, daß sie in dem Maße, in dem ihre Entwicklung Fortschritte mache, allmählich in der Lage sein würden, vertraglich festgelegte Konzessionen zu machen und einen größeren Teil der Verpflichtungen zu übernehmen, die an die GATT-Mitgliedschaft geknüpft sind.

Wie wir gesehen haben, müssen die ärmsten Länder mit besonderen Nachteilen ihrer Handelsbeziehungen fertig werden: sie brauchen finanzielle wie technische Hilfe, um ihr Handelspotential zu stärken. Kreditfazilitäten, Versicherung, Frachtraten und Vertriebswesen sind Bereiche, in denen sie Unterstützung benötigen. Außerdem sollte ihnen geholfen werden, sich mit mehr Erfolg an internationalen Wirtschaftsverhandlungen zu beteiligen.

Zusammenarbeit im Handel: GATT und UNCTAD

Zwei internationale Behörden, das GATT und die UNCTAD, haben heute auf dem Gebiet des internationalen Handels ein Mandat. Die Weltwirtschaftskonferenz (UNCTAD) wurde im Jahre 1964 ins Leben gerufen. Teilweise geschah dies, weil die Entwicklungsländer meinten, das GATT helfe ihnen nicht – oder könne ihnen nicht genügend helfen –, das Handelssystem zu verändern. Einige ihrer Vorbehalte wurden in der Tat schon sechzehn Jahre zuvor auf der Konferenz von Havanna zum Ausdruck gebracht, wo das Abkommen zur Errichtung einer Internationalen Handelsorganisation verhandelt wurde, der dann vom US-Kongreß nicht ratifiziert wurde.

Immer mehr Entwicklungsländer schließen sich dem GATT an, das, trotz seiner Grenzen, auf Regeln einer zwischen den Nationen geltenden Rechts- und Wirtschaftsordnung beruht, die sich im Dienste eines gerechteren und vernünftigeren Handelssystems nutzen lassen. Einige Entwicklungsländer sind dem GATT in der Hoffnung beigetreten, daß sie dadurch zu einer umfassenderen Beteiligung in der Lage seien und größeren Einfluß auf die Handelskonzessionen nehmen könnten, die von Industrieländern eingeräumt werden. Viele aber sind weiterhin besorgt darüber, daß man sich im GATT zu ausschließlich mit den Interessen der Industrieländer beschäftigt. Sie werfen ihm vor, es sei in seinem Bemühen, dem neuen Protektionismus Einhalt zu gebieten, dem Norden gegenüber nicht konsequent genug. Zudem umfaßt das GATT nicht alle Länder Osteuropas, auch China nicht. Große Teile des Welthandels – wie oben erwähnt – sind vom GATT ebenfalls nicht betroffen.

Auf der anderen Seite wurde UNCTAD zum zentralen Forum für die wichtigen internationalen Auseinandersetzungen und Verhandlungen über Änderungen des Weltwirtschaftssystems. Anders als das GATT sind hier alle Länder beteiligt. In der UNCTAD bringen die Entwicklungsländer ihre wichtigsten Vorschläge zur Umstrukturierung und Reform vor; dort wurden verschiedene Rohstoffabkommen ausgehandelt; und das UNCTAD-Sekretariat in Genf beobachtet die Handelsbeziehungen, insbesondere zwischen Nord und Süd und zwischen südlichen Ländern untereinander. Die UNCTAD war der zentrale Ort für Verhandlungen über viele andere Fragen, zu der auch die des Technologietransfers gehört. Zumindest eine größere internationale Änderung, die innerhalb der UNCTAD ausgehandelt wurde, das Allgemeine Präferenzsystem, wurde später in die Statuten und Praxis des GATT aufgenommen.

Viele Vorschläge wurden unterbreitet, um UNCTAD und GATT einander anzunähern. Gewiß würde es dadurch beispielsweise leichter, Rohstoffverhandlungen mit der Frage des Marktzugangs zu verknüpfen. Ein erster kleiner Schritt in Richtung auf eine Zusammenarbeit wurde getan, als 1964 das internationale Handelszentrum unter der gemeinsamen Kontrolle von UNCTAD und GATT geschaffen wurde, das den Entwicklungsländern heute beim Absatz ihrer Erzeugnisse wertvolle Hilfestellung leistet. Wir glauben, daß es, kurzfristig gesehen, unumgänglich notwendig ist, GATT und UNCTAD enger zu koordinieren, um Zweigleisigkeit zu vermeiden. Dies ließe sich durch eine kleine Koordinierungsinstanz erreichen, deren Schaffung nicht schwierig sein dürfte, da beide Organisationen ein Interesse an der Abstimmung ihrer Verhandlungen und Forschungsarbeiten haben.

Eine neue Handelsorganisation?

Auf lange Sicht muß nach unserer Auffassung ein neuer Versuch unternommen werden, eine internationale Handelsorganisation zu schaffen, die die Funktion des GATT und der UNCTAD auf sich vereinigen würde. Das GATT ist ein Zoll- und Handelsabkommen, das eine begrenzte Zahl von Ländern getroffen haben. Gegenwärtig wird untersucht, welche Möglichkeiten zu internationalen Abkommen auf anderen Gebieten bestehen. Gedacht ist an Bereiche wie die Handelspraktiken multinationaler Unternehmen, internationale Investitionspolitik, Doppel- oder Mehrfachbesteuerung, Steueroasen, Regeln zur gegenseitigen Angleichung der Industriepolitik, Staatshandelspraktiken und Technologietransfer. Der Kreis der Unterzeichner eines solchen Abkommens sollte nicht auf diejenigen eingegrenzt werden, die auch dem GATT angehören. Wenn andererseits jedes Abkommen dieser Art isoliert bliebe und seine Geschäfte von einem eigenen Sekretariat besorgen ließe, käme es zu einer unnötigen Wucherung internationaler Institutionen mit einander überschneidenden Zuständigkeiten und der Möglichkeit, daß sie gegeneinander arbeiten. Die Notwendigkeit einer Organisation zur Zusammenarbeit in Handelsfragen, die als Dachorganisation für solche Bestrebungen dienen sollte, wurde von den Unterzeichnerstaaten des GATT-Abkommens bei einer Überprüfung seiner Artikel in den Jahren 1954/55 anerkannt. Aber ebenso wie die internationale Handelsorganisation kam auch diese Organisation nie zustande.

Die Rolle der UNCTAD als Forum für Dialog und Auseinandersetzung – in zunehmendem Maße aber auch für Verhandlungen, aus denen neue Vorstellungen zu Handel, Finanzen und Entwicklung erwachsen – ist gewichtig und muß erhalten bleiben. Vorschläge, die in der UNCTAD Zustimmung finden, brauchen gegebenenfalls zu ihrer Durchführung nicht nur die Mitwirkung des GATT – wie z. B. das Allgemeine Präferenzsystem – sondern auch anderer internationaler Institutionen wie etwa der Weltbank, des Internationalen Währungsfonds, der FAO oder der UNIDO. Noch einige Jahre lang werden UNCTAD und GATT auch weiterhin unterschiedliche Interessen und Standpunkte vertreten, was auch nicht verheimlicht werden sollte; doch die Umstrukturierung des Handelssystems mit dem Ziel, allen Nationen eine gerechtere Behandlung zu sichern, würde schließlich doch eine Organisaton erforderlich machen, die sämtliche Interessen vertreten kann.

Empfehlungen

Die Industrialisierung der Entwicklungsländer als Mittel ihres Bemühens um gesamtwirtschaftliche Entwicklung wird in zunehmendem Maße neue Möglichkeiten für den Welthandel eröffnen und muß nicht in Widerspruch zu den langfristigen Interessen der Industrieländer stehen. Sie sollte als ein Anliegen der internationalen Politik gefördert werden.

Protektionismus gefährdet die Zukunft der Weltwirtschaft und schädigt die langfristigen Interessen der Entwicklungsländer wie der Industrieländer gleichermaßen. Der Protektionismus der Industrieländer gegenüber Exporten aus Entwicklungsländern sollte abgebaut werden. Dies sollte durch ein verbessertes institutionelles Instrumentarium und durch neue Regeln und Grundsätze für den Handel erleichtert werden.

Eine Anpassung an neue Modelle der weltweiten Industrieproduktion sollte als notwendiger und wünschenswerter Prozeß anerkannt werden. Die Industrieländer sollten sich tatkräftig um positive und zeitlich befristete Anpassungsprogramme bemühen, die in internationaler Absprache entwickelt werden und international überwacht werden sollten.

Schutzmaßnahmen müssen international ausgehandelt werden und sollten nur im Falle erwiesener Notwendigkeit ergriffen werden. Sie dürfen nicht diskriminierend sein, müssen von begrenzter Dauer sein und sollten international überwacht werden.

Das Allgemeine Präferenzsystem sollte in Hinblick auf seine ursprünglichen Regeln, seine Ausnahmen und seine Begrenzungen gelockert werden. Außerdem sollte es über seine gegenwärtige Gültigkeit hinaus verlängert werden und nicht einseitig außer Kraft gesetzt werden können.

Den ärmeren Ländern sollte finanzielle und technische Unterstützung zuteil werden, damit es ihnen leichter fällt, ihre kommerzielle Infrastruktur zu verbessern und an internationalen Handelsverhandlungen teilzunehmen.

Angemessene Arbeitsbedingungen sollten international vereinbart werden, um ungerechten Wettbewerb zu verhindern und der Liberalisierung von Handelsbeziehungen den Weg zu ebnen.

Die internationale Staatengemeinschaft sollte auf das Ziel einer internationalen Handelsorganisation hinarbeiten, die sowohl das GATT wie auch die UNCTAD in sich vereinigt. Bis dahin ist eine Verbesserung der bestehenden Vereinbarungen erforderlich, unter anderem die breitere Entwicklung der Zusammenarbeit in Handelsfragen, etwa hinsichtlich der Festlegung und Durchführung von Regeln, Grundsätzen und Richtlinien, die restriktive Geschäftspraktiken und Technologietransfer betreffen.

12 Transnationale Unternehmen, Investitionen und Technologietransfer

Die transnationalen Unternehmen oder – wie sie auch genannt werden: Die multinationalen Konzerne – sind mit vielen Bereichen, die in diesem Bericht behandelt wurden, eng verknüpft – ob es sich nun um Bodenschätze, Rohstoffe, Industrialisierung, Nahrungsmittel oder Energie handelt. Und viele von ihnen haben wesentlichen Anteil daran, daß Technologie und Kapital in Entwicklungsländer gelangten. Öl- und Nahrungsmittelkonzerne haben seit Anfang des Jahrhunderts weltweit operiert. Doch in den Jahren seit dem Zweiten Weltkrieg nahm das Ausmaß ihrer Tätigkeit noch wesentlich zu. Sie traten politisch sehr viel deutlicher ins Rampenlicht und standen häufig im Mittelpunkt von Kontroversen. Heute sind sie Hauptakteure auf der Bühne der Weltwirtschaft und -politik. Sie kontrollieren zwischen einem Viertel und einem Drittel der gesamten Weltproduktion und sind besonders aktiv auf dem Gebiet der Verarbeitung und des Vertriebs. Der gesamte Umsatz ihrer ausländischen Tochtergesellschaften wurde 1976 auf 830 Milliarden Dollar geschätzt, was in etwa dem damaligen Bruttosozialprodukt aller Entwicklungsländer mit Ausnahme der ölexportierenden Länder entsprach. Neben dem Öl wird der Vertrieb, die Verarbeitung oder die Erzeugung zahlreicher Rohstoffe – darunter Bauxit, Kupfer, Eisenerz, Nickel, Blei, Zink, Zinn, Tabak, Bananen und Tee – in jedem Fall von einer kleinen Anzahl multinationaler Konzerne beherrscht.

Im Jahre 1975 betrug der Bestand direkter Auslandsinvestitionen in den Entwicklungsländern ungefähr 68 Milliarden Dollar, ungefähr ein Viertel aller Auslandsinvestitionen der Welt. Die jährlichen Neuinvestitionen Mitte der siebziger Jahre betrugen ungefähr 8 Milliarden Dollar, was ungefähr 12% aller Mittel ausmacht, die in die Dritte Welt flossen. Auslandsinvestitionen erfolgten in einer begrenzten Zahl von Entwicklungsländern, vor allem denjenigen, die politische Stabilität und ein geeignetes wirtschaftliches Klima zu bieten hatten, wie etwa Steueranreize, große heimische Märkte, billige Arbeitskräfte, leichten Zugang zu Öl oder anderen Ressourcen. Rein finanzielle Investitionen sind in die Steueroasen unter den Entwicklungsländern geflossen. Nach Angabe der Vereinten Nationen sind dies die Bahamas, Barbados, Bermuda, die Cayman-Inseln, die Niederländischen Antillen und Panama. Die restlichen

70% der in der Dritten Welt vorgenommenen Investitionen verteilten sich auf nur 15 Länder. Mehr als 20% entfallen dabei allein auf Brasilien und Mexiko und der Rest auf andere Länder mittleren Einkommens in Südostasien – auf Argentinien, Peru, Venezuela – oder in Südostasien – auf Malaysia, Singapur, Hongkong. Ungefähr ein Viertel ging in ölexportierende Entwicklungsländer. In den ärmeren Ländern finden sich Auslandsinvestitionen hauptsächlich in Plantagen und im Bergbau, oder sie werden in Ländern mit großen Binnenmärkten wie Indien vorgenommen. Private Investitionen können Entwicklungshilfe ergänzen, aber nicht ersetzen: In der Regel fließen sie nicht in die Länder oder Bereiche, die am hilfsbedürftigsten sind.

Ein ausländisches Unternehmen muß nicht immer Kapital in das Land bringen, denn es kann auch Kredite an inländischen Märkten aufnehmen. Vor allem bringt es Technologie, Management oder Marketing. In einigen Fällen wollen Entwicklungsländer, vor allen Dingen, wenn sie sich in einer Phase rascher Industrialisierung befinden, nicht nur Kapital aus dem Ausland beziehen, sondern auch die Technologie, das Management und die Marketingfertigkeiten, über die multinationale Konzerne ebenfalls verfügen. Die Rolle und der Einfluß ausländischer Gesellschaften ruft sehr unterschiedliche Reaktionen bei den Regierungen verschiedener Entwicklungsländer hervor. Einige Länder haben ihr Wachstumsmodell weitgehend auf die Initiative ausländischer Gesellschaften gegründet, andere haben sich gegen diesen Weg entschieden. Investitionen oder Technologie aus dem Ausland können Nachteile und Kosten unmittelbarer wie mittelbarer Art verursachen. Und viele Entwicklungsländer sind der Meinung, diese Nachteile mindern den möglichen Nutzen erheblich, wenn sie ihn nicht sogar in den Schatten stellen. Viele dieser Nachteile sind eng verknüpft mit der Tätigkeit der multinationalen Konzerne.

Spannungen zwischen Konzernen und Ländern

Ein großer Teil des internationalen Handels, den diese Konzerne abwickeln, vollzieht sich innerhalb ihrer eigenen Organisationen, zwischen der Muttergesellschaft und ihren Tochtergesellschaften. Nach einer Schätzung umfaßt dieser umfangreiche »innerbetriebliche Handel« 30% des gesamten Welthandels. Auch andere Transaktionen finden in großem Maße zwischen den verschiedenen Teilen dieser Unternehmen statt, beispielsweise die Gewährung von Darlehen, die Lizenzvergabe für neue Technologien und Dienstleistungen. Für all diese Transaktionen werden unter Umständen Verrechnungspreise festgesetzt, die nicht mit den Preisen zu vergleichen sind, zu welchen es zwischen wirklich unabhängig voneinander operierenden Parteien gekommen wäre. Solche Unterschiede mögen zwar den legitimen Geschäftsinteressen der Konzerne entsprechen, können aber auch dazu verwendet werden, die Gewinne aus Ländern mit hohen Steuersätzen in solche mit niedrigen Steuerbelastungen zu verlagern oder Devisenbewirtschaftung, Preiskontrollen oder Zölle zu unterlaufen. Die Fähigkeit multinationaler Gesellschaften, Geldbewegungen mit Hilfe künstlicher Verrechnungspreise zu manipulieren, muß für Regierungen ein Anlaß zur Besorgnis sein. Die Überprüfung und Kontrolle von Verrechnungspreisen verlangt die Zusammenarbeit von Regierungen und Maßnahmen zur Sicherung der notwendigen Offenlegung relevanter Informationen durch die Gesellschaften. Dies ist erforderlich, um den Steuergesetzen über Verrechnungspreise, die es in vielen Ländern gibt, zur Wirkung zu verhelfen. Handel innerhalb der Konzerne eröffnet ihnen auch die Möglichkeit, innerhalb ihrer eigenen Organisation wettbewerbsbeschränkende Maßnahmen durchzusetzen. Sie können die Ausfuhren ihrer Tochtergesellschaften begrenzen, ihre Märkte zwischen den Ländern aufteilen und die Verwendung eigener oder von Tochtergesellschaften entwickelter Technologie einschränken. Solche Praktiken können, obgleich sie durchaus im Geschäftsinteresse der Unternehmen liegen mögen, zu den Entwicklungszielen und nationalen Interessen der Gastländer in Widerspruch stehen.

Heftiger Kritik sind multinationale Unternehmen auch ihrer unmoralischen politischen und wirtschaftlichen Aktivitäten wegen unterzogen worden. Die Versuche, in Chile die Regierung Allende zu stürzen, ungesetzliche Zahlungen von Ölgesellschaften an Regierungen in verschiedenen Teilen der Welt, die Unterstützung illegaler Regime in Afrika durch bestimmte Konzerne – durch solche Fälle haben die Konzerne das Mißtrauen und die Kritik der Vereinten Nationen und anderer Stellen auf sich gezogen. Damit soll nicht gesagt sein, daß sich die multinationalen Unternehmen in ihrer Gesamtheit solcher Praktiken schuldig gemacht hätten. Viele haben sich an rechtliche und moralische Grundsätze gehalten; ihnen ist kein Vorwurf zu machen. In manchen Fällen trifft die Regierungen ebensoviel Schuld wie die Konzerne, und manchmal verschwimmt die Grenze zwischen der Annahme von Bestechungsgeldern und Erpressung. Doch haben alle diese Fälle unterstrichen, welche potentielle politische Macht die multinationalen Gesellschaften neben ihrer wirtschaftlichen Macht besitzen. Spannungen zwischen Konzernen und Entwicklungsländern waren ein wichtiges Element in den Nord-Süd-Beziehungen. Diejenigen, die in den Unternehmen investieren, machten sich Sorgen über Verstaatlichungen und Vertragsstreitigkeiten. Sie möchten Schutz und vorhersehbare Bedingungen für ihre Investitionen. Viele Entwicklungsländer dagegen haben Vorbehalte gegenüber dem Charakter und den guten Absichten der Konzerne. In der Einrichtung des UN Centre for Transnational Corporations (UNCTNC) drückt sich die internationale Anerkennung dieser Probleme aus.

Vielen Ängsten, die multinationalen Konzernen gelten, liegt im Süden wie im Norden die Befürchtung zugrunde, sie könnten sich in ihren weltweiten Geschäftsaktivitäten jeder wirksamen Kontrolle durch Nationalstaaten oder internationale Organisationen entziehen; es sei ihnen gelungen, von wirtschaftlichen Störungen zu einer Zeit zu profitieren, da viele Nationen unter ihnen litten, und sie unterhielten ein Netz grenzüberschreitender Macht, das ein neues Element in die Auseinandersetzungen politischer und wirtschaftlicher Kräfte brachte.

Entwicklungsländer und Industrieländer haben beide Nutzen aus der Geschäftspolitik und der weltweiten Technologie dieser Konzerne gezogen, sind aber häufig ambivalent in ihrer Haltung. Die Frage lautet, ob es möglich ist, die unterschiedlichen Interessen von Anfang an miteinander in Einklang zu bringen. Für das wirtschaftliche Gedeihen beider Seiten innerhalb dieser Beziehung ist es wichtig, die Gründe für das Mißtrauen auszuräumen.

Die Notwendigkeit von Regelungen

Immer gibt es eine Dreiecksbeziehung zwischen dem Heimatland, dem Gastland und dem multinationalen Unternehmen, das seinen Sitz im ersten hat und im zweiten operiert. Natürlich hat ein Unternehmen, dessen Ziel es ist, seine weltweiten Gewinne zu maximieren, nicht dieselben Interessen wie ein Nationalstaat, in dem es darum geht, maximalen nationalen Nutzen zu erzielen. Doch gibt es auch starke gegenseitige Interessen, welche die Bestrebungen der Regierungen von Heimat- und Gastland einerseits und der Investoren andererseits zur Deckung bringen können. Der Norden wie der Süden haben ein Interesse an effektivem Kapital- und Technologietransfer, der in Form von gesteigerter Produktion, erweitertem Handel und mehr Arbeitsplätzen großen Nutzen bringen kann. Die Regierungen der Heimatländer werden sich zunehmend der Probleme bewußt, vor die diese Unternehmen sie stellen, da ungefähr drei Viertel der direkten Auslandsinvestitionen in den Industrieländern erfolgen. Auch der internationalen Gewerkschaftsbewegung ist daran gelegen, daß Bewegung und Nutzung des Privatkapitals den Arbeitnehmern Vorteil bringen. Mehr Zusammenarbeit der Gewerkschaften verschiedener Länder kann zu einer gleichgewichtigeren Beziehung zwischen multinationalen Unternehmen und Regierungen führen. Obgleich der überwiegende Teil direkter Auslandsinvestitionen in der Dritten Welt aus entwickelten Ländern kommt, haben in den letzten Jahran auch Firmen in Lateinamerika und Asien damit begonnen, in anderen Entwicklungsländern zu investieren. Die Comecon-Länder haben eine Reihe von Handels- und Produktionsgesellschaften im Ausland gegründet, einige davon in Entwicklungsländern. Die industrielle Zusammenarbeit zwischen osteuropäischen Unternehmen und westlichen multinationalen Unternehmen hat in den siebziger Jahren rasch zugenommen. Die Probleme, die mit Auslandsinvestitionen verknüpft sind, werden umfassender und erfordern die Beteiligung aller Länder an entsprechenden Diskussionen. Wir glauben deshalb, daß es wesentlich und möglich ist, Mittel zu finden, um private Investitionen sowohl zu fördern wie auch zu regeln, und zwar durch Maßnahmen, die sich gegenseitig verstärken.

Effektivere Bestimmungen sind erforderlich, um das allgemeine Ziel größtmöglichen Nutzens und möglichst geringer Nachteile aus Auslandsinvestitionen multinationaler Unternehmen zu erreichen. Wenn Regierungen beispielsweise das wettbewerbsbeschränkende Verhalten einengen und zugleich protektionistische Handelsschranken abbauen, werden größere Vorteile aus freieren Handelsbeziehungen erwachsen. Im Rohstoffbereich sind verbesserte Vertriebsabsprachen und die Kontrolle von Verrechnungspreisen erforderlich, wenn für die Erzeuger und die in der Rohstofferzeugung beschäftigten Arbeiter der Anteil am Erlös vergrößert werden soll. Wenn andererseits für mehr Sicherheit und Vertrauen gesorgt wird, wird dadurch die private Investitionsbereitschaft erhöht.

Verbesserung von Verhandlungspositionen

Um wirklich in den Genuß aller Vorteile zu kommen, müssen die Entwicklungsländer, insbesondere die kleineren und ärmeren, ihre Verhandlungsposition verbessern. Dadurch wird Mißtrauen ab- und Vertrauen aufgebaut werden. So würden sich zuverlässigere Beziehungen zu den Unternehmen entwickeln. Neben einem verbesserten Zugang zu den für die Entwicklung bestimmten internationalen Finanzmitteln brauchen diese Länder mehr Information über die verschiedenen Technologien, zwischen denen sie wählen können, über ihre unterschiedlichen Vorteile, über die je anderen Verdienste und Fähigkeiten der einzelnen Unternehmen, schließlich über deren weltweite Verträge. Die Dienstleistungen, die das System der Vereinten Nationen und andere internationale Körperschaften anbieten, sollten so entwickelt werden, daß sie die Fähigkeit der Entwicklungsländer verbessern, vorteil- und dauerhafte Abkommen mit transnationalen Gesellschaften auszuhandeln. Solche Institutionen sollten den Entwicklungsländern auch bei der Auslegung und Erfüllung von Abkommen helfen.

Wahrscheinlich können Entwicklungsländer bessere Bedingungen durchsetzen, wenn sie eine selektive Politik bei der Zustimmung zu ausländischen Investitionen befolgen und wenn sie Stabilität im Umgang mit ihnen zusagen können. Das heißt, daß sie sorgfältig die Vor- und Nachteile abwägen müssen und daß sie über eindeutige nationale Investitionsvorschriften verfügen müssen, die das Ziel haben, ein berechenbares Klima für Investitionen zu schaffen. Viele Entwicklungsländer haben aus einer solchen Politik bereits ihren Nutzen gezogen.

In dem Maße, wie Entwicklungsländer mehr eigene technologische Kenntnisse erwerben, müßte sich ihre Position verbessern. Sie wären dann in der Lage, das »technologische Investitionspaket« »auszupacken«, die verschiedenen Bestandteile der Investition – Technologie, Management und Marketing – voneinander zu trennen und nur zu importieren, was sie brauchen, wobei sie einheimisches Wissen überall dort nutzbar machen, wo dies möglich ist. Es sind auch Anzeichen dafür zu erkennen, daß Konzerne flexibler werden, wenn es darum geht, Bedingungen der Eigentumsform auszuhandeln und Lizenzen über die reine Technologie, gemeinsame Unternehmungen, Produktionsbeteiligung und andere losere Formen des Technologietransfers abzuschließen. Diese Trends sollten unterstützt werden.

Ein Regime für internationale Investitionen

Man ist heute sehr daran interessiert, internationale Verhaltensrichtlinien zu formulieren, die Technologietransfer, wettbewerbsbeschränkendes Geschäftsverhalten und transnationale Gesellschaften betreffen. Bei einigen dieser Verhandlungen sind deutliche Fortschritte erzielt worden. Natürlich wird jede Richtlinie nur dann wirksam sein, wenn sie das tatsächliche Verhalten der Regierungen des Heimatlandes, des Gastlandes und der Investoren beeinflussen kann. Die wichtigsten Elemente jeder Richtlinie sollten letztlich in Abkommen zwischen Regierungen aufgenommen werden können. Solch ein übergeordnetes System von Verhaltensrichtlinien muß sowohl Überzeugungskraft wie auch wirksame Durchführungsbestimmungen besitzen. Es verlangt von allen Beteiligten Flexibilität in Verhalten und Einstellung. Die beteiligten Regierungen müssen sich mit Vertretern der Arbeiterschaft und der Wirtschaft absprechen und so Mittel und Wege finden, die unterschiedlichen Interessen miteinander zu vereinbaren und die Abkommen zu kontrollieren und zu erfüllen. Die internationale Arbeitsorganisation hat ein Komitee zur Beratung und Kontrolle ihrer die multinationalen Unternehmen betreffenden Verhaltensrichtlinien gegründet. Dies könnte ein Modell sein.

Nach unserer Auffassung müssen die grundsätzlichen Elemente eines internationalen Verhaltenskodex für Investitionen folgende Punkte enthalten:

(I) Einen Rahmen, der den Entwicklungsländern wie den transnationalen Gesellschaften ermöglicht, unter vertraglich vereinbarten Bedingungen aus direkten Investitionen Nutzen zu ziehen. Die Heimatländer sollten Investitionen oder Technologietransfer ins Ausland nicht einschränken; sie sollten auch von anderen wettbewerbsbeschränkenden Praktiken wie Exportkontrollen oder Marktaufteilung absehen. Gastländer sollten ihrerseits den laufenden Transfer von Profiten, Lizenzgebühren, Dividenden oder Rückführung von Kapital ins Heimatland nicht einschränken, solange dies in Übereinstimmung mit den Abmachungen geschieht, die bei der ursprünglichen Billigung der Investition oder bei anschließenden Neuverhandlungen getroffen worden sind.

(II) Gesetzliche Regelungen, die in Heim- und Gastländern in die Wege geleitet und koordiniert werden und deren Aufgabe es ist, die Aktivitäten von transnationalen Gesellschaften zu regeln in Fragen wie moralischem Verhalten, Offenlegung von Information, wettbewerbsbeschränkenden und wettbewerbsfeindlichen Geschäftspraktiken, Kartellen und Arbeitsbedingungen. Internationale Regelungen und Richtlinien sind ein nützlicher Schritt in diese Richtung.

(III) Die Zusammenarbeit der Regierungen auf dem Gebiet der Steuerpolitik mit dem Ziel, Verrechnungspreise zu kontrollieren und die Flucht in Steueroasen zu verhindern.

(IV) Steuerliche und andere Anreize in Verbindung mit anderen politischen Maßnahmen zur Belebung von Auslandsinvestitionen in Entwicklungsländern sollten vor allem regional und subregional aufeinander abgestimmt werden, um zu verhindern, daß die Steuergrundlage und die Wettbewerbspositionen der Entwicklungsländer untergraben werden.

(V) Ein internationales Verfahren zur Erörterung und Beratung über Maßnahmen, die direkte Investitionen und die Tätigkeit transnationaler Gesellschaften betreffen.

Faire Verträge sind dauerhafter

Investoren und ihre Regierungen in Industrieländern führen ständig ihre Sorge um die Sicherheit ihrer Investitionen an, ihr Bedürfnis nach berechenbarer Politik und nach Entschädigung für den Fall von Verstaatlichung. Wir erkennen das Recht souveräner Staaten an, Investitionen – auch ausländische Investitionen – zu verstaatlichen. Doch muß Verstaatlichung von angemessener und wirksamer Entschädigung begleitet sein, die international vergleichbaren Grundsätzen gehorcht. Diese sollten in nationalen Gesetzen ihren Niederschlag finden.

In diesem Zusammenhang muß daran erinnert werden, daß es häufig dann Schwierigkeiten mit Verträgen gab, wenn die multinationalen Konzerne anfangs unbillige Verträge – sie betrafen insbesondere Bodenschätze – mit Entwicklungsländern abgeschlossen hatten. Wir sind der festen Meinung, daß es eine enge Verbindung zwischen der Billigkeit und der Stabilität von Investitionen gibt. Wenn ein Entwicklungsland Stabilität anbieten kann, kann es bessere Bedingungen bei Anlegern durchsetzen. Gleichermaßen gilt, daß die Investition, wenn die Bedingungen anfänglich zugunsten der Investoren verzerrt sind, in der Regel letztlich weniger sicher sein wird. Verträge sollten um Billigkeit bemüht sein und Stabilität sichern. Außerdem wäre es nützlich, die Bedingungen für Neuverhandlungen von Anfang an in die Verträge aufzunehmen.

Die Sicherung von Investition und die Schlichtung von Streitigkeiten sind Fragen, die die Sicherheit betreffen. In vielen Ländern, die als Kapitalgeber auftreten, gibt es bereits nationale Programme zur Sicherung von Investition. Gastländer, die das Vertrauen von ausländischen Anlegern gewinnen möchten, sollten sich durch bilaterale Abkommen mit den Heimatländern an solchen Programmen beteiligen. Sie könnten sich auch bereitfinden, multilaterale Institutionen zur Schlichtung von Streitfällen anzurufen, die zusätzlich zu nationalen Gerichten oder als Alternative zu ihnen fungieren.

Gemeinsame Nutzung von Technologie

Die gemeinsame Nutzung von Technologie ist ein weltweiter Interessenpunkt, da alle Länder viel voneinander zu lernen haben. Gewiß ist sie jedoch für die Entwicklungsländer am wichtigsten. Es läßt sich sogar die Auffassung vertreten, deren grundsätzliche Schwäche liege darin, daß sie keinen Zugang zur Technologie oder keine Verfügung über sie besitzen. Der Erwerb von Technologie ist entscheidend, nicht nur für das Wachstum selbst, sondern auch als eine Voraussetzung von Wachstum. Die Rangfolge der Planungsziele und die wirtschaftlichen und sozialen Zielsetzungen eines Entwicklungslandes werden sowohl die Wahl der Technologie bestimmen wie auch durch sie bestimmt werden. Außerdem wird einem Land zusätzliche Technologie nur dann nützen, wenn es sich die bereits übernommene Technologie einverleiben und an seine Verhältnisse anpassen kann und wenn es über die »absorptionsfähige Struktur« verfügt, die neue Technologien mit alten Gesellschaften verbinden kann. Das Bemühen der Entwicklungsländer um größere technologische Selbständigkeit muß durch internationale Zusammenarbeit rückhaltlos unterstützt werden.

Technologie wird auf vielerlei Weise weitergegeben. Teilweise wird sie durch die veröffentlichte Literatur, durch persönlichen Erfahrungsaustausch, durch Nachahmung und Imitation verbreitet; doch der größte Teil wird übertragen, indem Technologie käuflich erworben wird. Sie kommt mit dem Verkauf von Maschinen und *Know-how* ins Land, durch Ausbildung und technische Hilfe oder durch Beteiligung am Aufbau, der Verantwortung in und Leitung von ausländischen Firmen. Der Markt für Technologie weist viele Mängel auf. Für den Verkäufer mögen die Grenzkosten des Verkaufs einer bestimmten bereits entwickelten Technologie möglicherweise gering sein, obgleich die Anwendung sehr nutzbringend für ihn sein kann; dagegen können die Kosten für den Käufer bei dem Versuch, ohne diese Technologie auszukommen oder sie selbst zu entwickeln, sehr hoch sein. Die Spanne zwischen beiden ist so gewaltig, daß die unterschiedliche Verhandlungsposition schließlich über den Preis entscheidet. Und auf diesem Markt befinden sich die Entwicklungsländer der Natur der Sache nach in einer schwachen Verhandlungsposition, weil sie sich in einer erdrükkenden Abhängigkeit von der Technologie aus dem Norden befinden. Fast alle hochentwickelten Technologien haben ihren Ursprung in Industrieländern, und die Fortentwicklung der meisten Technologien liegt auch weiterhin in der Hand dieser Länder. Auf den Norden entfallen ungefähr 96% der gesamten Weltausgaben für Forschung und Entwicklung. Die Wissenschaftler und Ingenieure, die hochentwickelten Ausbildungs- und Forschungsinstitutionen, die modernen Anlagen, die Verbrauchernachfrage und die Finanzmittel – all diese Dinge befinden sich vor allem in den reichsten Ländern.

Öffentliches Interesse an der Verwendung von Patenten

Fast alle Patente der Welt sind in den Industriestaaten eingetragen, und die meisten von ihnen befinden sich in der Hand multinationaler Gesellschaften. Die meisten Patente, die von Entwicklungsländern gewährt wurden, sind in ausländischem Besitz. Untersuchungen zeigen, daß sie in diesen Ländern oft nicht zur Produktion verwendet werden und ihre Wirkung dann darin besteht, Einfuhrmonopole zu schaffen. Patente werden auch dazu verwendet, Wettbewerber bei einer Investition in Entwicklungsländern auszuschließen. Deshalb hegen Entwicklungsländer die Befürchtung, daß viele wettbewerbsverzerrende Klauseln im gegenwärtigen industriellen Patentsystem die Tendenz haben, monopolistische und oligopolistische Praktiken der Konzerne zu unterstützen. Die Weltorganisation für geistiges Eigentum (WIPO), die sich mit Patenten beschäftigt, und die UNCTAD erörtern gegenwärtig mögliche Revisionen der Pariser Konvention und Gesetzesformulierungen mit Modellcharakter, die Patentinhaber dazu bringen sollen, das öffentliche Interesse in den Entwicklungsländern stärker zu berücksichtigen, zum Beispiel indem die Patentlaufzeit für bestimmte Erzeugnisse verkürzt wird.

»Angepaßte Technologie«

In den siebziger Jahren hat sich die internationale Diskussion über den Technologietransfer zunehmend mit den oben genannten Aspekten der Struktur und der Merkmale des Marktes für wirtschaftlich genutzte Technologie beschäftigt. Die anfängliche Begeisterung für den unqualifizierten Technologietransfer von Industrie- in Entwicklungsländer und der Optimismus und Glaube an seine positiven Auswirkungen ist in wachsendem Maße Skepsis und Kritik gewichen. Entschieden hat man die »Angemessenheit« der Technologie in Frage gestellt und kritisch geprüft, welche Nachteile mit dem Transfer verknüpft sind. Im Zusammenhang damit steht, daß nicht mehr, wie anfangs, die Auffassung vorherrscht, private ausländische Investitionen seien der Entwicklung grundsätzlich förderlich, sondern daß nach der Kontrolle transnationaler Gesellschaften gerufen wird. Diese Besorgnis hat sich in dem Versuch niedergeschlagen, Richtlinien für den Technologietransfer zu formulieren. Dies geschah in der UNCTAD, im UN Centre for Transnational Corporations sowie bei Diskussionen in zahlreichen anderen internationalen Foren, vor allem in der UNIDO, der Organisation der Vereinten Nationen für industrielle Entwicklung, in der ILO und der WIPO.

Der Ruf nach »angepaßter Technologie« verlangt keinen besonderen Typus; noch weniger bedeutet er, daß die Technologie auf dem neuesten Stand oder besonders ausgefeilt sein soll. Gemeint ist, daß die Technologie bewußt in der Erkenntnis gewählt werden soll, daß sie sich auf Natur und Richtung der Entwicklung eines Landes auswirken kann. Der Süden möchte unter Umständen Maschinen haben, die ganz anders sind als diejenigen, die der Norden automatisch anbietet. Zu angepaßten Technologien können Dinge gehören wie billigere Energiequellen, einfachere landwirtschaftliche Ausrüstungen, kapitalsparende Bau-, Dienstleistungs- und Fertigungstechniken, kleinere Anlagen und Operationen, deren Maßstab die Streuung von Aktivität erlaubt. Angepaßte Technologien berücksichtigen auch die besondere Natur der Probleme einer jeden Gegend, etwa Krankheiten, von denen die Menschen dort heimgesucht werden, oder Schädlinge in der Landwirtschaft, die in der Industriegesellschaft möglicherweise unbekannt sind, wo der größte Teil der Forschungstätigkeit stattfindet. Manche Technologien ermöglichen Einsparungen an knappen Materialien und an Einfuhren. Manche kommen den Fertigkeiten, der Wirtschaftsführung und der industriellen Organisation der Entwicklungsländer besser entgegen. Eine angepaßte »Konsumtechnologie« kann Produkte wählen, die den einheimischen Einkommen und Zielen entsprechen.

Nur die Entwicklungsländer selbst können entscheiden, welche Maschinen und Systeme ihren einheimischen Bedürfnissen entsprechen werden. Sie müssen wissen, wie weit sie sich für Technologien entscheiden, die entweder Ressourcen einsparen können oder mehr Arbeitskräfte und weniger Kapitel verlangen, wobei sie ihr Bedürfnis nach Modernisierung, technologischem Fortschritt und Produktivität in Rechnung stellen müssen. Doch internationale Zusammenarbeit kann dazu beitragen, neue Technologien zu entwickeln und zu verbreiten.

Die multinationalen Konzerne und andere kommerzielle Firmen, die die meisten technologischen Entwicklungen kontrollieren, werden wahrscheinlich kaum aus eigenem Antrieb ihre Forschungsarbeit in Bereiche verlagern, die ihnen selbst keine hohen Einkünfte versprechen. Es ist dringend erforderlich, neue Anreize für die Entwicklung angepaßter Technologien zu liefern und – was fast ebenso wichtig ist – sie allgemein bekannt zu machen. Es ist erforderlich, eingehend zu erforschen, wie sich vorhandene Maschinen anpassen lassen. Es ist erforderlich, genauer zu wissen, welche Technologie für ein bestimmtes Gebiet am nützlichsten ist. Es ist erforderlich, anhand von Fallstudien festzustellen, wo und wie sich unterschiedliche Systeme bewährt haben. Schließlich ist es erforderlich, daß die internationalen Entwicklungshilfeinstitutionen bei ihren Krediten für bestimmte Projekte in höherem Maße den Gesichtspunkt der angepaßten Technologie berücksichtigen, vor allem, wenn sie in der Dritten Welt entwickelt worden ist.

Die Frage der »angepaßten Technologie« betrifft reiche wie arme Länder. Auch industrialisierte Länder brauchen mehr angepaßte Technologien, die Energie und erschöpfbare Ressourcen einsparen, die rasche Arbeitsplatzverluste vermeiden und die umweltfreundlich sind. Es ist sehr gut möglich, daß steigende Energiekosten, die den Norden wie den Süden treffen, schließlich die Konzerne im Norden dazu zwingen werden, sich stärker neuen Techniken zuzuwenden, die für viele Teile des Nordens wie des Südens geeignet sein mögen. Es geht darum, überall den Einfallsreichtum und die Initiative von Wissenschaftlern und Ingenieuren zu wecken, damit sie auch wirklich der Menschheit den bestmöglichen Nutzen bringen. Dabei müssen die Entwicklungsländer mehr Anpassungsfähigkeit beweisen und die geeignete Technologie auch wirklich assimilieren. Die Industrieländer müssen sich der Bedürfnisse der übrigen Welt stärker bewußt werden und mehr Anreize entwickeln zur Vergrößerung und Anpassung ihres eigenen Einfallsreichtums.

Wie mehr Technologietransfer möglich ist

Wir glauben, daß durch wirksamere Organisation viel getan werden kann, um den Transfer und die Entwicklung von Technologie zu steigern:

(I) In erster Linie ist es wesentlich, daß die Information über Technologie sowohl zwischen wie auch in den Nationen ungehinderter fließen kann. Viele internationale Organisationen, darunter die Ernährungs- und Landwirtschaftsorganisation (FAO), die UNIDO, das Umwelt-Programm (UNEP), die UNESCO, die ILO, die Weltgesundheitsorganisation (WHO) und die UNCTNC verfügen jetzt über Systeme, die Informationen über die für Entwicklungsländer interessanten technologischen Möglichkeiten sammeln, speichern und verfügbar machen. Auch private kommerzielle Systeme werden mehr und mehr zu einer wertvollen Informationsquelle. Doch die potentiellen Benutzer wissen häufig nicht recht, an wen sie sich mit welchen Fragen wenden sollen. Zeitaufwand, Relevanz und Aktualität der vorhandenen Systeme müssen sorgfältig überprüft werden, um ihren Nutzen und ihre Benutzung zu verbessern. Wenn möglich, sollten sie mit nationalen Institutionen zusammengeschlossen oder durch sie ergänzt werden, die ihre eigenen Bedürfnisse erklären und ihre eigenen Informationen beisteuern können.

(II) Technische Hilfe sollte stärker unterstützt werden, darunter das Entwicklungsprogramm der Vereinten Nationen (UNDP) und die ihm angeschlossenen Organisationen. Sie sind ein wichtiges Instrument der Technologievermittlung; ihr Umfang und ihre Wirksamkeit sollten vergrößert werden. Insbesondere sollten die Schaffung von Voraussetzungen vor Ort für Forschung und Ermittlung der Bedürfnisse stärker gefördert werden.

(III) Besondere internationale Unterstützung sollten Forschungsarbeiten erhalten, die sich mit leistungsfähigeren Produktions-, Entwicklungs- und Vertriebsmöglichkeiten beschäftigen, welche die Wettbewerbsfähigkeit von hauptsächlich in Entwicklungsländern produzierten Rohstoffen sichern und steigern. Dazu gehören Gummi, Jute, Baumwolle und Hartfasern, die zumeist durch Kunststoffe bedroht sind. Hier könnten die Maßnahmen des Zweiten Schalters des Gemeinsamen Fonds von erheblicher Bedeutung sein.

(IV) Sehr ernsthaft sollte die Bedeutung wichtiger technologischer Durchbrüche im Norden und die Möglichkeit ihrer Bewältigung geprüft werden – vor allem die Bedeutung der Mikro-Prozessoren – die möglicherweise nicht nur den Arbeitskräftebedarf im Norden verringern, sondern auch den Süden um seinen Wettbewerbsvorteil hinsichtlich der Lohnkosten bringen können.

(V) Es sollte die gegenwärtige Situation verändert werden, in der nach neuen UN-Untersuchungen kaum 1 % der Ausgaben für Forschung und Entwicklung im Norden speziell für die Probleme des Südens bestimmt sind. Dagegen kommen 51 % dieser Ausgaben der Verteidigung, der Kern- und der Raumforschung zugute. Die Bedeutung der Abrüstung als mögliches Mittel der Entwicklungsförderung zeigt sich nirgends deutlicher als auf dem Gebiet der Forschung.

(VI) Die Entwicklungshilfeorganisationen sollten bei Vorbereitung ihrer Projekte und Programme in höherem Maße Berater und ausgebildete Leute aus den betreffenden Ländern heranziehen. Gegenwärtig verlassen sie sich weitgehend auf Fachleute aus den Industriestaaten; leicht kann dies die Abhängigkeit der Entwicklungsländer festschreiben. Manchmal sind diesen Experten die örtlichen Probleme auch nur unzulänglich bewußt. Die Kreditorganisationen könnten mehr Anstrengungen unternehmen, den einheimischen Maschinenbau und einheimischen Berater zu unterstützen, und sie könnten die Techniken des Lernens in der Praxis fördern, die zur Kostensenkung beitragen, das Verständnis neuer Technologien verbreiten und die Entwicklungsländer durch »feedback« über Methoden besserer Planung und besserer Verhandlungsführung unterrichten können.

(VII) Länder, die Entwicklungshilfe leisten, sollten den Empfängerländern die Freiheit lassen, die einzuführende Technologie selbst zu wählen. Wenn die Geberländer an ihre Hilfe Lieferbindungen knüpfen, schränken sie deren Wahlmöglichkeiten erheblich ein. Dazu entmutigen sie einheimische Initiativen. Außerdem bestehen Konzerne normalerweise auf einem Investitionspaket, das Technologie und Dienstleistungen enthält und das die Wahl noch weiter einschränkt. Wenn an die Hilfe weniger Bedingungen geknüpft werden, wenn mehr Anleihen für Programme statt für Projekte zur Verfügung gestellt werden, und wenn durch die Finanzierung auch Kosten gedeckt werden können, die in Landeswährung anfallen, dann kann die Hilfe mehr ausrichten. Und die Adressatenländer bekommen eine bessere Gelegenheit, ihr eigenes künftiges Potential zu entwickeln. Geberländer sollten mehr Hilfe solchen Aktivitäten zukommen lassen, die herkömmlicherweise für private Investition »reserviert« sind und sollten Entwicklungsländern Mittel für die Einfuhr von Technologie ihrer Wahl zur Verfügung stellen.

(VIII) Nicht zuletzt sollte es zu wirksamerer Koordination in den vielen Technologiebereichen kommen, von denen alle Länder der Erde betroffen sind. Viele der technologischen Herausforderungen unserer Zeit beruhen nicht auf örtlichen Bedürfnissen einzelner Länder, sondern sind Teil des grundlegenden Problems, wie unser Überleben zu sichern ist und wie sich die Ressourcen der Erde erhalten lassen. Diese Aufgaben dienen dem wohlverstandenen langfristigen Eigeninteresse des Nordens ebenso wie den unmittelbaren Bedürfnissen des Südens. Und ihre Lösung hängt von phantasievoller Kooperation und von gegenseitiger positiver Beeinflussung (feedback) ab. Zu dieser gemeinsamen Herausforderung gehört die Erhaltung der Meere und Flußgebiete wie die Bewältigung von Wetter- und Naturkatastrophen. Die Rettung von Gebieten, denen Gefahr droht durch Abholzung, Bodenerosion, allmähliche Wüstenbildung, gehört zu der von allen als dringlich empfundenen Notwendigkeit, das ökologische Gleichgewicht der Welt und die menschliche Umwelt zu schützen. Und wie wir gesehen haben, verlangt es die Sicherheit der ganzen Welt, die Nahrungsmittelerzeugung zu steigern, industrielles Wachstum anzuregen, die Armut zu besiegen und die Gesundheit der ärmsten Bevölkerungsgruppen zu verbessern.

Die Verknüpfung von Kenntnissen und Problemen

In all diesen Aufgaben wird die Technologie eine entscheidende Rolle spielen – häufig in einer Weise, die sich nicht vorhersagen läßt. Den ärmeren und kleineren Ländern, auf denen die Hauptschwierigkeiten lasten, fehlen die Mittel und Fachleute, diese Probleme aus eigener Kraft anzugehen. Es ist ganz wesentlich, daß alle Anstrengungen soweit als möglich zusammengefaßt und koordiniert werden müssen, um auf internationaler wie regionaler Ebene die richtigen Kenntnisse auf die richtigen Probleme anzuwenden. Ein vielversprechendes Modell kam in Form der Beratungsgruppe für internationale landwirtschaftliche Forschung (Consultative Group for International Agricultural Research) zustande, die durch Kreditorganisationen und Stiftungen finanziert wird. Sie hat Forschungsarbeiten unterstützt, die den Reisanbau auf den Philippinen betrafen, sowie tropische Landwirtschaft in Nigeria, Kartoffelanbau in Peru, Mais- und Weizenanbau in Mexiko und Feldfrüchte in halbtrockenen tropischen Gebieten in Indien, deren Ergebnisse für weltweite Nutzung gedacht sind. Diese Form der Forschung sollte im Rahmen einer intensiveren Zusammenarbeit mit regionalen Stellen unterstützt und ausgeweitet werden.

Die Entwicklungsländer selbst sollten in Forschung und Entwicklung enger zusammenarbeiten. Die 1978 durchgeführte UN-Konferenz über technische Zusammenarbeit zwischen Entwicklungsländern hat zahlreiche wichtige Gebiete benannt. Doch ist eine wirksamere Finanzierung und Koordination in allen Bereichen erforderlich, wo örtliche Probleme – mögen sie Ernährung, Industrie, Gesundheit oder Umwelt betreffen – Teil einer allgemeineren Problematik sind. Und bei dem Bemühen, diesen wesentlichen Erfordernissen zu genügen, ist die gemeinsame Nutzung von Technologie am dringendsten und wertvollsten.

Auf der Konferenz über Wissenschaft und Technologie wurde 1979 vorgeschlagen, daß im Jahre 2000 20% aller Forschung und Entwicklung auf der Welt in der Dritten Welt stattfinden sollen – gegenüber heute 3%. Die Industrieländer wurden aufgefordert, Mittel und Informationen bereitzustellen, um das wissenschaftliche und technische Vermögen der Dritten Welt zu stärken. Es wurde der Vorschlag gemacht, in einer Studie einen Mechanismus auszuarbeiten, mit dessen Hilfe sich wissenschaftliche und technologische Arbeit im Dienste von Entwicklung finanzieren läßt. Ein Interim-Fonds in Höhe von 250 Millionen Dollar wurde vorgeschlagen, um den Zeitraum vor Abschluß der Studie (1980–81) zu überbrücken. Das sind wichtige Initiativen, obgleich man enttäuscht darüber war, daß die Ergebnisse der Konferenz nicht so weitreichend waren, wie man ursprünglich erwartet hatte. Die Nord-Süd-Diskussion über die gemeinsame Nutzung der Technologie muß auf vielen Ebenen fortgesetzt werden. Sie ist von lebenswichtiger Bedeutung für die Ziele einer neuen Ordnung.

Empfehlungen

Wirksame nationale Gesetze und internationale Verhaltensrichtlinien sind erforderlich, um den Technologietransfer zu steuern, um wettbewerbsbeschränkende Geschäftspraktiken zu kontrollieren und um einen Rahmen für die Aktivitäten transnationaler Gesellschaften zu liefern.

Zu den Investitionsregeln, die wir vorschlagen, gehören folgende Punkte:

(I) Gegenseitige Verpflichtungen der Gast- und Heimatländer, die Auslandsinvestition, Technologietransfer, Rückführung der Gewinne, Lizenzgebühren und Dividenden betreffen.

(II) Eine zwischen Heimat- und Gastländern koordinierte Gesetzgebung, welche die Aktivitäten der transnationalen Unternehmen in Fragen wie moralischem Verhalten, Offenlegung von Information, wettbewerbsbeschränkenden Geschäftspraktiken und Arbeitsbedingungen regelt.

(III) Kooperation der Regierungen in Fragen der Steuerpolitik und der Überprüfung von Verrechnungspreisen.

(IV) Harmonisierung der steuerlichen und anderen Anreize zwischen den Entwicklungsländern, in denen multinationale Unternehmen tätig sind.

Neben dem verbesserten Zugang zur internationalen Entwicklungsfinanzierung sollte die Verhandlungsfähigkeit von Entwicklungsländern, besonders der kleineren und am wenigsten entwikkelten Länder, gegenüber den transnationalen Konzernen durch die technische Hilfe verstärkt werden, die jetzt in wachsendem Maße von der UN und anderen Institutionen angeboten wird.

Die ständige Verfügungsgewalt über die natürlichen Ressourcen ist das Recht aller Länder. Notwendig ist jedoch, daß bei Verstaatlichungen eine angemessene und wirksame Entschädigung gewährt wird, die sich nach international vergleichbaren Grundsätzen richtet. Diese Grundsätze sollten in die nationale Gesetzgebung Eingang finden. Zunehmend sollte man von internationalen Schlichtungsmechanismen Gebrauch machen.

Größere internationale, regionale und nationale Anstrengungen sind erforderlich, um die Technologieentwicklung in Entwicklungsländern und den Transfer für sie geeigneter Technologien zu vernünftigen Kosten zu unterstützen.

Reiche wie arme Länder sollten verstärkte Anstrengungen unternehmen, um Technologien zu entwickeln, die den veränderten Bedingungen von Energie und Umwelt entsprechen. Informationen, die eine solche Technologie betreffen, sollten in erhöhtem Maße ausgetauscht werden. Die internationalen Entwicklungshilfeorganisationen sollten solche Praktiken ändern, welche die Empfängerländer an der freien Wahl gewünschter Technologien hindern; sie sollten bei der Vorbereitung von Projekten in stärkerem Maße auf einheimisches Fachwissen zurückgreifen.

13 Die Weltwährungsordnung

Die Aussichten auf allen Gebieten des Welthandels – ob im Bereich der Rohstoffe oder der Industrieprodukte, der Energie oder der Aktivitäten von multinationalen Konzernen – werden weitgehend durch das Funktionieren des Weltwährungssystems bestimmt. Vorhersagbare Wechselkurse beleben die Investitionsbereitschaft ebenso wie den Handel – ungewisse und schwankende Kurse haben störende Wirkungen für beide. Stabile Kurse erhöhen das Vertrauen der Kapitaleigner, sei es der Ölexportländer mit Zahlungsbilanzüberschuß oder anderer potentieller Investoren. Ein angemessener internationaler Liquiditätsfluß wird in der Regel Konjunkturschwankungen dämpfen, den Schutz heimischer Märkte weniger notwendig machen und es Rohstofferzeugern ermöglichen, eine Verschlechterung der Terms of Trade zu überstehen. Die Ereignisse der siebziger Jahre haben den Industrieländern deutlicher zu Bewußtsein gebracht, wie abhängig sie von einem stabilen Weltwährungssystem sind. Wovon jedoch seltener die Rede ist, das ist die besondere Anfälligkeit der Entwicklungsländer für die Unberechenbarkeit und die Schwankungen der wichtigsten Währungen.

Der Wechselkurs zwischen den nationalen Währungen zweier souveräner Staaten ist für beide von großem Interesse, da er ihren Handel untereinander und ihre wechselseitigen Investitionen bestimmt. Deshalb ist es die erste Aufgabe eines internationalen Währungssystems, ein geordnetes und allseitig anerkanntes Verfahren zur Festlegung und zur Änderung von Wechselkursen vorzusehen. Seit Ende des Zweiten Weltkrieges war das vorherrschende internationale Währungssystem jenes, das 1944 in Bretton Wood geschaffen wurde und in dem der Internationale Währungsfonds (IWF oder der »Fonds«) einen zentralen Platz einnimmt. Viele Elemente dieses Systems brachen Anfang der siebziger Jahre zusammen. Daneben gibt es das System des Comecon, das ursprünglich auf bilateralen Abmachungen beruhte, 1964 jedoch durch Einführung des übertragbaren Rubels, der von der Internationalen Bank für Wirtschaftliche Zusammenarbeit ausgegeben wurde, multilateral gemacht wurde. Die einzige – wenn auch wichtige – Verbindung zwischen den beiden Systemen ist der Umstand, daß ein großer Teil des osteuropäischen Handels mit der übrigen Welt über konvertierbare westliche Währungen, besonders den Dollar, abgewickelt wird.

Das Bretton-Woods-System

Im Bretton-Woods-System sollten die Regeln, durch die man die zwischenstaatlichen Beziehungen zu ordnen versuchte, eine Wiederholung der internationalen Wirtschaftskonflikte der dreißiger Jahre verhindern – miteinander konkurrierende Abwertungen, Diskriminierung in Devisenhandel und Zollsätzen, mangelnde Konvertierbarkeit und ungeordnete Kapitalströme. Aus einzigartigen historischen Gründen hatten die Vereinigten Staaten und England einen ungewöhnlich großen Einfluß bei der Errichtung des Systems und seiner anschließenden Kontrolle. Europa lag in Trümmern. Deutschland, Italien und Japan waren Feindländer. Die meisten Entwicklungsländer waren noch Kolonien, und nur Indien, Ägypten, Äthiopien, Liberia und die unabhängigen Länder Latein-Amerikas waren auf der Bretton-Woods-Konferenz vertreten. Auch die Sowjetunion und die anderen osteuropäischen Länder nahmen an ihr teil. Doch entschloß sich die Sowjetunion schließlich, dem System nicht beizutreten. Polen gab seine Mitgliedschaft 1950 auf, und die Tschechoslowakei mußte sich 1954 aus dem Fonds zurückziehen. Nach der Revolution von 1949 repräsentierte jenes China, das damals die Mitgliedschaft beibehielt, nicht das Festland. Die osteuropäischen Länder hatten für den Umstand, daß sie sich dem Bretton-Woods-System nicht anschlossen, vor allem folgende Gründe angeführt: (a) Die Tatsache, daß die Stimmrechte den Mitgliedern des IWF entsprechend ihrer Anteile am Fonds zugewiesen wurden; (b) die Forderung, über ihre nationalen Gold- und Devisenbestände Bericht zu erstatten und einen Teil von ihnen in die USA zu transferieren, wo der IWF und die Weltbank ihren Hauptsitz haben, und (c) die Bedingungen, unter denen den Mitgliedern Kredite zur Anpassung ihrer Zahlungsbilanzen gewährt werden. Ein uneingestandener Grund war die Verschlechterung der internationalen politischen Beziehungen.

Im Rahmen des Bretton-Woods-System oblag es den Mitgliedsländern, die Parität ihrer Währung aufrechtzuerhalten, das heißt einen Zentralwert auf Goldbasis, den letztgültigen Wertstandard des Systems. Praktisch fiel den USA dabei eine einzigartige Führungsrolle innerhalb des Systems zu. Das lag nicht nur daran, daß sie garantierten, alle im Besitz ausländischer Notenbanken befindlichen Dollars in Gold zu konvertieren, und daß sie ursprünglich (mit England zusammen) die Hälfte aller Stimmrechte besaßen, sondern auch an der unvergleichlichen Stärke des Dollars. Unter den unmittelbaren Kriegsnachwirkungen brauchten die geschwächten Volkswirtschaften Europas und Japans umfangreiche Einfuhren, während sie selbst nur sehr wenig ausführen konnten. Die Vereinigten Staaten gingen aus dem Krieg mit einer Produktionskapazität und einem nationalen Wohlstand von ungeheuren Ausmaßen hervor, einschließlich ihrer Goldreserven. Durch das anglo-amerikanische Finanzabkommen von 1945 und den Marshall-Plan stellten sie die Mittel zum Wiederaufbau Europas bereit. Den meisten Ländern der Welt war mehr am Besitz von Dollars als an dem von Gold gelegen, da der Dollar sich leicht gegen Gold eintauschen ließ und den Besitzern dazu Zinsen eintrug. So wurde der Dollar zum wichtigsten Reservemedium der Welt, und die Vereinigten Staaten konnten internationales Geld schaffen, indem sie ihre kurzfristigen Verbindlichkeiten gegenüber der übrigen Welt ausweiteten. Die Stabilität des Währungssystems wurde damit abhängig von der Währungspolitik der Vereinigten Staaten – und damit auch von ihrer Wirtschaftspolitik.

Nachkriegswachstum und Währungsstabilität

Über einen Zeitraum von ungefähr 25 Jahren nach dem Zweiten Weltkrieg erlebten Wirtschaftswachstum und Lebensstandard besonders in den Industrieländern einen Aufschwung, der ohne Beispiel in der Geschichte war und sich in einem Klima relativer wirtschaftlicher Stabilität vollzog. Es läßt sich unmöglich beweisen – und noch viel weniger messen –, inwieweit diese Leistung auf die geordneten Beziehungen zwischen den Währungen zurückgeht. Aber man darf wohl mit Recht annehmen, daß das Bretton-Woods-System das rasche und dennoch relativ stabile Wirtschaftswachstum unterstützte, das durch eine Kombination günstiger Faktoren von den Regierungen der bedeutenderen Finanzmächte gefördert werden konnte. Die Regeln des IWF in Verbindung mit dem Allgemeinen Zoll- und Handelsabkommen (GATT) schrieben vor, was innerhalb der Währungs- und Handelspolitik zulässig war, und schufen die Vorhersagbarkeit und Sicherheit, die für langfristige Investitionen wesentlich sind.

Während des Nachkriegswachstum anhielt, kam es zu einem allmählichen, aber unvermeidlichen Wandel im Kräftegleichgewicht zwischen den Vereinigten Staaten einerseits und Europa und Japan andererseits. Vom Kriegsende bis 1975 sank der Anteil der Vereinigten Staaten an der Gesamtproduktion der OECD-Staaten von 60% auf 40%. Die wachsende Bedeutung beispielsweise der Bundesrepublik Deutschland und Japans fand keine formelle Entsprechung in einer stärkeren Bedeutung ihrer jeweiligen Währungen. Der Dollar stellt heute noch über 80% jenes Teils internationaler Liquidität, der aus nationalen Währungen besteht. Gleichzeitig nahmen die transnationalen Gesellschaften, die ihren Sitz zumeist in den USA hatten, heute aber ihren Sitz ebenso in anderen Ländern haben, Ausmaße an, die nicht vorauszusehen waren. Die Wiederherstellung der Währungskonvertibilität und die Zunahme der inneren Liquidität in den Industrieländern – ein Vorgang, der vor allem in die siebziger Jahre fällt – erhöhte das Volumen der Geldmittel, die rasch von einem Land in das andere verlagert werden konnten. Die neue Freiheit, diese Verlagerung direkt vorzunehmen oder indirekt über den Euro-Markt, die erweiterte Kenntnis von kurzfristigen Investitionsmöglichkeiten und von Kanälen zur Bewegung solcher Geldmittel sowie die zunehmende Durchdringung dieser Volkswirtschaften durch transnationale Aktivitäten – all das erhöhte die Möglichkeit kurzfristiger Kapitalbewegungen und stellte die Stabilität des Bretton-Woods-Systems auf die Probe.

Der Zusammenbruch des Bretton-Woods-Systems

Das relativ reibungslose Funktionieren des Bretton-Woods-Systems fand in den siebziger Jahren ein Ende. Die Gründe hingen alle mit folgenden Veränderungen zusammen. Es kam zu Unstimmigkeiten zwischen Ländern mit Zahlungsbilanzdefiziten, vor allem den USA, auf der einen Seite und Ländern mit Zahlungsbilanzüberschüssen auf der anderen. Dabei ging es um die Verantwortung für wirtschaftspolitische Maßnahmen, die sie zu ausgeglichenen Zahlungsbilanzen zurückführen sollten. Die Überschußländer hatten unter dem Bretton-Woods-System wenig Veranlassung, notwendige Anpassungen vorzunehmen. Die Anpassung mußte deshalb in der Regel von den Defizitländern unternommen werden. Da jedoch die Zahlungsbilanzdefizite der USA zur Hauptursache der Aufblähung der Weltliquidität geworden waren, schienen die Vereinigten Staaten nach General de Gaulles Worten das »ungeheuerliche Vorrecht« zu besitzen, ihre Defizite auch weiterhin dadurch zu finanzieren, daß sie immer mehr Dollars in Umlauf brachten. Der eigentlich erforderliche Ausgleich der USA-Defizite und der Überschüsse anderer Länder unterblieb so, während die Nervosität zunahm.

Als die Goldreserven der USA abnahmen und ausländische Bestände an US-Dollars anwuchsen, nahm das Vertrauen in die Fähigkeit der USA, ihrer Verpflichtung nachkommen und Dollars in Gold umwandeln zu können, immer mehr ab. Der Vertrauensschwund äußerte sich in spekulativen Dollarverkäufen und wachsender privater Goldnachfrage, welche die Abwertung des Dollars im Verhältnis zum Gold vorwegnahmen.

Die Erwartungen von Änderungen der Wechselkurse führte in zunehmendem Maße zu riesigen spekulativen Kapitalbewegungen über internationale Grenzen. Die transnationalen Gesellschaften und andere Besitzer bedeutender Barvermögen verstärkten diese Bewegungen, als sie versuchten, Verluste zu vermeiden, indem sie ihr Bargeld jeweils dort anlegten, wo die geringste Gefahr von Währungsabwertungen bestand.

Man versuchte, das System Ende der sechziger Jahre durch *ad hoc* ausgehandelte Kreditvereinbarungen zwischen den einzelnen Regierungen und den Verzicht auf offizielle Intervention auf dem privaten Goldmarkte zusammenzuflicken. Der IWF schuf Sonderziehungsrechte (SZR) als ersten Schritt auf dem Weg zu einer alternativen Möglichkeit der internationalen Liquiditätsexpansion. Doch der Druck auf das Weltwährungssystem erwies sich als zu groß. Nachdem weitere große Kapitalabflüsse aus den USA in andere Währungen zu verzeichnen waren, kündigten die USA schließlich die Konvertierbarkeit des Dollars in Gold am 15. August 1971 auf. Es folgte ein Versuch, die alte Währungsordnung wiederherzustellen. Auf einer internationalen Konferenz im Smithonian Institute in Washington wurde im Dezember 1971 eine formelle Dollarabwertung gegenüber dem Gold ausgehandelt. Doch im März 1973 brach das System endgültig zusammen.

Das gegenwärtige Währungsdurcheinander

Seither sind die Währungs- und Wirtschaftsbeziehungen der Welt wachsenden Belastungen ausgesetzt. Alle Länder sind besorgt über diesen Umstand. Entwicklungsländer und kleine Industriestaaten haben besonders unter den unberechenbaren Schwankungen der wichtigsten Währungen zu leiden. Sie sehen sich schwerwiegenden neuen Problemen bei der Handhabung ihrer eigenen Wechselkurse, Devisenreserven und Auslandsschulden gegenüber. Auch die großen Industrienationen haben unter der erhöhten Unsicherheit des neuen Systems zu leiden, nicht zuletzt deshalb, weil diese sich auf ihr Wachstum und ihre Inflation auswirkt. Kurze und mittelfristige Schwankungen ihrer Wechselkurse haben bei weitem das Ausmaß überschritten, das allgemein zur Anpassung der Zahlungsbilanz als erforderlich angesehen wird. Die Anpassung selbst ist nur sehr träge vorangekommen. Die überschüssigen Öleinnahmen, die sich gegen Ende der siebziger Jahre ansammelten, verstärkten die Schwierigkeiten, wie wir in Kapitel 15 darlegen werden.

Vorschläge zur Reform des internationalen Währungssystems wurden 1972 vom Executive Board des IWF vorbereitet. Der Zwanziger-Ausschuß, der im gleichen Jahr gebildet wurde und dem neun Entwicklungsländer angehörten, arbeitete eine Reihe von Reformvorschlägen aus, die den Anpassungsprozeß, das Wechselkurssystem, die Steuerung weltweiter Liquidität und den Transfer realer Ressourcen in Entwicklungsländer betrafen. Leider konnte über einige dieser Vorschläge keine Einigung erzielt werden. Anschließende Verhandlungen fanden im Interim-Ausschuß des Gouverneursrats des IWF statt. Auf dem fünften Treffen des Interim-Ausschusses in Jamaika im Januar 1976 wurde die zweite Änderung des IWF-Statuts besiegelt, welche die Reform auf jene Bereiche begrenzte, in denen Übereinstimmung erzielt worden war. Doch soweit es die zentralen Aspekte der Reform – des Wechselkurssystems, die Konvertibilität offizieller Zahlungssalden und das Reservesystem – anbelangt, erkennt das Jamaika-Abkommen praktisch das *fait accompli* an, das sich im Anschluß an den Zusammenbruch des Bretton-Woods-Systems eingestellt hatte. So können die Mitglieder Wechselkursregelungen nach ihrer Wahl vornehmen; die Rolle des IWF besteht in strikter Überwachung der Wechselkurspolitik seiner Mitglieder und in der Anwendung genauer Grundsätze bei der Beratung aller Mitglieder hinsichtlich dieser Politik.

Das gegenwärtige Währungsdurcheinander, dazu die steigende Flut des Protektionismus sowie andauernde Inflation und Rezession könnten zunehmend gefährliche Folgen für alle Länder haben. Ohne eindeutige Regeln zur Gestaltung von Währungsbeziehungen könnten die Regierungen sich mehr und mehr zu einseitigem Handeln versucht fühlen – entweder um Schaden einzugrenzen oder um sich nationale Vorteile zu verschaffen. Das würde zu mehr politischer Reibung führen. Es besteht also das dringende Bedürfnis, eine allseits anerkannte internationale Währungsordnung zu gründen, die berücksichtigt, welche Veränderungen sich seit 1944 in der Welt vollzogen haben. Doch wir müssen uns über die Tatsache im klaren sein, daß es große Interessenkonflikte gibt, da unterschiedliche Währungssysteme den einzelnen Nationen in unterschiedlichem Maße nützen werden.

Auf dem Weg zu einer neuen Währungsordnung

Vorschläge zu einer Reform müssen die bestehenden Verhältnisse ebenso vorbehaltlos zur Kenntnis nehmen wie die Zukunftsaussichten. Zuerst einmal müssen sie die beträchtliche Ausweitung privater internationaler Geld- und Kapitalmärkte in Rechnung stellen, beispielsweise den Euro- und Euroanleihemarkt und die Währungsmärkte Asiens und des Nahen Ostens. Zweitens müssen sie dafür sorgen, daß die Lenkung des internationalen Wirtschaftssystems auf eine breitere Basis gestellt wird und in repräsentativerer Form erfolgt. Drittens müssen sie sich der möglichen Folgen einer Ost-West-Entspannung bewußt sein. Die Wirtschaftspolitik der osteuropäischen Länder war in der Phase der Konfrontaton eher nach innen gewandt, aber man darf erwarten, daß ihre Wirtschaftspolitik in einer Zeit der Entspannung zu einer zunehmenden Beteiligung an der internationalen Arbeitsteilung führen wird. Bei Reformvorschlägen stehen der internationalen Gemeinschaft folgende Möglichkeiten offen: Sie kann den gegenwärtigen Zustand bestehen lassen, der gekennzeichnet ist durch die verminderte Bedeutung des Dollars, eine erhöhte Bedeutung anderer Währungen und privater Finanzmärkte und durch den Versuch aller Regierungen, ihre Anfälligkeit für von außen kommende Einflüsse zu vermindern; oder sie kann sich in Richtung auf regionale Währungsblöcke bewegen, die jeweils ihre eigenen Beziehungen zu anderen Währungsgebieten ausarbeiten würden; schließlich kann sie sich für ein besser organisiertes Weltsystem entscheiden.

Wir haben darauf hingewiesen, daß die gegenwärtige Situation ungesund ist. Was regionale Blöcke angeht, so können sie zu wichtigen Systemreformen beitragen. Das Hauptziel des Europäischen Währungssystems (EWS) ist, so wie wir es verstehen, innerhalb Europas im Rahmen fester, wenn auch angleichbarer Wechselkurse zwischen den Währungen der Europäischen Gemeinschaft eine Ausweitung des Handels zu gestatten. Das EWS bietet viele Fingerzeige für die Zukunft des internationalen Währungssystems. So macht es beispielsweise deutlich, daß es strenge, aber faire Regeln für den Ausgleich zwischen Überschuß- und Defizitländern geben muß und daß man in einer Welt mit ungleichen Ländern dem Problem der schwächeren Beachtung schenken muß. Doch ist die Regionallösung letzten Endes nur im Rahmen eines reformierten Währungssystems der ganzen Welt sinnvoll.

Die Kommission ist der Meinung, daß eine Reform des Weltwährungssystems dringend erforderlich ist und daß eine solche Reform sich mit folgenden Problemen zu beschäftigen hat: dem Wechselkurssystem, dem System der Währungsreserven (d. h. der Schaffung und Verteilung der internationalen Zahlungsmittel oder Liquidität) und dem Anpassungsmechanismus und wie er sich auf Reservewährungsländer, Überschuß- und Defizitländer auswirkt.

Das Wechselkurssystem

Seit die wichtigsten Währungen zu »floaten« begannen, erwiesen sich die Veränderungen der Wechselkurse nicht nur als groß, sondern auch als unberechenbar. Die bedeutsamen Aufwertungen des Yen, der D-Mark und des Schweizer Franken gegenüber dem US-Dollar seit 1973 erfolgten im Einklang mit den Erfordernissen des Zahlungsbilanzausgleichs. Doch die beträchtlichen kurzfristigen Kursausschläge, zu denen es trotz offizieller Intervention auf den Devisenmärkten kam, dienten keinem konstruktiven Zweck. In bestimmten Phasen wie im Oktober 1978 haben spekulative Kapitalbewegungen die Märkte beherrscht und die Wechselkurse weit über jedes Maß hinausgetrieben, das zur Anpassung an real gegebene wirtschaftliche Verhältnisse notwendig gewesen wäre. Die Eingriffe von Regierungen in die Devisenmärkte waren von den gleichen grundlegenden Zielsetzungen motiviert, auf die rohstoffexportierende Länder sich in ihren Forderungen nach einer Stabilisierung der Weltrohstoffmärkte berufen.

Während manche Entwicklungsländer frei schwankende oder »schleichende« Wechselkurse haben, haben die meisten ihre Währung an eine der wichtigsten Währungen oder an einen Währungskorb gekoppelt, weil ihre eigenen Geldmärkte sehr unterentwickelt und ihre Wirtschaften anfällig sind. Das Floating der wichtigsten Währungen läßt sie im unklaren über ihre wirklichen Exporterlöse und ihre tatsächlichen Importkosten, da ihre Exporte und Importe häufig in Währungen fakturiert werden, deren Kursrelationen sich in unberechenbarer Weise verschieben. Diese Form der Unsicherheit erschwert die Verwendung von Ressourcen zur Produktion von Waren für den Export oder für den Wettbewerb mit Einfuhren und erschwert den Außenhandel und die Kontrolle der Verschuldung gegenüber dem Ausland.

Wir glauben, daß jede ernsthafte Reform auf eine größere internationale Währungsstabilität ausgerichtet sein muß. Dies läßt sich nur durch eine gleichzeitige Reform des Reservesystems und des Anpassungsmechanismus erreichen, wie wir unten darlegen werden. Es müssen Maßnahmen entwickelt werden, damit diejenigen, die Reserven in nationalen Währungen halten, dafür eine Gewähr bekommen, daß ihre Aktiva nicht nur sicher, sondern auch in Übereinstimmung mit internationalen Gesetzen zugänglich sind. Weiter sollte man sich mit der Rolle und der Funktion der privaten internationalen Geld- und der Kapitalmärkte beschäftigen, soweit sie die Off-Shore-Aktivitäten betreffen, die gegenwärtig der Aufsicht der Zentralbanken entzogen sind. Nicht zuletzt bedarf es nationaler politischer Maßnahmen, die einerseits die Inflation eindämmen und andererseits für angemessene Zuwachsraten und steigende Beschäftigungszahlen sorgen. Es hat sich herausgestellt, daß solche Maßnahmen nicht leicht zu entwickeln sind. In diesem Gesamtrahmen von Reformen und politischen Maßnahmen könnte sich der »Überwachungsmechanismus« des IWF bewähren. Wechselkursstabilität verlangt beides, Disziplin im Inland und internationale Zusammenarbeit, um diese zu erhalten.

Das Reservesystem

Würde man alle Goldreserven offiziell zu Marktpreisen bewerten, wie es einige Länder tun, dann würden sie zu einem wichtigen Bestandteil der offiziellen Reserven der meisten Industrieländer. Die IWF-Zahlen für Juli 1979 legen den Schluß nahe, daß bei einer solchen Bewertung die Goldreserven 210,7 Milliarden SZR betragen würden – gegenüber den Devisenreserven (233,4 Milliarden SZR), der Reserveposition im Fonds (12,4 Milliarden SZR) und den SZR (12,4 Milliarden SZR). Aus historischen Gründen sind die Entwicklungsländer leider nicht in den Besitz von sehr viel Gold gelangt und konnten deshalb nicht von den jüngsten Steigerungen des

Goldpreises profitieren. Diese Preissteigerungen sind ein äußerst unberechenbares und unbilliges Element in der Ausweitung der Weltliquidität gewesen.

Die Hauptursache für die Aufblähung der Liquidität in den letzten drei Jahrzehnten war das Wachstum der offiziellen Devisenreserven, insbesondere in Form von US-Dollar-Guthaben. Zwischen 1947 und 1967, als der Dollar voll konvertierbar war, nahmen die Devisenreserven im Besitz nationaler Notenbanken in bescheidenem Umfange zu – im Laufe des gesamten Zeitraums um 24 Milliarden Dollar. Während der »Dollarflut« von 1970/71 wuchsen diese Reserven um einen erheblich größeren Teil an als in den gesamten zwanzig Jahren davor; bis zum Ende der siebziger Jahre stiegen sie um weitere 150 Milliarden Dollar. Liquidität in Form von IWF-Titeln hat zugenommen, doch ist ihr Ausmaß immer noch recht begrenzt. Mitte 1979 erreichten – wie unten gezeigt – die Reservepositionen im IWF und die Zuweisungen an Sonderziehungsrechten ungefähr ein Zehntel der Gesamtreserven, Gold nicht gerechnet.

Während der Gesamtwert der Weltreserven gestiegen ist, ist ihre Verteilung sehr einseitig und steht in keinerlei Beziehung zum Reservebedarf. Auch die massive Zunahme der Finanzierung kurzfristiger Zahlungsbilanzerfordernisse und die Schaffung von Reserven durch private Banken ist auf wenige Länder konzentriert. Die ärmsten Länder waren nicht kreditwürdig genug, um sie nutzen zu können.

Die Sonderziehungsrechte: Auf dem Wege zu einer internationalen Währung

Das gegenwärtige Reservesystem ist unbefriedigend. Die Aufblähung der Weltliquidität ist ihrem Volumen wie ihrer Verteilung nach unberechenbar. Das Ziel bei der Schaffung von Sonderziehungsrechten im Jahre 1968 war eine geordnete Zunahme offizieller Reserven, durch die sich die Abhängigkeit vom Dollar verringern würde. Doch die SZR wurden nur zu einer unbedeutenden Ergänzung, sie traten nicht an die Stelle von Reservewährungsbeständen. Zwischen 1970 und 1972 wurden bescheidene SZR-Zuweisungen (9,5 Milliarden Dollar) vorgenommen, während die amtlichen Devisenreserven von 33 Milliarden Dollar Ende 1969 auf 104 Milliarden Dollar Ende 1972 anwuchsen.

Ein SZR ist im wesentlichen eine ständige Kreditlinie beim IWF, die Mitgliedsländer unter bestimmten Bedingungen beanspruchen können. So bekommen sie die Devisen, die sie brauchen, um ihre Zahlungsdefizite zu begleichen. Die Verwendung von Sonderziehungsrechten ist Zentralbanken und Schatzämtern sowie der Bank für Internationalen Zahlungsausgleich in Basel vorbehalten. Ein Mitglied im SZR-System kann keinem anderen Mitgliedsland Auslandshilfe in SZR leisten. Und bis vor kurzem (1979) konnte ein Mitgliedsland auch keinem anderen SZR leihen oder sie als Sicherheit für einen Kredit hinterlegen. Das SZR hat allerdings ein besonderes Merkmal: Es ist das einzige internationale Zahlungsmittel, das durch internationalen Vertrag zustandegekommen ist. Denn Gold- und Reservewährungen als Reserveaktiva werden durch einseitiges Handeln geschaffen (Abbau und Verkauf des Metalls, laufende Zahlungsbilanzdefizite der USA); ihr Status basiert in erster Linie auf Gewohnheit. Insofern bedeutet das SZR ohne Zweifel einen ersten Schritt in Richtung einer stabilen und dauerhaften internationalen Währung.

Nach allen Erfahrungen mit der Golddevisenwährung für das Englische Pfund und den Dollar ist man sich heute allgemein darüber einig, daß beim Aufbau des künftigen internationalen Währungssystems nicht abermals die Vorherrschaft irgendeiner nationalen Währung die Grundlage bilden darf. Nur wenn die beteiligten Länder sich über die Mittel zur Schaffung der Weltwährungsreserven einig sind, können sie die nichtinflationäre Ausweitung der Liquidität ermöglichen, die erforderlich ist, um den Bedürfnissen der expandierenden Weltwirtschaft gerecht zu werden. Zu diesem Zweck macht es die Ergänzung des IWF-Statuts, auf die man sich 1976 in Jamaika einigte, jedem Mitglied zur Pflicht, mit dem IWF und den anderen Mitgliedsländern auf das gemeinsame Ziel hinzuarbeiten, das Sonderziehungsrecht zum Hauptreservemedium im internationalen Währungssystem zu machen«. Doch kann das SZR nur dann das Kernstück des internationalen Währungssystems sein, wenn es zum Hauptinstrument der wachsenden weltweiten Liquidität wird und wenn es selbst dazu verwendet wird, den Ausgleichsmechanismus zu verbessern. Diese Veränderungen, die nach unserer Auffassung begrüßenswerte Zielsetzungen sind, besagen, daß die Bedeutung der nationalen Reservewährungen und des Goldes verringert und die Rolle des SZR erweitert wird. Ein SZR-System würde die Vor- und Nachteile, die die Begleiterscheinung einer internationalen Resevewährung sind, breiter und gerechter auf die einzelnen Länder verteilen. Es würde jene Gefährdung der Stabilität ausschließen, die sich aus einer Vielfalt von Reservewährungen ergibt.

Wenn das SZR zum Hauptreservemedium gemacht wird, werden die Besitzer internationaler Reservewährungen, vor allem die des Dollars, mehr Freiheit haben, die Zusammensetzung ihrer Portfolio-Investitionen zu diversifizieren. Für Länder mit Auslandskapitalanlagen in Fremdwährung würde dadurch die Gefahr gebannt, daß diese Anlagen eingefroren werden. Den Ländern mit starken Währungen (Deutschland, Japan und die Schweiz) widerstrebt es, die Rolle von Reservewährungsländern zu übernehmen. Deshalb hat sich der Fonds näher mit dem Gedanken eines »Substitutionskontos« beschäftigt, das privaten oder staatlichen Besitzern unerwünschter Dollars die Möglichkeit geben soll, sie gegen SZR oder flüssige, in SZR bewertete Aktiva einzutauschen. Die wichtigsten Fragen, die der Klärung bedürfen, sind: Wie lassen sich Konvertierungsrisiken verteilen? Wie läßt sich diese Substitution mit den Hauptzielen der Systemreform zur Deckung bringen? Welche Größe soll das Konto haben, und wie soll es technisch funktionieren? Wie soll z. B. die Beziehung zwischen neuen SZR-Aktiva und gewöhnlichen SZR aussehen? Welche Höhe soll der Zinssatz haben? Wenn das Substitutionskonto zur Stärkung der Rolle der Sonderziehungsrechte beitragen soll, muß es so eingerichtet sein, daß es einen möglichen künftigen »Überhang« nationaler Reservewährung vermeidet, indem es ein sicheres Mittel für den Zahlungsbilanzausgleich durch Austausch von Aktiva bereitstellt. So sollte kein Land in Zukunft seine Zahlungsbilanzungleichgewichte mit eigener Währung begleichen. Auf dem Jahrestreffen des Fonds 1979 in Belgrad wurden diese Fragen erörtert. Der Interim-Ausschuß und der Executive Board des IWF wurden angewiesen, der Planung eines Substitutionskontos auch weiterhin Vorrang einzuräumen.

Demonetisierung des Goldes

Der Aufbau des SZR als Hauptreservemedium wird auch eine weitere Demonetisierung des Goldes erforderlich machen. 1976 in Jamaika kam der IWF überein, den offiziellen Goldpreis abzuschaffen, das Gold von allen Transaktionen zwischen Mitgliedsländern des IWF auszuschließen und sich von einem Drittel seines Goldvorrats zu trennen. Ein Sechstel dieses Goldes wurde verkauft und ein Sechstel den Mitgliedern zurückgegeben. Die jüngsten Ereignisse auf dem Goldmarkt bezeugen, daß die weitere Demonetisierung des Goldes davon abhängen wird, daß die Währungen stabiler werden und es gelingt, die Inflation in den wichtigsten Ländern zurückzudrängen. Nützlich in diesem Zusammenhang wäre auch, wenn man die verbleibenden IWF-Goldbestände, die sich auf ungefähr 100 Millionen Unzen belaufen, für Entwicklungszwecke verwenden würde. Diese Bestände ließen sich als Sicherheit für Kreditaufnahmen des IWF am Markt benutzen. Diese Kredite sollten dann Entwicklungsländern, die sie brauchen, besonders solchen mit mittlerem Einkommen, zur Verfügung gestellt werden. Gleichzeitig könnten weitere, zeitlich gestaffelte Verkäufe dieses Goldes vorgenommen und die Gewinne daraus als Zinssubvention auf Darlehen an Entwicklungsländer mit niedrigem Einkommen genutzt werden. Dies wird sich nicht auf den Reservewert des Goldanteils am Fonds auswirken, da dieses Gold in den Reservepositionen der Mitglieder zum IWF-Buchwert geführt wird und diese Bewertung der Goldtranche des Mitglieds gutgeschrieben wird.

Das SZR sollte zu einem begehrteren Reservemedium gemacht werden. Dazu sind eine Reihe von Schritten erforderlich. Seine Bewertung muß auf einer Grundlage erfolgen, die für Vorhersagbarkeit und Stabilität bürgt. Außerdem sollten gegenwärtige Beschränkungen seiner Verwendung gelockert werden. Es sollte so frei verwendbar sein wie andere Reservemittel, die von Zentralbanken benutzt werden. Solche Veränderungen werden dazu beitragen, daß die Bewertung von Öl, Rohstoffen und wichtigen internationalen Verträgen in SZR erfolgt, wofür sich einige Mitglieder der Kommission ausgesprochen haben.

Zuweisung von Sonderziehungsrechten

Ein System, das vom SZR beherrscht würde, sollte begleitet werden von einer Veränderung der IWF-Regeln über die Verteilung der Liquidität. In Bretton Woods hatte man sich auf eine verschiedenen Zwecken dienende Quote geeinigt, die folgende Punkte festlegte: (I) die Anteile eines jeden Mitglieds am Fonds oder sein Beitrag zu ihm, (II) die Berechtigung eines jeden Mitglieds, Reserven in bestimmter Höhe abzufordern und (III) das Stimmrecht und die zahlenmäßige Vertretung der Mitglieder. Die Quoten wurden aufgrund der damals erkennbaren wirtschaftlichen und politischen Bedeutung der Mitgliedsländer verteilt und spiegelten die politische Verhandlungsposition der IWF-Mitglieder wider und nicht ihren tatsächlichen wirtschaftlichen Bedarf an Reserven. Sie basierten auf der wirtschaftlichen Situation und den internationalen Reserven, einschließlich der Goldbestände. Nur ein kleiner Teil der gegenwärtigen Quoten ist als an keinerlei Bedingungen geknüpfte Liquidität verfügbar, wie sie z. B. die Sonderziehungsrechte gewähren. Heute ist eine praktikablere und gerechtere Formel für die SZR-Zuweisung erforderlich.

Reserven werden im allgemeinen als Sicherheitsbestand internationaler Kaufkraft gehalten. Sie dienen dazu, künftige vorübergehende Zahlungsbilanzdefizite zu finanzieren. Es liegt im internationalen Interesse – und das ist in der Tat eine der Aufgaben des IWF –, Ländern zu ermöglichen, sich geeignete kurzfristige Mittel zu verschaffen, so daß sie nicht durch vorübergehende Zahlungsbilanzprobleme zu Maßnahmen gezwungen werden, die nicht nur ihnen selbst, sondern auch anderen Ländern Schaden zufügen. Aus diesem Grund sollten neue Reserven jenen Ländern zugeteilt werden, bei denen die größte Wahrscheinlichkeit von Zahlungsbilanzdefiziten besteht, denen im Inland hohe Kosten beim Ausgleich entstehen und die aller Voraussicht nach am wenigsten in der Lage sind, die Defizite aus alternativen Quellen zu finanzieren. Viele Entwicklungsländer fallen in diese Kategorie. Ein niedriges Entwicklungsniveau und eine hohe Konzentration auf Rohstoffproduktion erhöhen in der Regel die Instabilität ihrer Exporterträge und ihre Anpassungskosten. Gleichzeitig haben sie nur begrenzten Zugang zu internationalen Kapitalmärkten und daher relativ hohe Kosten bei der Beschaffung von Reserven. Aus Gründen der Nützlichkeit wie der Gerechtigkeit spricht also vieles dafür, daß ein größerer Anteil neuer, an keine Bedingungen geknüpfter Reserven in Entwicklungsländer geleitet wird als sonst an Zuweisungen entsprechend dem IWF-Quotensystem erfolgen würde. Dies ist der Gedanke, der jenem Modell zugrundeliegt, das häufig als »SZR-Link« bezeichnet wird.

Unglücklicherweise hat diese Verbindung mit der Entwicklungshilfe häufig das Schreckgespenst einer von Inflation begleiteten Liquiditätsaufblähung heraufbeschworen. Unser Konzept einer solchen Verbindung würde nicht bedeuten, daß mehr SZR geschaffen würden, als der Gesamtbedarf der Weltwirtschaft an Reserven rechtfertigt. Genausowenig vermischt es Fragen der Entwicklungshilfe mit solchen der Währungsproblematik. Angesichts des Zinssatzes, der gegenwärtig von Benutzern der SZR bezahlt wird, bleibt das Zuschußelement bei einer SZR-Zuweisung gering. Wenn befürchtet wird, die Zuweisung von SZR in der von uns vorgeschlagenen Form könnte Entwicklungsländer in Versuchung führen, eine höhere SZR-Zuweisung zu verlangen, als sich bei einer vernünftigen Erhöhung der Liquidität rechtfertigen ließe, so sei daran erinnert, daß gegenwärtig eine Mehrheit von 85 % im IWF für die Zuweisung von SZR erforderlich ist. Doch würden die SZR gerechter verteilt, auf eine Art, die nicht durch die vorhandenen Quoten bestimmt wird, würden die Entwicklungsländer mehr von jener Liquidität erhalten, die sie brauchen und die andere Länder sich aus anderen Quellen verschaffen können.

Finanzierung von Defiziten

Es wurde hier und da vorgebracht, daß wenig Bedarf an einer Aufstockung der offiziellen Reserven bestehe, da der Markt eine Schlüsselrolle bei der Finanzierung von Defiziten spielen könne. Die Vertreter dieser Auffassung meinen, die »unsichtbare Hand« – in Form der privaten Banken – sorge für die Disziplin und den Druck zum Ausgleich, die zusätzlich erforderlich seien. Außerdem seien sie ein sensibel reagierender Mechanismus, der automatisch jeden legitimen Bedarf an internationalen Krediten und Reserven decke. Nach dieser Auffassung spielen offizielle Maßnahmen nur eine sekundäre und ergänzende Rolle. Wir lehnen diese Auffassung ab. Wir geben zu, daß Länder, welche vom Markt als kreditwürdig eingestuft werden, rechtzeitig beträchtliche Mittel von internationalen Kapitalmärkten erhalten haben. Doch hat der Markt einige wichtige Mängel. Erstens bedient er sich, wenn er die Reserven in Form von Verpflichtungen der nationalen Notenbanken aufstockt, eines Mechanismus, der sich international kaum überprüfen – geschweige denn kontrollieren – läßt und der leicht von Vertrauenskrisen erschüttert wird. So ist er manchmal von einem Extrem in das andere verfallen, hat bestimmte Länder einmal mit zu viel Finanzmitteln, ein anderes Mal mit zu wenig versorgt. Zweitens ist er für die ärmeren Entwicklungsländer nicht leicht zugänglich. Drittens hat er aufgrund seiner Bedingungen die Tendenz, das Problem des Kapitaldienstes und der Neuverschuldung zu verschärfen. Schließlich wird zunehmend daran gezweifelt, daß auch in Zukunft die Finanzierung durch private Banken im erforderlichen Umfange möglich sein wird, wenn die Banken sich zunehmend mit dieser Form der Auslandsdarlehen exponieren.

Es ist bemerkenswert, daß das Verhältnis von IWF-Quoten und Weltimporten, das in dem Zeitraum zwischen 1960 und 1965 einen Durchschnitt von ungefähr 10% aufwies, heute auf wenig mehr als 4% abgesunken ist, obgleich die sechste Überprüfung der Quoten diese auf 39 Milliarden SZR erhöht hat und die vorgeschlagene siebte Überprüfung die Gesamthöhe sogar auf 58,6 Milliarden SZR bringen wird. Das Verhältnis der amtlichen Reserven zu den Einfuhren liegt also unter dem der sechziger Jahre. Es liegt sogar niedriger als 1969. Damals war einer der Gründe für den Start der SZR die erwartete Reservenknappheit. Diese Sachlage ergibt sich trotz der IWF-Entscheidung, während eines zweiten Zeitraums, in den Jahren 1979 bis 1981, vier Milliarden SZR pro Jahr zuzuweisen. Wir fordern deshalb dringend dazu auf, daß neben der Einrichtung des Substitutionskontos auch weiterhin und langfristig in Übereinstimmung mit dem nicht-inflationären Bedarf an Weltliquidität SZR geschaffen werden.

Der Anpassungsprozeß

Ein reformiertes internationales Währungssystem muß Anreize und Mechanismen zur Anpassung von Überschuß- und Defizitländern liefern. Die Weltwirtschaft wird immer Zahlungsbilanzungleichgewichte aufweisen. In der unmittelbaren Zukunft werden sie sogar noch schwerwiegender sein, weil die Kosten für Energie und Getreide vermutlich steigen und andere Rohstoffproduzenten Terms of Trade haben werden, die sich unter Rezessionsbedingungen verschlechtern werden. Da Defizite ihre Entsprechung in Überschüssen haben, muß ein reformiertes System sicherstellen, daß Überschuß- wie Defizitländer gewisse Anpassungsverpflichtungen zu erfüllen haben. In der Vergangenheit wurden Ausgleichsmechanismen international nur erzwungen, wenn Defizitländer beim IWF um einen Kredit nachsuchten. Deswegen sollten vom IWF oder von anderer Stelle Maßnahmen entwickelt werden, die Länder mit Zahlungsbilanzüberschüssen dazu veranlassen können, Defizitländern, die eine erforderliche Anpassung vornehmen, langfristige Darlehen zu gewähren. Der IWF könnte auch die Notwendigkeit für internationalen Ausgleich bei der künftigen Verteilung von SZR in Rechnung stellen, indem er die Menge der SZR verringert, die er an Überschußländer verteilt, und sie dafür Entwicklungsländern zuweist. Dies sollte die SZR-Bindung fördern – eine Bindung, die dem Ausgleichsprozeß zugute kommt. Die Schaffung eines Systems auf der Grundlage von SZR, zu der auch ein befriedigender Mechanismus für den Zahlungsbilanzausgleich gehört, würde den Reservewährungsländern die nötige Disziplin auferlegen.

Die Mittel des IWF

Ein Ziel des IWF ist in den Worten seiner Statuten, »den Mitgliedern Vertrauen einzuflößen, indem er ihnen die allgemeinen Mittel des Fonds bei angemessenen Sicherheiten zeitweise verfügbar macht und ihnen so Gelegenheit gibt, ihre Zahlungsbilanzungleichgewichte zu korrigieren, ohne zu Maßnahmen greifen zu müssen, die der nationalen oder internationalen Prosperität abträglich sind«. Diese allgemeinen Mittel des IWF bestehen aus zahlreichen regulären »Fazilitäten«. Dazu gehört seit 1974 die Ausweitung der Ziehungsmöglichkeiten, die speziellen Fazilitäten (die »Fazilität für Exporterlösschwankungen« und die »Fazilität zur Finanzierung von Beiträgen zu internationalen Rohstofflagern«), die Ergänzende Finanzierungsfazilität und der Treuhandfonds. Während der Krise 1974/75 gab es auch eine Ölfazilität und ein Subventionskonto, das die Zinslast der am härtesten betroffenen Länder erleichtern sollte. Diese Fazilitäten lassen sich als verschiedene »Fenster« des Fonds verstehen. Einige von ihnen — die Ölfazilität und die Ergänzende Finanzierungsfazilität – sind das Ergebnis offizieller Kreditaufnahmen; in den Treuhandfonds gehen die Gewinne aus den Goldverkäufen ein. Die übrigen Fazilitäten bekommen ihre Mittel aus den Beiträgen der Mitglieder des Fonds, die periodisch durch Erhöhung der Quoten gesteigert werden. Finanzwirtschaftlich ausgedrückt sah am 31. Dezember 1978 die gesamte kumulative Verwendung der Fondsmittel durch alle Mitglieder seit dem Beginn im Jahre 1946 wie folgt aus: reguläre Fazilitäten – ungefähr 37 Milliarden SZR; Ölfazilitäten, 6,9 Milliarden SZR; die speziellen Fazilitäten, ungefähr 4,4 Milliarden SZR; und der Treuhandfonds, 0,84 Milliarden SZR. In den letzten Jahren haben die nicht-ölexportierenden Entwicklungsländer relativ hohe Beträge aus den speziellen Fazilitäten des Fonds, besonders der Fazilität für Exporterlösschwankungen und der Ölfazilität, erhalten, die insgesamt mehr als die Hälfte aller vorgenommenen Ziehungen beim IWF betrugen. Es dürfte deutlich sein, daß die Mittel des Fonds bescheiden sind. 1977 und 1978 zahlten die Mitglieder tatsächlich mehr zurück, als sie abforderten. Um Zugang zu diesen Mitteln zu bekommen, bedarf es jedoch unter Umständen beträchtlicher Rechtfertigung. Die Konditionen des IWF bestimmen nicht nur die Kreditbedingungen, sondern – was noch wichtiger ist – die Wirtschaftspolitik, die ein Land während der Laufzeit des Kredits zu verfolgen hat.

Auflagen des IWF

Es ist notwendig und legitim, daß der IWF für die Mitgliedsländer Konditionen festlegt, die einen Kredit bei ihm aufnehmen. Zum einen gilt es, die bankenübliche Vorsicht walten zu lassen, zum anderen ist – im Falle des IWF – dafür zu sorgen, daß der »Revolving-Charakter« seiner Mittel erhalten bleibt. Jeder Bankier muß sich davon überzeugen, daß Kreditnehmer zur Rückzahlung in der Lage sein werden. Wenn nun ein Land eine im Verhältnis zu seinen Reserven große Summe als Kredit aufnimmt, kann seine Fähigkeit zur Rückzahlung erheblich von seiner makroökonomischen Politik abhängen. Viele IWF-Kredite, besonders wenn sie Mitgliedern mit kleinen Quoten gewährt werden, bedeuten nur einen kleinen Anteil dessen, was das Land braucht. Ein gewisses Maß an Konditionen ist unvermeidlich und würde für die Kreditnehmer im allgemeinen auch annehmbar sein. Doch im Laufe der Jahre hat der IWF so strenge Auflagen gemacht, daß Defizitländer darauf verzichteten, von ihren Quoten Gebrauch zu machen oder sie zu spät in Anspruch nahmen. Statt dessen zogen sie Kredite von privaten internationalen Banken vor. Die an Konditionen geknüpften Mittel, die der Fonds verfügbar machen kann, wurden – so begrenzt sie sind – weit unter dem Maß des Möglichen benutzt. Die Ziehung bei speziellen Fazilitäten wie der Ölfazilität und der Fazilität für Exporterlösschwankungen, auf die ein so großer Teil der in der Zeit von 1973 bis 1978 vom Fonds gewährten Kredite entfällt, sind an relativ wenige Konditionen geknüpft.

Die Entwicklungsländer – und gelegentlich auch einige industrialisierte Mitgliedsländer, darunter Italien und Großbritannien – haben die Konditionalität des IWF kritisiert. Sie sind der Meinung, daß der Fonds die Tendenz habe, Konditionen zu verlangen, die über sein legitimes Interesse hinausgingen, nämlich sicherzustellen, daß er sein Geld innerhalb der im Rahmen der Fondsstatuten festgesetzten Frist zurückbekomme. Dies ließe sich auch durch weit weniger strenge Programme gewährleisten. Viele Mitgliedsländer meinen, daß der IWF seine Sonderstellung in patriarchalischer Weise verwendet hat, indem er wirtschaftspolitische Maßnahmen vorschlug, die nach seiner Auffassung Erfolg versprachen. Der IWF hat diese Maßnahmen anhand eines monetären Ansatzes der Zahlungsbilanzanalyse formuliert, wodurch seine Schlüsse hinsichtlich der für die Programme erforderlichen Zeit und ihrer Inhalte allzu stereotyp und eng ausfielen. In der Praxis scheint der Fonds häufig anzunehmen, daß jedes Land, welches in die Notlage kommt, an Konditionen geknüpfte Liquidität aufzunehmen, seine Geschäfte unfähig oder leichtsinnig geführt haben muß und daß es ihm deshalb guttun wird, wenn es von neutraler Seite beraten wird. Aber viele der Kredite aufnehmenden Länder weisen diese Annahme zurück.

Die Kreditkonditionen gehen also normalerweise davon aus, daß Zahlungsbilanzprobleme an einer zu großen Inlandsnachfrage liegen und sich lösen lassen, wenn man den Staatshaushalt ausgleicht, die Geldmenge verringert, Subventionen beschneidet und einen realistischen Wechselkurs festsetzt. Manchmal sind diese Maßnahmen geeignet und wirksam. Doch in vielen Fällen verringern sie den Inlandsverbrauch, ohne die Investition zu beleben. Manchmal ist die Produktionskapazität sogar noch rückläufiger als der Verbrauch. Deshalb leiden viele Entwicklungsländer mit Defiziten unter einer Verknappung von Lebensmitteln oder notwendigen Konsumgütern, oder sie können ihre Ressourcen nicht so rasch verlagern, wie es ihr neuer Bedarf verlangt. Tatsächlich hat die Beharrlichkeit, mit der der Fonds auf der Durchführung drastischer Maßnahmen bestand – oft im zeitlichen Rahmen von nur einem Jahr –, nicht selten den ärmsten Ländern unnötige und unannehmbare politische Lasten aufgeladen, die gelegentlich zu »IWF-Aufständen« und sogar zum Sturz von Regierungen führten.

Anpassung braucht Zeit

Viele Entwicklungsländer sehen sich heute verschiedenen negativen Einflüssen auf ihre Zahlungsbilanzen gegenüber, die sich ihrer Kontrolle entziehen. Die noch nie dagewesenen Preise für Öl, Getreide und Investitionsgüter, das Stagnieren wirtschaftlicher Aktivitäten und damit auch der Importnachfrage in den Industrieländern sowie der gegen die Einfuhren aus Entwicklungsländern gerichtete Protektionismus der Industrieländer – all diese Faktoren haben ihre Zahlungsbilanzen in Mitleidenschaft gezogen. Die Defizite, für die eine Regierung verantwortlich gemacht werden kann, sollten unbedingt von den Defiziten unterschieden werden, die auf außerhalb ihrer Kontrolle liegende kurzfristige Faktoren zurückgehen. Wo äußere Einflüsse zum langfristigen Ausgleich zwingen, wie im Falle der Ölpreise, müssen die Bedürfnisse der armen Länder in besonderem Maße berücksichtigt werden, da sie dabei im Vergleich zu anderen mit größeren Schwierigkeiten zu kämpfen haben werden.

Wir wissen, daß der IWF sich selbst ständig mit diesen Fragen beschäftigt. 1979 wurden neue Richtlinien erlassen, die ihn zur Lockerung seiner Konditionen berechtigten, mit dem Ziel, »die nationalen, sozialen und politischen Ziele der Mitgliedsländer gebührend zu würdigen« und längere Ausgleichsfristen einzuräumen. Bei seinem Jahrestreffen in Belgrad im Oktober 1979 verlangte das Entwicklungskomitee vom Executive Board, sich weiter darum zu bemühen, die Rückzahlungsfrist der Erweiterten Fondsfazilität von acht auf zehn Jahre zu verlängern und Vorkehrungen zu treffen, um die Zinskosten für jene Mittel zu subventionieren, die aus der Ergänzenden Finanzierungsfazilität gezogen werden. Zwar geht es in den neuen Kreditrichtlinien des IWF bereits darum, die Leistungskriterien auf das Maß einzugrenzen, das für Anpassungsprogramme erforderlich ist; doch meinen wir, daß der Fonds ganz allgemein seine detaillierten Vorschriften einschränken und sich bemühen sollte, den Anpassungsprozeß (einschließlich der Zeiterfordernis) in den Rahmen einer anhaltenden langfristigen wirtschaftlichen und sozialen Entwicklung zu stellen.

Das bedeutet unter anderem, daß der IWF die Kreditkonditionen, in denen deflationärer Ausgleich – auch Abwertungsmaßnahmen – verlangt werden, nicht verhängen sollte, ohne eine solche Maßnahme dadurch detailliert zu rechtfertigen, daß er die voraussichtlichen Folgen deflationärer Maßnahmen für Einkommensverteilung, Beschäftigungssituation und Wohlfahrt beurteilt. Außerdem sollten Anpassungsprogramme häufiger für einen weit größeren Zeitraum als den eines Jahres aufgestellt werden. Da Anpassung in den Entwicklungsländern häufig mehr Zeit verlangt, als die relativ kurzfristigen Kreditfazilitäten des Fonds heute gewähren, schlagen wir an späterer Stelle eine substantielle Erweiterung der Programmkredite durch Darlehen anderer internationaler Organisationen vor. Wir meinen auch, daß der IWF den Umfang seiner Kredite in Übereinstimmung mit dem Bedarf seiner Mitglieder erweitern sollte. Dadurch könnten Mitglieder unter Umständen veranlaßt werden, den Fonds sofort in Anspruch zu nehmen, wenn ihre Probleme beginnen. Wenn der IWF tatsächlich langfristigere nationale Entwicklungsziele in Rechnung stellen soll, müßte er mehr hinreichend qualifizierte Mitarbeiter aus Entwicklungsländern gewinnen und fördern, die die nötige Sensibilität für die anstehenden Probleme mitbringen.

Ausweitung der Fazilität für Exporterlösschwankungen

Ein wichtiger Vorschlag zum Ausgleich des Defizits von Entwicklungsländern ist der weitere Ausbau und die weitere Verbesserung der kompensatorischen Finanzierungsfazilität. Sie hilft Ländern bei Problemen, die offensichtlich nicht von ihnen selbst verursacht worden sind. Diese Fazilität wurde unlängst vom Executive Board des IWF überprüft. Dennoch fordert die Kommission den IWF mit aller Dringlichkeit auf, zu erwägen, ob sich nicht die quotenbestimmten Ziehungsbegrenzungen dieser Fazilität aufheben lassen, da der Umfang des Ziehungsrechtes der Mitglieder sich bei dieser Fazilität danach richten sollte, welches Bedürfnis zum Ausgleich von Exportdefiziten besteht. Neben Exportdefiziten sollte der IWF auch Veränderungen der Einfuhrpreise in Rechnung stellen. Denn das Grundprinzip von Zahlungsbilanzkrediten ist es ja, der Notwendigkeit zu nachteiligen Einfuhreinschränkungen vorzubeugen, die sonst Entwicklungspläne beeinträchtigen könnten. Dies ist besonders wichtig in Zeiten, da es zu beträchtlichen Veränderungen in den Preisen wichtiger Einfuhrgüter kommt und da eine andauernde Weltinflation zu verzeichnen ist. Die Fazilität sollte auch für Fälle von Mißernten in Anspruch genommen werden können. Außerdem ist es notwendig, die Rückzahlungsbedingungen flexibel zu halten, so daß sie sich Änderungen in der Rückzahlungsfähigkeit der Kreditnehmer anpassen.

Wenn Quotenbeschränkungen aufgehoben werden, wenn der Geltungsbereich soweit ausgedehnt wird, daß er auch den Bedarf an Lebensmittelimporten oder andere wichtige Ursachen für Defizite erfaßt, wenn Defizite real bemessen werden und wenn Rückzahlungsbedingungen flexibler gestaltet werden, wird die Kompensatorische Finanzierungsfazilität des IWF weit mehr Mittel brauchen, die wir auf etwa 12 Milliarden Dollar, das Dreifache ihres gegenwärtigen Umfangs, schätzen.

Machtteilung

Das Internationale Währungssystem von Bretton Woods spiegelt die wirtschaftlichen und politischen Beziehungen seiner Zeit wider. Seither hat sich viel verändert. Das neue System sollte die sich verändernden politischen und wirtschaftlichen Verhältnisse der Nationen widerspiegeln. Das neue internationale Währungssystem sollte eine pluralistische Grundlage haben. Keine einzelne politische Einheit oder keine Gruppe solcher Einheiten sollte eine beherrschende Rolle spielen. Die EWG, die Vereinigten Staaten und die Entwicklungsländer bilden bereits Gruppierungen innerhalb des Fonds. Man darf erwarten, daß China in naher Zukunft den ihm gebührenden Platz im IWF einnehmen wird. Mit einigem Recht läßt sich auch erwarten, daß den Comecon-Ländern daran gelegen ist, sich einem weltweiten Währungssystem anzuschließen. Denn diese Länder benutzen in zunehmendem Maße konvertierbare Währungen des Westens und den internationalen Markt als Basis für die Preisbestimmung wichtiger Transaktionen, die sie untereinander durchführen. So partizipieren sie praktisch am IWF-System, ohne Gelegenheit zu haben, Einfluß auf seine weitere Entwicklung zu nehmen. Das bedeutet, daß zur Handhabung des internationalen Währungssystems eine Führung auf breiterer Grundlage geschaffen werden müßte. Doch wird das nur schwer möglich sein, wenn nicht die Form der Entscheidungsfindung grundsätzlich geändert wird. Dazu gehört auch, daß die Entwicklungsländer zunehmend am Entscheidungsprozeß beteiligt werden.

Solch eine kollektive Führung läßt sich schaffen, wenn es klare, faire und eindeutige Regeln zur Handhabung des Systems gibt – Regeln, die die Interessen aller, auch der schwächeren Mitglieder des Systems schützen. Diese Regeln müssen dafür sorgen, daß der Fonds nicht allein auf der Basis des Anteilbesitzes verwaltet wird. Es gibt heute kaum irgendeine Zentralbank, die so verwaltet wird. Das ist eine unvermeidliche Konsequenz der Tatsache, daß man den IWF mit der Aufgabe betraut, internationale Zahlungsmittel zur Verfügung zu stellen. Die oben dargelegten Vorschläge umreißen den Rahmen, in dem ein entsprechendes Regelsystem untergebracht werden kann, wobei es flexibel genug sein muß, veränderten Umständen Rechnung zu tragen, jedoch entschieden genug, um Vorhersagbarkeit zu sichern. Der Reformprozeß muß umgehend neu eingeleitet werden.

Empfehlungen

Die Reform des internationalen Währungssystems sollte umgehend von allen interessierten Parteien vorgenommen werden, wobei sie aufbauen sollte auf die weitgehende Übereinstimmung, die im Zwanziger-Ausschuß erzielt wurde. Sie muß gegenwärtige Schwierigkeiten und Gefahren berücksichtigen. Die Reform sollte umfassen: Verbesserungen des Wechselkurssystems, des Reservesystems, des Zahlungsbilanzausgleichprozesses und der allgemeinen Handhabung des Systems, das die Beteiligung der ganzen internationalen Staatengemeinschaft ermöglichen sollte.

Man sollte sich auf Mechanismen einigen, durch die sich eine internationale Währung schaffen und verteilen läßt, welche zur Bestimmung und zur Begleichung von offenstehenden Salden zwischen Zentralbanken verwendet werden kann. Solch eine Währung würde die Verwendung nationaler Währungen als internationale Reserven ersetzen. Sie hätte die Form eines verbesserten Sonderziehungsrechtes (SZR) und könnte durch ein geeignetes »Substitutionskonto« leichter zugänglich gemacht werden.

Neue Sondererziehungsrechte sollten in dem Umfange geschaffen werden, in dem ein Bedürfnis nach nicht-inflationärer Ausweitung der Weltliquidität vorliegt. Die Verteilung einer entsprechenden, an keine Bedingungen geknüpften Liquidität sollte den Entwicklungsländern stärker zugute kommen, die gegenwärtig hohe Anpassungslasten zu tragen haben. Eine solche Verteilung – häufig als »Link« bezeichnet – würde zum Anpassungsprozeß des internationalen Währungssystems beitragen.

Man sollte sich auf einen Anpassungsprozeß einigen, der den Zwang zur Bremsung des Wachstums in der Weltwirtschaft nicht verstärkt. Der Ausgleichsprozeß der Entwicklungsländer sollte in den größeren Rahmen des Bemühens um langfristige wirtschaftliche und soziale Entwicklung gestellt werden. Der IWF sollte eine unangemessene oder übermäßige Gängelung ihrer Volkswirtschaften vermeiden und sollte keine übermäßig deflationären Maßnahmen als Standardmuster für die Anpassungspolitik vorschreiben. Es sollte den Umfang seiner Kompensatorischen Finanzierungsfazilität verbessern und erheblich ausweiten, indem er z. B. Quotenbegrenzungen lockert, Erlösausfälle real bemißt und flexiblere Rückzahlungskonditionen einräumt. Überschußländer sollten mehr Verantwortung für den Zahlungsausgleich übernehmen. IWF-Maßnahmen, die dieses ermutigen könnten, sollten in Erwägung gezogen werden.

Größere Stabilität internationaler Wechselkurse, besonders zwischen Schlüsselwährungen, sollte durch Disziplin im Inland und Koordination geeigneter nationaler politischer Maßnahmen angestrebt werden.

Die Beteiligung von Entwicklungsländern am Personal, der Leitung und den Entscheidungen des IWF sollte erweitert werden.

Um die Demonetisierung des Goldes voranzutreiben, sollte der größere Teil der IWF-Goldbestände nach Abwicklung der bereits vereinbarten laufenden Verkäufe als Sicherheit verwendet werden, gegen die der IWF Kredite am Markt aufnehmen kann. Mit ihnen kann er besonders Entwicklungsländern mit mittlerem Einkommen weitere Darlehen gewähren. Auch sollten zeitlich gestaffelte Verkäufe vorgenommen und die anfallenden Gewinne aus Goldverkäufen dazu verwendet werden, Zinssubventionen auf die Kredite an Entwicklungsländer mit niedrigen Einkommen zu gewähren.

14 Entwicklungsfinanzierung: Ungedeckte Bedürfnisse

Die Entwicklungsländer beziehen Finanzmittel aus einer Reihe von Quellen: aus Hilfsprogrammen, die zwischen Regierungen beschlossen worden sind; von Exportkreditinstitutionen, von internationalen Finanzierungsinstitutionen, darunter der Weltbankgruppe, regionalen Entwicklungsbanken, dem IWF, den UN-Organisationen und anderen multilateralen Fonds; aus Privatinvestitionen, die großenteils von multinationalen Gesellschaften vorgenommen werden und von privaten Banken. Die Schaffung und Ausdehnung des Systems der Entwicklungsfinanzierung in den letzten Jahrzehnten bedeutet einen wesentlichen Wandel in der internationalen wirtschaftlichen Zusammenarbeit.

Die Dritte Welt wird in den kommenden Jahrzehnten einen gewaltigen Finanzbedarf haben. Wir haben in einem Überblick die großen ungedeckten Bedürfnisse, besonders in ärmeren Ländern, erfaßt, die in Bereichen zu verzeichnen sind wie Nahrungsmittelerzeugung, Industrialisierung, Erschließung von Energie und Bodenschätzen, Transport- und Nachrichtenwesen, Erziehung und Gesundheit. Das Wirtschaftswachstum der Entwicklungsländer ist von 6 Prozent jährlich im Zeitraum von 1967 bis 1972 auf 5 Prozent Mitte der siebziger Jahre abgesunken, und ist in den letzten drei Jahren noch weiter gefallen. Wie groß ihre eigenen Anstrengungen auch immer sein mögen, es werden riesige Summen erforderlich sein, um sie in die Lage zu versetzen, die Antriebskräfte ihrer wirtschaftlichen Entwicklung zurückzugewinnen, um sie mit den Arbeitsplätzen und Einkommen zu versorgen, die sie brauchen, um die Armut zu überwinden und um ihnen die Möglichkeit zu geben, wirtschaftlich unabhängig zu werden und sich in größerem Umfang am Welthandelssystem zu beteiligen.

Die Hauptarten der Hilfe

Für die Entwicklungshilfeleistungen gibt es zwei Hauptkanäle. Der eine verbindet die betroffenen Länder unmittelbar miteinander, und der andere verläuft über die »multilateralen« Institutionen. UN-Organisationen erhalten ihre Mittel von Geberregierungen. Die Weltbank bekommt einige ihrer Mittel unmittelbar von Regierungen, besonders die Mittel für die günstigen Kredite, die über die Internationale Entwicklungsorganisation (IDA) laufen. Der Rest ihres Geldes wird in Form von Anleihen an den Kapitalmärkten der Welt aufgenommen. Die Sicherheiten liefern die Kapitalzeichnungen der Mitgliedsländer. Die Regionalen Entwicklungsbanken haben eine ähnliche Struktur.

Ein tiefgreifender Wandel hat sich in der Zusammensetzung der Kapitalströme vollzogen, die in Entwicklungsländer geleitet wurden. 1960 kamen 60 Prozent aus öffentlicher Entwicklungshilfe. 1977 kamen mehr als zwei Drittel aus privaten Quellen, in der Hauptsache aus Krediten von privaten Banken, in Form von direkten Investitionen und Exportkrediten. Die Schuldenlast einer Reihe von Ländern ist außerordentlich drückend geworden. Sowohl das Volumen wie die Art der verfügbaren Finanzmittel sind heute offensichtlich unzureichend. Und die Ungewißheit, ob der Kapitalstrom auch in Zukunft anhält, gefährdet den Fortschritt der Entwicklung.

Der größte Teil der staatlichen Hilfe, sei sie nun bilateral oder multilateral, deckt die Devisenkosten spezifischer Investitionsprojekte: Staudämme, Kraftwerke, Eisenbahn- und Straßennetze, Industrieprojekte, landwirtschaftliche Entwicklungsprojekte. Wenig Hilfe wird in Form von »Programmkrediten« geleistet, d. h. für nationale Entwicklungsprogramme insgesamt. Solche Kredite unterstützen alle Projekte und Aktivitäten eines Landes, das mit niedrigen Ersparnissen sowie schwankenden Steuereinnahmen und Devisenbeständen zu kämpfen hat. Die Entwicklungsländer haben ebenso wie viele Experten – darunter die Pearson-Kommission – nachdrücklich auf die Notwendigkeit dieser Finanzierungsform hingewiesen, die der gesamtwirtschaftlichen Steuerung mehr Flexibilität und Sicherheit verleiht. Ebenso fehlt es an Unterstützung bei der Finanzierung von Exporten, besonders von Investitionsgütern, und an der Finanzierung von Zahlungsvereinbarungen zur wirtschaftlichen Integration der Entwicklungsländer. Auch die Frage nach geeigneten Finanzmitteln zur Stabilisierung der Rohstoffpreise ist noch nicht völlig geklärt. Und Probleme der Umschuldung werden noch immer *ad hoc* gelöst.

Wachsende Verschuldung

Den bessergestellten Entwicklungsländern ist es gelungen, eine Reihe dieser Probleme durch Inanspruchnahme von Mitteln aus privatwirtschaftlichen Quellen, vor allem durch Bank- und Exportkredite, zu bewältigen. Eine der auffälligsten Veränderungen in den letzten Jahren ist die Zunahme der Kredite am internationalen Kapitalmarkt, die heute fast 40 Prozent der Verschuldung der Entwicklungsländer ausmachen – gegenüber nur 17 Prozent im Jahre 1970.

Die meisten Privatkredite sind einigen wenigen Ländern mittleren Einkommens gewährt worden und halfen ihnen bei einer raschen Steigerung ihrer Investitionen und Wirtschaftskraft sowie ihrer Exporte. Durch solche Kredite erhielten diese Länder die benötigten frei verwendbaren Devisen, die nicht an individuelle Projekte, an die Auflagen bestimmter Länder oder an irgendeine besondere Wirtschaftspolitik gebunden sind. Ihre Konditionen (wenn sie sich 1977 und 1978 auch verbesserten) bedeuten, daß die Länder eine schwere Schuldentilgungslast zu tragen haben. Für den Zeitraum von drei Jahren, von 1979 bis 1981, werden die Gesamtzahlungen im Rahmen der Tilgungsleistungen aller Entwicklungsländer (OPEC-Länder ausgenommen) auf 120 Milliarden Dollar geschätzt – ein Betrag, der den steil ansteigenden Handelsdefiziten hinzuzurechnen ist. Wie wir unten zeigen werden, wird der Kreditbedarf dieser Länder in den achtziger Jahren wahrscheinlich noch erheblich steigen. Wenn die Kredite fällig werden, müssen sie noch mehr aufnehmen, um sie zurückzuzahlen und zu bedienen. Die Volkswirtschaften der Schuldnerländer und die gesamte internationale Kreditstruktur sind heute sehr anfällig für jedwede Unterbrechung der Kapitalströme, die verschiedene Ursache haben kann: eine größere Kreditnachfrage im Norden, die Tatsache, daß ein Schuldnerland als weniger kreditwürdig gilt, nicht genug Bankkapital oder die Maßnahmen regulierend wirkender Instanzen.

Der Kern des Schuldenproblems ist die Tatsache, daß ein sehr großer Anteil der Finanzmittel zu harten Konditionen ausgeliehen wird – hart sowohl, wenn man bedenkt, welche Rückzahlungsmöglichkeit die finanzierten Projekte bieten, wie auch, wenn man in Betracht zieht, welche Zeit die Schuldnerländer brauchen, um die strukturellen Ungleichgewichte in ihren Zahlungsbilanzen zu berichtigen. Die Entwicklungsländer waren insgesamt gesehen sehr zuverlässige Schuldner, und Zahlungskrisen waren selten. Doch wird es wahrscheinlich in Zukunft mehr Zahlungsschwierigkeiten geben. Bereits zwischen 1974 und 1978 waren weit mehr Länder mit ihren laufenden Zahlungen im Rückstand oder traten mit privaten Banken in Verhandlungen über ihre Schulden ein – oder versuchten, solche Verhandlungen in die Wege zu leiten. Die privaten Banken sind möglicherweise in der Lage, ihre Kredite noch auszuweiten. Doch die Risiken und Zwänge der gegenwärtigen unausgewogenen Schuldenstruktur werden dazu führen, daß Entwicklungsländer nach neuen Quellen langfristiger Finanzierung Ausschau halten müssen. Wie wir im nächsten Kapitel darlegen werden, ist man angesichts der Tatsache, daß die Defizite steil ansteigen und daß die führenden Banken bereits außerordentlich exponiert sind, sehr besorgt, ob das internationale Bankensystem, welches in den letzten fünf Jahren eine entscheidende Rolle dabei spielte, daß die Überschüsse von OPEC-Staaten und anderen Ländern in Defizitländer geleitet wurden, in der Lage sein wird, diese Rolle auch in Zukunft zu spielen.

Beziehungen zu den Empfängerländern

Nicht nur Umfang und Art der Finanzmittel sind unzureichend, auch die Beziehungen zwischen Schuldnern und Gläubigern sind unbefriedigend. Die Entwicklungsländer sind nicht angemessen an der Verantwortung für Entscheidungen, Kontrolle und Leitung der vorhandenen internationalen Finanz- und Währungsinstitutionen beteiligt, die mit ihren Krediten und ihrer technischen Hilfe wichtige Entwicklungsbeiträge geleistet haben. Zugleich waren diese aber – wie wir noch zeigen werden – zögerlich, ihre Tätigkeit auf Bereiche auszuweiten, die für die Entwicklungsländer von entscheidender Bedeutung sind. Viele Länder sind auch unzufrieden mit der Einmischung dieser Institutionen in die Entscheidung über die politischen Maßnahmen und Prioritäten dieser Länder; das ist manchmal über das hinausgegangen, was sich mit dem Bedürfnis rechtfertigen ließ, laufende Kredite zu sichern und für ihre verantwortungsbewußte Verwendung zu sorgen. Außerdem konnten die wichtigsten internationalen Finanzierungsinstitutionen nicht die Mitgliedschaft aller Länder der Welt gewinnen. Die Sowjetunion und die meisten Länder Osteuropas sind keine Mitglieder, und auch die Volksrepublik China hat in diesen Institutionen ihren Platz bislang noch nicht eingenommen. Die Nichtbeteiligung einiger Länder bringt nicht nur politische Nachteile mit sich, sondern raubt auch allen die Möglichkeit, von den Entwicklungserfahrungen der anderen zu lernen, und engt den Umfang internationaler Hilfe ein.

Entwicklungshilfe: Ein enttäuschendes Ergebnis

Die ärmeren und schwächeren Länder sind nicht in der Lage, viel Geld zu privatwirtschaftlichen Konditionen aufzunehmen. Für sie ist die staatliche Entwicklungshilfe die Hauptfinanzierungsquelle. Während das Bedürfnis nach günstiger Finanzierung gewachsen ist, sind die tatsächlichen Leistungen dieser Kategorie zurückgegangen. Vor zehn Jahren haben sich die Vereinten Nationen auf das Ziel geeinigt, 1 Prozent des Bruttosozialproduktes der entwickelten Länder sollte für den Netto-Kapitaltransfer, private Kapitalströme eingeschlossen, in Entwicklungsländer aufgewandt werden. Das Ziel war, daß 0,7 Prozent davon staatliche Entwicklungshilfe sein sollten. Das Verhältnis zwischen diesen beiden Zahlen gab die relativen Kapitalströme zu jener Zeit wider. Die Zielsetzung für die staatliche Entwicklungshilfe besaß im wesentlichen politischen Charakter. Damals wurde die Zielsetzung diskutiert. Die meisten der Industrieländer erkannten sie an; einige, indem sie sich einen zeitlichen Rahmen setzten (z. B. Belgien, die Niederlande, Schweden), andere grundsätzlich (z. B. die Bundesrepublik Deutschland). Doch wieder andere, vor allem die Vereinigten Staaten, verpflichteten sich nicht auf dieses Ziel.

Zwar wurde die 1-Prozent-Norm für den gesamten Kapitalfluß (einschließlich privater Investitionen und privatwirtschaftlicher Kredite) erreicht, doch haben sich die Hoffnungen zerschlagen, die bezüglich des Ziels der staatlichen Entwicklungshilfe geweckt wurden. Die durchschnittliche Leistung der Industrieländer in der OECD betrug in dieser Hinsicht 1978 nur 0,35 Prozent des Bruttosozialproduktes. Das ist ein zutiefst enttäuschender Stand. Zugleich müssen wir darauf hinweisen, daß eine Reihe einzelner Staaten, wie die skandinavischen Länder und die Niederlande, das Ziel übertroffen haben. Es ist sehr ermutigend, daß die OPEC-Länder mit ihren in den letzten Jahren gestiegenen Ölerlösen beinahe 3 Prozent ihres Bruttosozialproduktes beigesteuert haben. Ihre Anstrengungen sind besonders bemerkenswert, weil sie sich in ihrem Falle nicht in Exportaufträgen für die Geberländer niederschlagen. Auf der anderen Seite ist der Betrag der Vereinigten Staaten von 0,5 Prozent im Jahre 1960 auf 0,27 Prozent gefallen. Die 0,23 Prozent von Japan und die 0,38 Prozent der Bundesrepublik Deutschland sind ebenfalls sehr bescheiden, obgleich sie das Ziel prinzipiell anerkannt hatten. Enttäuschend ist auch die Durchschnittsleistung der Sowjetunion und anderer Comecon-Länder. Nach Schätzungen der OECD lag diese Leistung nur in der Größenordnung von 0,04 Prozent ihres Bruttosozialprodukts.

Vielleicht geht es nicht an, die unterschiedlichen Leistungen der verschiedenen Länder bei der Erreichung dieser Zielsetzung so direkt und oberflächlich zu vergleichen. Einige Geberländer haben vorgebracht, daß ihre Leistung zwar gering sei, ihre Handelspolitik dafür aber liberal. Einige Länder, die bessere Leistungen erbracht haben, führen auch Ausgaben für Leistungen an überseeische Besitzungen auf, die bei strenger Betrachtung nicht als Hilfe bezeichnet werden sollten. Einige Geberländer richten ihre Hilfe soweit als möglich an Bedarfskriterien aus, andere beschränken sie auf Länder, mit denen sie durch besondere geschichtliche, wirtschaftliche oder andere Bande verknüpft sind. Hilfe aus den Ländern Osteuropas ist dem öffentlichen Sektor, dem Industrie- und dem Rohstoffsektor zugute gekommen, für die anderweitig keine Mittel zu erlangen waren. Außerdem nehmen diese Länder Waren als Rückzahlung an. Diese Klarstellungen sind wichtig, doch ändern sie nichts an der Tatsache, daß die Industrieländer in ihrer Gesamtheit – ganz besonders die bedeutendsten unter ihnen – die Erwartungen und Verpflichtungen nicht eingelöst haben.

Dieses Versäumnis zeigt, daß es am politischen Willen fehlt. Wir können an dieser Tatsache nicht vorbeisehen. In den jährlichen Entwicklungshilfeüberprüfungen des Entwicklungshilfe-Komitees der OECD (DAC) führen Regierungen mit unzulänglichen Hilfsleistungen häufig Haushaltszwänge und Zahlungsbilanzschwierigkeiten als Gründe an, doch liegt auf der Hand, daß dies keine unüberwindlichen Hindernisse sind. Wenn das Bruttosozialprodukt in den Industrieländern um 3 bis 4 Prozent im Jahre zunimmt, würde die Veranschlagung eines Vierzigstels bis eines Dreißigstels des jährlichen *Zuwachses* des Bruttosozialproduktes für Auslandshilfe die Lücke zwischen 0,3 und 0,7 Prozent in nur fünf Jahren schließen. Die öffentlichen Mittel stehen immer unter großem Druck, wie wir aus eigener Erfahrung sehr gut wissen, doch drückt sich in der Vernachlässigung der Entwicklungshilfe letztlich aus, daß ihr nicht genügend politische Priorität eingeräumt wird.

Warum mehr Entwicklungshilfe wichtig ist

Man hat uns darüber unterrichtet, daß in vielen Ländern das politische Klima gegenwärtig einer Erhöhung der Entwicklungshilfeleistungen nicht günstig ist, da sich dort eine Reihe ernster inländischer Probleme auftürmen. Doch dieses Klima muß verändert werden. Den Bürgern reicher Länder muß klargemacht werden, daß auch die Probleme der Welt angegangen werden müssen und daß eine energische Hilfspolitik letzten Endes keine Last darstellen würde, sondern eine Investition für eine gesündere Weltwirtschaft wie für eine sicherere Weltgemeinschaft. Internationale Entwicklungsfragen müssen auf hoher politischer Ebene die Aufmerksamkeit erfahren, die sie aufgrund ihrer Dringlichkeit verdienen.

Die öffentliche Meinung in den Industriestaaten war häufig kritisch zur Entwicklungshilfe eingestellt. Die soziale Struktur in einigen Entwicklungsländern ist sehr ungerecht. Man bezweifelte, daß die Hilfe auch wirklich zu den Armen gelangte. Die Massenmedien haben sehr ausführlich über Fälle von Verschwendung, Korruption und Extravaganz berichtet. Die daraus folgende Skepsis führt zu Widerstand gegen die guten Absichten der Regierungen in Sachen Entwicklungshilfe. Ohne Zweifel könnte und sollte die Hilfe wirksamer verwendet werden. Gleichzeitig aber wäre es falsch, sich der Erkenntnis zu verschließen, daß der weitaus überwiegende Teil der Hilfsgelder sinnvoll und für die Zwecke ausgegeben wird, für die sie bestimmt sind. Die Hilfe hat bereits in großem Umfange dazu beigetragen, die Not in Ländern mit niedrigem Einkommen zu lindern und ihnen eine Grundlage für Fortschritte in der landwirtschaftlichen Entwicklung, auf dem Gesundheits- und dem Erziehungssektor zu liefern. Und für die ärmsten Länder ist Entwicklungshilfe ganz einfach eine Sache des Überlebens.

Glücklicherweise gibt es in jüngster Zeit – da die Bedeutung der Dritten Welt allmählich deutlicher erkannt wird – Anzeichen dafür, daß in einigen wichtigen Ländern die Einstellung zur Entwicklungshilfe positiver wird. Japan hat unlängst erklärt, es wolle sein Hilfsprogramm verdoppeln. Die Bundesrepublik Deutschland intensiviert ihre Hilfsanstrengungen. Die Französische Regierung steigert ihre multilaterale Hilfe in einigen Bereichen. In den siebziger Jahren haben sich die OPEC-Länder als neue und wichtige Hilfsquelle erwiesen. Sie haben 1978 ungefähr 20 Prozent aller staatlichen Entwicklungshilfe (ODA) geleistet. Dies entspricht einem Durchschnitt von 1,59 Prozent ihres Bruttosozialproduktes; doch einzelne Länder wie Saudi-Arabien und Kuweit, die Vereinigten Arabischen Emirate und Katar haben in den letzten Jahren zwischen 6 und 15 Prozent ihres Bruttosozialprodukts aufgebracht, und im Jahre 1978 waren es zwischen 4 und 5 Prozent. Neben den OPEC-Ländern haben in den letzten Jahren einige andere Entwicklungsländer Entwicklungshilfe geleistet. Bislang besaß sie meist die Form von Stipendien und der Entsendung von Fachleuten für technische Hilfe. Doch Indien, Jugoslawien und einige lateinamerikanische Länder haben auch finanzielle Hilfe zur Verfügung gestellt. Auch die Volksrepublik China hat – obwohl selbst ein Entwicklungsland – etlichen anderen Entwicklungsländern bedeutsame Hilfe geleistet.

Wir werden unten vorbringen, daß auch weiterhin der Anhebung der Gesamthilfe Vorrang eingeräumt werden muß, wenn die schlimmsten Entbehrungen in der Entwicklungswelt gemildert werden sollen. Der Umstand, daß die Praxis der Entwicklungshilfe sich ausbreitet, läßt uns meinen, daß der Zeitpunkt gekommen ist, an ein weltweites System der Beiträge zu denken. Es könnte sich an den gegenwärtigen Zielsetzungen für die reichsten Länder orientieren, aber auch dafür sorgen, daß alle anderen Länder, mit Ausnahme der ärmsten, nach einer gleitenden, auf das Einkommen bezogenen Skala Beiträge leisten. Dies wäre ein Ausdruck der gemeinsamen Verantwortung für die internationale Entwicklung. Wir werden später auf diesen Vorschlag zurückkommen.

Lücken in der Entwicklungsfinanzierung

Wie wir ausgeführt haben, gibt es eine Vielfalt von Lücken im Netz der Entwicklungsfinanzierung, die insgesamt genommen zeigen, daß eine Reihe fundamentaler Veränderungen erforderlich sind. Der Gesamtfluß der Finanzmittel muß sowohl im Interesse der Dritten Welt wie der Weltwirtschaft gesteigert werden. Die ärmsten Länder brauchen dringend mehr Hilfe zu günstigen Bedingungen, und die Länder mit mittlerem Einkommen haben einen Bedarf an längerfristigen Krediten. Einige Finanzierungsformen, die gegenwärtig nur schwer oder gar nicht zu bekommen sind, müssen in erheblichem Umfange verfügbar werden. Entwicklungskredite müssen flexibler und langfristiger werden. Entwicklungsländer brauchen – wenn nötig durch Zwischenorganisationen – einen besseren Zugang zu Kapitalmärkten. Und die Beziehungen zwischen Gläubigern und Schuldnern müssen verbessert werden. Multilaterale Institutionen müssen so umstrukturiert werden, daß die Dritte Welt in der Lage ist, wirksam an ihrer Leitung und Kontrolle teilzunehmen.

Dringend erforderlich ist es auch, die ernstzunehmenden Lücken in den vorhandenen Finanzflüssen aufzufüllen, die in die Entwicklungswelt geleitet werden. Wir werden diese Lücken unter drei Blickwinkeln untersuchen – unter dem des Bedarfs verschiedener Gruppen von Ländern, verschiedener Sektoren und verschiedener Kreditformen. Die Kommission hat sich dabei auf recht zuverlässige Schätzungen gestützt, die von internationalen Institutionen vorgenommen wurden. Dieser Bedarf läßt sich nicht zu einer Gesamtsumme zusammenfassen. Es gibt beträchtliche Überschneidungen zwischen dem Bedarf, der nach Ländergruppen errechnet wurde, und dem, der für Aktivitätsbereiche zusammengestellt wurde. Kreditformen sind eine dritte Dimension. Der eigentliche Zweck, den wir mit dieser Überprüfung der Lücken verfolgen, besteht darin, Charakter, Größenordnung und außerordentliche Priorität des ungedeckten Bedarfs darzulegen und deutlich zu machen, daß eine massive weltweite Anstrengung erforderlich ist, um ihn zu decken. Anhand dieser Analyse erörtern wir im folgenden Kapitel dann, welche Institutionen und Maßnahmen am geeignetsten sind, den Bedarf zu decken und die Lücken zu füllen.

Bedarf nach Ländern

(a) *Am wenigsten entwickelte Länder, Länder mit niedrigem Einkommen und Länder an der unteren Grenze des mittleren Einkommens*

Die Länder mit niedrigem Einkommen, wo die Überzahl der Armen lebt, haben – wie wir sahen – kaum die Möglichkeit, an der Weltwirtschaft teilzunehmen. Sie hängen vom Rohstoffexport ab. Ihre Landwirtschaft wird häufig von Trockenheit bedroht. Sie haben nur eine schmale Spanne zwischen Einkommen und Verbrauch. Und ihre Inlandsersparnisse sind notwendigerweise gering. Blicken wir in die Zukunft, so sind die Aussichten für die Lebensmittelversorgung dieser Länder besorgniserregend. Sie benötigen umfangreiche Investitionen in Bewässerungsanlagen und in der Landwirtschaft, wenn sie gefährliche Lebensmittelknappheiten gegen Ende des kommenden Jahrzehnts vermeiden wollen. Dazu kommen hohe Ausgaben zur Verbesserung des Gesundheitswesens, der Ernährung, zur Beseitigung des Analphabetentums.

Die Armutsgürtel von Asien und Afrika brauchen langfristige Projekte in der Wasserwirtschaft, Wasserkraft, Transport, Bergbau, Aufforstung, Verhütung von Bodenerosion und Wüstenentstehung und für die Bekämpfung von Krankheiten. Diese Aufgaben allein werden über einen Zeitraum von mindestens zwanzig Jahren zusätzliche Finanzmittel von mindestens 4 Milliarden Dollar erforderlich machen.

Welche Kriterien auch immer zugrundegelegt werden, die Hilfe für die ärmsten Länder ist hinsichtlich der Investition wie der wiederkehrenden Ausgaben unzureichend:

Wenn die gegenwärtigen Hilfsanstrengungen lediglich beibehalten werden, können keine großen Fortschritte zur Deckung wesentlicher Bedürfnisse erzielt werden. Mehr als ein jährliches Wachstum des Pro-Kopf-Einkommens von 1 Prozent in den afrikanischen Ländern mit niedrigem Einkommen und von 2,8 Prozent in den asiatischen Ländern mit niedrigem Einkommen wäre nicht möglich. Dies würde nach dem *Weltentwicklungsbericht* der Weltbank von 1979 den realen Abstand im Lebensstandard zwischen den armen und den reichen Ländern anwachsen lassen (von 1:40 im Jahre 1975 auf 1:47 1990). Selbst wenn die armen Länder ihre Ersparnisse deutlich steigern sollten – das ist eine unannehmbare Situation. Der Gesamtbedarf an ausländischem Kapital, der bei den am wenigsten entwickelten Ländern insgesamt besteht, wird von der UNCTAD für die achtziger Jahre auf jährlich 11 Milliarden Dollar und für die neunziger Jahre auf 21 Milliarden Dollar geschätzt, wobei eine 6,5prozentige Zuwachsrate des Bruttosozialproduktes (3,5 Prozent pro Kopf) unterstellt ist. Den ärmsten Ländern sollte die Hilfe zu äußerst günstigen Bedingungen gewährt werden.

Nach einer Studie des Overseas Development Councils in Washington DC werden Länder mit einem Pro-Kopf-Einkommen von unter 520 Dollar (geringster Entwicklungsstand, niedriges Einkommen und untere Grenze des mittleren Einkommens) in den achtziger Jahren eine jährliche Hilfe von 40 bis 54 Milliarden Dollar (Preise von 1980) brauchen, um entweder ein 3,5 bis 4prozentiges Wachstum des Pro-Kopf-Einkommens zu erzielen oder um Mittel zu erhalten, die der Hälfte der Kosten zur Deckung der Grundbedürfnisse entsprechen, wobei die andere Häfte von den Ländern selbst aufgebracht werden muß. Wenn die Entwicklungshilfe 1980 in konstanten Preisen nicht höher sein wird als 1977, wird sie um 21 bis 35 Milliarden Dollar hinter diesen Zielsetzungen zurückbleiben. Wenn dieses Defizit Anfang der achtziger Jahre gedeckt werden könnte, würden Entwicklungsländer mit niedrigem

Einkommen und an der unteren Grenze des mittleren Einkommens die schlimmsten Formen der Armut in Angriff nehmen und Dinge finanzieren können wie industrielle und landwirtschaftliche Projekte, Importe von Rohstoffen, Düngemitteln, technischen Anlagen und Ersatzteilen. Solche Hilfe muß zu Sonderkonditionen gewährt werden, braucht aber – mit Ausnahme der am wenigsten entwickelten Länder – nicht ausschließlich als Zuschuß gegeben zu werden. Je nach den Umständen können die Transfers eine Mischung verschiedener Finanzierungsformen sein – günstige Kredite wie die der Internationalen Entwicklungsorganisation (IDA), bilaterale langfristige und niedrigverzinsliche Entwicklungsdarlehen, Marktkredite mit Zinssubventionen, Exportkredite. Nahrungsmittelhilfe kann ebenfalls eine wichtige Rolle spielen. Die Entwicklungsländer werden auch Projektkredite benötigen, die – wenn angebracht – Kosten in heimischer Währung finanzieren können. Sie werden aber auch Programmdarlehen brauchen, um die Projektkredite zu ergänzen und die Unterhaltungskosten zu decken.

(b) *Länder mit mittlerem und höherem Einkommen*

Entwicklungsländer mit mittlerem und höherem Einkommen brauchen meist Entwicklungskredite zu Konditionen und in Formen, die ihrem Entwicklungsstand entsprechen. Ihr Gesamtkreditbedarf wird mitbestimmt durch das Wachstum und die Offenheit der Märkte für ihre Exporte. Sie brauchen eine verbesserte Fälligkeitsstruktur ihrer Schulden. Sie brauchen langfristigere Programmdarlehen. Einige Länder an der unteren Grenze des mittleren Einkommens werden auch Zinssubventionierung benötigen.

Nach den Voraussagen der Weltbank (die von einer jährlichen Inflation von 7,2 Prozent ausgeht) werden im Jahre 1985 die Kredite dieser Länder bei privatwirtschaftlichen Banken und aus anderen privaten Quellen eine Größenordnung von 155 Milliarden Dollar (in laufenden Preisen) annehmen – gegenüber weniger als 40 Milliarden Dollar jährlich im Zeitraum von 1975 bis 1977. Schon 1990 werden es sogar 270 Milliarden Dollar sein. Und sogar diese Schätzung mag sich als zu niedrig erweisen: die erwartete Zuwachsrate der Exporte in den achtziger Jahren (6,3 Prozent) ist angesichts der gegenwärtigen Aussichten der Weltwirtschaft vielleicht zu hoch gegriffen. Außerdem ging die Weltbank bei ihrer Aussage davon aus, daß die Ölpreise (in konstanten Preisen) auf dem Niveau von 1975 bleiben würden, obgleich diese Voraussetzung bereits überholt ist. In jedem Falle ist sehr viel mehr öffentliche Entwicklungshilfe erforderlich, um den Druck auf die internationale Kreditstruktur zu lockern, die damit verbundenen Gefahren zu vermindern und den Ländern mit mittlerem Einkommen die Schwierigkeiten zu erleichtern, denen sie sich bei ihrer Schuldentilgung gegenüber sehen. Ihre Finanzierungsprobleme sollten auch auf andere Weise in Angriff genommen werden, wozu auch der bessere Zugang zu den Anleihemärkten der Industrieländer gehört. Ihre Schuldendienstrelation (der Anteil ihrer Ausfuhren, der durch den Kapitaldienst aufgezehrt wird), der 1977 im Durchschnitt 9,2 Prozent betrug und bei einigen Ländern sogar 20 Prozent überschritt, soll sich – so wird heute geschätzt – zwischen 1977 und 1990 fast verdoppeln. Wenn diese Länder angemessene Mittel bekommen sollen – zur rechten Zeit und zu Bedingungen, die ihnen eine vernünftige Rückzahlungsmöglichkeit bieten – kann es keinen Ersatz für eine erhebliche Ausweitung öffentlicher Kredite, zumeist in Form von Programmkrediten, geben.

Bedarf nach Sektoren

Wir wenden uns nun dem Finanzbedarf der verschiedenen Sektoren in der Entwicklungswelt zu, indem wir den Kapitalbedarf auf bestimmten Gebieten – Landwirtschaft, Industrie, Energie und Bergbau – schätzen. Er gehört zum Gesamtbedarf der Länder, den wir oben erörtert haben.

(a) *Ernährung und Landwirtschaft*

Die landwirtschaftliche Entwicklung ist bereits in größerem Umfange unterstützt worden, doch die nahrungsmittelimportierenden Länder mit niedrigem Einkommen brauchen dringend Hilfe. Das ›International Food Policy Research Institute‹ (IFPRI) hat geschätzt, daß ohne zusätzliche Hilfe die Lücke zwischen Erzeugung und Verbrauch von Getreide, der 1975 37 Millionen Tonnen betrug, 1990 möglicherweise 120 bis 145 Millionen Tonnen erreichen wird. Solche riesigen Defizite können Hungerkatastrophen von riesigem Ausmaß verursachen, abgesehen davon, daß sie die Weltinflation ernsthaft verschärfen. Es wird geschätzt, daß sich die Auslandshilfe, die erforderlich ist, um die Hälfte des ursprünglichen Kapitaleinsatzes und 20 Prozent der laufenden Kosten zur Steigerung der landwirtschaftlichen Produktion in Ländern mit niedrigem Einkommen und mit Lebensmitteldefiziten zu decken, in den achtziger Jahren jährlich auf 12 Milliarden (in Preisen von 1975) belaufen wird. Das verlangt nach einer zusätzlichen Auslandshilfe von 8,5 Miliarden Dollar (oder 13 Milliarden Dollar in Preisen von 1980). 70 Prozent wären für die Erzeugung von Grundnahrungsmitteln erforderlich und der Rest für andere landwirtschaftliche Ausgaben. Einige der Mittel, besonders zur Finanzierung der wiederkehrenden Kosten für Importe von Dünge- und Schädlingsbekämpfungsmitteln, sollte in Form von Programmkrediten zu sehr günstigen Konditionen bereitgestellt werden.

(b) *Industrie*

Um die Zielsetzung von Lima zur Industrialisierung der Dritten Welt zu erreichen, müßte eine jährliche Zuwachsrate von 10 bis 11 Prozent in der Industriewertschöpfung erreicht werden. Die Organisation der Vereinten Nationen für industrielle Entwicklung (UNIDO) hat geschätzt, daß dazu zwischen 1980 und 1990 eine jährliche Investition von insgesamt 40 bis 60 Milliarden Dollar und zwischen 1990 und 2000 von 120 bis 140 Milliarden Dollar erforderlich sein würde. Ungefähr 60 Prozent dieser Summen würden die Einfuhren von Investitionsgütern, Technologie und Maschinen finanzieren, davon 10 Prozent zur Finanzierung von Ausbildung und technischer Hilfe. Wenn die Finanzierung aus dem Ausland die Devisenkosten der Projekte ganz abdecken soll, brauchte die Industrie in der Dritten Welt im Laufe des nächsten Jahrzehnts jährlich 25 bis 35 Miliarden Dollar aus dem Ausland. Gegenwärtig erhält sie (nach Schätzung der UNIDO) ungefähr 10 Milliarden Dollar jährlich.

Ein großer Teil dieser zusätzlichen Mittel wird bei öffentlichen Stellen aufgenommen werden müssen. Nur etwa zehn bis fünfzehn Entwicklungsländer in Lateinamerika und Südostasien haben größere direkte Investitionen durch multinationale Gesellschaften erhalten. Die meisten Länder haben in der Vergangenheit Industrieinvestition durch Exportkredite aus den Industrieländern und durch Kredite zu Marktbedingungen finanziert. Doch die Rückzahlungsfristen waren kurz und die Kredite häufig sehr teuer. Die ärmeren Länder haben, wie erwähnt, nur begrenzten Zugang zu privaten Mitteln. Der größte Teil staatlicher Hilfe ist in Bereiche wie Landwirtschaft und Infrastruktur geleitet worden. Die Industrie hat keine angemessene Unterstützung bekommen. Lange Zeit haben die multilateralen Entwicklungsbanken es grundsätzlich abgelehnt, regierungseigene Industrien zu finanzieren. In jüngerer Zeit haben sie mehr Finanzmittel für die Industrie zur Verfügung gestellt, doch nicht genug, um den wachsenden Bedarf zu decken.

(c) *Energie und Bergbau*

Die Notwendigkeit, Erforschung und Erschließung von Energie und Bodenschätzen zu finanzieren, wird heute zunehmend anerkannt. Die Weltbank und regionale Entwicklungsbanken erweitern ihr Engagement auf diesen Gebieten – oder haben es vor; doch es bleiben große Lücken. Allein für Öl und Gas brauchen die nicht zur OPEC gehörenden Entwicklungsländer in den achtziger Jahren jährlich ein zusätzliches Kapital von grobgerechnet 14 Milliarden Dollar (in Preisen von 1980). Diese Investitionen würden pro Jahr offizielle multilaterale Kredite von mindestens 3,3 Milliarden Dollar erfordern. Damit könnten zwei Drittel der Explorationskosten und 20 Prozent der Förderkosten gedeckt werden. Bei Kohle könnten die Investitionskosten für Exploration und Förderung in Höhe von 2 bis 3 Milliarden Dollar pro Jahr mit 0,4 bis 0,6 Milliarden Dollar jährlich unterstützt werden. Die zusätzlichen Finanzmittel, die für Öl, Gas und Kohle insgesamt aus multilateralen Quellen aufgebracht werden müssen, betragen also mindestens 4 Milliarden Dollar pro Jahr. Und der Rest muß, mit der Hilfe von Beteiligungsfinanzierung, aus inländischen Quellen und vom privaten Kapitalmarkt kommen, durch Ko-finanzierung unterstützt. Weitere Finanzmittel im großen Maßstabe werden für die Entwicklung erneuerbarer Energiequellen, besonders in hydroelektrischer und solarer Form, gebraucht.

Für den Bergbau gibt es weder für die Gegenwart noch für die Zukunft genaue Schätzungen des Investitionsbedarfs. Doch die Lükke in der Auslandsfinanzierung kann pro Jahr ungefähr 9 Milliarden Dollar betragen, wobei öffentliche Hilfe in Höhe von mindestens 2,5 Milliarden Dollar erforderlich ist, um die Aufbringung der restlichen Mittel zu ermöglichen. Öl, Gas, Kohle und Bodenschätze werden also Finanzmittel aus dem Auslande in Höhe von mindestens 6,5 Milliarden Dollar pro Jahr brauchen, zuzüglich der Finanzmittel für erneuerbare Energiequellen, die sich bislang nicht berechnen lassen, aber in Zukunft dennoch lebenswichtig sein werden.

Diese Projekte werden auf verschiedene Ländergruppen verteilt werden – an die am wenigsten entwickelten, an Länder mit niedrigem und mittlerem Einkommen. Viele werden jedoch in die ärmeren Länder gehen, die sowohl Bodenschätze wie große Bevölkerungen besitzen. So werden sie dazu beitragen, Armut zu mildern. Die Finanzierung der Erforschung von Bodenschätzen wird im allgemeinen zu sehr günstigen Bedingungen geleistet und im Fall erfolgloser Suche in einen Zuschuß umgewandelt werden müssen.

Bei der Bereitstellung der Finanzen zur Investition wird man die Rückzahlungsfähigkeit des Landes in Rechnung stellen müssen. Kredite zu Marktbedingungen, zinssubventionierte Kredite und staatliche Hilfe werden in geeigneter Weise gemischt werden müssen.

Fehlende Finanzierungsformen

Aus Gründen, die teils historisch sind, sich teils aus dem Eigeninteresse der Geberländer erklären und teils auf einem ungenügenden Verständnis der Rolle ausländischer Mittel für die Entwicklungshilfe beruhen, ist der größte Teil der offiziellen Finanzmittel, die Entwicklungsländer bekommen, für den Kauf von Investitionsgütern aus dem Ausland bestimmt. In den Anfangsphasen war diese Hilfe lediglich eine Ausweitung von Krediten, die entwickelte Länder gewährten, um den Export ihrer Investitionsgüter zu fördern. Entwicklungshilfe bestand darin, den Umfang dieser Kredite zu vergrößern und ihre Konditionen zu verbessern. Die Beliebtheit von Großprojekten in Geber- wie Empfängerländern trug noch zu diesem Trend bei. Was dabei übersehen wurde, war die Tatsache, daß der Mangel an inländischem Kapital, der das Bedürfnis nach ausländischen Mitteln schafft, nicht gleichzusetzen ist mit der unzureichenden Fähigkeit, für eingeführte Investitionsgüter zu bezahlen. Die ärmeren Entwicklungsländer brauchen Finanzmittel aus dem Ausland, um ihre Ausgaben in heimischer Währung zu decken, wenn sie Inflationsdruck und Zahlungsbilanzschwierigkeiten vermeiden wollen.

Wir wenden uns jetzt jenen Formen offizieller Entwicklungshilfe zu, die fehlen oder schwierig zu bekommen sind: Programmkredite, die langfristiges Kapital zur Verfügung stellen, das nicht in besonderer Weise an bestimmte Projekte gebunden ist und die Struktur der Schulden verbessert, Exportkredite für Investitionsgüter, Hilfe bei der wirtschaftlichen Integration und Finanzmittel für die Stabilisierung von Rohstoffpreisen. Dies sind die Mittel, mit denen sich ein Teil des Bedarfs jener Länder und Bereiche decken läßt, die wir erörtert haben. Im folgenden behandeln wir jede Finanzierungsform einzeln.

(a) *Programmkredite*

Die empfindlichste Lücke klafft im Bereich der Programmkredite. Ein Programmkredit stellt flexibel verwendbare Mittel bereit, die nicht an bestimmte Investitionsprojekte gebunden sind. Der größte Teil bilateraler und multilateraler Finanzierung ist, wie bereits gesagt, nur für Projekte verfügbar. Doch Projektkredite allein können nicht für einen angemessenen Mitteltransfer sorgen. Sie werden sehr langsam ausgezahlt. Nach der Erfahrung der Weltbank liegt im Durchschnitt ein Zeitraum von fast zehn Jahren zwischen dem ersten Plan zu einem Projekt und seiner Vollendung.

Verläßt man sich ausschließlich auf Projektkredite, schafft man dadurch auch eine gewichtige Verzerrung in einigen Punkten. Erstens favorisieren sie große gegenüber kleinen Projekten, da Kreditorganisationen eine Schwellengröße für ihre Operationen haben, die sie nicht gern unterschreiten, um die Verwaltungskosten niedrig zu halten. Zweitens begünstigen sie Investitionen in neue Anlagen, statt vorhandene Kapazität besser auszulasten, da Umlaufkapital (Arbeitskräfte und Rohstoffe) normalerweise zur Projektfinanzierung nicht geeignet ist. Drittens mag die Spezifizierung der Projekte und die Lieferbindung der Organisationen kapitalintensive Prozesse begünstigen, die für Entwicklungsländer unter Umständen nicht geeignet sind. Viertens ändern die Industrieländer und die Kreditorganisationen von Zeit zu Zeit ihre Auffassung über Entwicklungsprioritäten. Dies führt zu veränderten Präferenzen hinsichtlich jener Arten von Projekten, die sie finanzieren möchten. Dabei bleiben die Prioritäten der Entwicklungsländer häufig außer acht.

Tatsächlich ergänzen Projekt- und Programmkredite einander. Programmkredite korrigieren einige der Verzerrungen, die durch die ausschließliche Verwendung von Projektkrediten geschaffen werden. Erstens werden Programmkredite rasch ausgezahlt, normalerweise im Zeitraum von zwei oder drei Jahren. Wenn diese Kredite Importe finanzieren, die auf dem Binnenmarkt verkauft werden, beschaffen sie Inlandswährung für die Regierung. So können sie zur Finanzierung der Inlandskosten von Projekten beitragen und ihre Ausführung beschleunigen. Zweitens können Programmkredite, indem sie flexiblere Mittel bereitstellen, die Selbständigkeit stärken. Vielleicht hat ein Land eigene Industrieanlagen, die es überflüssig machen, knappe Devisen für die Einfuhr von Investitionsgütern zu verwenden. Oder ein Land hat möglicherweise einen großen Überschuß an Industriekapazität aus früheren Investitionen, den es nicht ganz auslasten kann, weil es ihm an Devisen fehlt. Dieser Bedarf kann durch Projektkredite nicht gedeckt werden, da diese auf die Schaffung neuer Kapazitäten zielen. In beiden Fällen tragen Programmkredite dazu bei, neue Arbeitsplätze zu schaffen und die Einkommen der gesamten Volkswirtschaft zu heben. Drittens brauchen Entwicklungsländer die langfristige Hilfe durch Programmkredite auch, um Veränderungen durchzuführen, die sich nicht durch Projektkredite allein erzielen lassen. Dazu gehört der Aufbau von sozialer Infrastruktur, Verwaltung und Management, oder die Diversifizierung von Volkswirtschaften, die zu ausschließlich von einigen wenigen Rohstoffen oder Bodenschätzen abhängen.

Erweiterte Programmkredite würden zur Erleichterung der Schuldenlast beitragen, besonders wenn sie mit einer Verlängerung der Laufzeiten verknüpft wären. Entwicklungsländer brauchen Devisen, um Zahlungsbilanzschwierigkeiten auszugleichen, zu denen es durch eine Vielzahl von Ursachen kommen kann, die sich ihrer Kontrolle entziehen. Als Projekte lassen sich solche Schwierigkeiten nicht behandeln, doch wenn sie nicht angemessen gelöst werden, wird das gesamte Entwicklungsprogramm aufs Spiel gesetzt werden. Die Unterscheidung zwischen vorübergehender Hilfe zur ›Anpassung‹, die normalerweise vom IWF geleistet werden sollte, und langfristigen Krediten verschwimmt häufig. In der Praxis läßt sich der Bedarf an kurzfristigen, mittelfristigen und langfristigen Auslandsfinanzmitteln nicht in einzelne Schubladen unterbringen. Eine klare Trennungslinie fehlt. Wenn die Finanzmittel zum Ausgleich nicht ausreichend oder zu spät zur Verfügung stehen, besteht die einzige Lösung für ein Entwicklungsland in einer raschen Korrektur, die das Wachstum dämpft, die Löhne drückt, die Beschäftigungszahlen verringert und die Einkommensverteilung verschlechtert. Das ist besonders schwerwiegend für die ärmeren und schwächeren Länder, die keine Kredite bei privaten Banken aufnehmen können und langfristige Programmkredite brauchen. Dringend erforderlich ist eine Überbrückung der Lücke zwischen Projektfinanzierung, die von Institutionen wie der Weltbank zur Verfügung gestellt wird, und den kurzfristigen Ausgleichmitteln, die vom IWF zu beziehen sind. Ohne diese Überbrückung in Form langfristiger Programmkredite haben Entwicklungsländer häufig Rückschläge bei ihren Entwicklungsprogrammen erlitten oder waren sie zu abhängig von privaten Krediten, die ihre künftige Kreditwürdigkeit gefährdeten.

Wenn wir diese die Programm- von den Projektkrediten unterscheidenden Aspekte hervorheben, sind wir uns durchaus bewußt, daß die Industriestaaten des Nordens und des Ostens es bislang vorgezogen haben, Geld für klar umrissene Projekte auszuleihen, deren erfolgreicher Abschluß überprüft und deren Nutzen eindeutig abgewogen werden kann. Sie haben befürchtet, daß Kredite für allgemeine Zwecke zur Stützung von Zahlungsbilanzen es manchen Ländern ermöglichen – oder sie sogar dazu ermutigen – könnten, die Devisen für Waffenkäufe, verschwenderische oder mißbräuchliche Zwecke auszugeben. Sie sind der Auffassung, daß die Überprüfung der Verwendung von Programmkrediten sehr heikle Fragen in den Beziehungen zwischen Kreditnehmern und Kreditgebern aufwerfen würde – Fragen, denen beide Parteien lieber aus dem Wege gehen würden. Die kreditnehmenden Länder sehen dagegen in dem Umstand, daß in der überwiegenden Zahl der Fälle Projektkredite vorgezogen wurden, eine Einschränkung ihrer selbständigen unbeeinflußten Entwicklung und – noch schlimmer – einen weiteren Fall von Vertrauensmangel. Wir erkennen an, daß diese Dinge unterschiedlich gesehen werden, glauben aber, daß es möglich sein sollte, diesen Konflikt zu vermeiden. Es sollte gelingen, Projektkredite durch Programmkredite zu ergänzen und diese auf durchdachte und klar umrissene Entwicklungsprogramme zu beziehen, deren Erfüllung überprüfbar ist. In vielen Entwicklungsländern könnten inländische staatliche Finanzierungsinstitutionen wie industrielle und landwirtschaftliche Entwicklungsbanken in größerem Umfange als Kanäle benutzt werden, durch die ausländische Hilfe bestimmten Bereichen und Programmen zugeleitet wird. Später werden wir uns auch mit Veränderungen der internationalen institutionellen Strukturen befassen, die notwendig sind, um mehr Vertrauen in der Beziehung zwischen Kreditnehmern und Kreditgebern zu stiften.

(b) *Exportkredite*

Die Entwicklungsländer brauchen Hilfe bei der Gewährung von Exportkrediten, insbesondere für Investitionsgüter. Der Markt für Investitionsgüter steht unter hohem Konkurrenzdruck. Dies gilt nicht nur für Preise, Qualität, Wartung und Lieferfristen, sondern auch für die Verfügbarkeit und Kosten der Exportfinanzierung. Eine Reihe von Entwicklungsländern exportieren heute Investitionsgüter, und andere entwickeln das entsprechende Potential. Um sie verkaufen zu können, müssen die Exporteure mittelfristige Kredite anbieten, für die sie als Defizitländer auf Refinanzierung angewiesen sind. Einige Entwicklungsländer haben in den letzten Jahren Finanzmittel für Exportkredite bereitgestellt, doch bei einem weiter anhaltenden raschen Wachstum ihrer Investitionsgüterexporte würden ihre Institutionen unter großen Druck geraten.

Es hat viele Initiativen für Refinanzierungsprogramme gegeben, doch sie sind nicht weiter verfolgt worden. Nur die Inter-Amerikanische Entwicklungsbank kann, vor allem in Latein-Amerika, Exportkredite für Investitionsgüter refinanzieren. Und eine neue Lateinamerikanische Export-Kredit-Bank, in der die Internationale Finanz-Corporation mit einem bescheidenen Aktienanteil vertreten ist, beabsichtigt, kurze und mittelfristige Kredite für nichttraditionelle Güter zu refinanzieren. Wenn man bei der Aufbringung der Finanzmittel für Exportkredite umfangreiche Hilfe leistet, wird sich das unter anderem anregend auf den Handel zwischen Entwicklungsländern und auf ihre wirtschaftliche Zusammenarbeit auswirken.

(c) *Wirtschaftsintegration*

Entwicklungsländer brauchen finanzielle Unterstützung, um den Handel untereinander zu intensivieren. Wirtschaftsintegration ist seit langem ein Hauptziel, bei dem es um engere Zusammenarbeit und Ausweitung des Handels geht. Doch viele Integrationsprogramme brachten nur langsame Fortschritte oder gar Rückschritte. Dies ging manchmal auf politische Ursachen zurück, teilweise aber auch auf die Zahlungsbilanzschwierigkeiten der beteiligten Länder. Die Liberalisierung des Handels im Rahmen solcher Programme bringt häufig Zahlungsdefizite für eines oder mehrere Mitglieder gegenüber ihren Partnern mit sich. Die Schwierigkeit läßt sich dadurch überwinden, daß man den gegenseitigen Kredit durch Zahlungsabkommen ausweitet. Doch ist ausländische Hilfe erforderlich, wenn die Partner trotz Überschüssen innerhalb der Gruppe Schwierigkeiten und individuell kaum Zugang zu Devisen haben. Allgemeiner besteht die regelmäßige Notwendigkeit zu Zahlungsbilanzausgleich in der Gruppe. Für solche Zahlungen sind Devisen erforderlich. Diese können durch Programmkredite aufgebracht werden, wenn sie die erforderliche Größenordnung haben.

(d) *Rohstoffstabilisierung*

Im Kapitel über Rohstoffe haben wir uns für mehr Rohstoffabkommen und für die Finanzierung nationaler Vorräte eingesetzt. Dringend erforderlich sind Finanzmittel zur Stabilisierung der Preise von Rohstoffen aus Entwicklungsländern und zur Sicherung von Mindestpreisen. Ohne diese Hilfen können diese Länder ihre außenwirtschaftliche Situation nicht verbessern. Stabile Preise für Rohstoffexporte aus armen Ländern würden auch dazu beitragen, daß deren Nachfrage nach weiterverarbeiteten Erzeugnissen anhält und daß die Versorgung mit Rohstoffen sichergestellt ist. Dieses

Bedürfnis wird seit langem anerkannt, doch wurden keinerlei wirksame Maßnahmen ergriffen. Immer noch erschüttern schwankende Preise und Erlöse die Weltwirtschaft. Besonders anfällig sind die schwachen Volkswirtschaften, die weitgehend von einigen wenigen Rohstoffexporten abhängig sind. Im Laufe der Zeit wird dies für den Gemeinsamen Fonds eine größere Kapitalunterstützung bedingen oder es wird eine Erweiterung der Programmkredite erforderlich sein.

Beziehungen und Institutionen

Nicht als erste haben wir auf die fehlenden Elemente in der Finanzierungsstruktur aufmerksam gemacht. Ihr gemeinsames Merkmal ist, daß sie mit schwierigen und heiklen politischen Fragen in den wirtschaftlichen und politischen Beziehungen zwischen Nord und Süd verknüpft sind. Ob es sich dabei um Programmkredite handelt, um Rohstoffstabilisierung, um die Förderung von Exporten aus Entwicklungsländern oder um Finanzmittel, die diese Länder in die Lage versetzen, besser miteinander zusammenzuarbeiten – sie alle sind auf ihre Weise, einzeln oder zusammengenommen, Formen von Finanzmitteln, die es den armen Ländern ermöglichen würden, selbständigere und unabhängigere Teilnehmer an einem gerechteren Austausch mit den reichen Ländern zu werden. Sie alle verlangen also eine neue Form der Entscheidungsfindung.

Diese Lücken haben teilweise deshalb fortbestanden, weil die Regierungen des Nordens nicht recht bereit waren, ihre Praktiken in geeigneter Weise zu verändern. Teilweise auch, weil die Entwicklungsländer nicht in der Lage waren, wichtige Entscheidungen in internationalen Institutionen zu beeinflussen. Die Qualität der Beziehungen zwischen Kreditnehmern und Kreditgebern ist von lebenswichtiger Bedeutung für den Charakter von Finanzierungsinstitutionen und für ihre Möglichkeit, die Bedürfnisse ihrer Leistungsempfänger zu befriedigen. Die Ungleichgewichtigkeit des Verhältnisses von Kreditnehmern und Kreditgebern hat es erschwert, zu gemeinsamen Vereinbarungen zu kommen und gegenseitiges Vertrauen zu stiften. Mehr Gleichheit in der Beteiligung der Entwicklungsländer könnte dazu beitragen, die Schwierigkeiten zu überwinden. Diese Ziele haben wir im Auge, wenn wir unsere Reformvorschläge unterbreiten.

15 Ein neuer Ansatz in der Entwicklungsfinanzierung

Wir haben Verfahren und Mängel beim gegenwärtigen System der Entwicklungsfinanzierung sowie die wachsenden Bedürfnisse der Dritten Welt aufgezeigt. Wir glauben, daß diese gedeckt werden können und müssen und daß hierzu Maßnahmen erforderlich sind, welche nicht nur die Entwicklung im Süden beschleunigen, sondern auch den Export aus dem Norden anregen werden und auf diese Weise dazu beitragen, die Gesundheit der Weltwirtschaft wiederherzustellen. Zusammengenommen könnten sie einen fundamentalen Wandel in den Beziehungen zwischen Norden und Süden herbeiführen und damit die Grundlagen zu einer friedlicheren und prosperierenden Welt bilden.

Der vordringlichste Bedarf besteht für das Programm eines umfangreichen Kapitaltransfers von Nord nach Süd, der in den letzten beiden Jahrzehnten des Jahrhunderts von Jahr zu Jahr beträchtlich aufgestockt werden sollte. Eine solche – wirksam auf die Lösung der in diesem Bericht erörterten wichtigen Probleme ausgerichtete – Anstrengung wird nicht nur dem Süden nützen und die steigende Flut der Weltarmut abwenden, sondern auch dem Norden wichtige Vorteile bringen.

Zunächst ein Blick auf den Norden: Hier befinden sich fortschrittliche Industrieländer mitten in der schlimmsten Rezession seit dem Ende des 2. Weltkriegs. 6 Prozent der Arbeitnehmer in den OECD-Ländern – rund 18 Millionen Menschen – sind derzeit arbeitslos. Zieht man Kurzarbeit und Unterbeschäftigung mit in Betracht, so trägt rund das Doppelte dieser Zahl an Arbeitskräften nicht wirksam zur Produktion bei. Die Produktionskapazität ist im Ausmaß von mindestens 200 Milliarden Dollar der potentiellen Jahresleistung unausgelastet. In Anbetracht der derzeitigen Rezession wird in den OECD-Ländern mit einem Wachstum von höchstens zwei Prozent für die nächsten 12 Monate gerechnet; das bedeutet, daß ihre Produktionskapazität noch schlechter genutzt werden wird. Das Wachstum von 2 Prozent wäre das geringste seit 1960, mit Ausnahme des Jahrs 1975, und das Durchschnittswachstum von 3,6 Prozent von 1975–1980 läge beträchtlich unter dem Durchschnitt von 4,9 Prozent in der Zeit von 1960–1970. Gleichzeitig wird erwartet, daß das Zahlungsbilanzdefizit der Entwicklungsländer, das 1977 21 Milliarden Dollar und 1978 32 Milliarden

Dollar betrug, 1979 50 Milliarden Dollar erreichen wird und möglicherweise 1980 auf 60 Milliarden ansteigt. Die Koexistenz des großen Bedarfs im Süden mit der nicht ausgelasteten Kapazität im Norden zeigt den Spielraum für einen großangelegten Kapitaltransfer auf der Grundlage gemeinsamer Interessen.

In den letzten Jahren wurde die Wirtschaftstätigkeit in den Industrieländern durch ein starkes Recycling von Finanzüberschüssen durch Banken vor allem in Entwicklungsländer mit mittlerem Einkommen aufrechterhalten, was dazu beitrug, weitere Arbeitslosigkeit, mangelnde Ausnutzung der Produktionskapazität und sogar Inflation zu verhindern. Die Kommission der Europäischen Gemeinschaft stellte dazu fest: »Wären die Entwicklungsländer nach 1973 dem Beispiel der Industrieländer gefolgt, indem sie zur Anpassung an die Ölpreiserhöhungen ihr Wachstum und ihre Importe eingeschränkt hätten, so wären die Auswirkungen in der industrialisierten Welt noch weitaus schwerwiegender gewesen. Besonders überraschend sind in diesem Zusammenhang die Zahlen für 1975, als sich die Wirtschaft der Länder der Europäischen Gemeinschaft auf dem Tiefstpunkt befand. Während die Exporte der Gemeinschaft in die Vereinigten Staaten um 17 und in die EFTA-Länder um 3 Prozent zurückgingen, erhöhten sich die Gemeinschaftsexporte in die Entwicklungsländer um 25 Prozent und in die AKP-Länder allein um 33 Prozent.«

Hätten die nicht zur OPEC gehörenden Entwicklungsländer ihre Importe von Industrieerzeugnissen beschnitten, um sich den gestiegenen Ölpreisen von 1973–1974 anzupassen, so hätte es in den OECP-Ländern 3 Millionen Arbeitslose mehr gegeben. Tatsächlich haben jedoch die Industrieländer (nach Schätzungen der OECD), allein durch die Aufrechterhaltung ihres Handels mit Industriegütern mit den Schwellenländern, durchschnittlich je 900000 Arbeitsplätze im Zeitraum von 1973–1977 hinzugewonnen. Dies zeigt, wie kritisch die Abhängigkeit des Nordens von den Märkten des Südens geworden ist.

Das Ergebnis erhöhter Kreditaufnahmen in den siebziger Jahren war ein rasches Anwachsen der Verschuldung in den Entwicklungsländern. Ihre gemeinsamen Schulden stiegen von 70 Milliarden Dollar Ende 1970 auf geschätzte 300 Milliarden Dollar Ende 1979. Viel davon konzentriert sich auf eine relativ geringe Zahl von Ländern mit mittlerem Einkommen. Die größere Rolle, die privatwirtschaftliche Kredite dabei spielten, zeigte sich in einem wachsenden Anteil von kurzfristigen Schulden zu Zinssätzen, die seit kurzem steil angestiegen sind. Wenn die ölimportierenden Länder in den achtziger Jahren nicht ihr Wachstum und ihre Importe einschränken wollen, werden ihre Schulden mit Sicherheit weiter steigen. Zwischen 1980 und 1985 werden möglicherweise 300–500 Milliarden zusätzlicher Schulden bei Entwicklungsländern entstehen, um deren finanziellen Bedarf zu decken – vorausgesetzt, daß die Mittel gefunden werden können.

Deshalb sehen wir uns nicht nur mit einer, sondern mit mehreren Krisen konfrontiert: mit der Krise einer nicht nachlassenden Inflation und steigender Energiekosten; mit der Krise abnehmender Verfügbarkeit von Energie, der aus steigendem Finanzbedarf entstandenen Krise und der durch Einschränkung des Welthandels und des Exporterlöses hervorgerufenen Schuldenkrise. Zusammengenommen bedrohen diese die gesamte Struktur unserer politischen, industriellen und finanziellen Institutionen, falls wir nicht unverzüglich und ausreichend handeln, um die ihnen zugrundeliegenden Ursachen zu beseitigen.

Als Sofortmaßnahme empfehlen wir, daß die verschiedenen internationalen Institutionen unverzüglich mit Studien und Berechnungen über das Ausmaß der wahrscheinlich anfallenden Schulden und Schuldendienstprobleme, vor allem in den verschiedenen Kategorien von Entwicklungsländern, beginnen, sowie über die Wahrscheinlichkeit einer ausreichenden Deckung dieses Bedarfs durch bestehende private und öffentliche Institutionen. In diesem Zusammenhang ist es wichtig, die relative Beteiligung von Privatbanken in entwickelten Ländern, von multilateralen Finanzierungseinrichtungen, von gemeinsam gestellten Garantien der entwickelten Länder und der Ölexporteure mit Kapitalüberschuß und der Direktkredite von ölerzeugenden Ländern selbst am Recycling zu berücksichtigen.

Es steht jedoch keineswegs fest, daß der Prozeß des Recycling hauptsächlich durch privatwirtschaftliche Ausleihungen weitergeführt werden kann. Der Jahresbericht der Europäischen Gemeinschaft von 1978 faßt die Lage wie folgt zusammen:

»Das gegenwärtige Gleichgewicht in der Weltwirtschaft hängt zu einem beträchtlichen Grad vom kontinuierlichen Fluß privater Kredite in die nicht Erdöl fördernden Entwicklungsländer (und in die Sowjetunion sowie Osteuropa) ab, in einem vor 1974 unvorstellbar gewesenen Ausmaß, und wäre durch jede Beeinträchtigung dieses Flusses in Frage gestellt.«

Jede Unterbrechung des Geldstroms würde somit nicht nur die

Weltwirtschaftstätigkeit reduzieren, sondern auch die Aktivität von Banken und anderen wichtigen Institutionen erheblich beeinträchtigen. Vor diesem besorgniserregenden Hintergrund ist nunmehr die gesamte Weltwirtschaft aufgerufen, mit den weiteren deflationistischen Auswirkungen wachsender Außenhandelsüberschüsse, vor allem der wichtigen ölexportierenden Länder, fertigzuwerden.

Eine Reihe von Ölpreiserhöhungen Ende der siebziger Jahre, die sich in den achtziger Jahren vermutlich fortsetzen werden, hat zu einer neuen Flut von Überschüssen aus Ölexporten geführt. Gleichzeitig standen die Entwicklungsländer, die im Recycling nach 1973 eine so wichtige Rolle gespielt hatten, aufgrund ihrer Kreditnahme in der Vergangenheit und zunehmender Handelsbilanzdefizite, erheblichen Schuldenproblemen gegenüber – wobei letztere auch teilweise auf die erhöhten Kosten der Ölimporte zurückzuführen waren. Bei mehr als der Hälfte der ölimportierenden Länder wuchsen zwischen 1973–1978 die Schulden zweieinhalbmal so schnell wie die Exporte. Für all diese Länder insgesamt vergrößerten sich die Defizite der Handels- und Dienstleistungsbilanz in dem bereits beschriebenem Maße. Als Ergebnis von staatlichen Maßnahmen in einigen Ländern und aufgrund ihrer eigenen exponierten Lage standen die Privatbanken unter dem Druck, weitere Ausleihungen an die Entwicklungsländer einzuschränken – viele Großbanken hatten einen erheblichen Teil ihres Kapitals in Entwicklungsländern mit mittlerem Einkommen plaziert.

Langsamere Gangart der Weltwirtschaft

Der Recycling-Prozeß in der Zeit nach 1973 war in sich unvollständig, was zu einer Wachstumsbremsung in den industrialisierten Ländern beigetragen hat. Ein weiterer, für die Recycling-Runde nach 1979 Schwierigkeiten verursachender Faktor ist, daß die Regierungen der Industrieländer noch mehr darum besorgt sind, die Inflationsursachen unter Kontrolle zu bringen, wobei einige eine Währungspolitik anwenden, welche die Expansion im Inland einschränkt. Alle diese Faktoren zusammengenommen wecken die Besorgnis, daß der internationale Kapitalmarkt und die Privatbanken ohne die Vermittlung staatlicher Institutionen den Recycling-Prozeß ohne Hilfe nicht mehr zuverlässig durchführen können werden. Es ist eine Sache von höchster Dringlichkeit für Regierungen und internationale Institutionen, positive Maßnahmen zu ergreifen, welche sicherstellen, daß Überschüsse an Kreditnehmer weiterverliehen werden, die bereit sind, sie auszugeben. Die Alternative hierzu wäre ein weiteres Abflauen der Weltwirtschaftsaktivität und die Drohung einer ernsten Krise auf den Kapitalmärkten.

Die Gefahr besteht nicht nur kurzfristig. Bereits seit geraumer Zeit ist die Weltwirtschaft zu einer langsameren Gangart gezwungen, und es ist möglich, daß der frühere Trend gebrochen ist: Vielleicht sind wir in eine neue längerfristige Phase allgemeinen Nachlassens von Investitionen und sinkender Produktivität eingetreten. Nach unserer Meinung unterstreichen solche schlechten Aussichten die Dringlichkeit eines internationalen Aktionsprogramms, das gleichzeitig der Dritten Welt hilft und die wirtschaftlichen Schwierigkeiten der Industrieländer erleichtert. Grundsätzlich brauchen wir eine Reihe von Maßnahmen, die geeignet sind, wirksame Nachfrage in der Welt zu unterstützen und eine Expansion des Welthandels zu fördern. Solche Maßnahmen werden dazu beitragen, daß sich Deflation, Zahlungsbilanzschwierigkeiten und Verzug bei der Schuldenrückzahlung in der Dritten Welt nicht ausbreiten. Ein Transferprogramm in die Entwicklungsländer sollte so beschaffen sein, daß Wirtschaftskraft und Produktivität gesteigert, landwirtschaftliche Erträge angehoben und die Produktion von Energie, Bodenschätzen und anderen Rohstoffen ausgedehnt werden. Das Programm würde so dazu beitragen, Engpässe zu beseitigen, in arbeitsintensiven, mit niedrigen Kosten arbeitenden Industrien Arbeitsplätze zu schaffen und die notwendige soziale und ökonomische Infrastruktur aufzubauen. Besonderen Nutzen sollte das Programm für die Länder mit geringem Einkommen bringen, und mit den von uns vorgeschlagenen Strukturveränderungen im internationalen Finanzierungssystem sollte es verbunden sein.

Das Bedürfnis für ›massive Transfers‹

Vorschläge für ›massive Transfers‹ reichen von 10 bis 50 Milliarden Dollar pro Jahr. Die Auswirkung einer Steigerung der Geldtransfers in nicht Öl produzierende Entwicklungsländer um 20 Milliarden Dollar jährlich ist in einer ökonometrischen Studie analysiert worden. Hierbei ergab sich eine Erhöhung der Importe in Entwicklungsländer, welche den Export aus Industrieländern in den ersten drei Jahren um rund 3 Prozent steigern würde. Nach Ablauf von drei Jahren hätte sich so der Stand der OECD-Exporte um 9 Prozent erhöht, was ohne diese Transfers nicht der Fall wäre. Dieser Anstieg bezieht sich lediglich auf ein Drei-Jahres-Programm – sollten die erhöhten Transfers darüber hinaus aufrechterhalten werden, so wäre der Endeffekt noch größer.

Im Norden zögert man, eine solche Initiative zu ergreifen, zum Teil aus Furcht vor inflationsfördernden Auswirkungen. Nach unserer Ansicht ist diese Furcht übertrieben. Die gegenwärtig, anhaltend hohe Arbeitslosigkeit verursacht Unsicherheit hinsichtlich des zukünftigen Stands von Nachfrage und Arbeitsplätzen und führt zu sich gegenseitig verstärkenden Reaktionen, die ihrerseits eher zu stärkerem Kostenanstieg und Inflationstendenzen beitragen. Das Wachstum der Entwicklungsländer und der verstärkte Handel mit ihnen haben tatsächlich in den letzten Jahren bei der Eindämmung der Inflation geholfen. Die OECD hat auch erkannt, daß Importe aus Schwellenländern den Inflationsdruck innerhalb der Industrieländer kurzfristig und, durch Anregung von Produktivität und Effektivität, auch langfristig gedämpft haben. Aus diesem Grund glauben wir, daß Inflationsangst kein Anlaß sein kann, von einer entscheidenden Initiative gegenüber dem Süden abzusehen. Wie der Direktor des Weltwährungsfonds auf der UNCTAD-Konferenz von Manila 1979 sagte:

»Es ist paradox, daß Industrieländer, von denen die meisten ihr Produktionspotential nicht voll ausnutzen, gleichwohl zögern, ihre finanzielle Hilfe für arme Länder zu erhöhen. Dies trotz der Tatsache, daß aus einer solchen Hilfe gesteigerte Nachfrage in der Welt entsteht, die zur Reaktivierung des Welthandels und gleichzeitig zu höheren Produktionsraten beitragen könnte. Beim gegenwärtigen Zustand deflatorischer Kettenreaktionen in der industrialisierten Welt (Stagnation, die inflationsfördernd wirkt) gibt es nichts, was gegen eine solche Erhöhung der Finanzhilfe spricht.«

Erhöhte und verbesserte Entwicklungshilfe

Der Angriff auf die Armut der Welt sollte alle Länder zu gemeinsamen Anstrengungen vereinen. Während wir den vordringlichsten Schritt darin sehen, daß die entwickelten Länder das Ziel von 0,7 Prozent in naher Zukunft erreichen, halten wir es zugleich für möglich und wünschenswert, den Umfang einer solchen Zielsetzung auszuweiten, indem *alle* Länder der Welt sich an den Entwicklungsbestrebungen beteiligen. Sie könnten alle daran mitarbeiten, die für Entwicklungshilfe vorgesehenen Mittel entsprechend ihrem Einkommensstand zu erhöhen, wobei für Länder mit niedrigem Einkommen ein progressiv geringerer Anteil vom Bruttosozialprodukt als Hilfsziel gesetzt werden könnte. Die ärmsten Länder könnten ausgenommen werden, und viele andere Entwicklungsländer, die sich an diesem Plan beteiligen, blieben gleichzeitig per Saldo Hilfsempfänger. Die Einigung auf ein solches Beitragssystem wäre ein wertvoller Schritt in Richtung auf eine echte Gemeinschaft der Nationen. Hier sollte angemerkt werden, daß die Entwicklungsländer selbst, einschließlich der ärmsten, in bezug auf das System finanzieller Beiträge zum Gemeinsam Fonds einem ähnlichen Schritt unternommen haben. Beiträge zum UNDP beruhen ebenfalls auf dem Prinzip universaler Teilnahme.

Ein umfangreicher Kapitaltransfer muß erhöhte Leistungen der Entwicklungshilfe einschließen. Wir empfehlen, daß jene Länder, welche das Ziel von 0,7 Prozent des Bruttosozialprodukts nicht erreicht haben, sich nunmehr auf einen Zeitplan verpflichten, der seine Erreichung vorschreibt. Würde dieses Ziel 1985 erreicht, so ständen damit zusätzliche 30 Milliarden Dollar, 1990 37 Milliarden Dollar (beides zu Preisen von 1980) an Hilfsmitteln zur Verfügung im Vergleich zu dem, was zusammenkäme, wenn die Hilfsleistungen auf dem Stand von 0,35 Prozent des Bruttosozialprodukts von 1978 verharrten. Das klingt sehr hochgespannt, ist jedoch keineswegs unrealistisch: würden die Hilfsmittel lediglich um 2,5 Prozent des jährlichen Zuwachses zum Bruttosozialprodukt (bei angenommener Wachstumsrate von 4 Prozent) angehoben, wo würde sich die Entwicklungshilfe innerhalb von 5 Jahren von 0,3 auf 0,7 Prozent des Bruttosozialprodukts steigern. Gesetzt den Fall, das Bruttosozialprodukt wächst langsamer, etwa um 3 Prozent pro Jahr, so bedürfte es 3 Prozent des jährlichen Zuwachses, um das gleiche Ziel zu erreichen. Wir empfehlen auch, das Ziel für öffentliche Entwicklungshilfe bis zum Ende des Jahrhunderts auf ein Prozent vom Bruttosozialprodukt anzuheben.

Ferner halten wir es für angebracht, einen erneuten Blick auf die Berichterstattung über und die Definition von Entwicklungshilfsleistungen zu werfen. Derzeit präsentieren sowohl das Entwicklungshilfekomitee der OECD, wie auch UNCTAD und die Weltbank Zahlen über den Hilfsstrom mit unterschiedlicher Erfassung der Empfängerländer und unterschiedlichen Hilfsdefinitionen. Es wäre hilfreich, über ein einziges, international anerkanntes System der Berichterstattung zu verfügen. Zudem erhebt sich die Frage, ob z. B. Transfers in Ländern mit einem pro-Kopf-Einkommen von rund 1000 Dollar oder in abhängige Territorien überhaupt als Hilfe eingestuft werden sollen.

Erhöhte »Absorptionsfähigkeit«

Die Qualität der Hilfsleistungen muß verbessert werden. Dies könnte wirksamer geschehen, indem über längere Zeitspannen hinweg Hilfe zugesichert wird; indem mit Entwicklungshilfe finanzierte Käufe nicht mehr an bestimmte Ursprungsländer gebunden werden (Aufhebung der Lieferbindung), was die ökonomischste Art der Beschaffung erlauben würde; ferner durch Erhöhung des Zuschußelements der gesamten Hilfeleistungen und durch die Finanzierung laufender Kosten und Kosten in Landeswährung. Die Lieferbindung der Entwicklungshilfe könnte schrittweise erfolgen, bei Überschußländern sofort, bei Defizitländern stufenweise, jedoch mit Vorzugsbedingungen für Käufe in der Dritten Welt. Bei weniger Rücksichtnahme auf Politik und Strategie wäre eine bessere Verteilung der Entwicklungshilfe gewährleistet, wenn sie hauptsächlich über multilaterale Institutionen geleistet würde. Nahezu 40 Prozent der gesamten Hilfssumme von 1975–1977 ist an Länder mit einem pro-Kopf-Einkommen von über 400 Dollar gegangen. Mehr Hilfe sollte für die ärmsten Länder und auf Programme verwendet werden, welche die Wurzeln der Armut angreifen.

Wir wissen, daß häufig gesagt wird, die am wenigsten entwickelten Länder mit dem geringsten Einkommen könnten größere Kapital- oder Hilfsbeträge nicht absorbieren, was bedeutet, daß diese verschwendet wären. Doch der Mangel an »Absorptionsfähigkeit« sollte als ein Entwicklungsproblem in sich gesehen werden: Er darf weder als Vorwand für ein weiteres Stagnieren der Hilfe benutzt noch als nicht vorhandenes Problem abgetan werden. Hilfsbedingungen und -verfahren müssen verbessert und flexibler gestaltet werden. Die Länder werden mehr Hilfe verkraften können, sobald diese entschiedener auf ihren Bedarf zugeschnitten ist und sie langfristiger und zuverlässiger, ohne jährlich zu erneuernde Bewilligung, damit rechnen können. Mehr Kreditgewährung für Programme, zusammen mit derjenigen für Projekte, würde einen wirksameren Einsatz der Hilfsmittel beschleunigen. Die Aufnahmekapazität könnte zusätzlich mit gezielter technischer Hilfe bei der Ausarbeitung, Vorbereitung und Durchführung bestimmter Projekte verbessert werden, sowie durch Unterstützung bei der Leitung bereits vorhandener Fabriken und Anlagen. So können Schwierigkeiten bei der Aufnahmekapazität keineswegs als Grund gelten, die Hilfeleistungen nicht zu erhöhen: diese könnten weitgehend durch überlegten Einsatz von Kapital und Arbeitskraft überwunden werden.

Vorteile ›automatischer Mittelaufbringung‹

Ein wichtiges, mit wachsendem Interesse aufgenommenes Konzept ist das der Aufbringung von Entwicklungsgeldern durch ›automatische‹ Mechanismen, die ohne die wiederholte Einschaltung der Regierungen funktionieren. Wir glauben, daß die Welt im Lauf der Zeit zu einem Finanzierungssystem übergehen muß, bei dem ein zunehmend größerer Teil solcher Einkünfte mit diesen Mitteln aufgebracht wird. Aus der Tatsache, daß Einnahmen automatisch aufgebracht werden, ergibt sich natürlich nicht von selbst, daß auch ihr Transfer automatisch stattfindet. Im Gegenteil, sie sollten über ein geeignetes internationales Vermittlungsorgan oder -organe geleitet werden, wie wir weiter unten erörtern.

Derzeit hängt die Höhe der Entwicklungshilfe vom ungewissen politischen Willen der Geberländer ab und unterliegt wechselnden Prioritäten bei der alljährlich neuen Festsetzung und Bewilligung und den Unwägbarkeiten der Gesetzgeber. Bei abgesicherteren Formen und Methoden könnten die Entwicklungsländer auf einer voraussagbaren Grundlage planen, was einen wirksameren Einsatz der Hilfsmittel möglich machte, während auch für die Regierungen der Geberländer die Vermeidung jährlicher Neubewilligungen für einen ständigen Zweck zu begrüßen wäre. Automatische Methoden würden keinesfalls den politischen Prozeß umgehen oder vermeiden: Wäre jedoch der anfängliche Wille zu internationalen Absprachen vorhanden, so würde sich die jährliche Wiederholung als überflüssig erweisen. Es besteht ein beiderseitiges Interesse daran, die Hilfsleistungen fortlaufend und voraussagbar zu machen. Wir glauben, daß eine weltweite Anstrengung zur Erschließung solcher automatisch verfügbaren Mittel unternommen werden sollte, die den Anfang dazu bilden würde, internationale Geldquellen mit eingebautem Wachstumspotential zu mobilisieren. In Wohlfahrtsstaaten ist die Steuerbelastung progressiv, die Sozialausgaben werden umverteilt, und die Verbindungen zwischen Steuerzahlern und -nutznießern sind indirekte. Es mag hochgegriffen erscheinen, dieses Modell auf internationale Verhältnisse übertragen zu wollen, aber das Konzept als solches ist verständlich und auf nationaler Ebene bereits akzeptiert. Selbst wenn die ersten Ergebnisse auf internationaler Ebene bescheiden ausfallen würden, läge ihr entscheidender Wert doch darin, weltweite Solidarität und Partnerschaft im Entwicklungsprozeß zu demonstrieren. Das oben diskutierte internationale progressive Hilfsziel wäre ein möglicher Schritt in eine solche Richtung.

Eine Abgabe auf den internationalen Handel?

In den letzten Jahren sind unterschiedliche Vorschläge zur Erhebung internationaler Abgaben gemacht worden, darunter der, internationalen Handel, Waffenhandel, internationale Investitionen, Kohlenwasserstoffe und erschöpfbare Bodenschätze, dauerhafte Luxusgüter, Verteidigungsausgaben, Energieverbrauch, international gehandeltes Rohöl, internationale Luftfahrt und Frachttransporte sowie die Nutzung ›internationaler Gemeinschaftsgüter‹ – Hochseefischerei, Öl- und Gasförderung aus dem Meer, Förderung von Mineralien vom Meresgrund, die Benutzung der Weltmeere und Erdumlaufbahnen sowie der Radio- und Telekommunikationsfrequenzen mit einer Abgabe zu belegen. Der Ertrag wäre außerordentlich schwankend, von rund 250 Millionen Dollar aus einer einprozentigen Abgabe auf internationalen Passagier- und Frachttransport bis zu rund 7 Milliarden Dollar aus einer 0,5prozentigen Abgabe auf den internationalen Handel. Bei Überlegungen zu Steuermaßnahmen ist es oft schwer, sowohl eine einfache administrative Durchführung wie auch Steuergerechtigkeit, potentiellen Ertrag und wünschenswerte ökonomische Auswirkungen miteinander in Einklang zu bringen, was bei internationalen Plänen, die alle Länder betreffen, noch weitaus schwerer ist.

Unter all diesen Vorschlägen bietet der internationale Handel sowohl wegen seines Umfangs – derzeit 1300 Milliarden Dollar – wie auch wegen der Tatsache, daß Abgabe und Eintreibung eines geringen Aufschlags auf Importe nicht allzu schwierig zu bewerkstelligen und universale Teilnahme möglich wäre, einige Vorzüge. Eine solche Abgabe sollte als Mittel einer stellvertretenden Besteuerung des Bruttosozialprodukts der Länder gesehen werden, wobei Anpassungen für eine gerechte Verteilung auf die verschiedenen Länder, bezogen auf ihr Bruttosozialprodukt, zu sorgen hätten. Eine Handelsbesteuerung würde vor allem diejenigen Länder schwer belasten, bei denen der Außenhandel einen hohen Teil ihres Einkommens ausmacht, wie Japan und die Bundesrepublik Deutschland, im Vergleich zu Ländern mit begrenzterem Außenhandel wie die USA und die UdSSR, aber ein angemessener Ausgleich könnte stattfinden, wenn die Abgabe für alle Länder auf einen bestimmten Höchstanteil am nationalen Einkommen begrenzt wird.

Ein weiterer erwägenswerter Vorschlag beinhaltet, daß die Geberländer Rückzahlungen und Zinsen auf Entwicklungskredite erneut für Kredite zur Verfügung stellen. Diese Mittel könnten vergrößert werden, indem man ihnen gleich hohe Etatbeträge zur Seite stellte. Auf diese Weise könnte sowohl ein voraussagbares automatisches Element eingeführt wie auch zusätzliche Mittel aufgebracht werden.

Weitere Mittel können die Gewinne aus neuen Weltunternehmen ergeben. Eine vielversprechende Möglichkeit wäre die Ausbeutung von Schätzen auf dem Meeresgrund, vor allem die Förderung von Manganknollen, die vorwiegend im Tiefseebereich außerhalb der ›exklusiven Wirtschaftszonen‹ der Staaten liegen. Manganknollen sind Klumpen von Kartoffelgröße, die hauptsächlich Eisen, Mangan, Kieselerde, Kalk und kleinere Mengen Kupfer und Kobalt enthalten. Die Gewinne aus ihrer Förderung sind schwer zu schätzen, doch läge ein Betrag von rund 500 Millionen Dollar Mitte oder Ende der achtziger Jahre durchaus im Bereich des Möglichen.

IWF-Gold als Sicherheit für zusätzliche Kreditaufnahme

Es gibt Wege zur Erschließung weiterer automatischer Hilfsquellen über das Währungssystem, die wir in Kapitel 13 zur Diskussion gestellt haben. Solche Maßnahmen wären relativ rasch durchführbar. Die fortgesetzte Schaffung von Sonderziehungsrechten entsprechend dem Gesamtreservebedarf der Weltwirtschaft und eine gerechtere Verteilung von Sonderziehungsrechten an Entwicklungsländer wären solche Maßnahmen. Eine weitere wäre die Nutzung der Goldbestände des IWF-Fonds. Es wäre eine Möglichkeit, diese Goldbestände als Sicherheit bei der Kapitalbeschaffung auf den Finanzmärkten zu verwenden, das an die Entwicklungsländer weiterverliehen werden könnte; eine weitere wäre die Verwendung der

Gewinne aus Goldverkäufen für Entwicklungshilfe, wobei über die Art der Verwendung die Mitglieder des IWF zu entscheiden hätten. Die Gewinne aus fortlaufenden Verkäufen der verbleibenden zwei Drittel der Goldbestände des IWF – rund 100 Millionen Unzen – könnten sich über eine Zeitspanne hinweg auf der Grundlage eines Marktpreises von 300 bis 400 Dollar pro Feinunze Gold auf eine Summe von rd. 30 bis 40 Milliarden Dollar belaufen. Eine solche Summe könnte, bei einem angenommenen Ertrag von 8 Prozent, jährliche Einnahmen von 2,4 bis 3,2 Milliarden Dollar bringen. Würden diese Mittel zur Zinssubventionierung eingesetzt, so wäre damit die Möglichkeit geschaffen, Entwicklungsländern ein beträchtliches Volumen an günstigen Finanzierungsmitteln zur Verfügung zu stellen. Die Mitglieder könnten in Verhandlungen darüber entscheiden, bis zu welcher Höhe diese Gewinne für Entwicklungskredite verwendet und für welche Zwecke sie eingesetzt werden sollen. Selbst wenn die Mitgliedsländer darauf bestehen, einen Teil der Gewinne für sich zu behalten, wären sie doch möglicherweise damit einverstanden, ihre Gewinnanteile anzulegen und die jährlichen Erträge aus diesen Anlagen für Entwicklungszwecke zur Verfügung zu stellen.

Internationale Lastenverteilung

Angesichts all dieser Möglichkeiten ist die Kommission der Meinung, daß es zu erreichen sein müßte, durch einen geringen Aufschlag oder eine Abgabe auf Teile des Einkommens, der Produktion, des Verbrauchs oder Handels wirksame und gerechte Methoden zur Mittelbeschaffung zu finden. Ist der Wille dazu vorhanden, so werden sich auch die Wege finden. Jede internationale Besteuerung dieser Art muß universal sein: Alle Länder müssen sich die Last teilen. Wechselseitige Zusammenarbeit, unter Einschluß von Hilfe und technischer Unterstützung, gibt es bereits bei den Entwicklungsländern selbst. Eine wahrhaft internationale Anstrengung zur Aufbringung von Entwicklungsgeldern würde diesen Prozeß formalisieren und ausweiten. Solche automatischen Hilfsquellen, die einzelnen Ländern zuzuschreiben sind, könnten auf die Hilfsziele angerechnet werden.

Wir unterschätzen keineswegs die Schwierigkeiten beim Zustandekommen von Übereinkünften über internationale Abgaben und die Verwendung automatischer Einnahmequellen, doch sollten sich diejenigen, die das Konzept einer internationalen Besteuerung für unrealistisch im Licht der öffentlichen Meinung halten, daran erinnern, daß das gleiche in fast allen Ländern der westlichen Welt vor einem Jahrhundert auch von der nationalen Einkommensbesteuerung gesagt worden ist. Wir halten die Argumente zugunsten internationaler automatischer Einnahmequellen – gleich ob praktischer, politischer oder grundsätzlicher Natur – für sehr stichhaltig; wir glauben, daß jedes künftige System internationaler öffentlicher Finanzierung solche Einkünfte als Quelle für sichere und langfristige Mittel miteinschließen muß.

Andere Wege zur Übertragung von Kapital

Uns liegen viele Vorschläge vor, wie den Entwicklungsländern bei der Beschaffung von mehr langfristigem Kapital zu helfen wäre, die wir hier zur Diskussion stellen.

(I) Sie sollten erleichterten Zugang zu den Anleihemärkten des Nordens haben. Dieser Markt kann, bei festen und vernünftigen Zinssätzen, eine stabile Ertragsquelle sein, wenn ein Land sich einmal darauf etabliert hat. Ein naheliegendes Instrument zur Förderung dieses Zugangs ist die Garantiefähigkeit der Weltbank und der Regionalen Entwicklungsbanken. Eine weitere Möglichkeit ist ein kollektives Garantiesystem nach den Richtlinien des 1978 von der mexikanischen Regierung dem Entwicklungshilfekomittee der Weltbank vorgelegten Vorschlags, mit den jeweils notwendig werdenden Abänderungen.

(II) Einzelne Länder sollten so weitgehend wie möglich juristische Einschränkungen abbauen, die den Entwicklungsländern den Zugang zu ihren Kapitalmärkten versperren: an erster Stelle die vorhandenen Einschränkungen für ausländische Investitionen bei US-Institutionen wie Versicherungen, Pensionsfonds und Sparinstituten.

(III) Kleinere Banken und Nicht-Banken könnten mehr an weniger entwickelte Länder ausleihen, indem sie Anteile an Konsortialkrediten in Eurowährung von größeren Privatbanken kauften oder indem sie selbst untereinander Konsortien bildeten. Anleihen von Großbanken könnten zusammengefaßt und diese ›Pakete‹ gewissermaßen stückweise in Form von Anteilen an kleinere Banken und Nicht-Banken verkauft werden. Auf diese Weise könnten die Großbanken leichter neue Anleihen zustandebringen, da sie sich weniger dabei exponierten. Solche Formen brauchen möglicherweise Garantiezusicherungen von internationalen Kreditinstituten zu ihrer Vermarktung.

(IV) Zufriedenstellende Vereinbarungen sind notwendig für die unabhängige Einschätzung der jeweiligen Länder-Risiken und zur Beratung von Investoren, damit kleinere, nicht-traditionelle Ausleiher an Entwicklungsländer deren Kreditwürdigkeit beurteilen und Kredite an Institutionen in diesen Ländern geben können, ohne viel Geld für Fachanalysen in diesem Bereich investieren zu müssen.

(V) Portfoliokapital im Norden könnte stärker zu dem Zweck angezapft werden, Entwicklungsländern Investitionen zu annehmbaren Bedingungen verfügbar zu machen. Dies trifft vor allem für Investitionen im Bereich von Bodenschätzen und Energie zu.

Die Weltbank: Verantwortlichkeiten und Reform

Die Weltbank ist das führende Entwicklungskreditinstitut. In den vergangenen Jahren hat sie auf verbreiterter Front Entwicklungshilfe geleistet und ihre Operationen ausgedehnt und liberalisiert. Programme gegen die Armut wurden von ihr mit besonderem Nachdruck gefördert. Ihre Lageberichte und die Analysen ihrer Mitarbeiter sind von großem Einfluß, insbesondere in den Geberländern, gewesen. Ihre jeweiligen Präsidenten haben die Bemühungen um weltweite Entwicklung in verdienstvoller Weise angeführt und sind dabei oft den Ansichten in ihren bedeutenderen Mitgliedsländern voraus gewesen. Für manche stellen allerdings Größe und Konzentration der Weltbank ein Problem dar: sie hat gegenwärtig rund 2400 Mitarbeiter in ihrem Stab, von denen mehr als 95 Prozent in ihrem Hauptquartier in Washington DC beschäftigt sind. Diese Konzentration trägt zu vereinheitlichten Verfahren bei, hält aber zugleich die Mitarbeiter in weitem Abstand von Problemen und Einstellungen in den Schuldnerländern.

In den Statuten der Bank ist eine Dezentralisierung ihrer Tätigkeit vorgesehen, die jedoch bisher nicht verwirklicht wurde. Mit dem Zufluß zusätzlicher Mittel wird die Bank weiterwachsen, was eine Verlegung von größeren Teilen ihres Stabes in die regionalen Zentren der verschiedenen Kontinente um so notwendiger erscheinen läßt. Dies sollte es der Bank auch ermöglichen, in größerem Umfang Mitarbeiter aus Entwicklungsländern einzustellen und weiterzubeschäftigen. Ferner wären solche Regionalniederlassungen besser imstande, die an Ort und Stelle anfallenden Probleme abzuschätzen und zu bearbeiten, wobei sie von regionalen Beratungsgremien, die ebenfalls in den Bankstatuten vorgesehen sind, ermutigt und unterstützt werden sollten. Das Verhältnis zwischen den Exekutivdirektoren und der Zentralverwaltung in Washington und den regionalen Beratungsgremien sowie dem regionalen Mitarbeiterstab müßte so sein, daß Autonomie und echte Dezentralisierung ermutigt würden.

Die Entwicklungsländer haben das Recht auf eine aufgeschlossene Haltung seitens der Weltbank und des Weltwährungsfonds bei allen Verfahren, die sie so unmittelbar betreffen. Und es sollte eine größere Zahl ihrer eigenen Leute in diesen Institutionen mitarbeiten. 1978 waren nur elf von 65 Führungskräften bei der Weltbank Staatsangehörige von Entwicklungsländern. Das gleiche Verhältnis galt für die 24 leitenden Angestellten des IWF. Staatsangehörigkeit bedeutet nicht notwendigerweise viel; ein Mitarbeiter aus der Dritten Welt hat möglicherweise wenig Einfühlungsvermögen in die Probleme der Armen, während ein solcher aus den Industrieländern vielleicht viel Aufgeschlossenheit für die Lage der Dritten Welt zeigt. Aber eine ausreichende Repräsentation der Entwicklungsländer in Mitarbeiterstab und Management, unter Beachtung objektiver Qualitätsnormen bei der Einstellung, wäre ein wichtiger Schritt zum Vertrauensaufbau.

Die Weltbank ist jetzt dabei, ihr Kapital von 40 auf 80 Milliarden Dollar zu erhöhen; ein Tribut an ihren Ruf als Bank. Aber angesichts des von uns aufgezeigten riesigen Kapitalbedarfs der Dritten Welt wird diese Expansion an sich nicht ausreichend sein. Wir halten eine Abänderung der konservativen Satzungen der Bank für dringend notwendig, nach denen sie zur Zeit mit einer Kapitaldekkung von 1:1 arbeitet, das heißt, die Summe ihrer Ausleihungen darf ihre Gesamtkapitalisierung nicht überschreiten. Das Verhalten der Schuldner der Bank war vorbildlich: In ihrer ganzen Geschichte hat es buchstäblich keine notleidenden Kredite gegeben. Durch die Weltbank Geld auszuleihen, war in der Tat sicherer, als an manche Instituten in den USA oder Europa zu leihen. Bei dieser Vorgeschichte wäre es der Bank durchaus möglich, ihre Kapitaldeckung ohne Risiko auf 2:1 oder mehr auszudehnen. Natürlich würde eine solche Veränderung erhebliche zusätzliche Mittel für die Dritte Welt verfügbar machen. Die Expansion könnte allmählich stattfinden, um die gegenwärtig vorteilhafte Bewertung der

Weltbank-Anleihen nicht zu beeinträchtigen. Überdies sollte sie Hand in Hand mit den Reformen gehen, die wir vorgeschlagen haben.

Internationale Entwicklungshilfeorganisation (IDA) und Regionale Entwicklungsbanken

Der Prozeß der Wiederauffüllung des Kapitals bei der IDA erfordert ebenfalls Reformen. Derzeit leisten die Regierungen ihre Beiträge auf dreijähriger Grundlage. Das ist zu kurz. Die Arbeit an der nächsten Wiederauffüllung muß jetzt bereits beginnen, bevor die Dispositionen für die vorhergehende abgeschlossen sind. Der Zyklus sollte auf mindestens 5 Jahre ausgedehnt werden. Wichtig ist auch, daß an die Beiträge zur IDA keinerlei politische Bedingungen hinsichtlich ihrer Verwendung geknüpft werden. Das Entwicklungsprogramm der Vereinten Nationen hat sogar einen noch kürzeren Etatzyklus, da sein Haushalt jährlich festgelegt wird; um wirksam eingesetzt zu werden, brauchte es eine viel längere Laufzeit.

Die Regionalen Entwicklungsbanken (die Interamerikanische Entwicklungsbank, die Afrikanische und Asiatische Entwicklungsbank und der Arabische Fonds für wirtschaftliche und soziale Entwicklung) sollten eine wichtigere Rolle in der Finanzierung von Entwicklungsprojekten spielen. Sie sollten bereit sein, Programme in gleichem Maße wie Projekte zu fördern und der Stärkung einheimischer und regionaler Leistungsfähigkeit mehr Bedeutung zumessen. Gegenwärtig vergeben die Regionalbanken rund ein Viertel der multilateralen Kredite in ihren Regionen, wobei der Rest größtenteils von der Weltbank kommt. In vieler Hinsicht sind sie nach dem Modell der Weltbank eingerichtet, aber da sie in ihren Regionen situiert sind, haben sie einen besseren Überblick über die Bedürfnisse ihrer kreditnehmenden Mitglieder. Es fehlt ihnen jedoch an Mitteln und an der langen Erfahrung der Weltbank, und sie müssen – vor allem die Afrikanische Entwicklungsbank – gestärkt werden, wenn sie ergiebigere Finanzquellen werden sollen. Vorausgesetzt, daß sie entsprechend reformiert werden, sollte das Ziel für die nächsten zehn Jahre allmähliche Gleichstellung der Regionalbanken gegenüber der Weltbank sein. Sie brauchen mehr Kapital und sollten, wie die Weltbank, eine allmähliche Erhöhung ihrer Kapitaldeckung in Erwägung ziehen. Sie könnten auch, falls notwendig, Kredite von der Weltbank und anderen weltweiten Finanzierungsinstitutionen zum Ausbau eines internationalen Netzes von Entwicklungsinstituten erhalten, und ihrerseits an subregionale Institute wie die Caribbean Development Bank, die Bank for Central American Integration und die East African Development Bank ausleihen.

Mehr partnerschaftliche Gleichstellung

Die Beziehungen zwischen Schuldnern und Gläubigern und zwischen Mitgliedern internationaler Finanzierungsinstitutionen sind von großer Bedeutung. Das Abstimmungsmuster in diesen Institutionen spiegelt dieses Verhältnis wider. Stimmenanteile und Managementstruktur beim IWF und der Weltbank haben sich im Laufe der Zeit etwas verändert, bedürfen jedoch weiterer Revision. Viele Mitglieder, vor allem aber Kreditnehmer in der Dritten Welt, haben Vorbehalte gegen das Ungleichgewicht von Macht und Einfluß in den Arbeitsbeziehungen. Vor allem die Vereinigten Staaten haben mit ihrem Stimmenanteil von über 20 Prozent eine ›Sperrminorität‹ bei wichtigen Entscheidungen und haben ihre Sonderposition dazu benutzt, die Politik der Bretton Woods-Institutionen zu beeinflussen. Nicht nur die USA, auch die Industrieländer als Gruppe, wollen ausreichende Kontrolle über jene Institutionen behalten, die finanziell von ihnen abhängig sind.

Wie auch immer die genaue Verteilung der Stimmen sein mag, alle wichtigen Entscheidungen hinsichtlich Verhalten und Arbeitsweise von Kreditinstituten müssen, um wirksam zu sein, auf echter Übereinstimmung beruhen. Aber eine wirkliche, im Unterschied zu einer scheinbaren, Übereinstimmung erfordert eine gleichere Repräsentation. In dieser Lage wird im Wesentlichen ein Schritt zu mehr Gleichstellung und Partnerschaft gebraucht, was sich in Revisionen des Abstimmungsmusters nicht weniger als in der Struktur des Spitzenmanagements widerspiegeln sollte. Ein derartiger Schritt wird im Lauf der Zeit das Mißtrauen durchbrechen und Vertrauen aufbauen. Die vorhandenen Institutionen sollten diese Richtung einschlagen, und jede neue sollte einem Entscheidungsprozeß den Vorzug geben, bei dem die Stimmen gleichmäßiger unter Industrie- und Entwicklungsländer aufgeteilt sind.

Koordinierung der Hilfsorganisationen

Fehlende Koordinierung und Überschneidungen bei verschiedenen Quellen für Entwicklungsfinanzierung tragen zu mangelnder Effektivität und Verschwendung bei. Zur Zeit wird die wirtschaftliche Zusammenarbeit über mehrere verschiedene Kanäle finanziert. Die UN sind die Hauptquelle zur Finanzierung technischer Hilfe durch die UNDP, ihre beteiligten Organe und Sonderfonds. Die Entwicklungsbanken, zusammen mit bilateralen und multilateralen Organisationen, sind die hauptsächlichen Kanäle für Entwicklungsfinanzierung. In den letzten Jahren ist die Zahl der Organe innerhalb und außerhalb des UN-Systems stark angewachsen, und ihre Maßnahmen, Programme und Verfahrensweisen müssen wirksamer koordiniert und aufeinander abgestimmt werden. Technische Unterstützung sollte eindeutiger mit Kapitalhilfe verbunden sein. Der von uns vorgeschlagene verlängerte Budget-Zyklus würde der UNDP langfristigere Programmplanung erlauben.

Intersektorale Abstimmung von Hilfs- und Länderprogrammen könnte zum wirkungsvolleren Einsatz ausländischer Hilfe beitragen. Die Mobilisierung und Verteilung von Mitteln sollte mit mehr Nachdruck angegangen werden. Aus all diesen Gründen ist es notwendig, das gesamte Hilfssystem zu überwachen, zersplitterte Anstrengungen zu reduzieren, Mängel festzustellen, Initiativen zu fördern, Lücken zu füllen und Reformen innerhalb der Institutionen zu befürworten. Ein erster Schritt könnte die Zusammenlegung der UN-Sonderfonds in einer UN-Entwicklungsbehörde sein, wie es 1975 von der Expertengruppe für die Struktur des UN-Systems vorgeschlagen wurde.

Viele von uns sehen mit Besorgnis, wie notwendig es ist, einen Überblick über den Gesamtkomplex von Hilfsorganisationen zu gewinnen, sie zu überwachen und zu koordinieren, um sie so den Regierungen und einer breiteren Öffentlichkeit gegenüber verantwortlicher zu machen. Hierbei ist es Sache der Regierungen, über genaue Schritte zu entscheiden, aber wir betonen die Notwendigkeit, Hilfsorganisationen verantwortlicher und überschaubarer für Politiker und Öffentlichkeit in allen Ländern zu machen. Mögliche Maßnahmen werden von uns im folgenden Kapitel zur Diskussion gestellt.

Die Lücken und wie sie gefüllt werden können

Die größten Lücken bestehen, wie wir aufgezeigt haben, im Bedarf für höhere Entwicklungshilfeleistungen zu Vorzugsbedingungen für die ärmsten Länder und bei Programmkrediten. In Kapitel 9 und 10 haben wir das gemeinsame Interesse an der Finanzierung von Erschließung und Entwicklung von Bodenschätzen und Energie behandelt. Dies muß in einer Weise geschehen, welche den Entwicklungsländern Kontrolle über ihre eigenen Bodenschätze sichert und die Ungewißheit für Investoren verringert.

Ferner haben wir die Finanzierungsquellen aufgezeigt. Wir fordern: eine Anhebung der öffentlichen Entwicklungshilfe auf das Ziel von 0,7 Prozent hin, einen größeren Anteil der an den Leistungen der Entwicklungshilfe, eine allgemeine Beteiligung aller Länder am Bemühen, Mittel für Entwicklungshilfe aufzubringen, und erste Schritte zur Errichtung eines Systems internationaler Abgaben. Wir haben auf die Möglichkeit aufmerksam gemacht, das Kapital der Entwicklungsbanken zu erhöhen und ihre Möglichkeiten der Kreditaufnahme zu erweitern, die nicht-inflationsfördernde Schaffung und gerechtere Verteilung von Sonderziehungsrechten zu fördern, Gewinne aus Goldverkäufen des IWF für Entwicklungszwecke einzusetzen und mehr privatwirtschaftliche Kredite für Entwicklungsländer verfügbar zu machen. Diese Maßnahmen, so glauben wir, werden die Grundlage für eine beträchtliche Aufstokkung der Entwicklungsfinanzen zur Deckung der von uns festgestellten, unbefriedigten Bedürfnisse bilden.

Argumente für eine neue Institution

Die Schaffung einer neuen Institution, die Weltentwicklungsfonds (WDF) genannt werden könnte, hat bei den Beratungen der Kommission als neuer Ansatz zur institutionellen Reform eine bedeutende Rolle gespielt. Ein großer Teil der ungedeckten Bedürfnisse, vor allem im Bereich der Programmkredite, der Unterstützung des Handels unter Entwicklungsländern mit mittlerem und solchen mit niedrigem Einkommen und der Finanzierung zur Erschließung von Bodenschätzen kann nach weit verbreiteter Auffassung von einer solchen Einrichtung gedeckt werden. Sie würde Industrie- und Entwicklungsländern die Gelegenheit geben, als gleichgestellte Partner zusammenzuarbeiten, und universale Mitgliedschaft ermöglichen.

Einige sind der Ansicht, die vorhandenen Institutionen könnten, entsprechend erweitert, reformiert und mit mehr Mitteln ausgestattet, die oben erwähnten Bedürfnisse ebenfalls decken, ihre Erfahrung und ihr Wissen machten sie zu wirkungsvolleren Instrumenten als jede neue Institution, weitere Auswucherungen könnten so vermieden werden, und es wäre leichter, die benötigten zusätzlichen Mittel zu beschaffen, wenn diese von den bewährten vorhandenen Institutionen verwaltet würden, zu denen die Hauptgeldgeber Vertrauen haben. Nach dieser Auffassung wäre der Vorschlag zur Errichtung einer neuen Institution lediglich von akademischem Wert, solange die wichtigen Regierungen sich nicht aufgeschlossen für ihn zeigen. Ein weiterer Einwand lautet, die Einrichtung neuer Strukturen solle solange aufgeschoben werden, bis eindeutig feststeht, daß die vorhandenen Institutionen nicht in der Lage sind, die aufgezeigten Lücken zu füllen.

Wir möchten jedoch klarstellen, daß der Vorschlag einer neuen Institution keine Alternative zur Reform und Umstrukturierung vorhandener Einrichtungen ist. Im Gegenteil, er könnte als Katalysator für einen Wandel im gesamten System der Entwicklungsfinanzierung dienen. Wir stellen ihn zur Diskussion, haben jedoch dabei keine Institution im Auge, deren Tätigkeit sich mit der der vorhandenen überschneiden oder gar ihr entgegenwirken würde. Eher ist sie als Ergänzung und Vervollständigung der bestehenden Struktur vorgesehen. Tatsächlich verweist die Logik eines neuen Systems weltweiter und automatischer Einnahmen zu Entwicklungszwecken auf eine Institution, die von allen Ländern im Westen, Osten und Süden getragen wird und als Kanal für solche Einnahmen dienen kann. Die relative wirtschaftliche Stärke der Länder im Norden wie im Süden hat sich seit Bretton Woods verändert, und wenn nicht eine neue Einrichtung geschaffen wird, welche diesen Wandel widerspiegelt, ist es möglicherweise nicht möglich, wirksam alle Mittel zu mobilisieren, die für Entwicklung verfügbar gemacht werden können.

Die quantitativen und qualitativen Lücken in der gegenwärtigen Struktur der Entwicklungsfinanzierung sind so geartet, daß Bedarf und auch Raum für bestehende Einrichtungen wie für eine neue Institution vorhanden ist, welche auf vielfache Weise in Beziehung zu den vorhandenen stehen könnte. Die qualitativen Lücken – fehlende Finanzierungsformen – sind fundamentaler. Die neue Institution könnte diese Lücken füllen und gleichzeitig die Ausleihungen der Weltbank und des IWF ergänzen. Ihre langfristigen Programmkredite sollten die Auszahlung von Weltbankprojekten beschleunigen, welche durch die Knappheit an einheimischen Mitteln aufgehalten wurden, und auch Länder davon abhalten, in jene Krisensituationen zu geraten, in denen sie sich zwecks Hilfe beim Ausgleich ihrer Zahlungsbilanz an der IWF wenden müßten. Die neue Institution müßte gemeinschaftlich mit der Weltbank, dem IWF und den Regionalbanken über einzelne Schuldnerländer wie auch über größere Vorhaben beraten. Die Kredite des Weltentwicklungsfonds sollten vorwiegend über regionale und sub-regionale Institutionen laufen und in voller Zusammenarbeit zwischen Industrie- und Entwicklungsländern zustandekommen. Großer Personalaufwand würde nicht entstehen; viele Vorhaben könnten über Finanzierungsvereinbarungen mit der Weltbank und den Regionalen Entwicklungsbanken laufen.

Wir sind uns bewußt, daß ein Vorschlag wie dieser mit Vorbehalten betrachtet werden wird. Mehr als drei Jahrzehnte sind seit der Konferenz von Bretton Woods vergangen, die zur Errichtung der Weltbank und des Weltwährungsfonds geführt hat. Viele der von uns für vorhandene Institutionen vorgeschlagenen Reformen bedürfen an sich schon einer umfassenden Überprüfung ihrer Wirkungsweise im Hinblick auf die Lücken im internationalen Finanzierungssystem. Anläßlich einer solchen Überprüfung sollte eine neue Institution wie der Weltentwicklungsfonds ernsthaft in Erwägung gezogen werden; sie würde die Struktur der Entwicklungsfinanzierung stärken und einen Neubeginn in den Nord-Südbeziehungen darstellen.

Ein unmittelbares Aktionsprogramm

Wir sind uns darüber klar, daß Vorschläge zur Veränderung bestehender Einrichtungen und mehr noch zur Schaffung einer neuen komplexe und zeitraubende Verhandlungen erforderlich machen. Inzwischen können und dürfen die von uns aufgezeigten vordringlichen Aufgaben nicht warten. Wir glauben, daß für die gegenwärtige mißliche Lage der Weltwirtschaft eine Lösung nur gefunden werden kann, wenn durch besondere internationale Bemühungen das Bindeglied zwischen den vorhandenen Mitteln und den Entwicklungsbedürfnissen einerseits und zur vollen Ausnutzung brachliegender Kapazitäten andererseits hergestellt wird. Dieser Prozeß des Recycling und der Kopplung ist bislang weitgehend über das internationale private Bankensystem gelaufen, was zu kurzen Laufzeiten, Unsicherheit hinsichtlich des fortlaufenden Kapitalstroms sowie zu erhöhten Risiken für Schuldner und Gläubiger geführt hat. In diesem Zusammenhang besteht Raum für ein Sofortprogramm, das teilweise auf Direktkrediten der Überschußländer und ihrer Währungsinstanzen, teilweise auf Anleihen auf dem Kapitalmarkt mit Regierungsgarantien beruht und durch zusätzliche staatliche Hilfsmaßnahmen ergänzt wird. Die Größe der Anstrengung, der Umfang des Programms, das Teilnahmemuster und die notwendigen institutionellen Vereinbarungen müssen alle im Detail ausgearbeitet und in Verhandlungen geklärt werden. Die Anstrengungen werden groß sein müssen, und sie müssen Sondervergünstigungen wie Zinssubventionen und langfristige Kredite für die ärmsten Länder einschließen; sie müssen Programmkrediten, die schnell ausgezahlt und verwendet werden können, eine Schlüsselstellung einräumen, und sie sollten in enger, gleichberechtigter Zusammenarbeit von Industrie- und Entwicklungsländern erfolgen. Ein solches Aktionsprogramm kann dazu beitragen, die dringendsten Bedürfnise der Dritten Welt zu decken und den Weg zu grundlegenderen und konstruktiveren Reformen der Weltwirtschaft zu ebnen.

Empfehlungen

Der Kapitaltransfer in Entwicklungsländer muß beträchtlich verstärkt werden zur Finanzierung von:

(I) Projekten und Programmen zur Milderung der Armut und zur Steigerung der Nahrungsmittelproduktion, vor allem in den am wenigsten entwickelten Ländern;

(II) Erschließung und Entwicklung von Energie- und Rohstoffquellen;

(III) Stabilisierung der Rohstoffpreise und der Erlöse aus Rohstoffexporten und einer vermehrten Rohstoffverarbeitung in den betreffenden Ländern;

Die Verfügbarkeit öffentlicher Entwicklungshilfemittel sollte erweitert werden durch:

(I) ein internationales System zur Aufbringung weltweiter Einnahmen auf der Grundlage einer auf das nationale Einkommen bezogenen gleitenden Skala, an dem sich auch die ost-europäischen und die Entwicklungsländer – mit Ausnahme der ärmsten Länder – beteiligten.

(II) die Aufstellung eines Zeitplans für die Aufstockung der staatlichen Entwicklungshilfe bei Industrieländern auf den Stand von 0,7 Prozent des Bruttosozialprodukts bis 1985 und auf 1,0 Prozent vor Ende des Jahrhunderts.

(III) Einführung automatischer Mittelaufbringung durch internationale Abgaben, z. B. auf den internationalen Handel; Waffenherstellung oder -exporte; internationalen Tourismus; den Gemeinschaftsbesitz der Menschheit, insbesondere Rohstoffe auf dem Meeresgrund.

Die Kreditgewährung durch internationale Finanzierungsinstitute sollte verbessert werden durch:

(I) Wirksame Ausnutzung der erhöhten Finanzierungskapazität der Weltbank (als Resultat der von ihr vor kurzem gefällten Entscheidung, ihr Kapital auf 80 Milliarden Dollar zu verdoppeln);

(II) Änderung des Kapital/Ausleiheverhältnisses bei der Weltbank und den regionalen Entwicklungsbanken von 1:1 auf 1:2;

(III) Vermeidung politischer Auflagen für die Betätigung multilateraler Finanzierungsinstitutionen;

(IV) Kanalisierung eines zunehmenden Anteils der Entwicklungsfinanzierung über regionale Institutionen;

(V) eine beträchtliche Erhöhung der Programmkredite;

(VI) die Verwendung der Goldreserven des IWF entweder für weitere Verkäufe, bei denen die Gewinne zur Zinssubventionierung von Entwicklungskrediten benutzt werden oder als Sicherheit für Darlehen an Entwicklungsländer;

(VII) größere Beteiligung der Schuldnerländer am Entscheidungsprozeß und am Management.

Die Übertragung von Ressourcen sollte über längere Zeiträume hin vorhersehbar gemacht werden durch langfristige Verpflichtungen zu öffentlichen Entwicklungshilfeleistungen, zunehmende Verwendung automatisch anfallender Einnahmen und eine Verlängerung der Aufstockperiode bei der Internationalen Entwicklungsorganisation (IDA).

Die Schaffung einer neuen internationalen Finanzierungseinrichtung – eines Weltentwicklungsfonds – mit universaler Mitgliedschaft, in der Kreditnehmer und -geber gleichberechtigter am Entscheidungsprozeß teilhaben, sollte zur Ergänzung vorhandener Institutionen und zur Diversifizierung der Kreditpolitik und -praxis in Erwägung gezogen werden. Der Weltentwicklungsfonds wäre bestrebt, die ungedeckten Bedürfnisse in der Finanzierungsstruktur, vor allem bei Programmkrediten, zu decken. Er könnte einmal als Kanal für jene Mittel dienen, die möglicherweise auf universaler und automatischer Grundlage erhoben werden.

Es besteht ein Bedürfnis für erhebliche zusätzliche multinationale Finanzierung der Erforschung und Ausbeutung von Energiequellen und Bodenschätzen in Entwicklungsländern. Davon wird einiges von den vorhandenen Institutionen kommen; wir glauben jedoch, daß eine neue Fazilität zu diesem Zweck empfehlenswert wäre.

Der Kreditstrom von Geschäftsbanken und anderen privaten Finanzierungsquellen in die Entwicklungsländer muß verstärkt werden. Länder mit mittlerem Einkommen brauchen Sondermaßnahmen zur Verlängerung der Kreditlaufzeiten, und ärmere Entwicklungsländer sollten in die Lage versetzt werden, auf dem Kapitalmarkt leichter Kredite aufnehmen zu können. Die Weltbank und andere internationale Finanzierungsinstitute sollten diesen Prozeß durch Mitfinanzierung und Garantien fördern und indem sie Fonds zu Sonderkonditionen dazu benutzen, die Kreditbedingungen zu verbessern und die Zinsen herabzusetzen.

Es sollten Maßnahmen ergriffen werden, welche es den Entwicklungsländern erleichtern, Anleihen auf den internationalen Kapitalmärkten zu plazieren. Hierzu gehörten die Abschaffung von Restriktionen und die Bereitstellung von Garantien sowie entsprechende Dispositionen zur Einschätzung von Risiken.

16 Internationale Organisationen und Verhandlungen – Ein Überblick

Ein unentbehrliches System

Als Kommission waren wir beeindruckt von dem Ausmaß, in dem die verschiedenen Teile der Vereinten Nationen und die ihnen angegliederten Organisationen wie die Weltbank und der IWF für Aufgaben der Weltentwicklung in den Mittelpunkt gerückt sind. Wie wir in mehreren anderen Kapiteln dieses Berichts erörtert haben, bilden sie in zunehmendem Maß die Kanäle, durch die, mehr oder weniger wirksam, der Entwicklungsprozeß gefördert und überwacht wird. Es liegt nicht in unserem Auftrag, das System der Vereinten Nationen als solches einer Kritik zu unterziehen; dennoch sind wir der Auffassung, daß unsere Arbeit ohne Anmerkungen zum Funktionieren des Systems, wie wir es beobachtet haben, und ohne Vorschläge zu seiner Verbesserung durch weitere Bemühungen unvollständig wäre.

Das Überleben und die Ausweitung der Weltinstitutionen zur Erhaltung des Friedens und zur Förderung der Entwicklung in den Nachkriegsjahrzehnten stellen einen hoffnungsvollen Gegensatz zu den ungeordneten und chaotischen Zuständen dar, wie sie in der Vorkriegszeit, den zwanziger und dreißiger Jahren, herrschten. Die Welt hat sich nunmehr an das System der Vereinten Nationen, dem fast alle Länder der Welt, darunter auch die Sowjetunion und China, angehören, gewöhnt. Gleichzeitig ist das UN-System wegen seiner Schwächen und Kompromisse nicht selten Gegenstand der Kritik. Dabei darf jedoch nicht vergessen werden, daß eine Organisation, die so viele Nationen mit unterschiedlichen Auffassungen umschließt und ihnen einen Rahmen für Zusammenarbeit und Kommunikation untereinander bietet, sowohl von einzigartigem Wert als auch in sich komplex und empfindlich, sowie für weltweite Aktionen von entscheidender Bedeutung ist. Die Vereinten Nationen sind das einzige System dieser Art, das wir haben; wir alle sind dazu aufgerufen, sie nicht nur am Leben und aktiv zu erhalten, sondern sie auch als unentbehrliche Kraft für Frieden und Entwicklung zu stärken.

Nationale Politiker und Medien sind mitunter geneigt, die UN und ihre Organe so zu kritisieren, als seien sie etwas von den Verantwortlichkeiten ihres eigenen Landes vollständig Getrenntes.

Doch die Wirksamkeit der Vereinten Nationen ist nur das, was die Regierungen der Mitgliedstaaten aus ihr machen – durch ihre politische Unterstützung oder deren Unterlassung im Inland und durch die Qualität des Beitrags ihrer Delegationen bei Konferenzen. Zugleich soll die Neigung großer internationaler Bürokratien, einen eigenen Stil anzunehmen und zu entwickeln, welcher zunehmend weniger auf die reale Welt bezogen ist, keineswegs unterschätzt werden, was übrigens auch auf nationale Bürokratien zutrifft.

Das Entstehen von Weltorganisationen

Die frühesten Weltorganisationen haben sich in Bereichen gebildet, wo die gemeinsamen Interessen deutlich sichtbar waren, wie beim Nachrichten- und Gesundheitswesen und bei der Meteorologie. Aber das Zusammenspiel ökonomischer und politischer Beziehungen in der Welt von heute beinhaltet eine weitaus komplexere gegenseitige Abhängigkeit, zu der ein wachsender Einfluß innenpolitischer Maßnahmen auf andere Nationen wie umgekehrt von internationalen Entwicklungen auf die einheimische Wirtschaft gehören. In diesem Muster von Annäherung und Auseinandersetzung ist wechselseitige Anpassung schwer zu bewerkstelligen und erfordert oft nicht nur die Einhaltung von Regeln, sondern, was weitaus schwerer ist, Takt und Zurückhaltung. Dies verlangt ständige Wahrnehmung und Ausweitung beiderseitiger Interessen, was nur durch dauerhafte Beziehungen erreicht werden kann.

Die wichtigsten Weltorganisationen wurden bereits eingerichtet, bevor sich die meisten Länder der Dritten Welt als unabhängige Staaten etabliert hatten. Reform und Erneuerung sind erforderlich, soll die Vielfalt der heutigen Welt widergespiegelt und das Bestreben der neuen Nationen berücksichtigt werden.

Die Vereinten Nationen und ihre wichtigsten Organe bieten Möglichkeiten für weltweite internationale Beratungen. Für die Entwicklungsländer, die in der Vollversammlung eine Mehrheit bilden, bietet das Prinzip, daß jeder Staat, ob groß oder klein, nur eine Stimme hat, ein Forum, wo sie sich in der Welt Gehör verschaffen können. Aber die von den Organen der Vereinten Nationen getroffenen Entscheidungen ändern natürlich nicht unmittelbar die Politik der einzelnen Regierungen. Alle Regierungen müssen sich über die Risiken für weitere internationale Zusammenarbeit im klaren sein, sollte es keine politische Basis für reale Übereinstimmung in wichtigen Fragen durch entsprechende Mechanismen innerhalb des UN-Systems geben. Ohne diese Übereinstimmung kann es nur das Ritual der Diskussionen und Resolutionen geben, ohne die daraus folgende Verpflichtung, danach zu handeln.

Aufklärung der Öffentlichkeit

Es ist vor allem notwendig, den bei internationalen Konferenzen herrschenden Argwohn und Vertrauensmangel zu mindern und zu zerstreuen. Internationale Institutionen haben in der Regel mit Regierungen zu tun; sie sollten jedoch zunehmend weitere soziale Gruppen an ihrem Dialog beteiligen. Die Konsultationsmechanismen der ILO und UNIDO mit Vertretern von Industrie und Gewerkschaften weisen in die richtige Richtung. Vor allem die Bemühungen, eine neue internationale Wirtschaftsordnung zu schaffen, bedürfen der Einbeziehung wichtiger Gruppen innerhalb der Gesellschaften, welche von solchen Veränderungen betroffen sind und davon überzeugt werden müssen, diese zu unterstützen.

Die Kommission hält es für wesentlich, daß den Aufklärungsaspekten in verbesserten Nord-Südbeziehungen künftig mehr Aufmerksamkeit zugewandt wird. Es ist unerläßlich, jedem Bürger die Bedeutung weltweiter Verflechtungen auch für ihn selbst begreiflich zu machen und ihn zur Identifizierung mit den internationalen Organisationen und deren Aufgabe in diesem Bereich zu bewegen. Es ist kein Zufall, daß jene Länder im Norden, die einen hohen staatlichen Beitrag zur Entwicklungshilfe leisten, gleichzeitig eine vorausschauende Aufklärung der Bevölkerung und vor allem der jüngeren Generation betreiben.

Auch bedürfen internationale Institutionen der Kommunikation mit einem Publikum, das breiter ist als der Personenkreis, der unmittelbar an ihren Debatten und Verhandlungen teilnimmt. Hier ist daran zu denken, daß Resolutionen und Erklärungen nur dann Wirkungen erzielen, wenn sie die Öffentlichkeit beeinflussen. Unter den Nicht-Regierungsorganisationen sind es vor allem die Jugendverbände, mit welchen die internationalen Institutionen engeren Kontakt pflegen sollten.

Proliferation und Reform

Oft wird Besorgnis geäußert über die scheinbare Ausbreitung internationaler Organisationen. Das Wachstum dieser Organisationen war größtenteils eine normale Reaktion auf neue und gesteigerte Bedürfnisse und spiegelte die Übereinstimmung der Mitgliedstaaten wider, mehr Aufmerksamkeit oder Mittel auf die Lösung eines dringenden oder neu aufgetauchten Problems zu verwenden. Die ursprüngliche Basis internationaler Organisationen reichte für die vielfältigen Erfordernisse wirtschaftlicher Zusammenarbeit in der Nachkriegszeit nicht mehr aus: Und inzwischen wuchs die Mitgliederzahl bei den Vereinten Nationen von 51 Ländern 1945 auf 152 im Jahre 1979, nachdem immer mehr Entwicklungsländer ihre nationale Unabhängigkeit erreicht hatten. Dieser Wandel verlangte größere Flexibilität innerhalb der Institutionen, und mitunter haben Entwicklungsländer die überkommenen Institutionen durch neue ergänzen wollen (wie UNCTAD), wo ihre Stimme mehr Gewicht hat. Dennoch, wie der Generalsekretär der Vereinten Nationen vor kurzem sagte:

»Wir müssen auch, da die Regierungen der Welt mit neuen und überwältigenden Problemen befaßt sind, ein gewisses Maß an institutionellem Eskapismus akzeptieren. Damit meine ich, daß es manchmal leichter ist, eine Konferenz einzuberufen oder gar eine neue Institution zu gründen, als ein schwieriges Problem direkt anzugehen.«

Das Wachstum bei Organisationen und Mitgliedern ist nicht ohne Kosten geblieben. Auf der Seite der Institutionen hat es zu zersplitterter und unklarer Aktivität mit sich überlappenden Verantwortlichkeiten und organisatorischen Rivalitäten geführt: Fragen, die in einer integrierten Form behandelt werden sollten, werden beständig von einem Forum zum anderen geschoben, wobei jede Organisation versucht, ihren Status zu erhalten, auch wenn ihre ursprüngliche Aufgabe bereits zuendegeführt worden ist. Die sehr große Zahl internationaler Konferenzen – rund 6000 in jedem Jahr in New York und Genf – und die damit verbundene Dokumentation – rund 1 Million Seiten pro Jahr – haben den Mitgliedsländern, vor allem den kleineren, bei dem Versuch, zu einer wirksamen internationalen Zusammenarbeit beizutragen, eine enorme Last auferlegt. Und die ständigen Sekretariate der UN-Organisationen sind mit Aufgaben überlastet worden, für die sie ursprünglich nicht vorgesehen waren. Hier erhebt sich die berechtigte Frage, ob die vorhandenen Verhandlungsmechanismen dazu dienen, die Entstehung und Entwicklung politischer Willensbildung, die für wichtige Entscheidungen notwendig ist, zu erleichtern.

Der Umfang der Versammlungen und Dokumentation spiegelt teilweise die wachsende Anzahl von Themen auf der internationalen Tagesordnung wider, deren Ursache in der zunehmenden Interdependenz der Welt liegt. Hinzu kommt, daß ein Wandel in internationalen Beziehungen stets langsam vonstatten geht. Regierungen brauchen eine lange Diskussionszeit, bevor sie einen Schritt tun, um so mehr, wenn es sich um einen Schritt aufeinander zu handelt. Wir sind jedoch der Meinung, daß viele internationale Institutionen ihre Ziele klarer definieren, ihre Tagesordnungen sinnvoller gestalten, ihre Diskussionen auf bestimmte Ergebnisse ausrichten und zu einer engeren Zusammenarbeit untereinander kommen müssen. Sie sollten ökonomischer mit Zeit, Personal und Papier umgehen und gegenüber ihren Mitgliedstaaten und der breiten Öffentlichkeit mehr Verantwortung zeigen. Die Verantwortung für solche Verbesserungen liegt bei den Sekretariaten der Organisationen, die letzte Verantwortlichkeit indessen bei den Regierungen der Mitgliedstaaten.

Die Vereinten Nationen selbst sind sich vieler dieser Unzulänglichkeiten bewußt. 1969 wurde eine umfassende Studie über das Entwicklungsprogramm der Vereinten Nationen angefertigt, die Reformen zur Folge hatte. 1975 setzte die Vollversammlung eine Gruppe von Experten ein, welche eine Anzahl von Empfehlungen zur Steigerung der Effektivität in der Wirtschaftsentwicklung vorlegten, darunter die Ernennung eines Generaldirektors für Entwicklung und internationale wirtschaftliche Zusammenarbeit, die eine der wenigen bisher realisierten Veränderungen darstellt. Wir geben der Hoffnung Ausdruck, daß Rationalisierung und Reformen innerhalb der Institutionen als dynamischer Prozeß gesehen werden, ausgerichtet an den wechselnden Bedürfnissen und Mängeln, wie sie sich aus der Erfahrung bei der Arbeit in den Institutionen ergeben.

Ein Koordinierungsorgan auf hoher Ebene?

Es ist klar, daß die gegenwärtig vorhandenen Koordinationskanäle, von denen es viele gibt, nicht so wirksam funktionieren, wie dies notwendig wäre. Aus diesem Grund halten wir es für erforderlich, daß die Hierarchie der Vereinten Nationen sowie die Mitgliedsregierungen auf hoher politischer Ebene mit mehr Nachdruck diese schwierige, aber wesentliche Aufgabe einer strafferen Organisation des Systems angehen, um eine bessere Zusammenarbeit in den Haushalten, den Programmen und in der Personalpolitik zu erzielen. Nur wenn in diesen Bereichen Fortschritte gemacht werden, können die Vereinten Nationen das für die Ausführung ihrer Aufgaben hinsichtlich der Weltentwicklung notwendige Vertrauen und die Unterstützung der Öffentlichkeit finden.

Wir glauben, daß dieser Prozeß durch ein außenstehendes Gremium zur Überwachung der Arbeit der unterschiedlichen internationalen Organe auf dem Gebiet der Entwicklung gefördert werden könnte. Dieses würde darauf abzielen, die Institutionen straffer durchzuorganisieren, ihre Ziele deutlicher zu definieren und sie auf einem ökonomischeren und wirksameren Weg zu erreichen. In diesem Zusammenhang wurden wir auf einen Vorschlag aufmerksam, der 1968 beim UN-Komittee für Entwicklungsplanung die Bildung eines aus 12 Mitgliedern bestehenden Gremiums anregte: Ein Drittel der Mitglieder sollte aus Angehörigen von Entwicklungsländern bestehen, ein weiteres Drittel aus Industrieländern kommen, und das restliche Drittel nach Erfahrung und unabhängigem Urteil ausgewählt werden. Die Gruppe sollte vom Generalsekretär der UN nach Konsultation mit Regierungen und anderen eingesetzt werden, unter Berücksichtigung der regionalen und politischen Ausgewogenheit, jedoch würden die Mitglieder als Einzelne, nicht als Vertreter ihrer Regierungen handeln. Sie stellten in erster Linie einen ›brains trust‹ dar, keine Organisation mit großem eigenen Personalaufwand, und stützten sich bei ihrer Arbeit vorwiegend auf statistisches und analytisches Material und Berichte der UN-Organe und auf unabhängige Berater. Ihre Grundfunktion wäre die eines Beratenden Gremiums für Regierungen sowie für die Vollversammlung der Vereinten Nationen und ihre Organe, zum Zweck der Verbesserung der Effektivität der Vereinten Nationen und anderer internationaler Institutionen, die weltweit mit der Entwicklung und internationaler wirtschaftlicher Zusammenarbeit befaßt sind. Ihre Berichte könnten der Öffentlichkeit zugänglich gemacht werden, um das Interesse an der Arbeit des internationalen Systems anzuregen, wie es in vielen Ländern mit Berichten von Parlaments- und Kongreßausschüssen gemacht wird. Ihre Wirkung würde auf ihrem Ansehen und der Qualität ihrer Arbeit beruhen. Die Kommission ist davon überzeugt, daß Koordinierung und Evaluierung in das System internationaler Zusammenarbeit eingebaut werden müssen. Daher unterstützen wir den Gedanken eines unabhängigen, hochrangigen Gremiums für diese Aufgabe.

Verbesserung des Verhandlungsrahmens

Es besteht auch Anlaß zur Verbesserung des Verhandlungsrahmens im Nord-Süd-Dialog. UNCTAD sowie viele andere Einrichtungen dieser Art, sind nach dem Gruppensystem gebildet worden, das drei Gruppen von Ländern umfaßt – die 77, Gruppe B und Gruppe D sowie China. Die Gruppe der 77 (die jetzt 117 Mitglieder hat) beseht aus Entwicklungsländern. Gruppe B besteht aus den westlichen Industrieländern und Gruppe D aus den osteuropäischen Ländern. Diese Aufteilung hat sich als Organisationsmuster konsolidiert, wobei die Gruppe der 77 eine Solidarität der Entwicklungsländer repräsentiert, die von historischer Bedeutung ist und sie in die Lage versetzt, einen gemeinsamen Standpunkt einzunehmen und ihre vereinte Kraft bei den Nord-Süd-Verhandlungen zum Tragen zu bringen. Das Gruppensystem hat gut bei Beratungen funktioniert, wo der Süden seine Probleme und Standpunkte artikulieren und bekanntmachen mußte; und die Kommission erkennt seine Gültigkeit und seinen Wert voll an.

Solche Beratungen endeten jedoch oft mit Resolutionen, die jeden ermahnten, ohne die Parteien zu binden oder zu verpflichten. Die Unterschiede werden eingeebnet, um den Anschein von Übereinstimmung zu schaffen, bestehen jedoch in Wirklichkeit weiter. Ein Resultat dieses Verfahrens ist, daß die Sprache internationaler Resolutionen zu einem spezialisierten und verschlüsselten Fachjargon geworden ist.

Echter Fortschritt in den internationalen Beziehungen hängt von sorgfältigen Verhandlungen zur Erzielung übereinstimmender Prinzipien oder legaler Instrumente ab: Nur solche Prozesse können zu einer gemeinsamen Sprache führen, welche als Aktionsbasis benutzt werden kann. In diesem Zusammenhang ist das Gruppensystem wegen seiner Neigung kritisiert worden, extreme Positionen auf beiden Seiten herauszustellen, was zur Verzögerung und manchmal zur Verhinderung praktischer Fortschritte bei der Lösung von Interessenkonflikten führt. Der Prozeß der Beseitigung von Differenzen innerhalb jeder Gruppe hat oft zur Aufgabe gemäßigter Standpunkte zugunsten von extremen geführt, und Höchstforderungen stehen Mindestangebote gegenüber. Es hat sich als notwendig erwiesen, in jedem Stadium jede Gruppe als Ganzes weiterzubeteiligen, ohne Unterschiede zu vernachlässigen, was den Verhandlungsprozeß schwerfällig, unbeweglich und zeitraubend macht. Es ist an der Zeit, zu prüfen, ob sich eine funktionalere Verhandlungsform finden läßt, wobei die Besorgnis der Entwicklungsländer um Aufrechterhaltung ihrer Solidarität voll berücksichtigt werden sollte.

Gemeinnutz vor Eigennutz

Wo immer möglich, sollten Verhandlungen gemeinsamen Gewinn bringen, anstatt umständlich um ungewisse ›Zugeständnisse‹ zu ringen. Der Ausgangspunkt muß eine Vorstellung von gemeinsamen Interessen an Veränderungen sein. Bei Nord-Süd-Verhandlungen sind sofortige oder kurzfristige wechselseitige Vorteile nicht immer zu erwarten, und größere Gerechtigkeit erfordert mitunter Verzicht auf Wechselseitigkeit. Wechselseitige Interessen sind oft längerfristig und allgemeiner; sie müssen ergänzt werden von Überlegungen vorausschauender Solidarität, die über das reine ›Aushandeln‹ hinausgehen. Alle Seiten sind an einem Rahmen interessiert, der so gestaltet ist, daß er die gemeinsamen Grundlagen verbreitert, und der Dialog muß so strukturiert sein, daß er den Teilnehmern gestattet, ihre besonderen wechselseitigen Interessen bei jeder Frage klar darzulegen. Die Tagesordnung sollte ausgewogen oder mit anderen Verhandlungen synchronisiert sein, um ›trade-offs‹ und Verhandlungspakete zu ermöglichen. Gleichzeitig sollten die Prinzipien von Universalität und gemeinsamer Verantwortung mit im Verhandlungsmechanismus enthalten sein. Diese Überlegungen könnten innnerhalb eines etwa nach folgenden Richtlinien gestalteten Rahmens untergebracht werden, was die vorhandenen Verfahren erheblich erweitern und formalisieren würde.

Die Tagesordnung sollte nach vorausgegangener Beratung zwischen den verschiedenen Regierungen, Untergruppen und Regionen aufgestellt werden und die Bereitschaft der Hauptinteressen widerspiegeln, auf endgültige Absprachen hinzuarbeiten. Bei den Plenarsitzungen des Verhandlungsforums sollten alle Länder vertreten sein, doch sollte jede Gruppe bei einzelnen Fragen wie Rohstoffen oder Handel eine begrenzte Zahl von besonders stark an dieser Frage interessierten Ländern für Verhandlungen nominieren, wobei die Zahl sich nach dem Umfang der Sache richtet und entsprechende Ausgewogenheit von Industrie- und Entwicklungsländern gewahrt würde. Bei Währungs- und Finanzfragen, an denen alle Länder in unterschiedlicher Weise Aspekten interessiert sind, könnten Vertreter von Regionen oder Subregionen teilnehmen. Die Verhandlungen würden auf diese Weise unter kleineren, aber selbstgewählten Gruppen stattfinden. Jedes Abkommen sollte jedoch nach beendeter Debatte von der Plenarsitzung gebilligt werden. Unsere Weltgesellschaft ist nunmehr an einen Punkt gelangt, wo wir auf ihre Institutionen, vor allem diejenigen, die Entscheidungen fällen, bewußt die Prinzipien des Ausschußsystems anwenden müssen. Und es gibt möglicherweise noch andere Arten und Techniken des Dialogs, die erkundet werden sollten. Die von einem Nachlassen des menschlichen Dialogs ausgehenden Gefahren sind so groß, daß zu ihrer Abwendung jede Anstrengung unternommen werden muß.

Auf UN-Konsensus bauen

Die im UN-System gegebene wertvolle und nie vorher dagewesene Basis für Konsensus, zur Kommunikation zwischen Norden und Süden, Osten und Westen, muß erhalten bleiben. Es ist lebenswichtig, das Beste aus ihr zu machen, sie zu stärken und auf ihr aufzubauen, wobei die Erfahrung der letzten drei Jahrzehnte und die Vorteile breiter Teilnahme genutzt werden können. Eine zunehmend untereinander abhängige Welt muß sich für andere und schwerere künftige Aufgaben organisieren, die nicht allein politischen Willen und Weitblick erfordern, sondern ebenso ein Gefüge von Institutionen und Verhandlungsmöglichkeiten zur Umsetzung politischer Ideen in die Tat.

Dem Dialog einen neuen Sinn geben

In vorhergehenden Kapiteln haben wir die Aufmerksamkeit auf die gemeinsamen Interessen aller Länder des Nordens, Südens, Ostens und Westens an Frieden und Abrüstung, am Kampf gegen Hunger und Armut, an einer geordneten Übergangsphase im Energiebereich und am Umweltschutz gelenkt. Wir haben auf die starken gemeinsamen Interessen aller Länder am weltweiten Wirtschaftswachstum, an Inflationskontrolle und der Förderung von Arbeitsplätzen hingewiesen. Wir haben die Notwendigkeit von Solidarität und gleichberechtigte Beziehungen zwischen reichen und armen Nationen in den Gremien und Institutionen der Welt betont.

Während all unserer Diskussionen waren wir uns bewußt, daß bisher viele Verhandlungen über diese Fragen auf einem toten Punkt endeten, trotz größerer oder kleinerer Fortschritte an spezifischen Fronten. Was unserer Ansicht nach fehlte, war Zielbewußtsein, ein Dringlichkeitsgefühl, eine Einordnung der Prioritäten, Verständnis für gemeinsame Interessen und der politische Wille, konkrete Ergebnisse zumindest in einigen Bereichen zu erzielen. Wie können diese in den Dialog der Nationen eingebracht werden?

Für den Dialog selbst und weitere Verhandlungen gibt es keine Alternative. Die Aufgabe besteht darin, zu einem echten und sinnvollen Austausch zu kommen. Wir meinen, daß dies nicht auf der Grundlage abgenutzter rhetorischer oder technischer Positionen stattfinden kann. Politisches Engagement und Staatskunst müssen vorherrschend sein bei einem Prozeß, bei dem die Führer der Welt ihre Aufmerksamkeit auf zentrale Fragen richten.

In der OECD und im Comecon tauschen einerseits die politischen Führer des Westens und auf der anderen Seite jene des Ostens Meinungen aus und stimmen politische Maßnahmen aufeinander ab. In der Gruppe der Blockfreien und in der OPEC haben Entwicklungsländer ein vergleichbares Forum. Wäre es nicht möglich, ein Gipfeltreffen aller Länder ins Auge zu fassen? Wären die Interessen nicht allzu auseinanderstrebend und der Prozeß so umständlich, daß es von vorneherein zum Scheitern verurteilt wäre?

Wir meinen, daß die Fragen, die in der Welt für die achtziger Jahre und darüber hinaus anstehen, so beschaffen sind, daß das Risiko des Scheiterns nicht der dringenden Aufmerksamkeit im Wege stehen sollte, die ihnen auf höchster politischer Ebene entgegengebracht werden muß.

Zuflucht zu gelegentlichen Gipfeltreffen

Es ist klar, daß keine Nation für irgendeine andere mitentscheiden kann und daß Teilnahme aller Länder innerhalb des UN-Rahmens eine conditio sine qua non für internationale Entscheidungsprozesse ist. Aber der Prozeß kann durch einen begrenzten Gipfel von Regierungschefs aus Nord und Süd, mit erhoffter Teilnahme des Ostens und Chinas vorbereitet und in Gang gesetzt werden. Dabei muß die Teilnehmerzahl klein sein, um Fortschritte zu ermöglichen, jedoch groß genug, um repräsentativ und glaubwürdig zu wirken.

Ein solcher Gipfel kann nicht verhandeln, weil nicht alle Länder an ihm teilnehmen. Er wäre auch kein angemessenes Forum zur Aussprache über Details. Aber er könnte zum Verständnis dessen führen, was notwendig und machbar ist, und wie beides in Einklang zu bringen wäre. Er kann bindende Aussagen bewirken und Richtlinien für detaillierte Verhandlungen im entsprechenden Rahmen festlegen, den Rahmen und den Umfang solcher Verhandlungen bestimmen und Fristen festlegen, innerhalb derer Resultate zu erzielen sind.

Während die Kommission ihre Arbeit abschloß, erreichten uns die Resolutionen der Konferenz der Blockfreien in Havanna, der Gruppe der 77 und der 33. Sitzung der UN-Vollversammlung, in denen weltweite Verhandlungen gefordert wurden. Unser Vorschlag ist mit diesen Forderungen nicht unvereinbar. Das von uns vorgeschlagene Gipfeltreffen wäre ein Schritt in die gleiche Richtung und könnte solche Verhandlungen vorbereiten. Im nächsten und letzten Kapitel unseres Berichts umreißen wir ein Sofortprogramm, das von einem solchen Gipfel erörtert werden könnte.

Empfehlungen

Politiken, Vereinbarungen und Institutionen in den Bereichen wirtschaftlicher, finanzieller und Währungszusammenarbeit sollten vom Prinzip der Universalität geleitet werden.

Das UN-System, das vor stets größer werdenden Aufgaben steht, muß gestärkt und wirksamer gemacht werden. Dies erfordert mehr Koordination der einzelnen Haushalte, Programme sowie der Personalpolitik, um Doppelarbeit und unnütze Überschneidungen zu vermeiden.

Die Leistung der verschiedenen multilateralen Organisationen im Bereich internationaler Entwicklung sollte regelmäßiger von einem Beratungsgremium auf hoher Ebene überprüft werden. Das gegenwärtige Verhandlungssystem sollte daraufhin geprüft werden, ob nicht flexiblere, raschere und ergebnisorientiertere Verfahren eingeführt werden könnten, ohne von der Zusammenarbeit innerhalb bestehender Gruppen abzulenken. Mehr Aufmerksamkeit sollte auf Aufklärung der Öffentlichkeit und der jüngeren Generation über die Bedeutung internationaler Zusammenarbeit verwandt werden.

Die gelegentliche Einberufung von zahlenmäßig begrenzten Gipfeltreffen sollte zur Förderung einvernehmlicher Vereinbarungen und zur Herbeiführung eines Wandels in Erwägung gezogen werden.

17 Ein Prioritätenprogramm

In diesem Bericht haben wir einige der wesentlichen Veränderungen, welche in den internationalen Beziehungen und in der Weltwirtschaft in den letzten Jahrzehnten stattgefunden haben, sowie deren Einfluß auf Entwicklungsfragen behandelt. Dieser Wandlungsprozeß geht weiter: Schon sieht sich die Menschheit mit Grundproblemen konfrontiert, die nicht auf rein nationaler oder regionaler Ebene gelöst werden können, wie Sicherheit und Frieden, Entwicklungsziele, das Währungssystem, Umweltschutz, Energie, Kontrolle im Weltraum und über Schätze auf dem Meeresgrund. Die internationale Gemeinschaft hat begonnen, sich dieser Probleme anzunehmen, bislang jedoch in recht unzureichender Form.

Am Anfang der achtziger Jahre sieht sich die Weltgemeinschaft größeren Problemen gegenüber als je zuvor seit dem Zweiten Weltkrieg. Es ist offenkundig: Die Weltwirtschaft funktioniert gegenwärtig so schlecht, daß sie sowohl den unmittelbaren wie den langfristigen Interessen aller Nationen schadet. Die Probleme von Armut und Hunger werden immer gewichtiger. Es gibt bereits 800 Millionen absolut Arme, und ihre Zahl ist im Steigen begriffen. Engpässe bei Getreide und anderen Nahrungsmitteln erhöhen die Aussicht auf Hungersnot und Hungertod. Das rasche Anwachsen der Weltbevölkerung um weitere 2 Milliarden Menschen innerhalb der nächsten zwei Jahrzehnte wird die Nahrungsmittel- und Rohstofflage in der Welt noch um ein erhebliches anspannen. Die industrielle Kapazität des Nordens liegt teilweise brach und verursacht eine Arbeitslosigkeit, die in den jüngst vergangenen Jahren beispiellos ist, während im Süden jene Güter, die der Norden herstellen könnte, dringend gebraucht werden. Rasche Inflation, sprunghaft wechselnde Devisenkurse und nicht vorhersehbare Eingriffe der Regierungen verursachen ernstzunehmende Störungen bei Handel und Investitionen, von welchen die baldige Rückkehr der Welt zum Wohlstand abhängt.

Was begrenzt unsere Antwort auf diese Herausforderung, von der das Schicksal der Menschheit abhängt? Nicht in erster Linie technische Lösungen, die weitgehend bereits bekannt sind, vielmehr das Nicht-Vorhandensein eines klaren und allgemeinen Bewußtseins der Realitäten und Gefahren und der Mangel an politischem Willen, sich ihnen zu stellen und korrigierend einzugreifen. Nur in einem Geist der Solidarität, der sich auf Achtung vor dem einzelnen und dem Gemeingut gründet, wird es möglich sein, die notwendigen Lösungen zu erreichen.

Es ist unbestreitbar, daß diese Lösungen eine Neuanpassung auf verschiedenen Ebenen des inneren und äußeren Lebens jeder Nation erforderlich machen. Auf kurze Sicht werden unvermeidliche Opfer gefordert werden, und diese werden ohne Zweifel größer ausfallen für diejenigen, die Macht und Mittel besitzen, sie zu tragen. Kein Land oder keine Staatengruppe wird sich dem durch Herrschaft über andere oder Abschirmung gegen sie entziehen können. Im Gegenteil, wirklicher Fortschritt auf nationaler Ebene wird nur dann zu verzeichnen sein, wenn er auch weltweit gesichert werden kann. Und dieser globale Anspruch darf sich nicht allein auf Wirtschaftsprobleme beschränken: Auch die große Vielschichtigkeit der menschlichen Gesellschaft muß mit in Betracht gezogen werden.

Im gewissen Sinn ist die Welt ein System aus vielen verschiedenen, aufeinander einwirkenden Komponenten – Veränderungen in einem Bereich treffen auch die anderen. Unter den wichtigsten dieser Komponenten, von unabhängigen Staaten abgesehen, befinden sich die internationalen und regionalen Institutionen, die transnationalen Konzerne, die öffentliche Meinung (in den Einzelstaaten wie auch weltweit) und unterschiedliche religiöse, ideologische, soziale und politische Kräfte. In einem so komplexen Weltsystem muß jedes seiner Zentralelemente bei der Beantwortung künftiger Herausforderungen sorgfältige Beachtung finden. In diesem Licht gesehen, kann die neue internationale Ordnung selbst als ein ständiger Wandlungsprozeß begriffen werden, in dem Vorausschau und Verhandlung darauf hinwirken, ein allgemeines Gleichgewicht zwischen all ihren Elementen, ob im individuellen oder kollektiven Bereich, herzustellen.

Mit solchem Verständnis angegangen, würden die notwendigen politischen Entscheidungen wahrscheinlich eher gefällt werden. Sie sind jedoch nicht möglich, ohne einen weltweiten Konsens auf moralischer Ebene darüber, daß die Grundlage jeder nationalen oder Weltordnung die Menschen und ihre Grundrechte sein müssen, wie sie in der allgemeinen Erklärung der Menschenrechte niedergelegt sind. Nur wenn diese Ideen von den Regierungen, und vor allem von jedem einzelnen, grundlegend akzeptiert werden, sind politische Entscheidungen möglich und tragfähig. Dies erfordert einen intensiven Aufklärungsprozeß, welcher der Öffentlichkeit in jedem Land nahebringt, wie lebensentscheidend es ist, jene Werte zu verteidigen, ohne die es keine wahre Wirtschaftsentwicklung und, mehr noch, keine Gerechtigkeit, keine Freiheit und keinen Frieden geben kann.

In unserem Arbeitsmandat haben wir zum Ausdruck gebracht, daß die Notwendigkeit einer neuen internationalen Ordnung stets im Mittelpunkt unserer Besorgnis stehen wird. Die Weltwirtschaft und die politischen Bedingungen der Gegenwart machen diese Aufgabe um so dringlicher. Wir sind überzeugt, daß die Weltgemeinschaft beim Entwurf dieser neuen Ordnung kühn und einfallsreich vorgehen muß, dazu realistisch in ihren Unternehmungen. Ein Wandel ist unvermeidlich. Die Frage ist nur, ob die Weltgemeinschaft bewußte und entschlossene Schritte unternehmen wird, um diesen Wandel zu bewirken, oder ob dieser uns allen durch den Gang von Ereignissen aufgezwungen wird, die von der internationalen Gemeinschaft nur in geringem Maß beherrscht werden. Es liegt in der gemeinsamen Verantwortung aller Länder und Völker, ohne weiteres Zögern zu handeln.

Eine gefährliche Zukunft

Die Zukunftsaussichten sind alarmierend. Gesteigerte globale Ungewißheiten haben die Erwartung für Wirtschaftswachstum herabgesetzt, und die Schwierigkeiten, mit den aus Ölexporten resultierenden Überschüssen fertig zu werden, verstärken die Drohung einer schweren Finanzkrise. Es besteht ernsthafter Zweifel, ob Anpassungen an internationale Zahlungsprobleme und die Steuerung von Liquidität und Schulden in der Welt mit dem vorhandenen Instrumentarium ausreichend bewältigt werden können. Die Länder mit mittlerem Einkommen, die rasch ihre Exporte steigern, verursachen Angst und Ungewißheit unter Unternehmern und Arbeitern im Norden, und die Regierungen sind nicht imstande, über Regeln bezüglich des Zugangs zu ihren Märkten Einigung zu erzielen. Investitionen zur Erschließung von Energie und Bodenschätzen im Süden, die für das industrielle Wachstum im Norden wie im Süden von entscheidender Bedeutung sind, haben im Gefolge politischer und ökonomischer Unsicherheit stark nachgelassen. Die Beseitigung der Armut an sich ist nicht allein eine moralische Verpflichtung. Es verstößt gegen die Interessen aller, die Armut, und mit ihr Unsicherheit, Leiden und Zerstörung, weiterbestehen zu lassen. Unterdessen verschlingen die Militärausgaben, augenblicklich beim Stand von mehr als 400 Milliarden Dollar pro Jahr, immer mehr Mittel und Energien, die der Weltentwicklung zugute kommen könnten.

Bei der Aussicht auf noch größere Arbeitslosigkeit und langsameres langfristiges Wachstum werden viele Völker sich instinktiv vor den harten Realitäten ausländischer Konkurrenz schützen und sich statt dessen ganz ihren einheimischen Verantwortlichkeiten zuwenden wollen; und dieser Rückzug hat bereits eingesetzt. Es kann jedoch nicht bezweifelt werden, daß solche defensiven Reaktionen sich katastrophal auswirken werden, wie es schon in den Jahren vor dem 2. Weltkrieg der Fall war. Seit jener Zeit sind die Nationen des Südens wie auch des Nordens in weit größerem Maß abhängig voneinander geworden, und Handlungen, die von einem Land vorgenommen werden, können tiefgreifende Auswirkungen bei einem Land auf der anderen Seite der Welt haben. Das Eigeninteresse der Nationen kann jetzt nur noch wirksam verfolgt werden, wenn gemeinsame Interessen mit in Betracht gezogen werden.

Es ist uns klar, daß viel von der Verantwortung zur Abwendung von Katastrophen bei den Nationen und Regionen liegen muß, im Norden wie im Süden; ihre Regierungen müssen ihre Programme eher auf der Grundlage von langfristigem Überleben und von Gerechtigkeit, als auf vorübergehender Zweckdienlichkeit aufbauen. Während die Entwicklungsländer nach internationaler sozialer Gerechtigkeit rufen, dürfen sie solche Werte in ihren eigenen Ländern nicht vernachlässigen. Und sie dürfen sich die naheliegenden Gelegenheiten zu größerer Zusammenarbeit untereinander nicht entgehen lassen. Der Norden seinerseits darf keine selbstsüchtige Politik betreiben, die zum Raubbau an den kostbaren Ressourcen der Welt beiträgt; auch er muß neue Wege des Wachstums finden, in dem die Bedürfnisse der übrigen Welt stärker berücksichtigt werden.

Wir sind uns ferner bewußt, daß die langfristige Sicherheit und Entwicklung der Welt von der Teilnahme der osteuropäischen Länder sowie Chinas abhängt, die beide ihre eigenen wichtigen Erfahrungen mit schneller Entwicklung haben. Nur ein Abbau von Mißtrauen und Angst zwischen Ost und West kann eine feste und dauerhafte Basis für Nord-Süd-Zusammenarbeit bilden. Deshalb hoffen wir, daß die Regierungen des Ostens und ihre Völker in höherem Maß zusammen mit der übrigen Welt an gemeinsamen Bestrebungen zur Lösung der Weltprobleme teilnehmen werden.

Jeder von uns, die wir aus Ländern von fünf Erdteilen mit höchst unterschiedlichen politischen Problemen und Prinzipien kommen, hat seine eigene Perspektive und historische Erfahrung. Doch haben wir uns alle davon überzeugt, daß die Weltgemeinschaft neue und dynamische Methoden, sowohl für den Augenblick wie auch auf längere Sicht, ausarbeiten muß. Die Debatte zwischen Nord und Süd ist seit einigen Jahren im Gang: Es ist dringend erforderlich, daß beide Seiten jetzt gemeinsam an einem Programm zur Errichtung einer vernünftigen und gerechten Weltordnung arbeiten.

Der Weg wird lang und beschwerlich sein, er muß jedoch jetzt angetreten werden, wenn er den Herausforderungen des kommenden Jahrhunderts standhalten soll. Wir müssen klare Ziele zur Lösung der ernstesten und gefährlichsten Probleme setzen, wenn wir uns konzentrieren und einen Rückzug in jene Sackgasse verhindern wollen, in der kurzsichtiges Streben nach Eigennutz endet. Dies gebietet die allgemeine Menschlichkeit, aber auch der Wille zum gemeinsamen Überleben. Die Armen werden in einer Weltwirtschaft, die von Ungewissheit, Unordnung und niedrigen Wachstumsraten gekennzeichnet ist, keine Fortschritte machen. Ebenso wahr ist jedoch, daß die Reichen ohne den Fortschritt der Armen nicht gedeihen können. Die Welt braucht ein neues System wirtschaftlicher Beziehungen, welches diese wechselseitigen Bedürfnisse und menschlichen Interessen anerkennt. Die Herausforderungen kommender Jahrzehnte werden nicht durch ein gegnerisches System von Gewinnern und Verlierern bewältigt werden – Nord gegen Süd und Ost gegen West, sondern nur durch eines, das sich auf allumfassende menschliche Solidarität und internationale Zusammenarbeit gründet.

Eine neue internationale Ordnung braucht zu ihrer Errichtung Zeit: In unserer Zusammenfassung der Empfehlungen haben wir die volle Spannweite unserer Vorschläge zum gesamten von uns erörterten Themenkreis niedergelegt. Hier umreißen wir zunächst die Hauptaufgaben für internationale Verhandlungen und Aktionen in den nächsten beiden Jahrzehnten. Doch die gegenwärtig herrschende Weltkrise ist so akut, daß wir uns auch zum Entwurf eines Sofortprogramms gezwungen fühlten, das weit genug geht, um die gegenwärtigen Übel zu überwinden und zugleich auf langfristige strukturelle Reformen hinwirkt.

Aufgaben für die achtziger und neunziger Jahre

Alle Länder müssen imstande sein, sich voll an der Weltwirtschaft zu beteiligen, und zwar so, daß damit wahre Entwicklung gefördert wird. Dies wird auf lange Sicht nur unter wirtschaftlichen Bedingungen zu verwirklichen sein, die alle Entwicklungsländer in die Lage versetzen, selbständiges Wachstum zu erreichen.

Vorrangige Bedürfnisse der Ärmsten

Den Bedürfnissen der ärmsten Länder und Regionen muß hierbei Vorrang eingeräumt werden. Wir fordern eine umfassende Initiative zugunsten der Armutsgürtel Afrikas und Asiens. Wir erkennen an, daß die Abschaffung der Armut sowohl umfangreiche Kapitaltransfers aus den entwickelten Ländern wie auch mehr Entschlossenheit der Entwicklungsländer, ihr wirtschaftliches Management zu verbessern und soziale, wirtschaftliche Ungleichheit zu bewältigen, erforderlich macht.

Beseitigung des Hungers

Die Welt muß danach trachten, bis zum Ende des Jahrhunderts Hunger und Unterernährung durch Beseitigung der absoluten Armut abzuschaffen. Dabei stehen erhöhte Nahrungsmittelproduktion, intensivierte Landwirtschaftsentwicklung und Maßnahmen zur internationalen Ernährungssicherung im Vordergrund. Dies alles erfordert erhöhte Hilfe von außen und revidierte Prioritäten in vielen Entwicklungsländern.

Rohstoffe

Die Erlöse aus Rohstoffen müssen erhöht werden, um in ausreichendem Maß zur Entwicklung der Länder der Dritten Welt beizutragen, von denen die meisten immer noch stark von Rohstoffexporten abhängig sind. Sie sollten in die Lage versetzt werden, ihre eigenen Rohmaterialien im Land zu verarbeiten und an deren internationaler Vermarktung, Transport und Verteilung teilzunehmen. Die Rohstoffpreise sollten auf einem einträglichen Stand stabilisiert werden, um sie unempfindlicher gegen Marktfluktuationen zu machen. Zu diesem Zweck brauchen der vorgeschlagene Gemeinsame Fonds und andere relevante Institutionen ausreichende Mittel. Vorhandene Ausgleichs- und Erlösstabilisierungssysteme sollten verbessert und erweitert werden.

Industrieerzeugnisse

Der Norden sollte den gegenwärtigen Trend zum Schutz seiner Industrien gegen Wettbewerb aus der Dritten Welt umkehren und statt dessen den Prozeß positiver, vorausschauender Umstrukturierung fördern. Von industriellen Anpassungsmaßnahmen sind auch andere Länder erheblich betroffen, deshalb sollten sie internationaler Beratung und Überwachung unterliegen. Die von der Tokio-Runde der GATT 1979 festgesetzten Regeln könnten dabei von Nutzen sein, falls nachdrücklich nach ihnen gehandelt wird, doch ist weitere Arbeit notwendig, um vorübergehende Schutzmaßnahmen mit echter Anpassungspolitik zu verbinden. Entwicklungsländer sollten sich vor eigenem Protektionismus hüten, der die Konkurrenzfähigkeit ihrer Exporte beeinträchtigt und die Möglichkeiten zum Handel untereinander beschneidet, der ein wesentliches Element ihrer wechselseitigen Zusammenarbeit ist.

Transnationale Konzerne, Technologie und Rohstoffentwicklung

Internationale Verhaltensregeln und eine effektive Gesetzgebung der Länder sollten übereinstimmend eine breitere gemeinsame Nutzung von Technologie und die Kontrolle restriktiver Geschäftspraktiken sichern sowie einen Rahmen für die Tätigkeit internationaler Konzerne bilden. Ein verbessertes internationales System für Investitionen im Ausland sollte sowohl Entwicklungsländer in die Lage versetzen, vom fachlichen Können und den Mitteln transnationaler Konzerne zu profitieren, wie auch stabile Beziehungen zwischen diesen Konzernen und den Gastregierungen zu fördern. Sie wäre auch größeren Initiativen und Investitionen zur Erschließung von Rohstoffen und Öl in der Dritten Welt, die für die Aussichten zur Weltversorgung von Bedeutung sind, förderlich. Hierbei brauchen die schwächsten Länder besondere Unterstützung, welche sie dazu befähigt, wirksam an einem solchen System teilzuhaben.

Reform des Währungssystems

Die Unordnung im internationalen Währungssystem ist eines der Schlüsselprobleme der Weltwirtschaft. Wir brauchen ein System, das stabilere Wechselkurse, Symmetrie im Anpassungszwang an Zahlungsbilanzdefizite und -überschüsse sowie eine geordnete Expansion der internationalen Liquidität möglich macht. Sonderziehungsrechte als zentrales Reservemedium müssen zu einem Schlüsselelement internationaler Maßnahmen zur Erhöhung der Währungsstabilität gemacht werden. Die Ausgabe von Sonderziehungsrechten muß sich ausschließlich am vereinbarten Bedarf an internationaler Liquidität ausrichten und wird in keiner Weise zu internationalen Inflationstendenzen beitragen. Wir sind jedoch der Meinung, daß die Verteilung jener Sonderziehungsrechte, die ausgegeben werden, auch auf die finanziellen Erfordernisse von Entwicklungsländern bezogen sein müßte.

Ein neuer Ansatz zur Entwicklungsfinanzierung

Die von uns vorstehend definierten Ziele werden, zusammen mit anderen in diesem Bericht erörterten, einen Kapitaltransfer von recht beträchtlichem Umfang erforderlich machen. Aber die Gefahren und Härten, die ohne ihn auftauchen würden, sind beispiellos. Es besteht ein dringender Bedarf an Nahrungsmitteln, an der Erschließung und Entwicklung von Rohstoffen und Energie – ein Bedarf im Süden, dessen Deckung für den Norden von Bedeutung ist. Die Notlage der ärmsten Länder ist verzweifelt. Viele andere Entwicklungsländer mit geringem Einkommen brauchen starke Unterstützung durch günstige Finanzierungsmittel, zur Beschleunigung ihres Wachstums und zur Bewältigung ihrer Zahlungsbilanzdefizite. Länder mit mittlerem Einkommen waren weitgehend auf privatwirtschaftliche Kredite angewiesen, und es sind Maßnahmen erforderlich, welche sicherstellen, daß sie auch weiterhin Kredite auf dem Markt aufnehmen und ihre schwere Schuldenbelastung tragen können. Gestützt auf verfügbare Schätzungen zahlreicher Institutionen sind wir zu dem Schluß gekommen, daß zur Erreichung von Zielen, die wir als zufriedenstellend betrachten könnten, Summen erforderlich sind, die mehr als das Doppelte der laufenden 20 Milliarden Dollar jährlicher öffentlicher Entwicklungshilfe ausmachen, zusammen mit beträchtlichen zusätzlichen Krediten zu normalen Marktkonditionen.

Eine so umfangreiche Aufstockung der Importfinanzierung, die für die Weltentwicklung lebenswichtig ist, würde auch dazu dienen, den Welthandel aufrechtzuerhalten und zu fördern, von dem der Wohlstand aller Länder abhängt, Die Wirtschaftssysteme des Nordens müssen erneut an Vitalität gewinnen, doch macht es ihnen ihre starke Abhängigkeit von den Weltmärkten unmöglich, dies dadurch zu bewerkstelligen, daß sie ihr eigenes Haus in Ordnung bringen und den Rest der Welt vergessen. Die Führer in Politik und Öffentlichkeit aus allen Ländern müssen sich klar darüber sein, daß es heißt, entschlossen zu handeln und den politischen Willen zu mobilisieren. Wir haben einen neuen Ansatz zur Entwicklungsfinanzierung ins Auge gefaßt, der folgende wesentliche Faktoren umfaßt:

(I) Entwicklungsmittel müssen als Verantwortung der gesamten Weltgemeinschaft anerkannt und auf eine voraussagbare und langfristige Grundlage gestellt werden. Wir glauben, daß alle Länder – Westen und Osten und der Süden mit Ausnahme der ärmsten Länder – dazu ihren Beitrag leisten sollten. Dieser würde nach einer gleitenden, auf das Einkommen bezogenen Skala ausgerichtet sein, was letztlich einem Element universaler Abgaben gleichkäme. Das gegenwärtige Entwicklungshilfeziel für reiche Länder ist 0,7 Prozent vom Bruttosozialprodukt. Für ein Land mit einem Durchschnittseinkommen von 6000 Dollar macht dies 42 Dollar pro Person aus. Die reichen Länder sollten sich zur Erreichung ihres Ziels einen festen Zeitplan setzen und bestrebt sein, das Ziel noch vor Ende des Jahrhunderts auf 1 Prozent zu erhöhen.

(II) Wir sind ferner der Meinung, daß mehr Mittel durch ›automatische‹ Quellen aufgebracht werden sollten. Wir haben eine Anzahl von Möglichkeiten geprüft, darunter Abgaben auf internationalen Handel, Militärausgaben oder Waffenexporte und Einkünfte aus dem Gemeinbesitz der Menschheit, vor allem Rohstoffen auf dem Meeresboden. Die aus diesen neuen Quellen sich ergebenden Mittel könnten, soweit sie einzelnen Ländern zuzuschlagen sind, auf das Entwicklungshilfeziel angerechnet werden. Wir glauben, daß ein System globaler und automatischer Beiträge helfen würde, das Prinzip weltweiter Verantwortung zu stärken, und einen

Schritt in Richtung auf eine gemeinsame Mitbestimmung in der Weltwirtschaft darstellen könnte.

(III) Die Weltbank und die Regionalen Entwicklungsbanken sollten neue Schritte zur Erhöhung ihres Ausleihevolumens erwägen. Die Weltbank ist bereits dabei, ihr Kapital auf 80 Milliarden Dollar zu erhöhen. Wir dringen auf einen Zusatz zu den Statuten der Weltbank, der es ermöglicht, ihr Ausleihe/Kapitalverhältnis von 1:1 auf 2:1 zu ändern, was ihre Kreditkapazität auf 160 Milliarden Dollar steigern würde. Bei dem guten Ruf und dem Ansehen, das die Bank für sich gewinnen konnte, würde nach unserer Ansicht eine solche Änderung ihren Rang nicht beeinträchtigen. Ferner fordern wir, einen größeren Anteil an Entwicklungsgeldern über Regionale Entwicklungsbanken zu leiten, welche zu diesem Zweck entsprechend gestärkt werden müßten.

(IV) Als Sicherheit für Kredite zur Weiterverleihung an Entwicklungsländer könnte der verbliebene Teil der Goldreserven des IWF dienen, welcher nach dem Stand der Goldpreise Ende 1979 einen umfangreichen Wert repräsentiert. Die Gewinne aus möglicherweise vereinbarten weiteren Goldverkäufen sollten zur Zinssubventionierung bei Krediten an Entwicklungsländer verwandt werden.

(V) Die in unserem Bericht aufgezeigten ernstzunehmenden Lücken im gegenwärtigen Finanzierungssystem, vor allem der Mangel an Programmkrediten, müssen ausgefüllt werden. Wir halten eine neue Art von Beziehungen und eine breiter angelegte Diskussion über Entwicklungspolitiken zwischen Kreditgebern und -nehmern für erforderlich, um größere Kredite dieser Art den verfügbaren Mitteln für spezifische Investitionsprojekte zur Seite zu stellen. Aus diesem Grund sollte die Schaffung einer neuen Institution – eines Weltentwicklungsfonds – in Erwägung gezogen werden, gegründet auf ein breiteres Mitspracherecht und in der Lage, Mitglieder aus der ganzen Welt anzuziehen. Ferner haben wir der Hoffnung Ausdruck gegeben, daß das wachsende Bewußtsein weltweiter Verantwortung für die Überbrückung der Unterschiede zwischen Reichen und Armen letztlich in einem System internationaler Abgaben unter Teilnahme aller Länder Ausdruck finden wird. Die neue Institution könnte schließlich als Kanal für solche Mittel dienen, doch brauchte mit ihrer Einrichtung nicht bis dahin gewartet zu werden.

(VI) Bedeutende zuätzliche multilaterale Finanzmittel sind erforderlich zur verstärkten Rohstoff- und Energieexploration und zu deren Abbau in Entwicklungsländern. Einiges davon wird von den vorhandenen Institutionen bereitgestellt werden, es gibt jedoch gute Gründe für eine neue Einrichtung zu diesem Zweck.

(VII) Private Banken sollten weiterhin in ausreichendem Maß an Entwicklungsländer ausleihen. Andere private Finanzorgane sollten zur Teilnahme ermutigt werden. Es sind Maßnahmen notwendig, welche sichern, daß Länder mit mittlerem Einkommen Geld zu Bedingungen erhalten, die es ihnen möglich machen, ihre Verschuldung zu tragen. Und öffentliche Mittel sollten dazu benutzt werden, die Zinssätze zu subventionieren, so daß auch ärmere Länder von diesen Darlehen profitieren könnten. Die Weltbank und andere internationale Finanzierungsinstitutionen sollten Garantien geben und die ihnen zukommende Rolle bei der Absicherung eines kontinuierlichen Stroms privatwirtschaftlicher Mittel spielen.

Teilhabe an Macht und Verantwortung

Da diese Sonderaufgaben erhebliche Kapitaltransfers erforderlich machen, glauben wir, daß Macht und Entscheidungsgewalt innerhalb von Währungs- und Finanzierungsinstitutionen ebenfalls auf breiterer Ebene geteilt werden müssen, um den Entwicklungsländern mehr Verantwortung zu geben. Dazu bedarf es nicht allein der Bereitschaft der Mitgliedsregierungen, einer Revision der Stimmenverteilung zuzustimmen, sondern auch eines Managementstils, bei dem mehr Verständnis und Einfühlung in die Probleme der Dritten Welt gezeigt werden, wie es in unserem Vorschlag für eine neue Institution aufgezeigt worden ist.

Besondere Verantwortung fällt dabei der Weltbank zu, die bereits viel dazu getan hat, sich einer rasch wandelnden Welt anzupassen. Wir sind uns durchaus ihres hohen Standards und ihres fachlichen Leistungsvermögens bewußt. Doch um die Interessen ihrer Klientel noch nachdrücklicher zu vertreten, sollte sie nach unserer Überzeugung innerhalb ihres Managements Vertretern der Dritten Welt mehr Platz einräumen und ihre Tätigkeiten wie ihren Mitarbeiterstab dezentralisieren. Wir glauben, die regionalen und sub-regionalen Banken werden eine zunehmend wichtige Rolle in der Entwicklungsfinanzierung spielen und sollten dementsprechend qualifiziert sein, engere Verbindungen mit den Ländern ihrer eigenen Kontinente aufzubauen. Zu diesem Zweck müssen sie ausreichend kapitalisiert sein und einen gleichbleibend hohen Managementstandard anstreben.

Wir wissen, daß der Internationale Währungsfonds seit kurzem empfindsamer gegenüber den breiteren Zielsetzungen der Länder mit Zahlungsbilanzschwierigkeiten geworden ist und daß er oft erst im letzten Stadium hinzugezogen wird, wenn drastische Maßnahmen erforderlich sind. Wir unterstreichen jedoch, daß der IWF seinem Wunsch (in eigenen Worten) »den inneren, sozialen und politischen Zielen der Mitgliedsländer die notwendige Beachtung zu schenken« praktischen Ausdruck geben sollte. Die Rückwirkungen rigoroser Auflagen bei IWF-Darlehen an Entwicklungsländer können eine ernsthafte Beeinträchtigung dieser Ziele bewirken; deshalb empfehlen wir dem IWF, seinen Schuldnern eine längere Anpassungszeitspanne einzuräumen. Wie die Weltbank, so sollte auch der IWF auf angemessene Repräsentation der Entwicklungsländer in seiner Leitung und den oberen Mitarbeiterrängen achten.

Bei den Vereinten Nationen und den ihnen zugehörigen Organen ist es wichtig, Proliferation, Doppelarbeit und Vergeudung abzustellen. Insbesondere glauben wir, daß es neuer Wege zur Überwachung und Evaluierung von Leistungen der Weltinstitutionen ganz unterschiedlicher Art bedarf, um diese verantwortlicher gegenüber Regierungen und Öffentlichkeit zu machen. Industrie- wie auch Entwicklungsländer sind stark daran interessiert, daß der Kapitalstrom, das Fachwissen und das Problembewußtsein so wirksam wie möglich eingesetzt werden können. Für alle Seiten ist es von Bedeutung, über ein effektives Instrumentarium zur Entwicklung und Ausarbeitung ihrer Positionen bei internationalen Verhandlungen zu verfügen.

Ein Sofortprogramm: 1980–85

Wir glauben jedoch, daß die Welt nicht auf langfristige Maßnahmen warten kann, bevor sie ein Sofortprogramm für die nächsten fünf Jahre zur Abwendung der größten Gefahren einleitet, ein Gemeinschaftsprogramm, das die Mitarbeit aller Parteien erfordert und allen Vorteile bringen wird. Seine wesentlichen Bestandteile – alle von gleich großer Bedeutung – wären:

(I) Ein umfangreicher Transfer von Mitteln in Entwicklungsländer;

(II) eine internationale Energiestrategie;

(III) ein weltumspannendes Nahrungsmittelprogramm;

(IV) die Inangriffnahme größerer Reformen des Weltwirtschaftssystems.

Wir sehen als dringendste Zielsetzungen des Transfers von Ressourcen:

- Hilfe für die ärmsten Länder und Regionen, welche am stärksten von der gegenwärtigen Wirtschaftskrise bedroht sind; und
- Bereitstellung der Finanzierung von Schulden und Defiziten bei Ländern mit mittlerem Einkommen.

Die Energiestrategie muß abzielen auf die Sicherung von:

- geregelter Ölversorgung;
- rigorosen Energiesparmaßnahmen;
- voraussagbaren und schrittweisen realen Preiserhöhungen; und
- Entwicklung von Alternativen und erneuerbaren Energiequellen.

Das Nahrungsmittelprogramm müßte abzielen auf:

- gesteigerte Nahrungsmittelproduktion, besonders in der Dritten Welt, mit der notwendigen internationalen Hilfe;
- geregelte Nahrungsmittelversorgung, darunter erhöhte Nahrungsmittelsoforthilfe; und
- ein System zur langfristigen internationalen Ernährungssicherung.

Die Einleitung einer Reform des internationalen Wirtschaftssystems muß sich konzentrieren auf:

- Schritte in Richtung auf ein effektives internationales Währungs- und Finanzsystem, an dem alle Parteien gleichberechtigt teilnehmen können; und
- Beschleunigung der Anstrengungen zur Verbesserung der Handelsbedingungen bei Rohstoffen und Industrieerzeugnissen für Entwicklungsländer.

Ein solches Dringlichkeitsprogramm ist weder ein Ersatz noch ein Widerspruch zu den von uns empfohlenen längerfristigen Programmen vorrangiger Reformen. Aber es ist wesentlich, es in Angriff zu nehmen, soll die Weltwirtschaft die in den unmittelbar vor uns liegenden Jahren drohende Krise überleben – eine Krise, welche die Aussichten für ein Gelingen jenes Prioritätenprogramms in unmeßbarer Weise schmälern könnte. Dies kann natürlich nur geschehen, wenn es breite Unterstützung findet, und in internationalen Verhandlungen muß Übereinkunft hinsichtlich eines entsprechenden Maßnahmenpakets erzielt werden. Bei diesem Vorgang fällt allen Parteien eine positive Rolle zu, und die Ergebnisse werden für alle von Nutzen sein.

Ressourcentransfer

In bezug auf den Transfer von Ressourcen stehen einige Hauptbedürfnisse im Vordergrund und verlangen dringend weltweite Reaktionen. Besondere Bemühungen müssen z. B. der Hilfe für die Armutsgürtel Afrikas und Asiens gelten. Die Soforthilfe muß von langfristigen Plänen begleitet sein, um diese Regionen auf den Weg dauerhaften Wachstums und künftiger Selbständigkeit zu führen. Wir schätzen die Mindestkosten auf 4 Milliarden Dollar jährlich zusätzlich zu den laufenden Hilfeleistungen.

Der Kreditbedarf der Länder mit mittlerem Einkommen muß gedeckt werden. Dies wird durch angemessene Maßnahmen zur Bereitstellung von Programmkrediten und zur Sicherung des Recycling von Überschüssen erleichtert werden. Kofinanzierung oder Garantien von internationalen Finanzierungsinstitutionen sollten dazu benutzt werden, günstige Kredite für diese Länder zu unterstützen.

Diese und die anderen von uns erörterten Zwecke werden große zusätzliche Hilfeleistungen verbesserter Qualität beanspruchen. Die reichen Länder müssen sich auf einen Zeitplan zur Erreichung des Entwicklungshilfeziels von 0,7 Prozent verpflichten, der 1980 mit einer Steigerung beginnt und 1985 erreicht wird. Auf diese Weise werden bis 1985 30 Milliarden Dollar zusätzliche Hilfsmittel aufgebracht werden, von denen das meiste in die Armutsgürtel und andere Länder mit geringem Einkommen gehen muß. Die osteuropäischen Länder und die besser gestellten Entwicklungsländer sollten sich selbst dazu bereitfinden, möglichst bald Beiträge auf der von uns vorgeschlagenen Basis zu leisten.

Nach unserer Schätzung könnten verstärkte Kredite aus der privaten Wirtschaft auf Kofinanzierungs- oder Garantiebasis, erhöhte staatliche Hilfe, mehr Ausleihungen der Weltbank und der regionalen Entwicklungsbanken, Benutzung der Goldbestände des IWF und andere Kapitaltransfermechanismen einen zusätzlichen Kapitalstrom in die Entwicklungswelt über öffentliche Kanäle bewirken, der sich 1985 auf eine Summe von 50–60 Milliarden Dollar jährlich belaufen würde.

Diese Transfers wären ein Hauptbestandteil der globalen Absprache, wie wir sie uns vorstellen. Ein anderer wichtiger Teil müßte sich mit dem weltweiten Energieproblem sowie mit der Ausnahmerolle des Öls befassen. Eine Übereinstimmung zwischen Öl erzeugenden und verbrauchenden Länder, die gesicherte Versorgung, rigorosere Einsparungsmaßnahmen, voraussagbare Preiserhöhungen und positivere Maßnahmen zur Entwicklung alternativer Energiequellen zum Gegenstand hat, muß erreicht werden. Diese Absprache ist wesentlich, um die Abwärtsbewegung in die Wirtschaftskatastrophe aufzuhalten und den unvermeidlichen Übergang zu einem neuen Energiezeitalter vorzubereiten.

Eine internationale Energiestrategie innerhalb des Sofortprogramms sollte folgende Elemente enthalten, von denen viele bereits bis zu einem bestimmten Grad akzeptiert sind;

– Öl exportierende Länder, ob Entwicklungs- oder Industrieländer, sichern Produktionsnormen zu und erklären sich einverstanden, ihre Lieferungen nicht willkürlich oder plötzlich zu reduzieren, es sei denn, die Umstände sind außerhalb ihrer Kontrolle. Sonderabsprachen sichern den ärmeren Entwicklungsländern die Ölmengen zu, die sie brauchen.

– Alle Öl verbrauchenden Länder verpflichten sich besonders auf bestimmte Ziele zur Beschränkung ihres Verbrauchs von Öl und anderer Energie. Ehrgeizigere Ziele als jene 1979 von den westlichen Industrieländern beim Tokio-Gipfel und von den 20 Mitgliedern der Internationalen Energieagentur beschlossenen sollten akzeptiert und überwacht werden. Die Länder sollten Normen für den Energieverbrauch setzen, die beispielsweise die Isolierung von Gebäuden und den Benzinverbrauch für Kraftwagen mit einschließen; überdies sollten sie auf international festgesetzte Normen auf diesem Felde hinarbeiten.

– Ölpreise sollten so festgesetzt werden, daß plötzliche sprunghafte Erhöhungen vermieden werden, dazu auf einem Stand, der Anreize für Produktion und Einsparung bietet. Ein schließlich zu vereinbarendes Abkommen könnte einschließen eine an der Weltinflation ausgerichtete Preisindexierung, Festsetzung des Preises auf der Basis eines Währungskorbes oder in Sonderziehungsrechten und Garantien des Werts und der Verfügbarkeit von Geldanlagen, die die Ölproduzenten halten.

– Bedeutende Investitionen müssen für die Erschließung von Öl und Erdgas in Entwicklungsländern sowie bei bekannten und verfügbaren alternativen Energiequellen wie Kohle und Wasserkraft gemacht werden; ebenso sind Planung und Mittel zur Erforschung und Entwicklung neuer Arten der Energieerzeugung erforderlich, besonders für Sonnenenergie und andere erneuerbare Formen. Alle Länder sollten sich im größtmöglichen Ausmaß an diesen Forschungs- und Entwicklungsvorhaben beteiligen, sowohl Verbraucher wie auch Erzeuger traditioneller Energie.

Wir haben aufgezeigt, wie unvermeidlich in den achtziger Jahren das Anwachsen von Schulden und Defiziten sein wird. Weitere Studien über den Umfang dieser Schulden und Defizite um 1985 und die potentiell verfügbaren Mittel zu ihrer Deckung sind dringend erforderlich. Es ist jedoch bereits abzusehen, daß Sondermaßnahmen unumgänglich sein werden. Die industrialisierten und die Öl exportierenden Länder sollten zu einem Übereinkommen hinsichtlich ihrer zusätzlichen Leistungen und zusätzlichen Kreditkapazitäten, je für sich und in Form gemeinschaftlicher Garantien, kommen. Unter dem Aspekt eines neuen Gefühls für gegenseitige Verflechtung, die alle Beteiligten einschließt, ist es wesentlich, daß diese beiden Ländergruppen sich zusammentun, um die potentielle Krise zu einer neuen Möglichkeit für Zusammenarbeit umzuformen – im gemeinsamen Interesse.

Ernährung

Ein umfassendes Programm zur erhöhten Nahrungsmittelproduktion und landwirtschaftlichen Entwicklung mit intensiven Bemühungen im Süden und einer Steigerung der jährlichen diesbezüglichen Entwicklungshilfe um 8 Milliarden jährlich muß eingeleitet werden. (Ein Teil dieser Summe ist bereits in den oben erwähnten vier Milliarden Dollar für die ärmsten Länder enthalten.) Diese Anstrengungen sind wichtig zur Bewältigung der Nahrungsmitteldefizite in den ärmsten Ländern und zur Minderung des Inflationsdrucks auf dem Weltmarkt für Nahrungsmittel. Als Ausgangspunkt des Programms für internationale Ernährungssicherung fordern wir einen schnellen Abschluß des internationalen Getreideabkommens und eine Erhöhung der Sofortlieferungen von Nahrungsmitteln.

Der von uns geforderte umfangreiche Transfer von Ressourcen sollte in Partnerschaft zwischen Industrie- und Entwicklungsländern organisiert werden. Dazu sollte die internationale Gemeinschaft unseren Vorschlag für eine neue Finanzierungsinstitution prüfen. Unsere Vorschläge für die Nutzung der Goldreserven des IWF, für internationale Abgaben und für gleichberechtigten Einfluß in den bestehenden Institutionen müssen ebenfalls geprüft und gemeinsame Anstrengungen unternommen werden, die internationale Währungsstabilität wiederherzustellen. Einen Anfang in dieser Richtung halten wir für einen bedeutsamen Teil des Sofortprogramms.

Aber auch an anderen Fronten ist die Einleitung oder die Intensivierung von Aktivitäten erforderlich. Die Industrieländer müssen ihre Märkte für verarbeitete Rohstoffe aus den Entwicklungsländern öffnen und gemeinsam mit den Entwicklungsländern Schritte zur Stabilisierung der Rohstoffpreise unternehmen. Die Industrieländer sollten auch Maßnahmen zur Liberalisierung des internationalen Handels einleiten, mehr Entschlossenheit bei der Umstrukturierung ihrer Industrie zur Erreichung höherer Produktionsstandards zeigen und den Entwicklungsländern, die im Begriff sind, sich zu industrialisieren, eine Expansion ihrer Märkte gestatten. Die Entwicklungsländer ihrerseits müssen ein Äußerstes zur Steigerung ihrer Nahrungsmittelproduktion tun, Schritte zum Abbau der Einkommensungleichheiten innerhalb ihrer eigenen Grenzen unternehmen, die Zusammenarbeit untereinander ausbauen, sicherstellen, daß die bereitgestellten Finanzmittel wirkungsvoll und breiter angelegt eingesetzt werden, und ein positives internationales Investitionsklima ermutigen.

Dieses Sofortprogramm ist als ein integriertes Ganzes entworfen worden. Seine Durchführung wird stark dazu beitragen, Vertrauen zu schaffen, Handel und Investitionen anzuregen und die Aussichten für die Weltwirtschaft zu verbessern. In Partnerschaft zwischen Nord und Süd ausgeführt, wäre es ein wichtiger Schritt zu einer neuen internationalen Ordnung und zur Entwicklung einer wahren Weltgemeinschaft.

Ein Gipfeltreffen

Das von uns vorgesehene weltweite Übereinkommen, das von Verständnis getragen werden muß, erfordert einen gemeinsamen Aufwand an politischem Willen und ein hohes Maß von Vertrauen unter den Partnern, wobei alle von ihren gemeinsamen Interessen überzeugt sein müssen. Wir glauben, daß ein Gipfeltreffen von verantwortlichen Politikern aus Industrie- und Entwicklungsländern ein bedeutsamer Schritt zur Erreichung dieses Ziels sein könnte. Ein solcher Gipfel sollte sich auf etwa 25 Persönlichkeiten beschränken, die eine faire Repräsentation der wichtigsten Weltgruppierungen darstellten, er sollte begrenzt und in der Lage sein, Initiativen und Zugeständnisse kühn und unvoreingenommen auszuarbeiten. Viele wichtige Aussprachen zwischen den OPEC-Ländern und anderen Ländern des Südens mit den Industrienationen haben bereits stattgefunden. Die Vereinten Nationen und ihre Organe bieten weiterhin den Rahmen zur Erörterung und Verhandlung weltweiter Wirtschaftsprobleme, für welche ein solches Gipfeltreffen kein Ersatz sein könnte und sollte. Und es ist uns klar, daß die Teilnehmer eines solchen Treffens die Nicht-Anwesenden keineswegs mitverpflichten können. Sie könnten jedoch das internationale Klima ändern und die Aussicht auf ein globales Übereinkommen vergrößern.

Ein solches Gipfeltreffen könnte neue Ausblicke eröffnen und eine neue Konzentration auf die gegenwärtigen Weltprobleme und ihre möglichen Lösungen bewirken: Es könnte Orientierungen und neue Anstöße für künftige Verhandlungen geben; es könnte Ideen für ein Programm zur Erholung der Weltwirtschaft liefern. Doch sollte es sich nach unserer Auffassung hauptsächlich auf das Sofortprogramm konzentrieren. Es sollte nicht von anderen langfristigen Aktionen für eine Fortentwicklung der Weltwirtschaft ablenken: Vielmehr würde das Sofortprogramm die Basis herstellen für Zusammenarbeit und geteilte Verantwortung, auf der fundamentalere Veränderungen möglich würden. Wir halten jedoch den gegenwärtigen Stillstand für so schwerwiegend und die Notwendigkeit eines Durchbruchs für so evident, daß nichts eine Diskussion und Verhandlung auf höchster Ebene verzögern sollte. Unsere Hoffnung ist, daß ein Gipfel die politischen Führer befähigt, erste Schritte zu unternehmen, um sich selbst und ihre Völker zu einem globalen Abkommen zum Nutzen der ganzen Welt zu verpflichten.

Wie groß und tiefgreifend ihre Verschiedenheiten auch sein mögen, es besteht eine Interessengemeinschaft von Nord und Süd. Das Schicksal beider ist eng miteinander verbunden. Die Suche nach Lösungen ist deshalb kein Akt der Wohltätigkeit, sondern eine Bedingung gemeinsamen Überlebens. Wir glauben, es ist von dramatischer Dringlichkeit, heute noch mit ersten konkreten Schritten zu beginnen, ohne die sich die Weltlage nur noch mehr verschlechtern und sogar in Konflikte und Katastrophen führen kann. In diesem Geist der Besorgnis, aber auch der Hoffnung, haben wir die in diesem Bericht enthaltenen Vorschläge formuliert.

Anhang I
Zusammenfassung der Empfehlungen

Die ärmsten Länder

Es muß ein Aktionsprogramm aufgestellt werden, das Sofort- und langfristige Maßnahmen zusammenfaßt, um den Armutsgürteln Afrikas und Asiens und insbesondere den am wenigsten entwickelten Ländern zu helfen. Vorzusehen wären große regionale Projekte für die Nutzung von Wasser und Boden; Maßnahmen zur Gesundheitsvorsorge und zur Ausrottung von Krankheiten wie der Flußblindheit, der Malaria, der Schlafkrankheit und der Bilharziose; Aufforstungsprojekte; Entwicklung der Sonnenenergie; Suche nach Bodenschätzen und Erdöl; Unterstützung der Industrialisierung und Investition im Verkehrswesen und anderen Bereichen der Infrastruktur.

Ein solches Programm würde zusätzliche Finanzhilfen von mindestens 4 Milliarden Dollar pro Jahr für die kommenden zwei Jahrzehnte in Form von Zuschüssen oder Sonderzuwendungen erfordern; sie müßten langfristig zugesichert und in flexibel verwendbaren Formen zur Verfügung stehen. Auf regionaler Basis ist ein neuer Mechanismus erforderlich, der Kapitalzuflüsse koordiniert und in Zusammenarbeit mit Kreditgeber- und Kreditnehmerländern Planungen erarbeitet. Durch größere technische Hilfen sollte diesen Ländern bei der Vorbereitung von Programmen und Projekten geholfen werden.

Hunger und Ernährung

Massenhunger und Unterernährung müssen ein Ende haben. Die Fähigkeit der Nahrungsmittel importierenden Länder, besonders der einkommensschwachen, ihren Nahrungsbedarf zu decken, muß verbessert werden, und die steigenden Kosten ihrer Nahrungsimporte müssen durch eigenes Bemühen und durch größere Kapitalzufuhren für die Agrarentwicklung gesenkt werden. Besondere Beachtung sollte der Bewässerung, der Agrarforschung, der Bevorratung und umfassenderen Nutzung von Dünger und anderen Hilfsmitteln und der Entwicklung der Fischerei geschenkt werden.

Die Reform der Landwirtschaft ist in vielen Ländern von großer Wichtigkeit, um die landwirtschaftliche Produktivität zu erhöhen und um den Armen höhere Einkommen in die Hand zu geben.

Die internationale Nahrungssicherung sollte durch den baldigen Abschluß eines internationalen Getreideabkommens, durch größere internationale Notreserven und durch die Einrichtung einer Fazilität zur Finanzierung von Nahrungsmittelhilfe gewährleistet werden.

Die Nahrungsmittelhilfe sollte erhöht und mit Arbeitsbeschaffungs- und Agrarprogrammen und -projekten verbunden werden, ohne die Anreize für die Nahrungsmittelproduktion zu schwächen.

Die Liberalisierung des Handels mit Lebensmitteln und anderen Agrarprodukten innerhalb der beiden Gruppen sowie zwischen Nord und Süd würde zur Stabilisierung der Nahrungsmittelversorgung beitragen.

Die Unterstützung für internationale landwirtschaftliche Forschungsinstitute sollte erweitert werden, wobei der regionalen Zusammenarbeit größere Bedeutung beizumessen ist.

Bevölkerung – Wachstum, Mobilität und Umwelt

In Anbetracht des Teufelskreises von Armut und hohen Geburtenraten meinen wir, daß das rasche Bevölkerungswachstum in Entwicklungsländern den Kampf gegen Hunger, Krankheit, Unterernährung und Analphabetentum noch dringlicher macht.

Wir meinen auch, daß Entwicklungspolitik nationale Bevölkerungsprogramme umfassen sollte, die ein ausreichendes Gleichgewicht zwischen Bevölkerung und Ressourcen anstreben und Familienplanung frei zugänglich machen. Die internationale Hilfe und Unterstützung für Bevölkerungsprogramme muß erweitert werden, damit dem ungedeckten Bedarf für solche Hilfen entsprochen werden kann.

Den vielen Gastarbeitern in der Welt sollte faire Behandlung zugesichert werden, und die Interessen ihrer Heimatländer wie auch die der Einwanderungsländer müssen besser miteinander in Einklang gebracht werden. Die Regierungen sollten bilaterale und multilaterale Zusammenarbeit anstreben, um die Politik der Wanderbewegungen abzustimmen, um die Rechte der Gastarbeiter zu schützen, um die Gastarbeiterüberweisungen beständiger zu machen und um die Härten unvorhergesehener Rückwanderung zu mildern.

Der Anspruch von Flüchtlingen auf Asyl und Rechtsschutz sollte gesichert werden. Auch glauben wir, daß die Staaten sich zu internationaler Zusammenarbeit bei der künftigen Ansiedlung von Flüchtlingen verpflichten müssen, um die Länder des Erstasyls vor ungerechten Lasten zu bewahren.

Die weltweite Umweltbelastung entsteht hauptsächlich aus dem Wachstum der Industriewirtschaften, aber auch durch die Zunahme der Weltbevölkerung. Sie bedroht das Leben und die Entwicklungsmöglichkeiten künftiger Generationen. Alle Nationen müssen nachdrücklicher zusammenarbeiten in der internationalen Verwaltung der Atmosphäre und anderer weltweiter Gemeinbesitze und bei der Verhinderung nicht wieder gutzumachender Umweltschäden.

Die Schätze der Weltmeere außerhalb der »äußeren Wirtschaftszonen« von 200 Seemeilen sollten nach internationalen Regeln im ausgewogenen Interesse der gesamten Weltgemeinschaft erschlossen werden.

Abrüstung und Entwicklung

Die vom Wettrüsten ausgehende schreckliche Gefahr für die Stabilität der Welt, die damit verbundene Belastung der Volkswirtschaften und die Mittel, die dadurch der friedlichen Entwicklung vorbehalten werden, müssen der Öffenlichkeit deutlicher bewußt gemacht werden.

Das beiderseitige Mißtrauen, welches das Wettrüsten zwischen Ost und West anheizt, erfordert eine Fortsetzung des Entspannungsprozesses in Form von Abkommen über vertrauensbildende Maßnahmen. Alle Seiten sollten zu Verhandlungen (einschließlich solcher auf regionaler Ebene) bereit sein, um das Wettrüsten unter Kontrolle zu bringen, bevor neue Waffensysteme eingeführt sind. Die Welt braucht ein umfassenderes Sicherheitsverständnis, das sich weniger auf rein militärische Aspekte beschränkt. Jede Anstrengung muß unternommen werden, um internationale Abkommen zur Verhinderung der Ausbreitung von Kernwaffen zu erreichen.

Ein weltweit geachteter Mechanismus zur Erhaltung des Friedens sollte aufgebaut werden, wobei die Rolle der Vereinten Nationen gestärkt würde. Bei Sicherung der Integrität der Staaten könnte ein solcher friedenerhaltender Mechanismus Mittel für Entwicklung freisetzen, indem Spannungen in konfliktträchtigen Gebieten abgebaut und das damit verbundene Wettrüsten eingeschränkt wird. Die dadurch auf allen Seiten eingesparten Mittel könnten sodann anderen Zwecken zugeführt werden.

Militärausgaben und Waffenexporte könnten ein Element eines neuen Prinzips internationaler Abgaben für Entwicklungszwecke bilden. Eine Abgabe auf den Waffenhandel sollte höher sein als beim übrigen Handel.

Verstärkte Bemühungen sollten der Erreichung von Abkommen über die Offenlegung des Exports von Waffen und Waffenproduktionsanlagen gelten. Die internationale Gemeinschaft sollte sich ernsthafter mit den Konsequenzen der Lieferung von Waffen oder entsprechenden Produktionsanlagen in die Dritte Welt befassen und sich darüber einigen, Lieferungen in Konfliktbereiche einzuschränken.

Notwendig ist mehr Forschung über die Möglichkeiten einer Umstellung von Waffenproduktion auf Zivilproduktion, wo die derzeit in der Waffenindustrie beschäftigten hochqualifizierten Wissenschaftler und Techniker Verwendung finden können.

Die Aufgabe des Südens

Bei jedem Angriff auf die internationale Armut müssen soziale und wirtschaftliche Reformen innerhalb der Entwicklungsländer die entscheidende Rolle ergänzen, die das internationale Entwicklungsumfeld spielt – welches selbst günstiger gestaltet werden muß.

In Ländern, in denen wesentliche Reformen noch nicht stattgefunden haben, ist die Umverteilung von Produktionsmitteln und Einkommen notwendig. Zu einem Bündel staatlicher Verbesserungen müßten die Ausdehnung sozialer Dienstleistungen für die Armen, die Agrarreform, mehr Entwicklungsausgaben in ländlichen Gebieten, die Förderung des Kleingewerbes und bessere Steuerverwaltung gehören. Solche Maßnahmen sind sowohl für die Befriedigung der Grundbedürfnisse als auch für die Steigerung der Produktivität insbesondere auf dem Lande wichtig.

Soll das volle Potential des informellen Sektors zur Wirtschaftsentwicklung beitragen, so ist die Bereitstellung größerer Mittel in Form von leichter zugänglichen Krediten und erweiterten Ausbildungs- und Fortbildungsmöglichkeiten erforderlich.

Um die landeseigenen technologischen Fähigkeiten zu stärken, bedarf es oft einer stärker naturwissenschaftlich ausgerichteten Erziehung, der Ermutigung einer heimischen Maschinenindustrie, der stärkeren Konzentration auf mittlere Technologie und des Erfahrungsaustausches.

Besseres wirtschaftlicheres Management und die verstärkte Mobilisierung heimischer Ressourcen sind für die Förderung der Entwicklung wesentlich. In vielen Ländern ist Raum für Verbesserungen auf Gebieten wie der Steuerpolitik, der öffentlichen Verwaltung und der Handhabung des Preisgefüges.

Die Mitwirkung breiter Schichten am Entwicklungsprozeß sollte gefördert werden; hierzu können Maßnahmen wie Dezentralisierung staatlicher Verwaltungsstellen und Unterstützung für gesellschaftliche Organisationen gehören.

Regionale und subregionale Zusammenschlüsse oder andere Formen enger Zusammenarbeit bieten immer noch eine praktikable Strategie für beschleunigte Wirtschaftsentwicklung und strukturelle Veränderungen unter Entwicklungsländern, insbesondere unter den kleineren. Sie fördern die Industrialisierung und die Ausweitung des Handels und bieten Möglichkeiten für gemeinsame Unternehmen mehrerer Entwicklungsländer.

Die Entwicklungsländer sollten Schritte unternehmen, um unter sich die Handelspräferenzen auszuweiten. Dies könnte durch Maßnahmen wie die Befreiung der Entwicklungshilfe von Lieferbindungen gefördert werden.

Die Entwicklungsländer sollten der Schaffung und Ausdehnung von Zahlungs- und Kreditvereinbarungen untereinander besondere Beachtung schenken, um den Handel zu erleichtern und Zahlungsbilanzprobleme zu mildern.

Die Entwicklungsländer mit Kapitalüberschüssen bieten besondere Möglichkeiten, auf der Basis dreiseitiger Vereinbarungen Projekte durchzuführen, an denen Entwicklungsländer allein oder in Partnerschaft mit Industrieländern beteiligt sind. Solche Vereinbarungen sollten von Industrie- und Entwicklungsländern gleichermaßen unterstützt werden. Dreiseitige Projekte – unter Einschluß von Industrieländern, wo es angemessen ist – sollten von Staaten mit komplementären Ressourcen wie Kapital und Technologie gefördert werden.

Die Entwicklungsländer sollten sich überlegen, welche Organisationsformen des gegenseitigen Beistands ihnen helfen könnten, wirksamer an Verhandlungen und an der Arbeit internationaler Organisationen teilzunehmen und die wirtschaftliche Zusammenarbeit untereinander zu fördern.

Rohstoffhandel und Entwicklung

Der Rohstoffsektor der Entwicklungsländer sollte durch größere Beteiligung dieser Länder an der Verarbeitung, dem Absatz und der Verteilung ihrer Rohstoffe einen größeren Beitrag zu ihrer Wirtschaftsentwicklung leisten.

Maßnahmen zur Stabilisierung von Rohstoffpreisen auf einträglichem Niveau sollten mit höchster Dringlichkeit in Angriff genommen werden.

Maßnahmen zur Beteiligung der Entwicklungsländer an Verarbeitung und Absatz sollten die Beseitigung von Zoll- und anderen Handelsschranken gegen Fertigprodukte aus Entwicklungsländern einschließen, dazu die Festsetzung fairer und gleicher internationaler Frachtraten, die Abschaffung restriktiver Geschäftspraktiken und verbesserte Finanzierungsvereinbarungen zur Erleichterung der Verarbeitung und des Absatzes.

Angemessene Mittel sollten bereitgestellt werden, damit der gemeinsame Fonds in der Lage ist, effektive internationale Rohstoffabkommen anzuregen und zu finanzieren, die die Preise auf einträglichem Niveau stabilisieren würden, nationale Vorratsbildung außerhalb der internationalen Rohstoffabkommen zu finanzieren und Maßnahmen des »Zweiten Schalters« wie Lagerung, Verarbeitung, Absatz, Produktivitätsverbesserung und Diversifikation zu erleichtern.

Die internationalen Rohstoffabkommen zwischen Erzeugern und Verbrauchern sollten mehr Unterstützung erhalten und die Verhandlungen, die augenblicklich über sie geführt werden, sollten so rasch wie möglich abgeschlossen werden.

Größere Anstrengungen sollten unternommen werden, um Verhandlungen über individuelle Rohstoffabkommen – wo immer dies machbar ist – zu einem raschen und erfolgreichen Abschluß zu bringen.

Kompensatorische Finanzierungsfazilitäten sollten erweitert und verbessert werden, um preisbereinigten Erlösausfällen bei Rohstoffausfuhren angemessener begegnen zu können.

Das gemeinsame Interesse von Erzeuger- und Verbraucherländern an der Erschließung von Bodenschätzen macht die Schaffung neuer Finanzierungsvereinbarungen erforderlich, die zu gerechteren und dauerhafteren Erschließungsabkommen führen, zu besserer Sicherung der Weltversorgung mit Bodenschätzen und zunehmender Beteiligung der Entwicklungsländer an der Erschließung ihrer Ressourcen. Auf der Grundlage einer weltweiten Verantwortung für die Investition in Bodenschätze sollte eine Finanzierungsfazilität geschaffen werden, deren Hauptaufgabe es wäre, zu Sonderkonditionen Finanzmittel für die Exploration von Bodenschätzen bereitzustellen.

Energie

Erforderlich ist der systematische Abbau der hohen Abhängigkeit von zunehmend knapper werdenden, nicht erneuerbaren Energiequellen.

Eine internationale Energiestrategie, die zu dem im letzten Kapitel des

Berichtes empfohlenen »Sofortprogramm« gehört, sollte unverzüglich in Angriff genommen werden.

Preise, die langfristige Verknappung widerspiegeln, werden eine wichtige Rolle bei diesem Übergang spielen; systematische und berechenbare Preisveränderungen sind wichtig, um eine reibungslose Entwicklung der Weltwirtschaft zu ermöglichen.

Es sollten spezielle Absprachen, unter Einschluß finanzieller Hilfe, getroffen werden, um die Energieversorgung der ärmeren Entwicklungsländer zu sichern.

Internationale und regionale Finanzorganisationen müssen wesentlich mehr Mittel zur Verfügung stellen, um die Suche nach neuen Energiequellen und ihre Erschließung zu finanzieren, wozu auch die Entwicklung erneuerbarer Energieressourcen gehören muß.

Unter der Schirmherrschaft der Vereinten Nationen sollte ein globales Energieforschungszentrum geschaffen werden, das Information und Projektionen zu koordinieren und die Erforschung neuer Energiequellen zu unterstützen hätte.

Industrialisierung und Welthandel

Die Industrialisierung der Entwicklungsländer als Mittel ihres Bemühens um gesamtwirtschaftliche Entwicklung, wird in zunehmendem Maße neue Möglichkeiten für den Welthandel eröffnen und muß nicht in Widerspruch zu den langfristigen Interessen der Industrieländer stehen. Sie sollte als ein Anliegen der internationalen Politik gefördert werden.

Protektionismus gefährdet die Zukunft der Weltwirtschaft und schädigt die langfristigen Interessen der Entwicklungsländer wie der Industrieländer gleichermaßen. Der Protektionismus der Industrieländer gegenüber Exporten aus Entwicklungsländern sollte abgebaut werden. Dies sollte durch ein verbessertes institutionelles Instrumentarium und durch neue Regeln und Grundsätze für den Handel erleichtert werden.

Eine Anpassung an neue Modelle der weltweiten Industrieproduktion sollte als notwendiger und wünschenswerter Prozeß anerkannt werden. Die Industrieländer sollten sich tatkräftig um positive und zeitlich befristete Anpassungsprogramme bemühen, die in internationaler Absprache entwikkelt werden und international überwacht werden sollten.

Schutzmaßnahmen müssen international ausgehandelt werden und sollten nur im Falle erwiesener Notwendigkeit ergriffen werden. Sie dürfen nicht diskriminierend sein, müssen von begrenzter Dauer sein und sollten international überwacht werden.

Das Allgemeine Präferenzsystem sollte im Hinblick auf seine ursprünglichen Regeln, seine Ausnahmen und seine Begrenzungen gelockert werden. Außerdem sollte es über seine gegenwärtige Gültigkeit hinaus verlängert werden und nicht einseitig außer Kraft gesetzt werden können.

Den ärmeren Ländern sollte finanzielle und technische Unterstützung zuteil werden, damit es ihnen leichter fällt, ihre kommerzielle Infrastruktur zu verbessern und an internationalen Handelsverhandlungen teilzunehmen.

Angemessene Arbeitsbedingungen sollten international vereinbart werden, um ungerechten Wettbewerb zu verhindern und der Liberalisierung von Handelsbeziehungen den Weg zu ebnen.

Die internationale Staatengemeinschaft sollte auf das Ziel einer internationalen Handelsorganisation hinarbeiten, die sowohl das GATT wie auch die UNCTAD in sich vereinigt. Bis dahin ist eine Verbesserung der bestehenden Vereinbarungen erforderlich, unter anderem die breitere Entwicklung der Zusammenarbeit in Handelsfragen etwa hinsichtlich der Festlegung und Durchführung von Regeln, Grundsätzen und Richtlinien, die restriktive Geschäftspraktiken und Technologietransfer betreffen.

Transnationale Unternehmen, Investitionen und Technologietransfer

Wirksame nationale Gesetze und internationale Verhaltensrichtlinien sind erforderlich, um den Technologietransfer zu steuern, um wettbewerbsbeschränkende Geschäftspraktiken zu kontrollieren und um einen Rahmen für die Aktivitäten transnationaler Gesellschaften zu liefern.

Zu den Investitionsregeln, die wir vorschlagen, gehören folgende Punkte:

(I) Gegenseitige Verpflichtungen der Gast- und Heimatländer, die Auslandsinvestition, Technologietransfer, Rückführung der Gewinne, Lizenzgebühren und Dividenden betreffen.

(II) Eine zwischen Heimat- und Gastländern koordinierte Gesetzgebung, welche die Aktivitäten der transnationalen Unternehmen in Fragen wie moralischem Verhalten, Offenlegung von Information, wettbewerbsbeschränkenden Geschäftspraktiken und Arbeitsbedingungen regelt.

(III) Kooperation der Regierungen in Fragen der Steuerpolitik und der Überprüfung von Verrechnungspreisen.

(IV) Harmonisierung der steuerlichen und anderen Anreize zwischen den Entwicklungsländern, in denen multinationale Unternehmen tätig sind.

Neben dem verbesserten Zugang zur internationalen Entwicklungsfinanzierung sollte die Verhandlungsfähigkeit von Entwicklungsländern, besonders der kleineren und am wenigsten entwickelten Länder, gegenüber den transnationalen Konzernen durch die technische Hilfe verstärkt werden, die jetzt in wachsendem Maße von der UN und anderen Institutionen angeboten wird.

Die ständige Verfügungsgewalt über die natürlichen Ressourcen ist das Recht aller Länder. Notwendig ist jedoch, daß bei Verstaatlichungen eine angemessene und wirksame Entschädigung gewährt wird, die sich nach international vergleichbaren Grundsätzen richtet. Diese Grundsätze sollten in die nationale Gesetzgebung Eingang finden. Zunehmend sollte man von internationalen Schlichtungsmechanismen Gebrauch machen.

Größere internationale, regionale und nationale Anstrengungen sind erforderlich, um die Technologieentwicklung in Entwicklungsländern und den Transfer für die geeigneten Technologien zu vernünftigen Kosten zu unterstützen.

Reiche wie arme Länder sollten verstärkte Anstrengungen unternehmen, um Technologien zu entwickeln, die den veränderten Bedingungen von Energie und Umwelt entsprechen. Informationen, die eine solche Technologie betreffen, sollten in erhöhtem Maße ausgetauscht werden. Die internationalen Entwicklungshilfeorganisationen sollten solche Praktiken ändern, welche die Empfängerländer an der freien Wahl gewünschter Technologien hindern; sie sollten bei der Vorbereitung von Projekten in stärkerem Maße auf einheimisches Fachwissen zurückgreifen.

Die Weltwährungsordnung

Die Reform des internationalen Währungssystems sollte umgehend von allen interessierten Parteien vorgenommen werden, wobei sie aufbauen sollte auf die weitgehende Übereinstimmung, die im Zwanziger-Ausschuß erzielt wurde. Sie muß gegenwärtige Schwierigkeiten und Gefahren berücksichtigen. Die Reform sollte umfassen: Verbesserungen des Wechselkurssystems, des Reservesystems, des Zahlungsbilanzausgleichprozesses und der allgemeinen Handhabung des Systems, das die Beteiligung der ganzen internationalen Staatengemeinschaft ermöglichen sollte.

Man sollte sich auf Mechanismen einigen, durch die sich eine internationale Währung schaffen und verteilen läßt, welche zur Bestimmung und zur Begleichung von offenstehenden Salden zwischen Zentralbanken verwendet werden kann. Solch eine Währung würde die Verwendung nationaler Währungen als internationale Reserven ersetzen. Sie hätte die Form eines verbesserten Sonderziehungsrechtes (SZR) und könnte durch ein geeignetes »Substitutionskonto« leichter zugänglich gemacht werden.

Neue Sonderziehungsrechte sollten in dem Umfange geschaffen werden, in dem ein Bedürfnis nach nicht-inflationärer Ausweitung der Weltliquidität vorliegt. Die Verteilung einer entsprechenden, an keine Bedingungen geknüpften Liquidität sollte den Entwicklungsländern stärker zugute kommen, die gegenwärtig hohe Anpassungslasten zu tragen haben. Eine solche Verteilung – häufig als »Link« bezeichnet – würde zum Anpassungsprozeß des internationalen Währungssystems beitragen.

Man sollte sich auf einen Anpassungsprozeß einigen, der den Zwang zur Bremsung des Wachstums in der Weltwirtschaft nicht verstärkt. Der Anpassungsprozeß der Entwicklungsländer sollte in den größeren Rahmen des Bemühens um langfristige wirtschaftliche und soziale Entwicklung gestellt werden. Der IWF sollte eine unangemessene oder übermäßige Gängelung ihrer Volkswirtschaften vermeiden und sollte keine übermäßig deflationären Maßnahmen als Standardmuster für die Anpassungspolitik vorschreiben. Es sollte den Umfang seiner kompensatorischen Finanzierungsfazilität verbessern und erheblich ausweiten, indem es z. B. Quotenbegrenzungen lockert, Erlösausfälle real bemißt und flexiblere Rückzahlungskonditionen einräumt. Überschußländer sollten mehr Verantwortung für den Zahlungsausgleich übernehmen. IWF-Maßnahmen, die dieses ermutigen könnten, sollten in Erwägung gezogen werden.

Größere Stabilität internationaler Wechselkurse, besonders zwischen Schlüsselwährungen, sollte durch Disziplin im Inland und Koordination geeigneter nationaler politischer Maßnahmen angestrebt werden.

Die Beteiligung von Entwicklungsländern am Personal, der Leitung und den Entscheidungen des IWF sollte erweitert werden.

Um die Demonetisierng des Goldes voranzutreiben, sollte der größere Teil der IWF-Goldbestände nach Abwicklung der bereits vereinbarten laufenden Verkäufe als Sicherheit verwendet werden, gegen die der IWF Kredite am Markt aufnehmen kann. Mit ihnen kann er besonders Entwicklungsländern mit mittlerem Einkommen weitere Darlehen gewähren. Auch sollten zeitlich gestaffelte Verkäufe vorgenommen und die anfallenden Gewinne aus Goldverkäufen dazu verwendet werden, Zinssubventionen auf die Kredite an Entwicklungsländer mit niedrigen Einkommen zu gewähren.

Entwicklungsfinanzierung

Der Kapitaltransfer in Entwicklungsländer muß beträchtlich verstärkt werden zur Finanzierung von:

(I) Projekten und Programmen zur Milderung der Armut und zur Steigerung der Nahrungsmittelproduktion, vor allem in den am wenigsten entwickelten Ländern;

(II) Erschließung und Entwicklung von Energie- und Rohstoffquellen;

(III) Stabilisierung der Rohstoffpreise und der Erlöse aus Rohstoffexporten und einer vermehrten Rohstoffverarbeitung in den betreffenden Ländern;

Die Verfügbarkeit öffentlicher Entwicklungshilfemittel sollte erweitert werden durch:

(I) ein internationales System zur Aufbringung weltweiter Einnahmen auf der Grundlage einer auf das nationale Einkommen bezogenen gleitenden Skala, an dem sich auch die osteuropäischen und die Entwicklungsländer – mit Ausnahme der ärmsten Länder – beteiligten.

(II) die Aufstellung eines Zeitplans für die Aufstockung der staatlichen Entwicklungshilfe bei Industrieländern auf den Stand von 0,7 Prozent des Bruttosozialprodukts bis 1985 und auf 1,0 Prozent vor Ende des Jahrhunderts.

(III) Einführung automatischer Mittelaufbringung durch internationale Abgaben, z. B. auf den internationalen Handel; Waffenherstellung oder -exporte; internationalen Tourismus; den Gemeinschaftsbesitz der Menschheit, insbesondere Rohstoffe auf dem Meeresgrund.

Die Kreditgewährung durch internationale Finanzierungsinstitute sollte verbessert werden durch:

(I) Wirksame Ausnutzung der erhöhten Finanzierungskapazität der Weltbank (als Resultat der von ihr vor kurzem gefällten Entscheidung, ihr Kapital auf 80 Milliarden Dollar zu verdoppeln);

(II) Änderung des Kapital/Ausleiheverhältnisses bei der Weltbank und den regionalen Entwicklungsbanken von 1:1 auf 1:2;

(III) Vermeidung politischer Auflagen für die Betätigung multilateraler Finanzierungsinstitutionen;

(IV) Kanalisierung eines zunehmenden Anteils der Entwicklungsfinanzierung über regionale Institutionen;

(V) eine beträchtliche Erhöhung der Programmkredite;

(VI) die Verwendung der Goldreserven des IWF entweder für weitere Verkäufe, bei denen die Gewinne zur Zinssubventionierung von Entwicklungskrediten benutzt werden oder als Sicherheit für Darlehen an Entwicklungsländer;

(VII) größere Beteiligung der Schuldnerländer am Entscheidungsprozeß und Management.

Die Übertragung von Ressourcen sollte über längere Zeiträume hin vorhersehbar gemacht werden durch langfristige Verpflichtungen zu öffentlichen Entwicklungshilfeleistungen, zunehmende Verwendung automatisch anfallender Einnahmen und eine Verlängerung der Aufstockungsperiode bei der Internationalen Entwicklungsorganisation (IDA).

Die Schaffung einer neuen internationalen Finanzierungseinrichtung – eines Weltentwicklungsfonds – mit universaler Mitgliedschaft, in der Kreditnehmer und -geber gleichberechtigt am Entscheidungsprozeß teilhaben, sollte zur Ergänzung vorhandener Institutionen und zur Diversifizierung der Kreditpolitik und -praxis in Erwägung gezogen werden. Der Weltentwicklungsfonds wäre bestrebt, die ungedeckten Bedürfnisse in der Finanzierungsstruktur, vor allem bei Programmkrediten, zu decken.

Er könnte einmal als Kanal für jene Mittel dienen, die möglicherweise auf universaler und automatischer Grundlage erhoben werden.

Es besteht ein Bedürfnis für erhebliche zusätzliche multinationale Finanzierung der Erforschung und Ausbeutung von Energiequellen und Bodenschätzen in Entwicklungsländern. Davon wird einiges von den vorhandenen Institutionen kommen; wir glauben jedoch, daß eine neue Fazilität zu diesem Zweck empfehlenswert wäre.

Der Kreditstrom von Geschäftsbanken und anderen privaten Finanzierungsquellen in die Entwicklungsländer muß verstärkt werden. Länder mit mittlerem Einkommen brauchen Sondermaßnahmen zur Verlängerung der Kreditlaufzeiten, und ärmere Entwicklungsländer sollten in die Lage versetzt werden, auf dem Kapitalmarkt leichter Kredite aufnehmen zu können. Die Weltbank und andere internationale Finanzierungsinstitute sollten diesen Prozeß durch Mitfinanzierung und Garantien fördern und indem sie Fonds zu Sonderkonditionen dazu benutzen, die Kreditbedingungen zu verbessern und die Zinsen herabzusetzen.

Es sollten Maßnahmen ergriffen werden, welche es den Entwicklungsländern erleichtern, Anleihen auf den internationalen Kapitalmärkten zu plazieren. Hierzu gehörten die Abschaffung von Restriktionen und die Bereitstellung von Garantien sowie entsprechende Dispositionen zur Einschätzung von Risiken.

Internationale Organisationen und Verhandlungen – Ein Überblick

Politiken, Vereinbarungen und Institutionen in den Bereichen wirtschaftlicher, finanzieller und Währungszusammenarbeit sollten vom Prinzip der Universalität geleitet werden.

Das UN-System, das vor stets größer werdenden Aufgaben steht, muß gestärkt und wirksamer gemacht werden. Dies erfordert mehr Koordination der einzelnen Haushalte, Programme sowie der Personalpolitik, um Doppelarbeit und unnütze Überschneidungen zu vermeiden.

Die Leistung der verschiedenen multilateralen Organisationen im Bereich internationaler Entwicklung sollte regelmäßiger von einem Beratungsgremium auf hoher Ebene überprüft werden. Notwendig ist eine Überprüfung des Systems der gegenwärtigen Verhandlungen mit dem Ziel, ob nicht flexiblere, raschere und ergebnisorientiertere Verfahren eingeführt werden könnten, ohne von der Zusammenarbeit innerhalb bestehender Gruppen abzulenken.

Mehr Aufmerksamkeit sollte auf Aufklärung der Öffentlichkeit und der jüngeren Generation über die Bedeutung internationaler Zusammenarbeit verwandt werden.

Die gelegentliche Einberufung von zahlenmäßig begrenzten Gipfeltreffen sollte zur Förderung einvernehmlicher Vereinbarungen und zur Herbeiführung eines Wandels in Erwägung gezogen werden.

Anhang II: Die Kommission und ihre Arbeit

Am 28. September 1977 erklärte Willy Brandt, ehemaliger Kanzler der Bundesrepublik Deutschland, auf einer Pressekonferenz in New York, daß er bereit sei, eine »Unabhängige Kommission für Internationale Entwicklungsfragen« zu gründen und ihren Vorsitz zu übernehmen. Dieser Ankündigung war eine große Zahl von Gesprächen und Diskussionen vorausgegangen. Der Vorsitzende legte Wert darauf, festzustellen, daß sich die Kommission in keiner Weise in Regierungsverhandlungen oder die laufende Arbeit von internationalen Organisationen einmischen würde. Vielmehr würde ein solches Gremium seine ergänzende Aufgabe darin sehen, Empfehlungen vorzulegen, die das Klima für weitere Beratungen über Nord-Süd-Beziehungen verbessern könnten. Der Generalsekretär der Vereinten Nationen, Dr. Kurt Waldheim, zeigte großes Interesse an der Bildung dieser Unabhängigen Kommission und erklärte sich bereit, das erste Exemplar des Kommissionsberichts entgegenzunehmen.

Der Vorschlag, eine solche Kommission unter dem Vorsitz von Herrn Brandt zu gründen, wurde erstmals Anfang 1977 von Robert S. McNamara, dem Präsidenten der Weltbank, auf einer Rede in Boston vorgebracht. Bei seiner Ansprache auf der Jahrestagung des IWF und der Weltbank in Washington im Herbst desselben Jahres kam er auf ihn zurück.

Diese Kommission war unabhängig. Ihre Mitglieder wurden eingeladen, in privater Funktion und frei von Regierungsweisungen mitzuarbeiten. Außerdem hat ihr Vorsitzender sorgfältig darauf geachtet, daß die Mitglieder aus der Dritten Welt zahlenmäßig nicht in der Minderheit waren.

Die Mitglieder der Kommission

Vorsitzender

Willy Brandt Bonn/Bundesrepublik Deutschland
Vorsitzender der Sozialdemokratischen Partei Deutschlands
Bundeskanzler 1969–1974
Bundesaußenminister 1966–1969
Regierender Bürgermeister von Berlin 1957–1966
Friedensnobelpreis 1971

Mitglieder

Abdlatif Y. Al-Hamad Kuwait
Vorstandsmitglied des Institute of Development Studies, Sussex
Beiratsmitglied des Zentrums für Nahoststudien, Harvard University
Generaldirektor des Kuwait Fonds für Arabische Wirtschaftsentwicklung
Treuhänder des Kuwait Instituts für Wirtschaftliche und Soziale Planung im Nahen Osten

Rodrigo Botero Montoya Bogota/Kolumbien
Volkswirt, Herausgeber und Verleger von »Estrategia Economica y Financiera«
Finanzminister 1974–1976
Exekutivdirektor der Stiftung für Ausbildung und Entwicklung (FEDESARROLLO) 1970–1974
Sonderberater des Präsidenten für Wirtschaftsfragen in Bogota 1966–1970

Antoine Kipsa Dakoure Ouagadougou/Obervolta
Berater des Präsidenten von Obervolta seit 1976
Koordinationsminister für die Bekämpfung der Dürrefolgen im Sahel-Gebiet 1973–1975
Planungsminister 1970–1976
Landwirtschaftsminister 1966–1970

Eduardo Frei Montalva Santiago/Chile
Rechtsanwalt und Politiker
Parlamentspräsident 1973
Ehemaliger Vorsitzender der Christlich-Demokratischen Partei
Staatspräsident von Chile 1964–1970
Minister für öffentliche Arbeiten und Transport 1944–1945
Autor verschiedener Bücher; darunter als jüngste Veröffentlichung *America Latina, Opcion y Esperanza (Lateinamerika am Scheideweg)*

Katharine Graham Washington/USA
Aufsichtsratsvorsitzende der *Washington Post Co.* seit 1963
Verlegerin der *Washington Post*, 1969–1979

Edward Heath London/England
Politiker, Mitglied des Unterhauses
Premierminister 1970–1974
Führer der Konservativen Partei 1965–1975
Staatssekretär für Industrie, Handel und Regionale Entwicklung 1963–1964

Leiter der Britischen Delegation bei der UNCTAD-Konferenz 1964
Lordsiegelbewahrer beim Auswärtigen Amt 1960–1963
Arbeitsminister 1959–1960

Amir H. Jamal Daressalam/Tansania
Politiker, Finanzminister
Minister für das Post- und Fernmeldewesen und Transport 1977–1979
Minister für Finanzen und Wirtschaftsplanung 1975–1977
Minister für Handel und Industrie 1972–1975
Finanzminister 1965–1972
Minister für Wirtschaftsplanung 1964–1965
Minister für das Post- und Fernmeldewesen sowie für Energie 1961–1964

Lakshmi Kant Jha Srinagar/Indien
Gouverneur von Jammu und Kaschmir
Vorsitzender der UN Group of Eminent Persons on Multinational Corporations 1973–1975
Botschafter in den USA 1970–1973
Präsident der Indischen Zentralbank 1967–1970

Khatijah Ahmad Kuala Lumpur/Malaysia
Volkswirt und Bankier
Vorstandsmitglied der KAF Discounts Ltd. seit 1974
Verwaltungsdirektorin und Sekretärin in der Nationalen Paddy- und Reisbehörde 1971–1973

Adam Malik Djakarta/Indonesien
Vizepräsident
Präsident der Nationalversammlung 1977–1978
Außenminister 1966–1977
Präsident der UN-Generalversammlung 1971–1972
Handelsminister 1963–1965
Botschafter in der UdSSR 1959–1963

Haruki Mori Tokyo/Japan
Botschafter in England 1972–1975
Stellvertretender Minister im Außenministerium 1970–1972
Botschafter bei der OECD 1964–1967

Joe Morris Victoria/Kanada
Ehemaliger Vorsitzender der Kanadischen Gewerkschaftsbewegung
Stellvertretender Vorsitzender des Vorstands der Internationalen Arbeitsorganisation, 1970–77, 1978–79
Vorstandsvorsitzender der ILO 1977–1978
Vizepräsident des Internationalen Bundes Freier Gewerkschaften 1976–1978

Olof Palme Stockholm/Schweden
Vorsitzender der Sozial-Demokratischen Partei
Ministerpräsident 1969–1976
Minister für das Post- und Fernmeldewesen 1965–1967
Minister für Erziehung und Kultur 1967–1969
Minister ohne Geschäftsbereich 1963–1965

Peter G. Peterson New York/USA
Bankier
Vorstandsvorsitzender von Lehman Bros. Kuhn Leob
Handelsminister 1972–1973
Berater des Präsidenten der USA für Internationale Wirtschaftsangelegenheiten und Exekutivdirektor des Beirats für Internationale Wirtschaftspolitik 1971–1972

Edgard Pisani* Paris/Frankreich
Senator
Mitglied des Europaparlamentes
Minister für industrielle Infrastruktur 1966–1967
Landwirtschaftsminister 1961–1965
Autor von *Défi du monde – campagne d'Europe; La France dans l'affrontement économique international.*

Shridath Ramphal Georgetown/Guyana
Generalsekretär der Organisation des Commonwealth
Außen- und Justizminister 1972–1975
Oberster Staatsanwalt und Staatsminister für Auswärtige Angelegenheiten 1966–1972

Layachi Yaker Algier/Algerien
Botschafter in der UdSSR
Mitglied des Zentralkomitees der Partei der Nationalen Befreiungsfront
Parlamentsmitglied und Vizepräsident der Nationalen Volksversammlung 1977–1979
Handelsminister 1969–1977
Minister ohne Geschäftsbereich
Direktor für wirtschaftliche, kulturelle und soziale Angelegenheiten im Außenministerium 1962–1969

* Edgard Pisani hat Pierre Mendes-France ersetzt, den früheren französischen Premierminister, der ursprünglich Kommissionsmitglied war und sich an der Arbeit der Kommission beteiligt hat, jedoch im Sommer 1978 aus persönlichen Gründen ausscheiden mußte.

Ehrenamtlicher Schatzmeister

Jan P. Pronk Den Haag/Niederlande
Parlamentsmitglied 1971–1973 und 1978
Minister für Entwicklungszusammenarbeit 1973–1977
Forschungsassistent von Professor Jan Tinbergen 1965–1971

Exekutivsekretär der Kommission

Göran Ohlin Stockholm/Schweden
Professor für Wirtschaftswissenschaften an der Universität Uppsala seit 1969
Mitglied des Stabes der Pearson-Kommission 1968–1969
Mitglied des Entwicklungszentrums der OECD, Paris, 1962–1966
Berater verschiedener internationaler Organisationen

Direktor des Sekretariats

Dragoslav Avramović Belgrad/Jugoslawien
Leitende Funktionen in der Weltbank 1965–1977:
Direktor der Wirtschaftsabteilung; Industrialisierungsstudien; Rohstoffstudien; Verschuldensprobleme
Sonderberater der UNCTAD für Rohstoffstabilisierung von 1974–1975
Vor 1953 leitende Funktionen in der Regierung von Jugoslawien und Lehrtätigkeit an der Universität von Belgrad

Jan P. Pronk, Göran Ohlin und Dragoslav Avramović wurden ex-officio-Mitglieder der Kommission. Fritz Fischer unterstützte den Vorsitzenden bei den Vorbereitungen zur Gründung dieser Kommission und war verantwortlich für das Verbindungsbüro in Bonn.

Bei verschiedenen Treffen bat Willy Brandt Gouverneur Jha um die vorübergehende Übernahme der Tagungsleitung. Wegen einer Erkrankung des Vorsitzenden präsidierte L. K. Jha während der ganzen Dauer der fünften Sitzung in Kuala Lumpur. Er führte auch den Vorsitz beim Roundtable-Gespräch in Neu Delhi über die wirtschaftliche Zusammenarbeit zwischen Entwicklungsländern.

Eröffnungssitzung in Gymnich/Deutschland (9.–11. Dezember 1977)

Auf einer Eröffnungsfeier in Gegenwart von Presse, Funk und Fernsehen sprachen der Kommissionsvorsitzende, Bundespräsident Walter Scheel und das Kommissionsmitglied Shridath Ramphal.

Anwesend war auch William Clark, Vizepräsident der Weltbank. Bundeskanzler Schmidt empfing die Kommission zu einem Gespräch. Sie traf auch mit Egon Bahr zusammen, einem früheren Bundesminister, der mit den Mitgliedern über Probleme der Entspannung und Abrüstung sprach und den Vorsitzenden auch weiterhin in diesen Fragen beriet.

Auf ihrer geschlossenen Sitzung hatte die Kommission eine erste allgemeine Aussprache über ihre künftigen Arbeiten. Sie beschloß ihr Arbeitsmandat und legte die Grundlage für einen freien Meinungsaustausch, indem sie auf detaillierte Protokolle verzichtete und davon Abstand nahm, ihren Tagungen den Charakter von Konferenzen zu geben.

Arbeitsmandat (Terms of Reference)

Aufgabe der Unabhängigen Kommission für internationale Entwicklungsfragen ist es, die ernsten Probleme von globalen Ausmaßen zu untersuchen, wie sie sich aus den wirtschaftlichen und sozialen Ungleichgewichten der Weltgemeinschaft ergeben, und Wege dafür aufzuzeigen, wie angemessene Lösungen für die Entwicklungsprobleme und zur Überwindung der Armut vorangetrieben werden können. Als unabhängiger Kommission steht es ihr frei, sich mit jedem Aspekt der Weltsituation zu beschäftigen, den sie für bedeutend hält, und jede Maßnahme zu empfehlen, die nach ihrer Meinung im Interesse der Weltwirtschaft ist.

Die Kommission sollte den Entschließungen der Vereinten Nationen zu Entwicklungsproblemen sowie anderen Fragen, die in den letzten Jahren auf internationalen Foren behandelt wurden, sorgfältig zu beobachten. Sie sollte wünschenswerte und realistische Orientierungen für die internationale Entwicklungspolitik des nächsten Jahrzehnts aufzuzeigen suchen und dabei berücksichtigen, was die Industrie- und Entwicklungsländer aus einem gemeinsamen Interesse heraus tun sollten.

In Verfolgung dieser Ziele wird die Arbeit der Kommission folgende Punkte umfassen:

1. Die Bilanz der bisherigen Entwicklung

Die Kommission wird die Entwicklungsbilanz der Dritten Welt und die hierfür bedeutsamen Einflüsse der internationalen und politischen Rahmenbedingungen untersuchen. Zunächst wird sie dabei das Ergebnis des Wirtschaftswachstums in der Vergangenheit und die zunehmenden Ungleichheiten im Pro-Kopf-Einkommen würdigen. Die Kommission wird zweitens die Ergebnisse dieses Wachstums innerhalb der Industrie- und der Entwicklungsländer auf Beschäftigung, Inflation, internationalen Handel und andere wichtige Aspekte behandeln. Drittens wird sie die Auswirkungen der jüngsten Rezession in den Industrieländern auf die Weltwirtschaft prüfen. Vor diesem Hintergrund wird die Kommission die internationalen Maßnahmen erwägen, die den Handlungsrahmen für Entwicklungspolitik verändern sollen: die Bilanz des internationalen Handelsverkehrs, darunter Fragen des Marktzugangs, der Austauschbedingungen, der Rohstoffpolitik, der finanziellen Zusammenarbeit und anderer Kapitalströme, ferner den Schuldenbereich und die Aktivitäten multinationaler Gesellschaften.

Die Notwendigkeit einer neuen internationalen Wirtschaftsordnung wird im Mittelpunkt der Kommissionsüberlegungen stehen.

2. Aussichten für die Weltwirtschaft

Die Kommission wird wichtige Tendenzen der Weltwirtschaft untersuchen, vor allem, soweit sie die achtziger Jahre betreffen, aber auch darüber hinaus. Sie wird die verschiedenen Prognosen einbeziehen, die in dieser Hinsicht gemacht worden sind. Dabei wird sie sich besonders auf die Frage konzentrieren, welche voraussichtlichen Entwicklungen sich für die Entwicklungs- und Industrieländer ergeben würden, je nachdem welche Maßnahmen die internationale Gemeinschaft ergreift. Die Kommission wird auf eine Reihe von Aspekten dieser Aussichten eingehen; auf Ernährung und Landwirtschaft, Industrialisierung, Bevölkerungswachstum, Entwicklung und Technologietransfer, Probleme erschöpfbarer Ressourcen und Energie, Wasserversorgung, Umwelt und ökologische Probleme. Die Kommission wird sich mit der Frage von Rüstungsausgaben und den politischen Bedingungen beschäftigen, die auf sie einwirken.

3. Wege zu einer neuen internationalen Wirtschaftsordnung

Vor allem wird die Kommission bestrebt sein, die Menschen in verantwortlichen Positionen und die öffentliche Meinung davon zu überzeugen, daß tiefgreifende Veränderungen in den internationalen, besonders den weltwirtschaftlichen Beziehungen, notwendig sind. Sie wird sich erstens mit der Frage einer Umstrukturierung des internationalen Handels beschäftigen, einschließlich einer verbesserten Handels- und Industriepolitik, Zugang zu Märkten, Rohstoffpolitik und wirtschaftlicher Zusammenarbeit zwischen Entwicklungsländern. Zweitens mit dem internationalen Finanzwesen, als da sind: private und öffentliche Kreditquellen, finanzielle Zusammenarbeit besonders zugunsten der am wenigsten entwickelten Länder, mit dem internationalen Währungssystem, Problemen der Verschuldung, der Rolle des Internationalen Währungsfonds, der Weltbank und Regionalbanken. Drittens mit der Kontrolle der Aktivitäten multinationaler Gesellschaften, viertens mit dem Rahmen, in dem bilaterale und multilaterale Wirtschaftsverhandlungen durchgeführt werden, mit besonderer Berücksichtigung der Nord-Süd-Beziehungen. Fünftens, mit den Aussichten für eine größere Beteiligung aller Länder an den internationalen Entwicklungsanstrengungen. Die Kommission wird sich auch mit der Verantwortung der Entwicklungsländer im Bereich ihrer jeweiligen nationalen Politik beschäftigen, damit deren Bemühungen um internationale wirtschaftliche und soziale Gerechtigkeit durch gleichgerichtete Anstrengungen zugunsten ihrer eigenen Bevölkerung eine Entsprechung finden. Die Kommission wird ihre Aufmerksamkeit besonders darauf verwenden, die wechselseitige Abhängigkeit aller Länder in der Weltwirtschaft herauszuarbeiten, und hiermit die Notwendigkeit zur Lösung der weltweiten Beschäftigungsprobleme verbinden.

Schließlich wird die Kommission versuchen, den Charakter der Debatte zu verändern, damit die öffentliche Meinung davon überzeugt wird, das Problem der internationalen Entwicklung nicht mehr unter dem Blickwinkel zu sehen, daß »die Reichen den Armen helfen«. Statt dessen soll die Erkenntnis gefördert werden, daß es darauf ankommt, den Entwicklungsländern einen gerechten Gegenwert für ihre eigenen produktiven Anstrengungen zu ermöglichen. Auf diese Weise arbeiten die Industrieländer mit ihnen gemeinsam auf das Ziel einer wirtschaftlichen und sozialen Entwicklung aller Nationen hin.

Eminent Persons

Auf dem Treffen in Gymnich wurde ein Namensverzeichnis bedeutender Persönlichkeiten abgesprochen, die man bitten wollte, vor der Kommission zu erscheinen oder ihre Ansichten auf andere Weise vorzutragen.

Angelos Angelopoulos, Griechenland
Roberto Campos, Brasilien
Guido Carli, Italien
Claude Cheysson, Frankreich
Harlan Cleveland, USA
John Crawford, Australien
Luis Echeverria, Mexiko
Erhard Eppler, Bundesrepublik Deutschland
Robert Gardiner, Ghana
Mahbub ul Haq, Pakistan
Kronprinz Hassan, Jordanien
Enrique Iglesias, Uruguay
Lal Jayawardena, Sri Lanka
Henry Kissinger, USA
W. Arthur Lewis, Jamaika
Donald Macdonald, Kanada
Takeo Miki, Japan
Paul Prebisch, Argentinien
Ibrahim Abdul Rahman Hilmy, Ägypten
Maurice Strong, Kanada
Inga Thorsson, Schweden
Jan Tinbergen, Niederlande
Joop den Uyl, Niederlande
Barbara Ward, Großbritannien
Takeshi Watanabe, Japan

Sekretariat

Im Januar 1978 nahm ein Sekretariat die Arbeit in Genf auf. Der Exekutivsekretär der Kommission und der Direktor des Sekretariats waren gemeinsam für Vorschlagsentwürfe und andere Unterlagen verantwortlich, die das Sekretariat für die Kommission erstellte.

Stab der Kommission

Göran Ohlin
Exekutivsekretär

Dragoslay Avramović
Direktor des Sekretariats

Liaqat Ali
Robert H. Cassen
S. Guhan
Javad Khalilzadeh-Shirazi
Martha F. Loutfi
Justinian F. Rweyemamu
Gerhard G. Thiebach

Büro des Vorsitzenden
Fritz Fischer, Persönlicher Mitarbeiter des Vorsitzenden
Michael Hofmann
Anthony Sampson, redaktionelle Beratung
Nicholas Harman, Presseberater

Dolmetscher
Norman Edwards, Irène Testot-Ferry, Claire Tolnay-Gaucheron, André Gaucheron, Marie-France Skuncke

Forschungsassistenten
Eshetou Mengesha, Ńimala Perera, Mary Ann Knotts

Verwaltung und allgemeine Aufgaben
Jagge Andersen, Samuel Amalemba, Judy Barnes, Jeanne Berkeley, Christa Bigler, Annie Degraeve, Margaret Ducommun, Susan Evans, Janette Ferguson, Rosa Ganose, Oonagh Guyonnet, Philippa Heale, Ernest Kurt, Jelka de Marsano, Jean-Pierre Ruchti, Christel Siebel-Wolters, Ulla Tabatabay, Nuria Tarre-Cancellieri, Jennifer Weeks.

Gespräche in Indien und Japan

Anläßlich eines Besuchs in Neu Delhi im Dezember 1977, den der Vorsitzende einige Tage nach dem ersten Treffen in Gymnich abstattete, gab er gemeinsam mit den Kommissionsmitgliedern L. K. Jha und Shridath Ramphal eine ausführliche Presseverlautbarung über den Arbeitsbeginn der Kommission ab. Die indischen Behörden wurden informiert und zu Rate gezogen.

Vor dem Besuch in Neu Delhi hielt sich der Vorsitzende in Tokio auf und erörterte Nord/Süd-Probleme mit dem Premierminister und anderen japanischen Führern. Auch der UN-Universität wurde ein Besuch abgestattet.

Zweite Sitzung, Mt. Pelerin/Schweiz (10.–12. März 1978)

Bei ihren Erörterungen konzentrierte sich die Kommission auf ihr Arbeitsprogramm und den Begriff der »Gemeinsamkeit von Interessen« als das grundlegende Konzept für den Bericht. Dieser würde nicht alle wirtschaftlichen Themen behandeln, über die gegenwärtig verhandelt werde, sondern auch andere Bereiche einschließen, wie Abrüstung und Entwicklung sowie eine größere Universalität weltweiter Anstrengungen durch eine stärkere Einbeziehung osteuropäischer Länder.

Zu Beginn dieses Treffens legten Claude Cheysson, Mahbub ul Haq und Jan Tinbergen als Eminent Persons ihre Auffassung zu wichtigen Nord-Süd-Problemen dar. Die Kommission traf auch mit dem Schweizer Außenminister Pierre Aubert zusammen und hatte informelle Gespräche mit den Ministerpräsidenten der Türkei und Portugals.

Dritte Sitzung in Bamako/Mali (14.–17. Mai 1978)

Im Vorfeld dieser Tagung nahmen die meisten Kommissionsmitglieder an einem Round-table-Gespräch mit Rohstoffexperten teil. Das Gespräch fand in den Räumen des Commonwealth-Sekretariats in London statt, das auch an den Vorbereitungen beteiligt war.

Auf ihrer Plenarsitzung in Mali befaßte sich die Kommission vor allem mit den Problemen der »am wenigsten entwickelten Länder« und setzte hierfür eine Arbeitsgruppe ein unter dem Vorsitz von Antoine Dakouré aus Obervolta. Außerdem wurde über Rohstofffragen und das Problem der ›Grundbedürfnisse‹ gesprochen.

Die Kommission wurde von Präsident Traoré empfangen. Sie hörte auch die Ansichten von malischen Regierungsmitgliedern, des Erziehungsministers von Sambia M. L. K. H. Goma, sowie eines Direktors der Afrikanischen Entwicklungsbank.

Andere afrikanische Kontakte

Vor dem Treffen in Mali war der Vorsitzende Gast des Präsidenten von Senegal.

Zum Jahresende 1977 nahm der Vorsitzende Einladungen der Präsidenten von Tansania und von Sambia wahr. Er kam auch mit anderen politischen Führern der Region zusammen. In Bonn hatte der Vorsitzende mit dem Präsidenten des Sudan einen Meinungsaustausch. Das Kommmissionsmitglied Dakouré führte eine Reihe von Konsultationen über die besonderen Probleme der am wenigsten entwickelten Länder. Seine Gesprächspartner waren politische Führer, Vertreter von Jugendorganisationen sowie des öffentlichen und privaten Lebens in Obervolta, prominente westafrikanische Persönlichkeiten, Fachleute und offizielle Vertreter subregionaler und regionaler afrikanischer Organisationen und afrikanische Diplomaten.

Arabische und andere Kontakte im Nahen Osten

Nach der Sitzung in Mali kamen der Vorsitzende und einige Kommissionsmitglieder mit dem inzwischen verstorbenen Präsidenten von Algerien, Boumedienne, zusammen.

In Bonn und an anderen Orten hatte der Vorsitzende Begegnungen mit den Präsidenten von Ägypten, Syrien, dem Ministerpräsidenten von Saudi-Arabien und dem König von Jordanien.

Hochgestellte arabische Gäste hielten auf dem Wiener Treffen Reden vor der Kommission (vgl. unten).

Im Dezember 1979, vor der zehnten Sitzung, folgten der Vorsitzende und zahlreiche Kommissionsmitglieder einer Einladung der Regierungen von Kuwait und Saudi-Arabien. Sie trafen zusammen mit: Seiner Hoheit dem Emir von Kuwait, Seiner Königlichen Hoheit Kronprinz Fahd und mit Regierungsvertretern.

Kontakte wurden auch zu Vertretern Israels geknüpft.

Die EWG und europäische Hauptstädte

Im Juli 1978 führte Willy Brandt Gespräche auf hoher Eben. mit den Regierungen der EWG-Länder (Italien, Frankreich, Großbritannien, Irland, Belgien, Luxemburg, Niederlande, Dänemark) sowie mit dem Präsidenten und Mitgliedern der Kommission der Gemeinschaft.

Im Zusammenhang mit dieser Rundreise wurde auch Österreich besucht, während Treffen mit dem Ministerpräsidenten von Schweden und Norwegen, dem Präsidenten von Finnland und dem Ministerpräsidenten von Spanien schon 1977 stattgefunden hatten. Im Oktober 1979 kam der Kommissionsvorsitzende mit dem Präsidenten und dem Ministerpräsidenten von Portugal zusammen.

Sowjetunion und Osteuropa

Obwohl der Pearson-Bericht die künftige Bedeutung der Staatshandelsländer unterstrich, verzichtete er doch darauf, detailliert auf sie einzugehen. Diese Kommission war hingegen der Meinung, es sei notwendig, diesen Aspekten mehr Aufmerksamkeit zu widmen – und nicht nur im Rahmen von Abrüstungsfragen.

Der Vorsitzende traf im Mai 1978 mit Generalsekretär Breschnew zusammen und verabredete ein Treffen von Angehörigen des Sekretariats mit Vertretern des Instituts für Weltwirtschaft und internationale Beziehungen und Kollegen anderer Forschungsorganisationen in Moskau, das im Juli 1978 stattfand.

Der Vorsitzende unterhielt sich auch mit den Staats- und Regierungschefs aus Polen, Ungarn, der Tschechoslowakei, Rumänien und Bulgarien. Auch die Regierung der Deutschen Demokratischen Republik wurde auf Sachverständigenebene informiert.

Vierte Sitzung in Tarrytown, USA (25.–28. August, 1978)

In Übereinstimmung mit ihrem Arbeitsprogramm erörterte die Kommission das Thema der Gemeinsamkeit von Interessen und hatte einen Meinungsaustausch über Fragen der Wanderarbeitnehmer und des »Brain Drain«, über das Verschuldungsproblem sowie über Ernährung und Landwirtschaft.

Sie hörte drei ihrer Eminent Persons an: Raul Prebisch, Harlan Cleveland und Henry Kissinger. Die Kommission hörte auch Stellungnahmen von Kenneth Dadzie, UN-Generaldirektor für Entwicklung und internationale wirtschaftliche Zusammenarbeit; von Idriss Jazairy, Vorsitzender des UN-Committee of the Whole; Botschafter Donald Mills, Vorsitzender der Gruppe 77; und Jacques de Larosière, Geschäftsführender Direktor des Internationalen Währungsfonds. Der Vorsitzende traf mit Bradford Morse zusammen, dem Administrator des Entwicklungsprogramms der Vereinten Nationen (UNDP).

Auffassungen der Regierung der Vereinigten Staaten wurden von Richard Cooper, Staatssekretär für Wirtschaftsfragen im Außenministerium, dargelegt. Auch Senator Jacob Javits und Orville Freeman, der Präsident der Business International Corporation, hielten Ansprachen vor der Kommission, und informell kamen ihre Mitglieder mit dem inzwischen verstorbenen früheren Vizepräsidenten Nelson Rockefeller zusammen.

Andere Kontakte mit Nordamerika

Vor der Gründung der Kommission war der Vorsitzende mit Präsident Carter und Außenminister Vance zusammengekommen. Eine Fortsetzung dieser Kontakte war für den Oktober 1978 in Aussicht genommen, ließ sich aber wegen seiner Erkrankung in Washington nicht verwirklichen. Andere Kommissionsmitglieder, vor allem Kay Graham, Peter Peterson und Rodrigo Botero führten Gespräche mit Vertretern der amerikanischen Regierung.

Auf Einladung der kanadischen Regierung wurde ferner im September 1979 in Ottawa ein Seminar mit Vertretern des kanadischen Wirtschafts- und Finanzlebens abgehalten.

Fünfte Sitzung in Kuala Lumpur/Malaysia
(24.–27. November 1978)

Die Kommission diskutierte Fragen der wirtschaftlichen Zusammenarbeit zwischen den Entwicklungsländern und Zugang für deren Fertigprodukte zu den Märkten der Industrieländer. Auf der Tagesordnung standen ferner die Bereiche: nicht erneuerbare Ressourcen, Energie und Umwelt, Technologie, ausländische Investitionen und multinationale Gesellschaften sowie die Aussichten für die achtziger Jahre.

Der stellvertretende Ministerpräsident von Korea, Duck-Woo Nam, der Handelsminister von Sri Lanka, Lalith Athulathmudali, sowie der Präsident der Asiatischen Entwicklungsbank, Taroichi Yoshida, traten vor der Kommission auf. Die Diskussion konzentrierte sich auf nationale Entwicklungsstrategien und die Möglichkeiten erweiterter regionaler Zusammenarbeit.

Im Anschluß an ein Treffen mit Ministerpräsident Datuk Hussein Onn wurden diese Fragen auch auf einer Arbeitssitzung mit Mitgliedern der Malaysischen Regierung erörtert.

Andere Kontakte in der asiatischen und pazifischen Region

Vor dem Treffen in Kuala Lumpur nahmen die meisten Kommissionsmitglieder an einem Roundtable-Gespräch in Delhi teil, in dem es um die Frage einer erweiterten Zusammenarbeit zwischen den Entwicklungsländern ging. Bei dieser Gelegenheit kam auch die Arbeitsgruppe über die am wenigsten entwickelten Länder zusammen.

Nach Abschluß der Sitzung in Malaysia führten Gruppen von Kommissionsmitgliedern Gespräche in Singapur, Indonesien, der Republik von Korea, Sri Lanka und Japan. Der Exekutivsekretär der Kommission erörterte Nord-Süd-Fragen mit Sachverständigen in Canberra und Sydney, und der Vorsitzende traf mit dem australischen Ministerpräsidenten in Bonn zusammen.

Gespräche in China

Auf Einladung der Volkrepublik China führten der ehrenamtliche Schatzmeister Jan Pronk und Sekretariatsmitglieder im August 1979 Gespräche in Peking. Peter Peterson hatte China im April 1979 einen Besuch abgestattet. Im September 1979 führte das Kommissionsmitglied Edward Heath dort Gespräche auf hoher Ebene. Der Vorsitzende traf auch mit Ministerpräsident Hua zusammen, der sich im Oktober 1979 in Bonn befand.

Änderungen der Tagungsorte und Gesprächskontakte

Aufgrund seiner Erkrankung, die über einen gewissen Zeitraum Flugreisen ausschloß, mußte sich Willy Brandt zu seinem Bedauern auf Gespräche in Europa beschränken, statt die Besuche in anderen Teilen der Welt fortzusetzen. Die vorgesehene Vollsitzung der Kommission in Latein-Amerika konnte daher nicht durchgeführt werden. Doch unterhielten die Kommissionsmitglieder aus Lateinamerika Kontakte in dieser Region, und Persönlichkeiten aus Lateinamerika wurden zu anderen Tagungsorten der Kommission eingeladen.

Im Dezember 1979 besuchte eine Delegation der Kommission Kuwait und Saudi-Arabien, wo ursprünglich eine Vollsitzung in Aussicht genommen war.

Sechste Sitzung, Mt. Pelerin/Schweiz (22.–26. Februar 1979)

Unter Beteiligung von Frau Inga Thorsson erörterte die Kommission die Beziehung zwischen Abrüstung und Entwicklung. Außerdem führte sie einen Meinungsaustausch über das internationale Finanz- und Währungssystem sowie über die Koordination multilateraler Hilfsorganisationen.

Die Kommission traf auch mit zwei weiteren Eminent Persons zusammen, Lal Jayawardena und Angelos Angelopoulos, und führte Diskussionen mit dem Generalsekretär der UNCTAD, Gamani Corea, sowie dem Generaldirektor des GATT, Olivier Long.

Kontakte mit Leitern internationaler und regionaler Organisationen

Als Gast eines gemeinsamen Treffens mit UN-Generalsekretär Waldheim und den Leitern des Administrative Committee on Coordination (ACC) in Genf, führte der Vorsitzende im April 1979 seine früheren Kontakte in diesem Bereich fort. Im Laufe der Kommissionsarbeit hatte Willy Brandt überdies Gelegenheit, mit vielen von ihnen Einzelgespräche zu führen und mit hohen Vertretern regionaler Organisationen wie der OECD und EWG zusammenzukommen.

Auch andere Kommissionsmitglieder führten Gespräche mit Vertretern internationaler und regionaler Organisationen, einschließlich der Leiter von Weltbank und IWF.

Zahlreiche Kommissionsmitglieder nahmen an den Treffen der blockfreien Staaten teil. Der Vorsitzende unterhielt Beziehungen zu dieser Bewegung und kam zweimal mit Präsident Tito zusammen.

Auch hatte er eine Zusammenkunft mit dem verstorbenen Papst Paul VI., sowie mit Reverend Potter vom Weltkirchenrat und wurde ermutigt durch ihre Sympathie und Unterstützung wie auch durch ähnliche Überzeugungen, die Vertreter anderer Weltreligionen äußerten.

Siebente Sitzung in Annecy/Frankreich (2.–6. Mai 1979)

In Fortsetzung früherer Beratungen untersuchte die Kommission das internationale Finanz- und Währungssystem sowie seine Institutionen. Vordringliche Entwicklungsaufgaben, darunter die Wiederherstellung und Erhaltung der Umwelt, wurden gleichfalls behandelt. Andere Diskussionspunkte bildeten die Lage der Frauen im Entwicklungsbereich, Bevölkerungsprobleme sowie die Reform internationaler Institutionen. Als geladene Gäste sprachen zwei Eminent Persons, Barbara Ward (Lady Jackson) und Maurice Strong, vor der Kommission. Aus Latein-Amerika berichteten Präsident Ortiz Mena von der Interamerikanischen Entwicklungsbank sowie Carlos Massad, Berater der UN-Wirtschaftskommission für Lateinamerika über ihre Ansichten.

Andere Kontakte mit Lateinamerika und der Karibik

Der Vorsitzende kam mit den Präsidenten von Mexiko und Brasilien sowie dem Ministerpräsidenten von Jamaika zusammen. Auch hatte er einen Meinungsaustausch mit politischen Führern aus Venezuela.

Die Kommissionsmitglieder Eduardo Frei und Rodrigo Botero knüpften Kontakte auf hoher Ebene mit Vertretern der Interamerikanischen Entwicklungsbank, der Organisation Amerikanischer Staaten und der UN-Wirtschaftskommission für Lateinamerika, ECLA. Herr Frei unterhielt während der Zeit der Kommissionsarbeit Kontakte zur Hauptgeschäftsstelle der ECLA in Santiago. Herr Botero traf mit Regierungsvertretern in Argentinien, Brasilien, Kolumbien, Ekuador, Jamaika, Mexiko, Peru und Venezuela sowie in Portugal und Spanien zusammen.

Der ehrenamtliche Schatzmeister der Kommission hatte 1978 Gelegenheit, den kubanischen Präsidenten über die Ziele und Aktivitäten der Kommission zu informieren.

Achte Sitzung in Wien/Österreich (4.–9. Juli 1979)

Anhand des Rohentwurfs für ihren Bericht schloß die Kommission ihre Diskussion im wesentlichen ab. In ihren Beratungen wandte sie sich vor allem den verschiedenen Aspekten der Energieprobleme sowie den Bedürfnissen der ärmsten Länder zu. Ferner wurde die Erörterung früherer Themen fortgesetzt.

Die Kommission begrüßte zwei ihrer Eminent Persons, Kronprinz Hassan von Jordanien und den ehemaligen Ministerpräsidenten der Niederlande, Joop den Uyl. Sie kam auch mit dem Exekutivdirektor der Organisation der Vereinten Nationen für industrielle Entwicklung (UNIDO), Dr. Abd-El Rahman Khane zusammen, sowie mit folgenden arabischen Persönlichkeiten: dem Generalsekretär der Organisation arabischer ölexportierender Länder (OAPEC), Dr. Ali Attiga, dem stellvertretenden Generalsekretär der OPEC, Dr. Fadhil Al-Chalabi, und dem Generaldirektor des Sonderfonds der OPEC, Dr. Ibrahim Shihata. Die Kommission wurde von Bundeskanzler Kreisky empfangen und traf mit Mitgliedern seines Kabinetts sowie Vertretern der internationalen Gemeinschaft in Wien zusammen.

Erste Redaktionstagung (neunte Sitzung) in Brüssel/Belgien (5.–9. Oktober 1979)

Die Kommission diskutierte den Textentwurf ihres Berichtes. Dabei hatten der Vorsitzende und einige Kommissionsmitglieder die Diskussion der Entwürfe für den Abschlußbericht auf einem vorhergehenden Treffen in Bonn vorbereitet. In Brüssel fand außerdem eine abschließende Aussprache über eine Strategie für langfristige, dauerhafte Reformen statt, die das Ungleichgewicht zwischen den reichen und den armen Ländern der Welt ausgleichen könnten.

Die Kommission wurde vom belgischen Ministerpräsidenten empfangen.

Zweite Redaktionstagung (Zehnte Sitzung) in Leeds Castle, Kent (14.–16. Dezember 1979)

Eine Redaktionsgruppe, unterstützt von Sachverständigen, war unter der Leitung von Edward Heath und Shridath Ramphal in London eingesetzt worden. Ihre Aufgabe war es, in Konsultationen mit dem Vorsitzenden einen vollständigen Berichtsentwurf für die zehnte Sitzung vorzubereiten.

In einer intensiven zweitätigen Debatte verabschiedete die Kommission den endgültigen Text des Berichtes und seiner Empfehlungen. Am 17. Dezember 1979 informierte der Vorsitzende die Öffentlichkeit auf einer Pressekonferenz in London.

Veröffentlichung von Hintergrundmaterial durch das Sekretariat

Zusätzlich zum Kommissionsbericht wird das Sekretariat ausgewählte Papiere veröffentlichen, die einen Teil der Unterlagen für die Beratungen der Kommission darstellten.

Dank und Anerkennung

Die Kommission hat Ermutigung, Hilfe und Rat von vielen politischen Persönlichkeiten, von nationalen und internationalen Organisationen, Gewerkschaften, Jugendorganisationen, Instituten und interessierten Bürgern erfahren, von denen viele ihre Mitarbeit spontan anboten. Ihnen allen gebührt ein Wort aufrichtiger Dankbarkeit. Die Kommissionsmitglieder haben selbst viele schriftliche Beiträge geleistet, welche für die Arbeiten von großem Wert waren, und sie haben in geeigneter Weise aus vielfältigen Arbeitskontakten Nutzen gezogen. Auch die Beiträge ihrer Assistenten und Mitarbeiter verdienen Anerkennung.

Finanzielle Zuwendungen

Durch die großzügige Zusage, für die Gesamtkosten zu garantieren, ermöglichte die niederländische Regierung der Kommission, ihre Arbeit aufzunehmen. Sie hat sodann etwa die Hälfte der Gesamtausgaben der Kommission finanziert.

Die Regierungen von Dänemark, Finnland, Indien, Japan, der Republik von Korea, Norwegen, Saudi-Arabien, Schweden und Großbritannien beteiligten sich mit erheblichen ungebundenen Finanzbeiträgen. Auch regionale Organisationen und Fonds, wie die Kommission der Europäischen Gemeinschaften und der Sonderfonds der OPEC, beteiligten sich. Unterstützung kam auch von Stiftungen und Forschungszentren wie dem German Marshall Fund of the United States, der Ford Foundation, der Friedrich-Ebert- und der Friedrich-Naumann-Stiftung (Bundesrepublik Deutschland) und dem International Development Research Center in Kanada. Aus der Bundesrepublik Deutschland und Frankreich wurden private Zuwendungen mit kleineren Beträgen geleistet.

Andere Beiträge

Die Schweizer Regierung kam freundlicherweise für die Miete und die Ausstattung des Sekretariatas in Genf auf. Die am Ort anfallenden Kosten von vier Kommissionstreffen wurden von den Regierungen der Bundesrepublik Deutschland, Malaysias, Österreichs und Belgiens übernommen. In gleicher Weise zahlten die Regierungen von Indien, Kanada und Deutschland die Kosten von Roundtable-Gesprächen und vorbereitenden Sitzungen in ihren Hauptstädten. Auch der Aufenthalt von Kommissionsdelegationen in Singapur, Indonesien, der Sowjetunion, der Republik von Korea, Kuwait und Saudi-Arabien wurde von den Gastregierungen getragen. Das Commonwealth-Sekretariat stellte die Räume für die Arbeit der Redaktionsgruppe in London zur Verfügung. Die ordnungsgemäße Rechnungsprüfung wurde von Ernest Kurt, Finanzinspektor in Genf, vorgenommen. Diese große Vielfalt der Mittel und Zuwendungen stärkte die Unabhängigkeit der Kommission.

Adresse für künftige Anfragen

Wenngleich nach der Veröffentlichung des Kommissionsberichts keine formelle Fortführung der Arbeiten vorgesehen ist, erschien es doch ratsam, ein Büro einzurichten, das Stellungnahmen, Anfragen usw. behandeln kann. Deshalb wurde es sehr begrüßt, daß – mit Unterstützung der niederländischen Regierung – eine Möglichkeit zur Bewältigung dieser Aufgaben geschaffen werden konnte. Dieses Büro ist unter folgender Anschrift zu erreichen:

Independent Bureau for International Development Issues (IBIDI)
Institute of Social Studies
251 Badhuisweg
P. O. Box 90733
NL-2509 LS Den Haag
Niederlande
Tel. 572201
Telegrammadresse: SOCINST

Abkürzungen

AKP	Afrika–Karibik–Pazifik (Vertragspartner mit der EWG in der sog. Lomé-Konvention)
COMECON/ RGW	Council for Mutual Economic Assistance (Rat für gegenseitige Wirtschaftshilfe)
EWG	Europäische Wirtschaftsgemeinschaft
FAO	Food and Agricultural Organization of the United Nations (Ernährungs- und Landwirtschaftsorganisation der Vereinten Nationen)
GATT	General Agreement on Tariffs and Trade (Allgemeines Zoll- und Handelsabkommen)
IMF/IWF	International Monetary Fond (Internationaler Währungsfonds)
KIWZ	Konferenz über internationale wirtschaftliche Zusammenarbeit
OECD	Organization for Economic Cooperation and Development (Organisation für wirtschaftliche Zusammenarbeit und Entwicklung)
OPEC	Organization of Petroleum Exporting Countries (Organisation der erdölexportierenden Länder)
UNCTAD	United Nations Conference on Trade and Development (Konferenz der Vereinten Nationen für Handel und Entwicklung)
UNDP	United Nations Development Programme (Entwicklungsprogramm der Vereinten Nationen)
UNIDO	United Nations Industrial Development Organization (Organisation der Vereinten Nationen für industrielle Entwicklung)
WHO	World Health Organization (Weltgesundheitsorganisation)

Miguel Asturias

Sturm
Roman
Ullstein Buch 3234

Der grüne Papst
Roman
Ullstein Buch 3297

Die Augen der Begrabenen
Roman
Ullstein Buch 3337

Don Niño oder Die Geographie der Träume
Roman
Ullstein Buch 3377